manual

Daniela Petermair (Hg.)

Casebook
Öffentliches
Wirtschaftsrecht

Wien 2022

D1662847

facultas

Bibliografische Information der Deutschen Bibliothek

Die Deutsche Bibliothek verzeichnet diese Publikation in der Deutschen Nationalbibliografie;
detaillierte bibliografische Daten sind im Internet über http://dnb.d-nb.de abrufbar.

© 2022 Facultas Verlags- und Buchhandels AG
facultas Universitätsverlag, 1050 Wien, Österreich
Alle Rechte, insbesondere das Recht der Vervielfältigung und der Verbreitung
sowie der Übersetzung, sind vorbehalten.
Satz: Wandl Multimedia-Agentur
Printed in Austria
ISBN 978-3-7089-2275-1

Vorwort

„Kennen Sie ein Casebook, mit dem ich mich auf die Prüfung vorbereiten kann?"

Den Anstoß zu diesem „Casebook Öffentliches Wirtschaftsrecht" gab diese eigentlich ganz gewöhnliche und vermeintlich leicht zu beantwortende Frage eines Studenten im Rahmen der Lehrveranstaltung „Öffentliches Wirtschaftsrecht" im Herbst 2021 an der Wirtschaftsuniversität Wien. Viel weniger einfach, denn vielmehr umständlich fiel hingegen meine Antwort aus. Genannt habe ich eine Vielzahl an Falllösungsbüchern, in denen die Themen der Lehrveranstaltung zwar auch irgendwie mitbehandelt werden; das aber zumeist im Rahmen von Fällen, die schwerpunktmäßig Fragen des Verfassungs-, allgemeinen Verwaltungs- und Verwaltungsverfahrensrechts aufgreifen.

An dieser etwas unpraktischen Möglichkeit, sich speziell für Prüfungssituationen im besonderen Verwaltungsrecht vorzubereiten, möchte dieses Casebook etwas ändern. Behandelt werden Fälle, die im Öffentlichen Wirtschaftsrecht angesiedelt sind und welche die Themenfelder des gewerblichen Berufs- und Betriebsanlagenrechts, des Rechts der UVP, des Bau- und Raumordnungsrechts, des nationalen wie europäischen Datenschutzrechts sowie des Beihilfenrechts und der Grundfreiheiten abdecken. Mitbehandelt werden dabei auch verwaltungsverfahrens- und verwaltungsstrafrechtliche Grundfragen sowie die dazugehörigen Spezialbestimmungen in den Materiengesetzen.

Ziel dieses Casebooks ist dabei keineswegs, nur die Antwort auf die oben zitierte Frage zu vereinfachen, sondern vor allem auch zu einem besseren Verständnis der Materiengesetze beizutragen. Alle Autor:innen dieses Casebooks nehmen Ihre Rückmeldungen gerne entgegen, ob dieses Ziel erreicht wurde – und wie es vielleicht noch besser gelingen könnte.

Den Weg zu diesem Casebook haben vor allem meine Mitautor:innen und allesamt Kolleg:innen an der Wirtschaftsuniversität Wien geebnet; ihrem Einsatz gebührt deshalb mein besonderer Dank. Mein Dank gilt auch *Peter Wittmann*, *Carina Glitzner*, MA und dem Facultas-Verlag, die die rasche Umsetzung dieses Projekts in allen Belangen so unkompliziert unterstützt haben.

Wien, im September 2022   *Daniela Petermair*

Herausgeberin

Univ.-Ass.[in] *Daniela Petermair*, LL.M. (WU), BSc (WU), WU Wien

Autor:innen

Univ.-Ass.[in] Mag.[a] iur. *Anna Valeria Backé*, WU Wien
Univ.-Ass. *Clemens Beckenberger*, LL.M. (WU), WU Wien
Univ.-Ass.[in] *Katharina Fink*, LL.M. (WU), WU Wien
Wiss. MA[in] *Martina Gabriel*, LL.B. (WU), WU Wien
Univ.-Ass.[in] Mag.[a] iur. *Daniela Kraschowetz*, LL.M., WU Wien
Univ.-Ass. *Viktor Malhotra*, LL.M. (WU), WU Wien
Univ.-Ass. *Jakob Marboe*, LL.M. (WU), WU Wien
Univ.-Ass.[in] *Valentina Neubauer*, LL.M. (WU), BA, WU Wien
Univ.-Ass.[in] *Alice Lea Nikolay*, LL.M. (WU), WU Wien
Univ.-Ass.[in] *Daniela Petermair*, LL.M. (WU) BSc (WU), WU Wien
Univ.-Ass.[in] *Melina Still*, LL.M. (WU), MSc (WU), WU Wien
Univ.-Ass.[in] *Elissa Tschachler*, LL.M. (WU), WU Wien
Univ.-Ass.[in] *Sarah Werderitsch*, LL.M. (WU), WU Wien

Inhaltsverzeichnis

Teil I: Allgemeines

Teil II: Fallangaben und Lösungen

Inhaltsverzeichnis

Teil I: Allgemeines

Hinweise zum Casebook und zur Herangehensweise an die schriftliche Falllösung

Daniela Petermair

I. Hinweise zum Casebook

A. Allgemeines

Dieses „Casebook Öffentliches Wirtschaftsrecht" ist an das Konzept der Lehrveranstaltung „Öffentliches Wirtschaftsrecht" des Bachelorstudiums Wirtschaftsrecht an der Wirtschaftsuniversität Wien angelehnt und soll weiterführend auch auf die Fachprüfung „Öffentliches Recht" vorbereiten. Die Fälle umfassen daher jene Rechtsgebiete, die in dieser Lehrveranstaltung gelehrt werden und deren Kenntnisse schwerpunktmäßig bei der Fachprüfung geprüft werden. Kentnisse der Kerninhalte des Verfassungs- und Europarechts, des allgemeinen Verwaltungsrechts, des Verwaltungsverfahrens sowie des Rechtschutzes werden vorausgesetzt.

Selbstverständlich kann dieses Casebook aber auch für die Vorbereitung auf Prüfungen aus anderen Studien herangezogen werden.

B. Rechtsvorschriften

Abgedruckt werden im Anhang der Fallangaben nur jene Materiengesetze, die nicht in der *Kodex* Studienausgabe Öffentliches Wirtschaftsrecht bzw im *flexlex by facultas* Öffentliches Wirtschaftsrecht enthalten sind.

Das sind ua die folgenden Rechtsvorschriften, die wie angeführt zitiert werden:

Gewerbeordnung 1994 idF BGBl I 108/2022
abgekürzt als GewO

Betriebsanlagen – vereinfachtes Genehmigungsverfahren idF BGBl II 19/1999
abgekürzt als BagatellanlagenVO

Betriebsanlagen – vereinfachtes Genehmigungsverfahren (keinesfalls) idF BGBl II 265/1998
abgekürzt als keinesfallsBA-VO

Genehmigungsfreistellungsverordnung idF BGBl II 149/1999
abgekürzt als 1. FreistellungsVO

2. Genehmigungsfreistellungsverordnung idF BGBl II 172/2018
abgekürzt als 2. FreistellungsVO

Umweltverträglichkeitsprüfungsgesetz 2000 idF BGBl I 80/2018
abgekürzt als UVP-G

Richtlinie 2011/92/EU
abgekürzt als UVP-RL

Bauordnung für Wien idF LGBl 70/2021
abgekürzt als BO Wien

NÖ Bauordnung 2014 idF LGBl 20/2022
abgekürzt als NÖ BauO

NÖ Raumordnungsgesetz 2014 idF LGBl 97/2020
abgekürzt als NÖ ROG

Verordnung (EU) 2016/679
abgekürzt als DSGVO

Datenschutzgesetz idF BGBl I 148/2021
abgekürzt als DSG

Vertrag über die Arbeitsweise der Europäischen Union
abgekürzt als AEUV

Verordnung (EU) 1407/2013
abgekürzt als De-minimis-VO

Verordnung (EU) 2015/1589
abgekürzt als VVO

C. Prüfungsschemata

In Anlehnung an die Literaturempfehlung für den europarechtlichen Themenkomplex der Lehrveranstaltung „Öffentliches Wirtschaftsrecht" sind die Lösungsvorschläge im Bereich des Beihilfenrechts und der Grundfreiheiten an die Prüfungsschemata in *Jaeger*, Materielles Europarecht[2], 29 ff angelehnt. Die Lösungsstruktur bei der Beurteilung der Erfolgsaussichten von Rechtsmitteln orientiert sich an den in *Storr/Wutscher/Zußner* (Hg), Gesammelte Prüfungsfälle Verfassungs- und Verwaltungsrecht[3], 169 ff abgedruckten Prüfungsschemata.

D. Gender-Hinweis

Nach reiflicher Überlegung wird zur besseren Lesbarkeit das generische Maskulinum verwendet. Sämtliche Personenbezeichnungen gelten gleichermaßen für weibliche und anderweitige Geschlechteridentitäten.

II. Herangehensweise an die schriftliche Falllösung

A. Verstehen der Fallangabe

Der erste Schritt liegt im Verstehen der Fallangabe. Das beginnt und endet nicht mit der Lektüre des Sachverhalts per se, sondern umfasst auch die Fragestellung und das Lesen von im Sachverhalt zitierten Gesetzesbestimmungen.

Enthält die Fallangabe angehängte Rechtsvorschriften, sollten Sie sich auch über diese einen Überblick verschaffen. Dabei ist der Umgang mit diesen Rechtsvorschriften meist auch eine Frage des Zeitmanagements. Ist der Anhang umfangreich, kann es vorzugswürdig sein, einen Überblick über die Bestimmungen zu gewinnen und allfällige Besonderheiten zu identifizieren, als jede einzelne Bestimmung schon zu Beginn auseinanderzunehmen. Letzteres kostet viel Zeit, ist für die Falllösung vielleicht überhaupt nicht notwendig und mitunter sind die Details bereits wieder vergessen, wenn Sie bei der Verschriftlichung Ihrer Lösung den Gesetzestext abermals heranziehen.

B. Identifizieren der Rechtsfragen

Überlegen Sie sich im Anschluss, welche Rechtsfragen der Sachverhalt aufwirft und welche davon im Rahmen der Fragestellung überhaupt zu beantworten sind.

Das gelingt nur mit einer fundierten Kenntnis der Rechtsmaterien und eben darin liegt eine weitere Herausforderung bei der Lösung von im besonderen Verwaltungsrecht angesiedelten Fällen. Dabei sind Sie häufig mit einem großen Umfang an Gesetzesbestimmungen konfrontiert; jeder Paragraf der GewO kann für die Falllösung entscheidend sein. Umso wichtiger ist, dass Ihnen bereits im Vorfeld der Prüfung mit der Regelungssystematik und dem Zusammenspiel der Rechtsmaterien bekannt sind (zB Raumordnungs- und Baurecht). Außerdem sollten Sie mit Brüchen in der Systematik eines Gesetzes umgehen können, etwa indem Sie mit dem Gesetz schon im Vorfeld der Prüfung gut vertraut sind (zB die §§ 373a GewO). Das ist im Regelfall wichtiger als jede Einzelheit einer Bestimmung auswendig zu kennen.

Achten Sie außerdem auf die Aufgabenstellung. Wird nur nach der Beurteilung der Tätigkeiten der X gefragt, brauchen Sie nicht die Tätigkeiten der Y prüfen. Wird eine rechtsgutachterliche Beurteilung verlangt, prüfen Sie auch dann weiter, wenn Sie das Vorliegen eines als Vorfrage zu beurteilendes Tatbestandsmerkmal verneinen.

C. Entwurf einer Lösungsstruktur

Entwerfen Sie nun eine Lösungsstruktur, indem Sie auf einen logischen und stringenten Aufbau ein besonderes Augenmerk legen. Das bedeutet, dass Sie die identifizierten Rechtsfragen in der „richtigen" Reihenfolge prüfen (also insb Vorfragen- vor Hauptfragen; die Anwendbarkeit der GewO vor den Antrittsvoraussetzungen)

Der Spielraum, der Ihnen bei der Ausarbeitung zukommt, hängt von der Aufgabenstellung ab. Ist diese bereits konkret auf eine Rechtsfrage zugespitzt, ist der Spielraum in der Regel geringer. Außerdem können Sie in manchen Rechtsgebieten bereits auf bekannte Prüfungsschemata zurückgreifen; sofern die Aufgabenstellung es zulässt, ein bekanntes Schema anzuwenden, sollten Sie auf ein solches auch anwenden (zB bei den Grundfreiheiten und im Beihilfenrecht).

Behandelt der Sachverhalt mehrere Themenkomplexe, die sich gut voneinander trennen lassen, dann sollte jeder Themenkomplex für sich behandelt werden. Das bietet sich besonders dann an, wenn sich die Trennung der Themen schon aus der Struktur des Sachverhalts ergibt (zB jeder Absatz behandelt ein Thema oder Themen, die in unterschiedlichen Fragestellungen angesprochen werden). Gut trennen lassen sich auch Handlungsstränge, die in voneinander getrennten Rechtsmaterien angesiedelt sind (zB in einem Sachverhalt werden das Gewerbe- und Datenschutzrecht behandelt, ein wechselseitiger Bezug ist aber nicht gegeben).

D. Verschriftlichung der Lösung

Verschriftlichen Sie Ihre Lösung, nachdem Sie eine Lösungsstruktur entworfen haben. Achten Sie dabei insb auf eine nachvollziehbare Gestaltung. Dazu gehört auch, die Grundsätze und Grenzen der deutschen Sprache zu beachten. Schreiben Sie in vollständigen Sätzen und verwenden Sie keine Symbole, wie Pfeile, Häkchen oder Kreuze. Mit letzterem schaffen Sie (ungewollt) einen Interpretationsspielraum, der einer eindeutigen Lösung entgegensteht, was einen Punkteverlust zur Folge hat. Dagegen können einzelne Worte sehr wohl in einer gängigen Form abgekürzt werden (zB Sachverhalt als SV).

Vermeiden Sie – auch aus Zeitgründen – allgemeine Ausführungen und schaffen Sie stets einen Bezug zum Fall. Führen Sie wann immer möglich die einschlägigen Rechtsvorschriften an und zitieren Sie diese vollständig (zB § 141 Abs 1 Z 2 lit a GewO und nicht § 141 GewO). Das ist auch für eine saubere Subsumtion unerlässlich. Arbeiten Sie sorgfältig und beurteilen Sie jedes Tatbestandsmerkmal für sich.

Finden sich zu einzelnen Aspekten keine Anhaltspunkte im Sachverhalt (zB keine Angabe darüber, wie alt die Gewerbetreibende ist), gehen Sie vom Regelfall aus (die Gewerbetreibende ist volljährig). Sie können dann etwa ausführen, dass mangels Anhaltspunkten davon auszugehen ist, dass die Gewerbetreibende die allgemeinen Antrittsvoraussetzungen erfüllt oder dass die Gewerbetreibende die allgemeinen Antrittsvoraussetzungen zu erfüllen hat. Erscheint Ihnen jedoch die Erfüllung einer Voraussetzung als problematisch, sollten Sie dies jedenfalls näher erörtern, auch wenn Sie im Ergebnis dessen Erfüllung bejahen (zB bei der gewerberechtlichen Prüfung der Wohnsitz der Geschäftsführerin in Belgien).

Beenden Sie Ihre Ausführungen stets mit einem konkreten Ergebnis, das Sie als solches kennzeichnen, und führen Sie ggf auch die Rechtsfolge(n) an (zB das VwG wird die Beschwerde der X als unzulässig zurückweisen, weil …).

Teil II: Fallangaben und Lösungen

Fall 1

Whiskey & Co

Gewerbliches Berufs- und Betriebsanlagenrecht

Daniela Petermair

Willy (W) betreibt eine Whiskey-Destillerie in Niederösterreich. Einerseits erntet er auf seinen Feldern das für die Whiskey-Erzeugung benötigte Getreide selbst und verarbeitet es im Anschluss zu Whiskey, andererseits organisiert er auf dem Gelände immer wieder Whiskeyverkostungen, bei denen auch heiße Speisen und belegte Brote serviert werden. Zudem wird im Rahmen der Verkostungen der erzeugte Whiskey auch flaschenweise verkauft. Für all diese Aktivitäten hält er die notwendigen rechtlichen Genehmigungen, auch die Betriebsgebäude wurden ordnungsgemäß bewilligt.

Das Geschäft läuft gut und die Einnahmen fließen, allerdings leidet *W* an einer Krebserkrankung und stirbt Ende 2018. Seine 23-jährige Tochter *Tiara (T)* erbt daraufhin den Betrieb. *T* hat eine turbulente Vergangenheit hinter sich und sitzt zurzeit eine zweimonatige Freiheitsstrafe aufgrund einer Übertretung des § 30 Suchtmittelgesetzes (SMG) ab. Ihr eiserner Wille befiehlt ihr, die Whiskey-Destillerie ihres Vaters in der gehabten Form fortzuführen, immerhin hat sie die Höhere Bundeslehranstalt für Tourismus in Retz (Niederösterreich) erfolgreich absolviert. Während ihrer Haftzeit soll *Geronimo (G)* als vollzeitbeschäftigter gewerberechtlicher Geschäftsführer die Geschicke im Betrieb mit selbstverantwortlicher Anordnungsbefugnis übernehmen, der dem auch zustimmt. Die zuständige Behörde wird davon in Kenntnis gesetzt. *G* ist italienischer Staatsbürger und wohnt in Bozen (Region Trentino-Südtirol, Italien). Allerdings interessiert er sich kaum für die Whiskey-Destillerie und schaut in den zwei Monaten ein einziges Mal vorbei, was er mit einem feuchtfröhlichen Abend verbindet.

Viel lieber geht *G* nämlich seiner Leidenschaft nach. Schon während seines Studiums in Ernährungswissenschaften begann er als Callboy (Bezeichnung für männliche Prostituierte) zu arbeiten. Aus dieser Tätigkeit bezieht *G* seit Abschluss seines Studiums den Großteil seines Einkommens. Zweimal pro Woche trifft er auch Kundschaft in Österreich, wobei er sich aufgrund der kurzen Anreise auf Tiroler Kundschaft beschränkt. Die Termine werden im Voraus telefonisch vereinbart. Durch seine Tätigkeit kennt er auch einige Tiroler Arbeitskollegen, die rechtskonform die gleichen Dienstleistungen in Südtirol anbieten.

Genau an ihrem 24. Geburtstag wird *T* im Oktober 2019 aus der Haft entlassen und möchte mit der Whiskey-Destillerie so richtig durchstarten. Umgehend entlässt sie *G* und nimmt die Geschicke selbst in die Hand. Von nun an bäckt sie auch Lebkuchen und bietet die einzigartige Kombination von hausgemachten Whiskey und Lebkuchen auf diversen, ordnungsgemäß bewilligten Adventmärkten an. Die erforderlichen Zutaten für die Lebkuchen werden allesamt zugekauft, das hauseigenen Getreide kann dafür nicht verwendet werden.

Außerdem möchte *T* die Whiskeyverkostungen atmosphärisch aufwerten und sie ab dem kommenden Frühjahr auch in einem Außenbereich mit Blick in die „malerische Landschaft" anbieten. Dazu verwendet sie die Fläche zwischen dem schon für die Whiskeyverkostungen genutzten Innenbereich und einer öffentlichen Straße, auf der Platz für 60 Personen geboten werden kann. Da es abends meist recht schnell abkühlt, rechnet *T* damit, dass ihre Gäste spätestens ab 22:30 Uhr den Innenbereich aufsuchen werden. Um es sich mit den Nachbarn nicht zu verscherzen, bringt *T* auch gut ersichtliche Schilder an, die die Gäste anweisen, sich ruhig zu verhalten.

Seit ihrer Haftentlassung hat *T* jeden Kontakt mit Behörden vermieden.

Aufgabe: Beurteilen Sie die Vorgänge rund um *T* und *G* aus gewerberechtlicher Sicht! Auf die allfällige Erfüllung gewerberechtlicher Verwaltungsstraftatbestände ist nicht einzugehen.

Verordnung des Bundesministers für Wirtschaft und Arbeit über die Zugangsvoraussetzungen für das Gastgewerbe („Gastgewerbe-VO") idF BGBl II 51/2003

§ 1 – Zugangsvoraussetzungen

(1) Durch die im Folgenden angeführten Belege ist die fachliche Qualifikation zum Antritt eines Gastgewerbes (§ 94 Z 26 GewO 1994) als erfüllt anzusehen:

1. Zeugnis über den erfolgreichen Abschluss einer Fachakademie für Tourismus oder

2. Zeugnisse über den erfolgreichen Abschluss einer Studienrichtung an einer Universität [...] oder

3. Zeugnis über den erfolgreichen Abschluss eines Fachhochschul-Studienganges, dessen schwerpunktmäßige Ausbildung im Bereich des Tourismus liegt, oder

4. Zeugnisse über den erfolgreichen Abschluss einer Höheren Lehranstalt für Tourismus oder einer Höheren Lehranstalt für Fremdenverkehrsberufe oder deren Sonderformen und Schulversuche [...] oder

5. Zeugnisse über die erfolgreich abgelegte Lehrabschlussprüfung in einem gastgewerblichen Lehrberuf (Koch, Restaurantfachmann, Hotel- und Gastgewerbeassistent, Systemgastronomiefachmann) [...] oder

6. Zeugnisse über den erfolgreichen Abschluss einer mindestens dreijährigen berufsbildenden mittleren oder einer nicht durch Z 4 erfassten berufsbildenden höheren Schule, in der schwerpunktmäßig gastgewerbliche Fertigkeiten und Kenntnisse vermittelt werden [...] oder [...]

8. Zeugnis über eine ununterbrochene dreijährige Tätigkeit in leitender Stellung (§ 18 Abs. 3 GewO 1994) im Gastgewerbe oder

9. Zeugnis über die erfolgreich abgelegte Lehrabschlussprüfung im Lehrberuf Konditor (Zuckerbäcker) und eine nachfolgende ununterbrochene, mindestens eineinhalbjährige Tätigkeit als Selbstständiger oder als Betriebsleiter (§ 18 Abs. 3 GewO 1994) im Gastgewerbe oder

10. Zeugnis über die erfolgreich abgelegte Lehrabschlussprüfung im Lehrberuf Konditor (Zuckerbäcker) und eine nachfolgende ununterbrochene, mindestens zweieinhalbjährige Tätigkeit in leitender Stellung im Gastgewerbe oder

11. Zeugnis über die erfolgreich abgelegte Befähigungsprüfung.

[...]

Allgemeines Bürgerliches Gesetzbuch („ABGB")
idF BGBl I 145/2022

§ 879.

(1) Ein Vertrag, der gegen ein gesetzliches Verbot oder gegen die guten Sitten verstößt, ist nichtig.

(2) Insbesondere sind folgende Verträge nichtig:

1. wenn etwas für die Unterhandlung eines Ehevertrages bedungen wird;

1a. wenn etwas für die Vermittlung einer medizinisch unterstützten Fortpflanzung bedungen wird;

2. wenn ein Rechtsfreund eine ihm anvertraute Streitsache ganz oder teilweise an sich löst oder sich einen bestimmten Teil des Betrages versprechen läßt, der der Partei zuerkannt wird;

3. wenn eine Erbschaft oder ein Vermächtnis, die man von einer dritten Person erhofft, noch bei Lebzeiten derselben veräußert wird;

4. wenn jemand den Leichtsinn, die Zwangslage, Verstandesschwäche, Unerfahrenheit oder Gemütsaufregung eines anderen dadurch ausbeutet, daß er sich oder einem Dritten für eine Leistung eine Gegenleistung versprechen oder gewähren läßt, deren Vermögenswert zu dem Werte der Leistung in auffallendem Mißverhältnisse steht.

(3) Eine in Allgemeinen Geschäftsbedingungen oder Vertragsformblättern enthaltene Vertragsbestimmung, die nicht eine der beiderseitigen Hauptleistungen festlegt, ist jedenfalls nichtig, wenn sie unter Berücksichtigung aller Umstände des Falles einen Teil gröblich benachteiligt.

Strafgesetz 1852
(mit Ablauf des 31.12.1974 außer Kraft getreten)

§ 509. Unzucht als Gewerbe. Strafe.

Die Bestrafung derjenigen, die mit ihrer Körper unzüchtiges Gewerbe treiben, ist der Ortspolizei zu überlassen. Wenn jedoch die Schanddirne durch die Oeffentlichkeit auffallendes Aergerniß veranlaßt, junge Leute verführt, oder da sie wußte, daß sie mit einer venerischen Krankheit behaftet war, dennoch ihr unzüchtiges Gewerbe fortgesetzt hat, soll dieselbe für diese Uebertretung mit strengem Arreste von einem bis zu drei Monaten bestraft werden.

Anmerkung: Die geltende Fassung des **Strafgesetzbuches (StGB)** kennt keine derartige Bestimmung.

Lösung

Aufgabe: Beurteilen Sie die Vorgänge rund um _T_ und _G_ aus gewerberechtlicher Sicht! Auf die allfällige Erfüllung gewerberechtlicher Verwaltungsstraftatbestände ist nicht einzugehen.

Die Beantwortung offener Fragestellungen erfordert eine besonders gut strukturierte Lösung. Der vorliegende SV enthält mit _T_ und _G_ zwei Akteure und spielt mit der Whiskey-Destillerie in Niederösterreich sowie mit _Gs_ Tätigkeit als Callboy in Tirol bzw Italien. Es bietet sich an, die Lösung anhand dessen in zwei Blöcke zu unterteilen. Unter Punkt I. wird somit der Themenkomplex rund um die Whiskey-Destillerie erörtert und unter Punkt II. die Tätigkeit des _G_ als Callboy. Darüber hinaus ist es sinnvoll, eine gewerberechtliche Beurteilung in einen berufsrechtlichen und – sofern erforderlich – in einen betriebsanlagenrechtlichen Teil zu untergliedern. Da die Qualifikation als gewerberechtliche Betriebsanlage iSd § 74 Abs 1 GewO die Ausübung einer gewerblichen Tätigkeit voraussetzt, sollte mit der berufsrechtlichen Prüfung begonnen werden. Im vorliegenden Fall bietet sich eine chronologische Vorgehensweise an, die so auch schon im SV angelegt ist.

I. Whiskey-Destillerie

In einem ersten Schritt ist zu prüfen, ob bzw auf welche Tätigkeiten der _T_ die GewO überhaupt anwendbar ist.

A. Anwendungsbereich

Gem § 1 GewO unterliegen grds alle gewerbsmäßig ausgeübten Tätigkeiten der GewO. Das ist nach § 1 Abs 2 GewO der Fall, wenn die Tätigkeit selbstständig, regelmäßig und in der Absicht betrieben wird, einen Ertrag oder sonstigen wirtschaftlichen Vorteil zu erzielen. Im Rahmen ihrer Whiskey-Unternehmungen (i) erntet _T_ das benötigte Getreide, (ii) verarbeitet es zu Whiskey, (iii) hält Whiskey-Verkostungen ab, wobei (iv) bei diesen der Whiskey auch flaschenweise verkauft wird.

_T_ übt all ihre Tätigkeiten auf eigene Rechnung und Gefahr aus und trägt auch das Unternehmerrisiko. Die Selbstständigkeit bei der Ausübung der Tätigkeiten ist daher gegeben (§ 1 Abs 3 GewO). Eine Tätigkeit wird jedenfalls dann regelmäßig ausgeübt, wenn sie mit Nachhaltigkeit im Sinne einer Fortsetzungs- und Wiederholungsabsicht betrieben wird (§ 1 Abs 4 GewO). Im SV finden sich keine Anhaltspunkte, dass die Tätigkeiten nur vorübergehend ausgeübt werden sollen. Darüber hinaus sind mit einem Getreideanbau und einer Whiskey-Destillerie auch beträchtliche Investitionen verbunden, die auf eine regelmäßige Ausübung der Tätigkeiten hindeuten. Ertragserzielungsabsicht liegt dann vor, wenn die Tätigkeit mit der Absicht betrieben wird, einen Ertrag oder sonstigen wirtschaftlichen Vorteil zu erzielen (§ 1 Abs 2 GewO). Lt SV läuft das Geschäft gut, weshalb von einer Ertragserzielungsabsicht auszugehen ist. Da _T_ den Betrieb in der gehabten Form weiterführen möchte, ist anzunehmen, dass sich auch mit der Betriebsübernahme durch _T_ daran nichts ändert.

Die Tätigkeiten sind nicht gesetzlich verboten. Jedoch könnte eine Ausnahme vom Anwendungsbereich gem §§ 2-4 GewO vorliegen. Der Getreideanbau und die -ernte sind landwirtschaftliche Tätigkeiten gem § 2 Abs 1 Z 1 iVm Abs 3 Z 1 GewO, womit die Tätigkeit nicht der GewO unterliegt. Darüber hinaus wäre denkbar, dass die anschließende Verarbeitung zu

Whiskey gem § 2 Abs 1 Z 2 iVm Abs 4 Z 1 als Nebengewerbe von der GewO ausgenommen ist. Voraussetzung dafür ist, dass der Charakter als landwirtschaftlicher Betrieb gewahrt bleibt, was sich ua am Wertanteil mitverarbeiteter Produkte und an der Beibehaltung der für eine Landwirtschaft typischen Arbeitsvorgänge bemisst. Da Whiskey aus Getreide, Wasser und Malz hergestellt wird, wird mit dem Getreide bei der Herstellung hauptsächlich das Produkt aus der Urproduktion eingesetzt. Mangels gegenteiliger Anhaltspunkte ist daher die Whiskey-Herstellung vom Anwendungsbereich der GewO ausgenommen.

Dagegen fallen die Whiskeyverkostungen ebenso wie der damit verbundene Whiskeyverkauf unter keine Ausnahme des Anwendungsbereichs. Im Ergebnis ist die GewO auf die Durchführung der Whiskeyverkostungen sowie den dort stattfindenden Verkauf von Whiskey-Flaschen anwendbar.

B. Berufsrecht

1. Betriebsübernahme

Zwar hat W während seiner Lebzeiten das Gewerbe ordnungsgemäß samt aller Bewilligung betrieben, doch handelt es sich bei der Gewerbeberechtigung um ein persönliches Recht (§ 38 Abs 1 GewO), das mit dem Tod des Gewerbeinhabers erlischt (§ 81 Z 1 GewO). Von diesem Grundsatz kennt die GewO mit dem Fortbetriebsrecht aber eine Ausnahme, die erlaubt, einen Gewerbebetrieb auf Grund der Gewerbeberechtigung eines anderen fortzuführen (§ 41 Abs 1 GewO). Unmittelbar nach Ws Tod kommt daher der Verlassenschaft das Fortbetriebsrecht zu (§ 41 Abs 1 Z 1 GewO). Zu beurteilen ist somit, ob mit der Einantwortung auch T ein Fortbetriebsrecht zukommt. Da T die Tochter von W ist und den Betrieb aufgrund dessen Tods erbt, ist sie bis zu ihrem 24. Lebensjahr Fortbetriebsberechtigte gem § 41 Abs 1 Z 3 GewO. Der Fortbetrieb ist der Behörde ohne unnötigen Aufschub anzuzeigen (§ 43 Abs 1 GewO).

2. Einordnung des Gewerbes

Gem § 111 Abs 1 Z 2 GewO ist der Ausschank von Getränken sowie die Verabreichung von Speisen jeder Art ein Gastgewerbe. Da im Rahmen der Whiskeyverkostungen Getränke ausgeschenkt und Speisen verabreicht werden, ist diese Tätigkeit ein Gastgewerbe. Das Gastgewerbe ist gem § 94 Z 26 GewO ein reglementiertes Gewerbe, für dessen Ausübung ein Befähigungsnachweis zu erbringen ist (§ 16 GewO).

In Hinblick auf den Whiskey-Verkauf enthält § 111 Abs 4 GewO eine Auflistung von speziellen Nebenberechtigungen für das Gastgewerbe. Da der Whiskeyverkauf im Rahmen der Whiskeyverkostungen stattfindet, kann sich T auf das Nebenrecht gem § 111 Abs 4 Z 4 lit a GewO berufen, weshalb für den Whiskeyverkauf keine weitere Gewerbelizenz erforderlich ist.

3. Erfüllung der Antrittsvoraussetzungen

Die GewO enthält allgemeine und besondere Voraussetzungen für die Gewerbeausübung.

Die allgemeinen Antrittsvoraussetzungen im Überblick:
Die gewerberechtliche Handlungsfähigkeit setzt voraus, dass die natürliche Person eigenberechtigt und für die gewerbebezogenen Tätigkeiten kein Erwachsenenvertreter bestellt ist (bei juristischen Personen ist jedenfalls ein Geschäftsführer zu bestellen, § 9 Abs 1 GewO). Die Eigenberechtigung tritt grds mit Vollendigung des 18. Lebensjahres ein, wobei Einschränkungen bis zum 24. Lebensjahr gelten. Gem § 13 GewO sind von der Gewerbeausübung auch Personen ausgeschlossen, wenn einer der dort aufgezählten persönlichen Ausschlussgründe vorliegt. Um Härtefälle zu vermeiden kann die Behörde eine Nachsicht erteilen (§ 26 GewO).

Eine weitere Voraussetzung ist die österreichische bzw eine ihr gleichgestellte Staatsbürgerschaft oder ein Aufenthaltsrecht (§ 14 GewO). Nicht ausdrücklich geregelt ist die Anforderung, das Gewerbe von einer inländischen Niederlassung aus zu betreiben (vgl etwa § 373a GewO). Diese Anforderung ist nicht mit der weiteren Voraussetzung zu verwechseln, dass der Gewerbeinhaber grds seinen Wohnsitz im Inland haben muss. Allerdings kann die Nichterfüllung suppliert werden, indem ein gewerberechtlicher Geschäftsführer bestellt wird (§ 39 GewO); Sonderregelungen gelten auch für EU- und EWR-Bürger, Staatsangehörige der Schweiz und in Fällen, in denen die Zustellung der Verhängung und Vollstreckung von Verwaltungsstrafen durch Übereinkommen sichergestellt ist.

Des Weiteren darf kein Ausübungsverbot gem § 15 GewO vorliegen und kein irreführender Firmenwortlaut benutzt werden (§ 340 Abs 1 letzter Satz GewO).

a. Erfüllung der Voraussetzungen während der Haftzeit

Da *T* im Zeitpunkt der Betriebsübernahme noch eine Freiheitsstrafe absitzt, könnte ein Ausschlussgrund gem § 13 GewO vorliegen. Zwar übersteigt die Freiheitsstrafe nicht die Dauer von drei Monaten (§ 13 Abs 1 Z 1 lit b GewO), allerdings findet sich für Gastgewerbe eine Sonderbestimmung in § 13 Abs 1 UAbs 2 GewO. Weil *T* mit den Whiskeyverkostungen ein Gastgewerbe betreibt und sie wegen eines Verstoßes gem § 30 SMG eine Freiheitsstrafe absitzt, liegt während der Haftzeit ein Ausschlussgrund gem § 13 GewO vor. Somit *T* erfüllt eine der allgemeinen Antrittsvoraussetzungen nicht.

Dass die Behörde in diesem Fall eine Nachsicht gem § 26 GewO erteilen würde, ist unwahrscheinlich, als § 13 Abs 1 UAbs 2 GewO ausdrücklich für ein Delikt gem § 30 SMG einen persönlichen Ausschlussgrund normiert. Allerdings kann bei Fortbetriebsberechtigten durch die Bestellung eines geeigneten gewerberechtlichen Geschäftsführers auch ein Ausschlussgrund gem § 13 GewO suppliert werden (§ 41 Abs 4 GewO). *T* hat mit *G* einen gewerberechtlichen Geschäftsführer bestellt und diese Bestellung der zuständigen Behörde auch angezeigt (§ 41 Abs 4 iVm § 39 Abs 4 GewO). Damit ist zu prüfen, ob *G* die Voraussetzungen erfüllt.

Mangels gegenteiligen Hinweisen im SV ist davon auszugehen, dass *G* die allgemeinen Antrittsvoraussetzungen erfüllt und mit seinem Studienabschluss auch den generellen Befähigungsnachweis gem § 18 Abs 1 GewO iVm § 1 Z 2 GastgewerbeVO erbringen kann. *G* erfüllt daher die für die Ausübung des Gewerbes vorgeschriebenen persönlichen Voraussetzungen (§ 39 Abs 2 GewO).

Darüber hinaus muss er eine selbstverantwortliche Anordnungsbefugnis besitzen sowie seiner Bestellung als gewerberechtlicher Geschäftsführer zugestimmt haben, was lt SV der Fall ist. Da für das Gastgewerbe ein Befähigungsnachweis erforderlich ist, muss *G* zumindest für die Hälfte der wöchentlichen Normalarbeitszeit im Betrieb beschäftigt sein (§ 39 Abs 2 UAbs 2 GewO). Dies ist mit *Gs* Vollzeitbeschäftigung unproblematisch gegeben. Ebenfalls erfüllt *G* das Wohnsitzerfordernis. Zwar hat *G* seinen Wohnsitz nicht in Österreich, allerdings ist er als Italiener mit einem Wohnsitz in Italien gem § 39 Abs 2a Z 2 GewO gleichgestellt. Fraglich ist jedoch, ob *G* auch in der Lage ist, sich im Betrieb entsprechend zu betätigen (§ 39 Abs 2 GewO) bzw auch, ob er sich im Betrieb tatsächlich entsprechend betätigt (§ 39 Abs 3 GewO). Hier ist schon die Erfüllung der erst genannten Anforderung zu verneinen, weil *G* aufgrund seiner Lebensumstände nicht in der Lage ist, sich im Betrieb der *T* entsprechend zu betätigen. Immerhin hat er seinen Lebensmittelpunkt in Bozen, Südtirol, und geht dort wie auch in Tirol seiner Tätigkeit als Callboy nach, womit er sehr weit entfernt vom Betriebsstandort in Niederösterreich wohnt und arbeitet. Darüber hinaus ist *G* auch nicht tatsächlich im Betrieb beschäftigt, weil er lt SV ein einziges Mal bei der Whiskey-Destillerie vorbeischaute und dies selbst dann mit einem feuchtfröhlichen Abend verband. Das begründet keinesfalls eine entsprechende tatsächliche Betätigung.

Im Ergebnis erfüllt *G* nicht alle notwendigen Voraussetzungen.

Die Behörde hätte gem § 345 Abs 5 GewO mit Bescheid festzustellen, dass die gesetzlichen Bestellungsvoraussetzungen nicht vorliegen und – da es sich um einen Fall der obligatorischen Geschäftsführerbestellung handelt – die Ausübung der Tätigkeit zu untersagen.

b. Erfüllung der Voraussetzungen nach der Haftzeit

Ts Fortbetriebsrecht erlischt mit ihrem 24. Geburtstag (§ 41 Abs 1 Z 3 GewO). Allerdings ist mit der zeitgleichen Haftentlassung auch die Strafe getilgt, womit sie nunmehr sämtliche der allgemeinen Antrittsvoraussetzungen erfüllt. Darüber hinaus kann sie den erforderlichen, generellen Befähigungsnachweis gem § 18 Abs 1 GewO iVm § 18 Z 4 Gastgewerbe-VO erbringen und erfüllt damit auch die besondere Antrittsvoraussetzung. *T* benötigt daher keinen obligatorischen gewerberechtlichen Geschäftsführer mehr, weshalb *Gs* Entlassung grds unproblematisch ist. Jedoch wäre auch das Ausscheiden des *G* als Geschäftsführer nach § 39 Abs 4 GewO der Behörde anzuzeigen gewesen. Darüber hinaus hätte *T* mit Erlöschen des Fortbetriebsrechts auch die Gewerbeausübung gem § 339 GewO anmelden müssen (vgl auch § 5 Abs 1 GewO). Das ist lt SV aber nicht geschehen, weil *T* seit ihrer Haftentlassung jeden Kontakt mit Behörden vermieden hat.

Abseits davon wäre das Backen von Lebkuchen und das Angebot von Whiskey und Lebkuchen auf Adventmärkten aus gewerberechtlicher Sicht unproblematisch, denn die Lebkuchenerzeugung ist gem § 32 Abs 1 Z 12 iVm § 162 Abs 1 Z 6 GewO als Nebenrecht von der schon vorliegenden gastgewerblichen Gewerbeberechtigung gedeckt. Der nach § 32 Abs 1 Z 12 GewO erforderliche fachliche Zusammenhang ist zu bejahen, da die hauptberufliche Tätigkeit ein Gastgewerbe ist. Darüber hinaus ist davon auszugehen, dass der wirtschaftliche Schwerpunkt und die Eigenart des Betriebs erhalten gem § 32 Abs 2 GewO bleiben. Gegenteilige Hinweise dazu sind im SV nicht ersichtlich.

Allerdings räumt die Gewerbeberechtigung nur das Recht ein, ein Gewerbe von einem bestimmten Ort aus auszuüben. Deshalb ist noch zu prüfen, ob der Verkauf auf Adventmärkten von der Gewerbeberechtigung gedeckt ist. § 50 GewO regelt die Ausübung von gewerblichen Tätigkeiten außerhalb von Betriebsstätten.

> Einige Regelungen zur Ausübungen außerhalb von Betriebsstätten finden sich nicht nur in § 50 GewO, sondern auch an anderen Stellen in der GewO.

Gem § 50 Abs 1 Z 7 GewO dürfen auf Märkten Waren verkauft und Bestellungen entgegengenommen werden. Davon erfasst sind auch marktähnliche Veranstaltungen wie Gelegenheitsmärkte. Ein Adventmarkt ist ein Gelegenheitsmarkt, weil er nur gelegentlich aus einem besonderen Anlass abgehalten wird (§ 286 Abs 2 GewO). Da der Markt auch ordnungsgemäß bewilligt ist (§ 287 Abs 1 GewO), darf *T* ihre Waren auf Adventmärkten verkaufen.

C. Betriebsanlage

1. Bereits bestehende Betriebsgebäude

Lt SV wurden die Betriebsgebäude ordnungsgemäß bewilligt, weshalb davon auszugehen ist, das eine etwaige erforderliche Betriebsanlagenbewilligung vorliegt. Einer Betriebsanlagenbewilligung kommt dingliche Wirkung zu und wird durch den Wechsel des Anlageninhabers nicht berührt (§ 80 Abs 5 GewO). Die entsprechende Bewilligung der schon bestehenden Betriebsgebäude liegt daher weiterhin vor.

2. Erweiterung um einen Außenbereich

a. Qualifikation als Gastgarten

Die Erweiterung um einen Außenbereich könnte als ein Gastgarten einzuordnen sein, der lediglich einer Anzeigepflicht unterliegen würde, wenn die in § 76a GewO genannten Voraussetzungen erfüllt sind.

Gastgärten definiert die Lit als „im Freien gelegene, unmittelbar an ein Gastlokal anschließende oder etwas entfernt liegende Betriebsflächen, auf denen vom angrenzenden Gastlokal aus Speisen oder Getränke an Gäste ausgegeben werden" (*Forster* in Ennöckl/Raschauer/ Wessely, GewO § 76a [Stand 1.1.2015, rdb.at] Rz 17 mwN). Dies trifft auf den geplanten Außenbereich zu, weshalb die Anforderungen des § 76a GewO zu prüfen sind:

Für diese Beurteilung sind die Voraussetzungen des § 76a Abs 1 GewO heranzuziehen, weil der Außenbereich an einer öffentlichen Straße und somit an einer öffentlichen Verkehrsfläche angrenzt.

> Würde der Außenbereich weder an einer öffentlichen Verkehrsfläche noch an einem öffentlichen Grund angrenzen, sind die Vorgaben des § 76a Abs 2 GewO zu beachten. Der wesentliche Unterschied liegt darin, dass dann nur bei einem Betrieb bis 22 Uhr eine Anzeige ausreicht (beachte aber die Möglichkeit der Gemeinde dazu eine abweichende Verordnung zu erlassen, § 76a Abs 9 GewO, vgl auch § 337 GewO).

Ts Gastgarten wird nur bis 22:30 Uhr und damit nicht über 23 Uhr hinaus betrieben. Es werden ausschließlich Speisen und Getränke verabreicht, womit § 76a Abs 1 Z 1 GewO erfüllt ist. Darüber hinaus bietet der Außenbereich lediglich 60 Personen Platz, weshalb der Maximalwert von 75 Verabreichungsplätzen nicht überschritten wird (Z 2 leg cit). Zudem weisen Schilder die Gäste an, sich ruhig zu verhalten. Es ist daher davon auszugehen, dass die Vorgaben von Z 3 leg cit erfüllt werden. Aufgrund gegenteiliger Anhaltspunkte im SV ist außerdem davon auszugehen, dass Z 4 leg cit ebenfalls erfüllt wird, indem die gem § 74 Abs 2 GewO wahrzunehmenden Interessen hinreichend geschützt und Belastungen der Umwelt (§ 69a GewO) vermieden werden.

b. Anzeigepflicht gem § 76a GewO vs. Änderung der Betriebsanlage gem § 81 Abs 3 GewO

Nach dem Grundsatz der Einheit der Betriebsanlage sind alle Einrichtungen und sonstigen im örtlichen und zeitlichen Zusammenhang mit der Betriebsanlage bestehende Anlagenobjekte als Teil der Betriebsanlage anzusehen. Der geplante Außenbereich ist als Gastgarten jedenfalls Teil der schon bestehenden Betriebsanlage.

Deshalb liegt in der Eröffnung eines Gastgartens grds eine Änderung – da Erweiterung – der bereits genehmigten Betriebsanlage (s Punkt I.C.1.). Die Genehmigungspflicht von Änderungen einer Betriebsanlage richtet sich grds nach § 81 GewO. Doch die Anwendbarkeit des § 81 GewO ist in diesem Fall fraglich, weil mit § 76a GewO eine Regelung speziell für Gastgärten besteht. Zwar stellt § 76a GewO nicht ausdrücklich auf die Änderung einer Betriebsanlage ab, sondern bloß auf Gastgärten per se. Jedoch bliebe nach Ansicht der Verfasserin für § 76a GewO kaum ein Anwendungsbereich, würde man die Bestimmung lediglich auf die Neuerrichtung einer Betriebsanlage in Form eines Gastgartens anwenden. Immerhin gibt es wohl kaum Gastgärten ohne eine dazugehörige Küche oder ein Lokal im Inneren eines Gebäudes, die im Regelfall einer Genehmigungspflicht – ggf im vereinfachten Verfahren – unterliegen. Somit unterliegt auch im gegenständlichen Fall die Erweiterung um einen Gastgarten nach dem Anzeigeverfahren gem § 76a Abs 3 GewO, weil sie als speziellere Regelung dem § 81 GewO vorgeht.

Der Betrieb des Gastgartens darf ab dem Zeitpunkt der Erstattung der vollständigen Anzeige aufgenommen werden.

II. *Gs* Tätigkeit als Callboy

A. Anwendungsbereich

Gem § 1 GewO unterliegen grds alle gewerbsmäßig ausgeübten Tätigkeiten der GewO. *G* übt die Tätigkeit auf eigene Rechnung und Gefahr aus und trägt auch das Unternehmerrisiko (§ 1 Abs 3 GewO). Auch Regelmäßigkeit liegt vor, weil *G* schon seit seinem Studium als Callboy arbeitet und daher von einer Fortsetzungs- und Wiederholungsabsicht auszugehen ist (§ 1 Abs 4 GewO). *G* handelt jedenfalls seit Abschluss seines Studiums mit Ertragserzielungsabsicht, da er damit den Großteil seines Einkommens erzielt. (§ 1 Abs 2 GewO). Eine Ausnahme vom Anwendungsbereich gem §§ 2-4 GewO ist nicht ersichtlich.

Allerdings ist fraglich, ob die Tätigkeit als Callboy überhaupt erlaubt ist. Dies ist nach der Gesamtbetätigung zu beurteilen und kann sich sowohl aus dem Strafrecht als auch aus dem bürgerlichen Recht ergeben. Der Auszug aus dem Strafgesetz 1852 zeigt, dass bis Ende 1974 die Prostitution für Frauen strafgesetzlich verboten war. Aus dem Anhang geht ebenso hervor, dass sich zurzeit keine derartige Bestimmung im StGB findet. Fraglich ist somit, nach welchem Zeitpunkt sich die Beurteilung zu richtet. Teile der Lit sowie die Rsp gehen davon aus, dass Prostitution als eine im Versteinerungszeitpunkt verbotene Tätigkeit nicht vom gewerberechtlichen Kompetenztatbestand des Art 10 Abs 1 Z 8 B-VG erfasst ist und sie damit nicht der GewO unterfällt. Nach einer anderen Ansicht sind nur jene Tätigkeiten vom Kompetenztatbestand ausgeschlossen, die nach dem jeweiligen Stand der Gesetze verboten sind (*Pöschl*, System der GewO [2016] Rz 48 mwN). Zwar steht Prostitution nicht mehr unter Strafe, doch könnten Verträge zivilrechtlich als sittenwidrig eingestuft werden (was in der jüngeren Rsp des OGH verneint wurde, s OGH 18.4.2012, 3 Ob 45/12g). Uneinig ist sich die Lit nämlich auch dahingehend, ob nur Strafen nach dem StGB bzw Tätigkeiten, die mit einer Verwaltungsstrafe bedroht sind, oder ob auch nach den zivilrechtlichen Bestimmungen sittenwidrige Tätigkeiten „verboten" iSd § 1 Abs 1 GewO sind und auf welchen Zeitpunkt diesbezüglich abzustellen wäre. So wurde die Prostitution durch männliche Personen nicht vom Strafgesetz 1852 erfasst, doch ist nicht auszuschließen, dass man sie damals sittenwidrig erachtet hätte (die Verfasserin ist dieser Frage mangels Entscheidungserheblichkeit nicht näher nachgegangen, s sogleich). Nach der hier vertretenen Auffassung ist sowohl hinsichtlich zivilrechtlicher als auch strafrechtlicher Verbote auf den gegenwärtigen Stand der Gesetze abzustellen. *Gs* Tätigkeit ist daher nicht gem § 1 Abs 1 GewO verboten und unterliegt daher der gewerberechtlichen Bestimmungen.

> Nicht entscheidend ist, ob Sie mit den hier angeführten Literaturansichten und der Rsp vertraut sind. Wichtig ist, dass Sie die in der Angabe vorhandenen Informationen aufgreifen, das Grundproblem erkennen, dieses diskutieren und sich schließlich für eine Variante entscheiden.

B. Gewerberechtliche Zulässigkeit

G besitzt lt SV keine Niederlassung im Inland, weil er in Italien wohnt. Allerdings trifft § 51a GewO für diesen Fall eine Sonderregelung. *G* ist als italienischer Staatsbürger mit Wohnsitz in der Region Trentino-Südtirol vom Anwendungsbereich der Bestimmung erfasst. Er erbringt seine Dienstleistungen auch auf Bestellung, als er diesem im Voraus telefonisch vereinbart. Darüber hinaus beschränkt er sich in geographischer Hinsicht auf das Bundesland Tirol und da lt SV Österreichern in Italien das gleiche Recht eingeräumt wird, darf *G* seine Tätigkeit als Callboy entsprechend ausüben. Die Aufnahme und Ausübung der Tätigkeit muss nicht angezeigt oder genehmigt werden.

Die GewO kennt mehrere Bestimmungen, die eine grenzüberschreitende Dienstleistungserbringung erlauben und damit keine inländische Niederlassung verlangen. Dazu gehört die praktisch unbedeutende Regelung des § 51 GewO für WTO-Dienstleister, der hier anwendbare § 51a GewO für Accordino-Dienstleister sowie die §§ 373a f GewO.

Der vorliegende Fall könnte auch auf Basis des § 373a GewO gelöst werden. Jedoch ist § 51a GewO in seinem Anwendungsbereich großzügiger, als er die Dienstleistungserbringung nicht auf „vorübergehend und gelegentlich" erbrachte Dienstleistungen beschränkt.

Fall 2

Wieselburger Zapfhähne

Gewerbliches Berufs- und Betriebsanlagenrecht | Baurecht

Alice Lea Nikolay

Lina (L) ist Juristin an der BH Scheibbs (Niederösterreich) im Bereich Wirtschaft und Umwelt. Sie bearbeitet derzeit unter anderem einen Antrag auf Errichtung und Betrieb einer neuen Tankstelle. Auf dieser sollen klassische Betriebsstoffe für Kraftfahrzeuge, wie Diesel und Benzin, verkauft werden. Der Antragsteller *Alfred (A)* verfügt bereits über eine aufrechte Gewerbeberechtigung für das Betreiben einer Tankstelle. *A* möchte seine neue Tankstelle mit vier überdachten Zapfsäulen und einem kleinen Shop (75 m² Verkaufsfläche) auf einer 1000 m² großen, im Flächenwidmungsplan als „Verkehrsfläche" ausgewiesenen Fläche im Gebiet der Gemeinde Wieselburg (Bezirk Scheibbs, Niederösterreich) errichten und betreiben. *A* hat bei der BH Scheibbs bereits einen Antrag auf Erteilung einer Betriebsanlagengenehmigung gestellt und diesem alle erforderlichen Unterlagen angeschlossen. Er hofft, dass sich die Tankstelle hoher Beliebtheit erfreuen und gut besucht sein wird und dass die in der Umgebung wohnenden Personen über die von der Tankstelle ausgehenden Geräusche und Gerüche hinwegsehen werden können. Weitere Anträge für die Realisierung dieses Projekts wurden bisher noch bei keiner Behörde eingebracht.

Laut Betriebsbeschreibung soll die Tankstelle täglich von 6-24 Uhr geöffnet sein. Im Shop, der als klassischer „Tankstellenshop" geplant ist, sollen die Bezahlvorgänge für die Treibstoffabgabe abgewickelt und während der Betriebszeiten auch Heizöl, Grillkohle, Grillkohleanzünder und Waren des üblichen Reisebedarfes sowie vorverpackte Lebensmittel verkauft werden. Damit Autofahrer auch in den Zeiten, in denen die Tankstelle geschlossen hat, zumindest einen kleinen Snack kaufen können, soll auf dem Betriebsgelände ein Automat aufgestellt werden, aus dem um jede Uhrzeit kalte nichtalkoholische Getränke in geschlossenen Gefäßen und einzeln verpackte Müsli- und Schokoriegel erhältlich sind.

L hat im Einklang mit den Vorgaben der Gewerbeordnung eine mündliche Verhandlung anberaumt. Zu dieser erscheint – neben *L, A* sowie den erforderlichen amtlichen Sachverständigen – auch *Nils (N)*, der Eigentümer eines an das geplante Tankstellenareal angrenzenden Wohnhauses ist. Dieser bringt seinen Unmut gegen das Projekt zu Protokoll: Die Behörde solle „an die arme Umwelt denken", außerdem „gibt es in Wieselburg schon so viele Tankstellen" und überhaupt fürchte er eine „erhöhte Lärmbelästigung durch die Tankstelle". Das Projekt wird umfassend erörtert und die Sachverständigen erstatten ihre Gutachten: Laut der lärmschutztechnischen Sachverständigen wird die zu erwartende Lärmbelästigung voraussichtlich das in einem Wohngebiet zumutbare Maß an Lärm übersteigen, der Sachverständige für Verkehrstechnik stellt keine Beeinträchtigung des Verkehrs fest. *L* schließt letztendlich die mündliche Verhandlung und teilt *A* mit, sie „würde sich bemühen, innerhalb der nächsten sechs Monate eine Entscheidung zu fällen".

Aufgabe: Verfassen Sie ein Rechtsgutachten, das auf alle im Sachverhalt angesprochenen gewerbe- und baurechtlichen Fragestellungen eingeht!

Öffnungszeitengesetz 2003
idF BGBl I 62/2007

Geltungsbereich
§ 1

(1) Die Bestimmungen dieses Bundesgesetzes gelten, sofern sich nicht nach § 2 anderes ergibt, für alle ständigen und nichtständigen für den Kleinverkauf von Waren bestimmten Betriebseinrichtungen (Läden und sonstige Verkaufsstellen) von Unternehmungen, die der Gewerbeordnung 1994 (GewO 1994) unterliegen.

(2) Als Betriebseinrichtung im Sinne des Abs. 1 gelten auch alle Einrichtungen und Veranstaltungen der im Abs. 1 genannten Unternehmungen, bei denen Warenbestellungen im Kleinverkauf entgegengenommen werden.

(3) Die Bestimmungen dieses Bundesgesetzes gelten auch für die Kleinverkaufsstellen der land- und forstwirtschaftlichen Erwerbs- und Wirtschaftsgenossenschaften, deren Tätigkeit lediglich gemäß § 2 Abs. 1 Z 4 GewO 1994 von deren Bestimmungen ausgenommen ist.

§ 2

(1) Von den Bestimmungen dieses Bundesgesetzes sind ausgenommen

1. die Warenabgabe aus Automaten;

2. der Warenverkauf im Rahmen eines Gastgewerbes in dem im § 111 Abs 4 Z 4 GewO bezeichneten Umfang und eines Konditorgewerbes in dem im § 150 Abs 11 GewO 1994 bezeichneten Umfang;

3. Tankstellen für den Verkauf von Betriebsstoffen für Kraftfahrzeuge sowie für den Kleinverkauf von im § 157 Abs 1 Z 2 GewO 1994 angeführten Waren nach Maßgabe des § 157 Abs 2 GewO 1994;

[…]

Allgemeine Offenhaltezeiten an Werktagen
§ 4

(1) Die Verkaufsstellen (§ 1) dürfen, soweit sich nicht nach den folgenden Bestimmungen anderes ergibt, an Montagen bis Freitagen von 6 Uhr bis 21 Uhr, an Samstagen von 6 Uhr bis 18 Uhr offen gehalten werden. […]

NÖ Bau-Übertragungsverordnung 2017 („NÖ BÜV") idF LGBl 25/2022

§ 1

Die Angelegenheiten der örtlichen Baupolizei bei gewerblichen Betriebsanlagen, die einer Genehmigung durch die Gewerbebehörde bedürfen, werden aus dem eigenen Wirkungsbereich folgender Gemeinden auf nachfolgende Bezirkshauptmannschaften zur Besorgung übertragen, wobei die im § 3 genannten Angelegenheiten ausgenommen sind. Die Übertragung bezieht sich auf das gesamte Vorhaben auch wenn dieses nur teilweise der gewerbebehördlichen Genehmigungspflicht unterliegt, soweit bautechnisch ein untrennbarer Zusammenhang mit der gewerblichen Betriebsanlage besteht.

Gemeinde	Bezirkshauptmannschaft	ab
[…]		
Wieselburg	Scheibbs	1. Jänner 2017
[…]		

Lösung

Aufgabe: Verfassen Sie ein Rechtsgutachten, das auf alle im Sachverhalt angesprochenen gewerbe- und baurechtlichen Fragestellungen eingeht!

Wenn Sie – wie im vorliegenden Fall – eine offene Fragestellung bearbeiten, ist der Ausgangspunkt der Falllösung eine Aufbereitung des SV. Strukturieren Sie daher zunächst den SV in unterschiedliche Problemkreise und bearbeiten Sie diese auch getrennt voneinander. Sie brauchen in Ihrer Lösung dann keine allgemeinen Ausführungen zu den abgeprüften Rechtsgebieten machen, sondern sollen ausschließlich auf die im SV aufgeworfenen Fragestellungen eingehen. Für den vorliegenden Fall empfiehlt es sich, zunächst nach Rechtsgebieten (Gewerberecht und Baurecht) aufzuteilen. Innerhalb des Gewerberechts ist eine weitere Untergliederung in Berufs- und Betriebsanlagenrecht sinnvoll.

I. Gewerberecht

A. Anwendungsbereich

Bevor beurteilt werden kann, welche Anforderungen die GewO an den vorliegenden SV stellt, ist die Anwendbarkeit derselben zu prüfen: Gem § 1 Abs 1 GewO gilt diese für alle gewerbsmäßig ausgeübten und nicht gesetzlich verbotenen Tätigkeiten, soweit keine Ausnahme gem §§ 2 bis 4 GewO vorliegt. Das Betreiben einer Tankstelle fällt weder unter die Ausnahmen der §§ 2 bis 4 GewO, noch ist es gesetzlich verboten. A plant, die Tankstelle gewerbsmäßig iSd § 1 Abs 2 GewO, also selbstständig, regelmäßig und mit Ertragsabsicht zu betreiben. Selbstständigkeit iSd § 1 Abs 3 GewO liegt vor, wenn eine Tätigkeit auf eigene Rechnung und Gefahr ausgeübt wird. Da A lt SV eine neue Tankstelle „errichten und betreiben" möchte, woraus ableitbar ist, dass er dies auf sein eigenes wirtschaftliches Risiko hinaus plant, ist das Tatbestandsmerkmal der Selbstständigkeit erfüllt. Zudem soll das Tankstellengeschäft auch regelmäßig iSd § 1 Abs 4 GewO betrieben werden, weil der SV keine Hinweise auf eine bloße Einmaligkeit der Tätigkeit enthält und der Umfang der Neuinvestitionen auf eine länger dauernde Tätigkeit schließen lässt. Ertragsabsicht bedeutet, dass die Tätigkeit auf die Erlangung eines wirtschaftlichen Vorteils ausgerichtet ist. Beim entgeltlichen Anbieten von Kraftstoffen ist eine Ertragsabsicht zu vermuten. Im Übrigen verfügt A lt SV bereits über eine aufrechte Gewerbeberechtigung, was die Gewerbsmäßigkeit bereits indiziert. Der Anwendungsbereich der GewO ist daher eröffnet.

B. Berufsrecht

Die GewO enthält allgemeine und besondere Voraussetzungen für die Ausübung von Gewerben. Da A lt SV bereits über eine Gewerbeberechtigung verfügt, ist auch davon auszugehen, dass er die allgemeinen Voraussetzungen der §§ 8 ff GewO jedenfalls erfüllt. Ob er für die Ausübung der von ihm angestrebten Tätigkeiten besondere Voraussetzungen zu erfüllen hat, ist für jede beabsichtigte Tätigkeit individuell zu beurteilen.

Um strukturiert zu prüfen, ob das gewerbliche Berufsrecht bestimmte Anforderungen an die Aufnahme und Ausübung der angestrebten Tätigkeiten stellt (insb die Erbringung eines Befähigungsnachweises), empfiehlt es sich, den SV nochmals zu lesen und aufzugliedern. Überlegen Sie sich, was der Protagonist im SV konkret „tun" möchte. Die Lösung lässt sich dann gut nach den unterschiedlichen angestrebten Tätigkeiten strukturieren.

1. Betreiben einer Tankstelle

Die gewerbsmäßige Abgabe von Kraftfahrstoffen im Rahmen eines Tankstellenbetriebs stellt ein freies Gewerbe gem § 5 Abs 2 GewO dar, weil es nicht in der taxativen Liste des § 94 GewO aufgezählt ist. Lt SV verfügt *A* für dieses Gewerbe bereits über eine aufrechte Gewerbeberechtigung. Er kann daher jedenfalls rechtskonform Betriebsstoffe für Kraftfahrzeuge verkaufen. Fraglich ist, inwieweit die weiteren angestrebten Tätigkeiten (der Verkauf bestimmter Gegenstände im Tankstellenshop und das Aufstellen eines Snackautomaten) von der bestehenden Gewerbeberechtigung des *A* gedeckt sind.

Für den Umfang der Gewerbeberechtigung ist gem § 29 GewO grds der Wortlaut der Gewerbeanmeldung maßgebend; dies gilt nicht bei bei sensiblen (zuverlässigkeitsprüfungspflichtigen) Gewerben, wo der Wortlaut des Feststellungsbescheids gem § 340 Abs 2 GewO maßgeblich ist. Die GewO räumt Gewerbetreibenden (in Form von „fächerübergreifenden Leistungen verbundener Gewerbe" gem § 30 GewO, „einfachen Tätigkeiten von reglementierten Gewerben" gem § 31 Abs 1 GewO und „Nebenrechten" gem § 32 ff GewO) aber teilweise zusätzlich (über die Kerntätigkeit hinausgehende) Befugnisse ein. Für bestimmte Gewerbe sind weitere Nebenrechte in speziellen Bestimmungen der GewO enthalten (vgl § 150 GewO für reglementierte Gewerbe und §§ 151 ff GewO für freie Gewerbe).

§ 157 GewO enthält Sondervorschriften für den Betrieb von Tankstellen. Demnach sind Gewerbetreibende, die eine Tankstelle betreiben, berechtigt, bestimmte weitere Tätigkeiten (als Nebenrechte) auszuüben. Dazu zählen gem § 157 Abs 1 lit a, c und d GewO der Verkauf von Heizöl, Grillkohle, Grillkohleanzünder, Waren des üblichen Reisebedarfs und vorverpackt gelieferten Lebensmitteln während der Betriebszeiten der Tankstelle. Daher ist der Verkauf dieser Waren im Rahmen des Tankstellenbetriebs durch *A* gewerberechtlich grds zulässig. § 157 Abs 2 GewO regelt aber, dass die dem Verkauf von Waren gewidmete Fläche 80 m² nicht übersteigen darf, der Charakter des Tankstellenbetriebs gewahrt werden muss und grds keine Räumlichkeiten verwendet werden dürfen, die ausschließlich dem Warenverkauf dienen. Diese Voraussetzungen werden lt SV eingehalten: Der Tankstellenshop soll eine Fläche von bloß 75 m² aufweisen und der Charakter einer Tankstelle soll gewahrt werden, weil lt SV ein „klassischer Tankstellenshop" geplant ist. Die verwendeten Räumlichkeiten dienen außerdem nicht ausschließlich dem Warenverkauf, weil der Shop auch für die Abwicklung der Bezahlvorgänge im Rahmen der Treibstoffabgabe notwendig ist. Damit werden die gesetzlichen Vorgaben der GewO für das Betreiben einer Tankstelle mit den angestrebten Tätigkeiten eingehalten.

2. Aufstellen eines Snackautomaten

Das Aufstellen eines Snackautomaten ist hingegen nicht von der Gewerbeberechtigung für den Tankstellenbetrieb gedeckt. Es handelt sich beim Snackverkauf durch Automaten weder um eine in § 157 GewO angeführte Tätigkeit, noch um die Kerntätigkeit der Abgabe von Betriebsstoffen an Kraftfahrer. Der selbstständige, regelmäßige und mit Ertragsabsicht ausgeübte Verkauf von Lebensmitteln und nichtalkoholischen Getränken aus einem Automaten stellt einen Kleinhandel von Lebensmitteln dar, für den eine gesonderte Gewerbeberechtigung erforderlich ist. Es handelt sich im vorliegenden Fall auch nicht um „den Ausschank von nichtalkoholischen Getränken […] wenn der Verkauf durch Automaten erfolgt", der gem § 111 Abs 2 Z 6 GewO ein Gastgewerbe darstellen würde, weil diese Bestimmung nur auf den „Ausschank und Verkauf dieser Getränke in unverschlossenen Gefäßen" anwendbar ist. Lt SV werden verschlossene Gefäße und verpackte Snacks verkauft. Die Abgabe paketierter Waren durch Automaten stellt keine „Verabreichung", sondern eine Handelstätigkeit dar, die nicht als Gastgewerbe zu qualifizieren ist. Aus dem SV ist nicht ersichtlich, dass *A* bereits über eine Gewerbeberechtigung für das Handelsgewerbe verfügt. Das Handelsgewerbe stellt allerdings ein freies Gewerbe gem § 5 Abs 2 GewO dar, das *A* gem § 5 Abs 1 GewO bereits mit der Anmeldung ausüben darf.

Nicht einschlägig ist im vorliegenden Fall § 52 Abs 1 GewO für die Aufstellung von Automaten, die für die Selbstbedienung durch Kunden außerhalb von Betriebsstätten bestimmt sind. Nach dieser Bestimmung haben Gewerbetreibende die Aufstellung von solchen Automaten außerhalb des Standortes oder einer weiteren Betriebsstätte iSd § 46 Abs 3 GewO der Bezirksverwaltungsbehörde anzuzeigen. Da der Automat im vorliegenden Fall allerdings „am Standort" aufgestellt werden soll, ist § 52 Abs 1 GewO nicht anwendbar.

> Die Ausübung eines Gewerbes ist grds an den Standort der Anmeldung gebunden, wobei Gewerbetreibende gem § 46 Abs 1 GewO dazu berechtigt sind, ihr Gewerbe auch in anderen Betriebsstätten auszuüben. Voraussetzung ist in der Regel eine Anzeige an die Gewerbebehörde (vgl § 46 Abs 2 GewO). Die GewO kennt auch „Gewerbliche Tätigkeiten außerhalb von Betriebsstätten" (vgl §§ 50 ff GewO), worunter auch das „dislozierte Automatengewerbe" iSd § 52 Abs 1 GewO fällt. Freilich gilt die Sonderbestimmung für die Aufstellung eines dislozierten Automaten auch nur für Gewerbetreibende, die eine entsprechende Gewerbeberechtigung für das Gewerbe, das mittels eines Automaten ausgeübt werden soll, haben.

C. Betriebsanlagenrecht

> Nachdem Sie zunächst die berufsrechtlichen Fragestellungen bearbeitet haben, ist nun auf die betriebsanlagenrechtlichen Probleme im SV einzugehen. Dabei empfiehlt sich, zunächst einmal zu prüfen, ob überhaupt eine gewerbliche Betriebsanlage vorliegt (Punkt 1.). Bejahen Sie dies, ist zu prüfen, ob diese nach den Regeln der GewO genehmigungspflichtig sowie ob allenfalls ein besonderes Verfahren anzuwenden ist (Punkt 2.). Anschließend sind im konkreten Fall, weil lt SV bereits ein Verfahren eingeleitet wurde, Aussagen zur Rechtskonformität des Verfahrensablaufs zu treffen (Punkt 3.). Schließlich ist noch die Genehmigungsfähigkeit des konkreten Vorhabens zu beurteilen (Punkt 4.).

1. Gewerbliche Betriebsanlage

Gem § 74 Abs 1 GewO ist eine gewerbliche Betriebsanlage jede örtlich gebundene Einrichtung, die der Entfaltung einer gewerblichen Tätigkeit nicht bloß vorübergehend zu dienen bestimmt ist. Dass das Betreiben einer Tankstelle eine gewerbliche Tätigkeit darstellt, wurde oben bereits geklärt und bejaht. Der SV enthält außerdem keinerlei Anhaltspunkte, dass die Tankstelle bloß vorübergehend errichtet werden soll. Schließlich ist eine Tankstelle mit vier Zapfsäulen und einem Shop jedenfalls örtlich gebunden, weshalb hier insgesamt das Vorliegen einer gewerblichen Betriebsanlage zu bejahen ist. Der auf dem Betriebsgelände der Tankstelle aufzustellende Snackautomat bildet eine Maschine dieses Tankstellenbetriebs und ist daher als Teil der gesamten Betriebsanlage im Genehmigungsverfahren mitzubeurteilen.

2. Genehmigungspflicht

Wenn Sie geklärt haben, dass grds eine gewerbliche Betriebsanlage vorliegt, ist in einem nächsten Schritt zu untersuchen, welche „Art" von Betriebsanlage vorliegt. Anhand daran lässt sich beurteilen, ob die Anlage genehmigungspflichtig ist und ob allenfalls ein besonderes Verfahren zur Anwendung gelangt. Die GewO unterscheidet nicht genehmigungspflichtige Betriebsanlagen, Bagatellanlagen, Normalanlagen, Seveso-Anlagen und IPPC-Anlagen. Suchen Sie daher im SV nach Hinweisen auf bestimmte im Betrieb verwendete Stoffe (Seveso!), besondere Umwelteinwirkungen (IPPC!) oder eine besondere „Harmlosigkeit" der ausgeübten Tätigkeiten (genehmigungsfrei!) bzw geringe Größe und Immissionsintensität (Bagatellanlage!).

Gem § 74 Abs 2 GewO darf eine gewerbliche Betriebsanlage, wenn sie wegen der Verwendung von Maschinen und Geräten, wegen ihrer Betriebsweise, wegen ihrer Ausstattung oder sonst geeignet ist, die in § 74 Abs 2 Z 1 bis 5 GewO umschriebenen Schutzgüter zu beeinträchtigen, nur mit Genehmigung der Behörde errichtet oder betrieben werden. Konkret ist durchaus zu befürchten, dass eine Tankstelle aufgrund ihrer Betriebsweise abstrakt dazu geeignet ist, die Nachbarn durch Geruch oder Lärm zu belästigen (Z 2 leg cit) oder womöglich auch die Sicherheit, Leichtigkeit und Flüssigkeit des Verkehrs zu beeinträchtigen (Z 4 leg cit). Das ergibt sich auch aus der Angabe, indem lt SV der Antragsteller von der Anlage ausgehende Geruchs- und Lärmimmissionen antizipiert. Dass die Anlage dazu geeignet ist, die Verkehrssituation zu beeinflussen ergibt sich ebenfalls aus dem SV: Der Antragsteller hofft, dass diese „gut besucht sein würde", woraus abzuleiten ist, dass mit einer erhöhten Zufahrt von Kraftfahrzeugen zur Tankstelle gerechnet wird. Es handelt sich daher um eine genehmigungspflichtige Anlage; die abstrakte Eignung zur Schutzgutbeeinträchtigung reicht für die Genehmigungspflicht der Anlage aus.

Die vorliegende Betriebsanlage ist in keinem besonderen Verfahren zu genehmigen: Die Voraussetzungen für die Durchführung eines Bagatellanlagenverfahrens liegen nicht vor, weil das Ausmaß der Betriebsflächen lt SV die in § 359b Abs 1 Z 2 GewO genannten 800 m² übersteigt und Tankstellen auch nicht in der BagatellanlagenV genannt sind. Ebenso finden sich im SV keine Hinweise auf das Erfordernis der Durchführung eines IPPC-Verfahrens oder das Vorliegen einer Seveso-Anlage.

Die Tankstelle stellt daher eine Normalanlage dar. Es ist ein ordentliches Genehmigungsverfahren gem §§ 74, 77 iVm § 353 ff GewO zu führen.

3. Betriebsanlagengenehmigungsverfahren

Das Verfahren zur Erlangung der Genehmigung zur Errichtung und des Betriebs einer gewerblichen Betriebsanlage ist ein antragsbedürftiges Verwaltungsverfahren. Dem Antrag auf Genehmigung einer Betriebsanlage sind die in § 353 GewO genannten Unterlagen anzuschließen. Lt SV wurde der Antrag inkl der erforderlichen Unterlagen bereits bei der BH Scheibbs gestellt. Es ist zu prüfen, ob diese auch zu dessen Behandlung zuständig ist.

a. Zuständigkeit der Gewerbebehörde

Sachlich zuständige Behörde ist gem § 333 Abs 1 GewO in gewerberechtlichen Angelegenheiten grds die Bezirksverwaltungsbehörde. Da es keine ausdrückliche andere Bestimmung über die sachliche Zuständigkeit in Angelegenheiten betreffend Betriebsanlagen gibt, ist für die Behandlung des Antrags eine Bezirksverwaltungsbehörde sachlich zuständig.

Die örtliche Zuständigkeit ist mangels Spezialvorschrift in der GewO nach den allgemeinen Regeln des AVG zu bestimmen. Gem § 3 Z 1 AVG richtet sich diese in Sachen, die sich auf ein unbewegliches Gut beziehen, nach der Lage des Gutes. Die Tankstelle soll in Wieselburg im Bezirk Scheibbs betrieben werden. Es ist daher die im Bezirk Scheibbs eingerichtete Bezirksverwaltungsbehörde zuständig.

Die BH Scheibbs ist daher die sachlich und örtlich zuständige Gewerbebehörde. Der Antrag wurde bei der richtigen Behörde eingebracht.

b. Mündliche Verhandlung

§ 356 GewO enthält besondere Kundmachungsvorschriften für die Anberaumung mündlicher Verhandlungen in Verfahren betreffend Betriebsanlagen. Da die Anberaumung der mündlichen Verhandlung lt SV „im Einklang mit den Vorgaben der Gewerbeordnung" erfolgt ist, sind in dem Zusammenhang keine Fragestellungen zu prüfen.

> Die Durchführung einer mündlichen Verhandlung im Betriebsanlagenverfahren ist in der GewO nicht zwingend vorgesehen. In der Regel wird eine mündliche Verhandlung in betriebsanlagenrechtlichen Angelegenheiten aber durchgeführt, weil diese maßgeblich zur Ermittlung des Sachverhalts beitragen und außerdem die Präklusionswirkung des § 42 AVG herbeiführen kann.

Nun sind die Vorkommnisse der mündlichen Verhandlung zu beurteilen. Lt SV erscheint N, der lt SV unstrittig als Nachbar gem § 75 Abs 2 GewO zu qualifizieren ist, weil er als Eigentümer des an die Betriebsfläche angrenzenden Wohnhauses durch die Errichtung und den Betrieb der Tankstelle belästigt werden könnte. Nachbarn iSd § 75 Abs 2 GewO sind gem § 8 AVG Parteien des Genehmigungsverfahrens, weil sie nach der GewO subjektiv-öffentliche Rechte darauf haben, dass die von gewerblichen Betriebsanlagen ausgehenden Gefährdungen vermieden und von ihnen ausgehende Belästigungen auf ein zumutbares Maß beschränkt werden. Zur Aufrechterhaltung der Parteistellung müssen Nachbarn aber rechtzeitig zulässige Einwendungen erheben, ansonsten kommt es zur (Teil)Präklusion. Die konkret von *N* vorgebrachten Einwendungen sind gem § 42 Abs 1 AVG jedenfalls rechtzeitig, da der Nachbar diese lt SV während der mündlichen Verhandlung erhebt. Sie sind allerdings teilweise unzulässig: Die Befürchtungen der Beeinträchtigung der Umwelt sowie des mangelnden Bedarfs an der Errichtung einer Tankstelle sind keine in § 74 Abs 2 Z 1 oder 2 GewO aufgeführten subjektiven Rechte der Nachbarn. Die Behörde hätte diese Einwendungen des Nachbarn als unzulässig zurückzuweisen. Bei der befürchteten Lärmbelästigung handelt es sich um das Vorbringen der Verletzung in einem subjektiv-öffentlichen Recht gem § 74 Abs 1 Z 2 GewO und daher um eine zulässige rechtserhebliche Einwendung, über die die Behörde im Bescheid abzusprechen hat. Dieser ist gem § 359a Abs 1 GewO in Verfahren betreffend Betriebsanlagen längstens binnen vier Monaten nach Einlagen des Anbringens zu erlassen. Die Aussage, dass *L* sich bemühen werde, binnen sechs Monaten zu entscheiden, steht daher nicht im Einklang mit den gewerberechtlichen Vorschriften.

4. Genehmigungsfähigkeit

Bei der Genehmigung ist jedenfalls § 77 GewO anzuwenden, der vorschreibt, dass die Anlage zu genehmigen ist, wenn nach dem Stand der Technik und dem Stand der medizinischen und der sonst in Betracht kommenden Wissenschaften zu erwarten ist, dass Gefährdungen vermieden und Belästigungen auf ein zumutbares Maß beschränkt werden können. Dafür hat die Behörde erforderlichenfalls im Genehmigungsbescheid Auflagen vorzuschreiben. Konkret ist zu erwarten, dass eine lärmschutztechnische Auflage vorgesehen werden wird, weil lt SV derzeit zu erwarten ist, dass die von der Tankstelle ausgehende Lärmbelästigung das in einem Wohngebiet übliche Maß übersteigen wird. Mittels Auflagen kann sichergestellt werden, dass die Lärmemissionen auf ein zumutbares Maß beschränkt werden. Ist eine Beschränkung der Lärmemissionen durch Auflagen nicht möglich, wäre das Projekt nicht genehmigungsfähig. Unproblematisch ist im vorliegenden Fall auch, dass die von *A* beantragten Betriebszeiten die Offenhaltezeiten des Öffnungszeitengesetzes 2003 übersteigen: Die Warenabgabe aus Automaten (§ 2 Z 1) und Tankstellen für den Verkauf von Betriebsstoffen für Kraftfahrzeuge sowie für den Kleinverkauf (§ 2 Z 3) sind von den Bestimmungen des ÖffnungszeitenG ausgenommen. Im konkreten Fall finden sich keine Anhaltspunkte, die explizit gegen eine Genehmigung der Betriebsanlage sprechen würden (abgesehen von der befürchteten Lärmbelästigung, die aber wohl durch das Vorschreiben von Auflagen in einem zumutbaren Rahmen gehalten werden könnte), eine abschließende Beurteilung der gewerberechtlichen Genehmigungsfähigkeit der Tankstelle ist aber wie gesagt nicht möglich.

II. Baurecht

Im österreichischen Verwaltungsrecht gilt das Kumulationsprinzip: Erfüllt ein Vorhaben die tatbestandsmäßigen Voraussetzungen mehrerer Genehmigungs- bzw Bewilligungstatbestände nach unterschiedlichen Materiengesetzen, sind unabhängig voneinander mehrere Genehmigungen bzw Bewilligungen einzuholen. Die Aufgabenstellung verlangt auch eine Prüfung aller baurechtlichen Fragestellungen.

Die baurechtlichen Anforderungen an die Errichtung und den Betrieb der Tankstelle sind in der NÖ BO geregelt, die gem § 1 Abs 1 das Bauwesen im Land Niederösterreich regelt. Die NÖ BO ist im vorliegenden Fall anwendbar, weil die Tankstelle in Niederösterreich „errichtet", also „gebaut" werden soll.

A. Bewilligungspflicht

Um zu beurteilen, ob die zu errichtenden Objekte einer Baubewilligungspflicht unterliegen, muss in einem ersten Schritt geklärt werden, um was für Objekte es sich handelt (zB Bauwerk, Gebäude, Geschoß, Wand …). Anschließend ist zu klären, ob die Herstellung derartiger Objekte bewilligungs-, anzeige- oder meldepflichtig ist, oder ob keine derartige Pflicht besteht.

Bei den Zapfsäulen und der dazugehörigen Überdachung handelt es sich um Bauwerke gem § 4 Z 7 NÖ BO, weil diese mit dem Boden kraftschlüssig verbunden sind und die fachgerechte Herstellung dieser Objekte ein wesentliches Maß an bautechnischen Kenntnissen erfordert. Diese Objekte sind zugleich bauliche Anlagen iSd § 4 Z 6 NÖ BO, weil dazu alle Bauwerke, die nicht Gebäude sind, zählen. Der Tankstellenshop ist als Gebäude gem § 4 Z 15 NÖ BO zu qualifizieren, weil dieser ein oberirdisches Bauwerk darstellt, von Menschen betreten werden kann und wohl aus wenigstens zwei Wänden und einem Dach bestehen soll.

Diese Herstellung dieser Objekte sind jeweils baurechtlich bewilligungspflichtig, weil es sich um einen Neubau eines Gebäudes gem § 14 Z 1 NÖ BO sowie die Errichtung von baulichen Anlagen gem § 14 Z 2 NÖ BO handelt. Es liegt daher weder ein anzeigepflichtiges (§ 15 NÖ BO), ein meldepflichtiges (§ 16 NÖ BO) noch ein bewilligungs-, anzeige- und meldefreies Vorhaben (§ 17 NÖ BO) vor. A hat daher einen Antrag auf Erteilung einer Baubewilligung bei der zuständigen Behörde zu stellen, der auch die von § 18 NÖ BO geforderten Antragsbeilagen zu umfassen hat.

Deshalb ist zu prüfen, wer für die Bewilligung des konkreten Projekts aus baurechtlicher Sicht zuständig ist. Baubehörde erster Instanz ist gem § 2 Abs 1 NÖ BO grds der Bürgermeister bzw der Magistrat. Allerdings sind gem § 1 NÖ Bau-ÜbertragungsV 2017 Angelegenheiten der örtlichen Baupolizei bei gewerblichen Betriebsanlagen, die einer Genehmigung durch die Gewerbebehörde bedürfen, für bestimmte Gemeinden an die Bezirkshauptmannschaft übertragen.

Für gewerbliche Betriebsanlagen, die in der Gemeinde Wieselburg liegen, sind Angelegenheiten der örtlichen Baupolizei an die Bezirkshauptmannschaft Scheibbs übertragen. Da es sich im vorliegenden Fall um eine in der Gemeinde Wieselburg gelegene gewerbliche Betriebsanlage handelt (§ 3 Z 1 AVG, siehe oben, I.C.1., I.C.3.a.), ist die BH Scheibbs im konkreten Fall auch Baubehörde erster Instanz.

B. Bewilligungsfähigkeit

Im Rahmen der Prüfung der Bewilligungsfähigkeit eines Bauvorhabens hat die Baubehörde gem § 20 Abs 1 NÖ BO ua auch die Vereinbarkeit des Bauvorhabens mit der im Flächen-

Fall 2: Wieselburger Zapfhähne

widmungsplan ausgewiesenen Widmungskategorie zu prüfen. Lt SV ist die Fläche, auf der die Tankstelle errichtet und betrieben werden soll, eine Verkehrsfläche iSd § 19 NÖ ROG. Auf Verkehrsflächen dürfen gem § 19 Abs 3 NÖ ROG Bauwerke nur errichtet werden, wenn diese für die Nutzung gem § 19 Abs 1 und 2 NÖ ROG erforderlich sind. In § 19 Abs 2 NÖ ROG ist festgelegt, dass Tankstellen als spezielle Verwendung einer Verkehrsfläche im Flächenwidmungsplan näher bezeichnet und damit auf diesen Zweck eingeschränkt werden können. Auch die Errichtung von Kleinbauten (zB Verkaufskioske) ist gem § 19 Abs 3 NÖ ROG zulässig. Die Verwirklichung des Projekts ist daher grds raumordnungsrechtlich zulässig. Die Summe allfälliger Verkaufsflächen darf allerdings 80 m² nicht überschreiten. Da lt SV der Tankstellenshop eine Fläche von 75 m² haben soll, wird auch diese Anforderung des NÖ ROG eingehalten.

Allerdings ergibt sich aus dem SV, dass lediglich ein Antrag auf Erteilung einer Betriebsanlagengenehmigung bei der BH Scheibbs gestellt wurde. Für die baurechtliche Bewilligung ist ein gesonderter Antrag zu stellen (Kumulationsprinzip). Die Behörde hat im Rahmen ihrer Manuduktionspflicht gem § 13a AVG *A* darauf hinzuweisen, dass ein gesonderter Antrag auf Erteilung einer Baubewilligung zu stellen ist.

Die Behörde hat hingegen nicht die Möglichkeit, die baurechtliche Bewilligungsfähigkeit des Vorhabens unmittelbar im betriebsanlagenrechtlichen Genehmigungsverfahren „mitzuprüfen": Gem § 356b GewO werden zwar bestimmte Verwaltungsvorschriften, nach denen eine (weitere) materiellrechtliche Genehmigung für Errichtung, Betrieb oder Änderung einer gewerblichen Betriebsanlagen erforderlich ist, unmittelbar bei der Erteilung der betriebsanlagenrechtlichen Genehmigung mitangewendet („teilkonzentriertes Genehmigungsverfahren). Von dieser Konzentrationswirkung sind aber nur bundesgesetzliche Regelungen umfasst, was die Bauordnungen der Länder freilich ausschließt.

33

Fall 3

Alles für die Zukunft

Gewerbliches Betriebsanlagenrecht | Recht der UVP

Daniela Petermair

Mit dem Projekt „GrünAb2025" möchte die *AllesfürdieZukunft-GmbH (A)* im Bezirk Waidhofen an der Thaya in Niederösterreich eine verfahrenstechnische Anlage zur Herstellung von Biotreibstoff errichten. Über eine entsprechende Gewerbeberechtigung verfügt *A* bereits. Die Anlage soll ganzjährig mit einer Produktionskapazität von 12 000 t/Jahr betrieben werden. Um die Anlage kühlen zu können, möchte *A* aus dem vorbeifließenden öffentlichen Bach große Mengen Wasser entnehmen, was den Wasserlauf gefährden könnte.

A beantragt für die rechtskonforme Errichtung und den Betrieb der Anlage eine Genehmigung bei der zuständigen Behörde. Die Unterlagen für das Verfahren zur Genehmigung der Anlage werden ordnungsgemäß aufgelegt und auch die Kundmachung der mündlichen Verhandlung erfolgt rechtskonform.

Zur mündlichen Verhandlung erscheint *Nils (N)*. Ihm gehört ein Einfamilienhaus auf einem Nachbargrundstück, in dem aber sein Vater wohnt. *N* besucht seinen Vater aufgrund eines schon Jahrzehnte andauernden Familienstreits nie. Dessen ungeachtet ist *N* die Anlage aber ein „Dorn im Auge", da er befürchtet, die Lärmbelastung sei für das in der Familie vorhandene „besonders sensible Gehör unerträglich und mindere den Wert seiner Immobilie um ein Drittel". Tatsächlich ist davon auszugehen, dass die erheblichen, aber für normal empfindende Menschen noch zumutbaren Lärmemissionen der Anlage bei *N* aufgrund krankhaften Lärmüberempfindlichkeiten zu Kopfschmerzen führen würden, wenn er sich für längere Zeit im Nahbereich der Betriebsanlage aufhält.

Die Behörde erteilt unter Vorschreibung der erforderlichen Auflagen die Genehmigung für die Anlage zur Herstellung von Biotreibstoff, was in der Gemeindezeitung und im Internet bekannt gegeben wird. Die Mitglieder des Vereins *Viele für das Klima (V)*, einer seit 2012 gem § 19 Abs 7 UVP-G anerkannten Umweltorganisation, sind empört als sie von der Errichtung der Anlage in der Gemeindezeitung lesen. Sie sind der Auffassung, dass für die Anlage zusätzlich eine wasserrechtliche Bewilligung nach § 9 WRG gesondert eingeholt hätte werden müssen. Da aber in den letzten zwei Jahren die Mitgliederanzahl des Vereins auf 70 absank, waren Personalressourcen knapp und die Vereinsmitglieder mit einer Vielzahl privater Projekte anderweitig beschäftigt. Deshalb konnte *V* eine Beschwerde nicht bereits früher einbringen, möchte das jetzt aber nachholen. Auch *N* möchte gegen den Genehmigungsbescheid vorgehen und seinen Einwänden Gehör verschaffen. Darin wurden seine Einwände nämlich mit der Begründung abgewiesen, dass individuelle Überempfindlichkeiten laut Gesetz irrelevant seien und insoweit auf den Durchschnittsbürger abzustellen sei.

Daher reichen sowohl *N* als auch *V* einen Rechtsbehelf bei der zuständigen Behörde ein.

Aufgabe: Welche Rechtsmittelinstanz wird wie über die Rechtsbehelfe entscheiden? Prüfen Sie umfassend sowohl die Zulässigkeit als auch Begründetheit der eingelegten Rechtsmittel!

Wasserrechtsgesetz 1959 („WRG")
idF BGBl I 73/2018

§ 8 – Gemeingebrauch an öffentlichen und privaten Gewässern

(1) In öffentlichen Gewässern ist der gewöhnliche ohne besondere Vorrichtungen vorgenommene, die gleiche Benutzung durch andere nicht ausschließende Gebrauch des Wassers, wie insbesondere zum Baden, Waschen, Tränken, Schwemmen, Schöpfen, dann die Gewinnung von Pflanzen, Schlamm, Erde, Sand, Schotter, Steinen und Eis, schließlich die Benutzung der Eisdecke überhaupt, soweit dadurch weder der Wasserlauf, die Beschaffenheit des Wassers oder die Ufer gefährdet noch ein Recht verletzt oder ein öffentliches Interesse beeinträchtigt noch jemandem ein Schaden zugefügt wird, ohne besondere Bewilligung der Wasserrechtsbehörde unentgeltlich erlaubt. [...]

§ 9 – Besondere Wasserbenutzung an öffentlichen Gewässern
und privaten Tagwässern

(1) Einer Bewilligung der Wasserrechtsbehörde bedarf jede über den Gemeingebrauch (§ 8) hinausgehende Benutzung der öffentlichen Gewässer sowie die Errichtung oder Änderung der zur Benutzung der Gewässer dienenden Anlagen. Auf Antrag hat die Behörde festzustellen ob eine bestimmte Benutzung eines öffentlichen Gewässers über den Gemeingebrauch hinausgeht.

(2) Die Benutzung der privaten Tagwässer sowie die Errichtung oder Änderung der hiezu dienenden Anlagen bedarf dann einer Bewilligung der Wasserrechtsbehörde, wenn hiedurch auf fremde Rechte oder infolge eines Zusammenhanges mit öffentlichen Gewässern oder fremden Privatgewässern auf das Gefälle, auf den Lauf oder die Beschaffenheit des Wassers, namentlich in gesundheitsschädlicher Weise, oder auf die Höhe des Wasserstandes in diesen Gewässern Einfluß geübt oder eine Gefährdung der Ufer, eine Überschwemmung oder Versumpfung fremder Grundstücke herbeigeführt werden kann. [...]

Lösung

Aufgabe: Welche Rechtsmittelinstanz wird wie über die Rechtsbehelfe entscheiden? Prüfen Sie umfassend sowohl die Zulässigkeit als auch Begründetheit der eingelegten Rechtsmittel!

Auf den ersten Blick kann nicht beurteilt werden, ob die Anlage lediglich nach den gewerberechtlichen Bestimmungen einer Genehmigung bedarf oder ob ein Genehmigungsverfahren nach dem UVP-G durchgeführt werden muss. Aus prüfungstaktischen Gründen sollte also zuerst die Frage geklärt werden, ob die Anlage einer UVP-Pflicht unterliegt. Danach ist der zu erhebende Rechtsbehelf zu eruieren und dessen die Zulässigkeit und Begründetheit der Rechtsbehelfe zu prüfen. Dabei können die beiden Rechtsbehelfe auch in „einem" geprüft werden. Es empfiehlt sich, doppelte Ausführungen bei Prüfung aus Zeitgründen nach Möglichkeit zu vermeiden.

I. Vorbemerkungen

A. Art des Genehmigungsverfahrens

Voraussetzung für eine UVP-Pflichtigkeit der Anlage wäre, dass das Vorhaben im Anhang 1 UVP-G angeführt ist (§ 3 Abs 1 UVP-G). Zwar kann man die geplante Anlage problemlos als Vorhaben nach § 2 Abs 2 UVP-G einordnen, allerdings werden die Grenzwerte des Anhangs 1 nicht erreicht. Hierfür wäre gem Z 56 Anhang 1 UVP-G eine Produktionskapazität von mehr als 100 000 t/Jahr erforderlich, die mit den geplanten 12 000 t/Jahr nicht erreicht wird. Die Anlage ist somit nicht im Rahmens eines UVP-Verfahrens zu genehmigen.

Zu prüfen ist daher die Betriebsanlageneigenschaft sowie deren Genehmigungspflicht nach der GewO: Die Anwendbarkeit gewerberechtlichen Genehmigungsvorschriften setzt zunächst voraus, dass es sich bei dem Vorhaben um eine Betriebsanlage handelt. Die geplante verfahrenstechnische Anlage der *A* stellt eine solche gewerbliche Betriebsanlage gem § 74 Abs 1 GewO dar. Es handelt sich nämlich jedenfalls um eine örtlich gebundene Einrichtung, da die Anlage fest mit dem Boden verbunden ist. Sie dient außerdem der Entfaltung einer gewerblichen Tätigkeit, was schon deshalb angenommen werden kann, weil *A* bereits über eine entsprechende Gewerbeberechtigung verfügt.

Zu beachten ist, dass eine allenfalls erforderliche Gewerbeberechtigung keine Genehmigungsvoraussetzung für die Genehmigung einer Betriebsanlage bildet. Das Pendant dazu findet sich in § 15 GewO: Eine allenfalls erforderliche Betriebsanlagengenehmigung muss demnach weder zum Zeitpunkt der Gewerbeanmeldung noch im Fall der Bescheiderlassung gem § 340 Abs 2 GewO vorliegen.

Zudem dient die Anlage „nicht bloß vorübergehend" der Ausübung einer gewerblichen Tätigkeit, weil sich dazu keine gegenteiligen Hinweise im SV finden und alleine die hohen Investitionskosten zur Errichtung der Anlage für eine nicht nur vorübergehende Nutzung der Betriebsanlage für gewerbliche Tätigkeiten sprechen.

Eine Betriebsanlage ist genehmigungspflichtig, wenn sie die Schutzinteressen gem § 74 Abs 2 GewO potenziell gefährden könnte. Das kann hier schon deshalb angenommen werden, als lt SV tatsächlich mit erhöhten Lärmemissionen (§ 74 Abs 2 GewO) zu rechnen ist. Bei der geplanten Anlage handelt es sich um eine IPPC-Anlage gem § 71b GewO, da Biotreibstoff in einer verfahrenstechnischen Anlage hergestellt wird (Punkt 4.1d Anlage 3 GewO). Im Ergebnis ist somit ein IPPC-Verfahren nach der GewO gem §§ 77a iVm 353a, 356a GewO und kein UVP-Verfahren durchzuführen.

> Der SV bietet keinerlei Anhaltspunkte dazu, dass die Anlage in einem vereinfachtem Genehmigungsverfahren abzuwickeln oder sie gar genehmigungsfrei wäre. Andererseits finden sich auch keine Hinweise auf das Vorliegen einer Seveso-Anlage. Das ist in der Lösung somit nicht näher zu thematisieren.

B. Rechtmittel und zuständige Rechtsmittelinstanz

In Betracht kommt eine Bescheidbeschwerde an das LVwG Niederösterreich gem Art 130 Abs 1 Z 1 B-VG, §§ 7 ff VwGVG. Die sachliche Zuständigkeit der Landesverwaltungsgerichte ergibt sich aus Art 131 Abs 1 B-VG. Beim Gewerberecht ist die Gesetzgebung und Vollziehung gem Art 10 Abs 1 Z 8 B-VG Bundessache. Es handelt sich um eine Angelegenheit, die gem Art 102 Abs 1 B-VG in mittelbarer Bundesverwaltung vollzogen wird, womit eine Berufung gem § 63 AVG von vornherein ausscheidet. Die örtliche Zuständigkeit richtet sich gem § 3 Abs 2 Z 1 VwGVG und damit für den Fall einer Bescheidbeschwerde nach § 3 AVG. Eine Betriebsanlage ist ein „unbewegliches Gut", weshalb sich die örtliche Zuständigkeit gem § 3 Z 1 AVG nach dessen Standort richtet. Dieser liegt in Waidhofen an der Thaya und damit in Niederösterreich. Im Ergebnis ist also das LVwG Niederösterreich sachlich und örtlich zuständig.

II. Zulässigkeit

A. Beschwerdeführer

Beschwerdeführer kann jede partei- und prozessfähige natürliche oder juristische Person sein (§ 17 VwGVG iVm § 9 AVG). Mangels Anhaltspunkten im SV ist hinsichtlich N davon auszugehen, dass er sowohl partei- als auch prozessfähig ist. Nach § 356b Abs 7 Z 1 GewO haben gem § 19 Abs 7 UVP-G anerkannte Umweltorganisationen auch im IPPC-Verfahren der GewO Parteistellung. Also ist auch V im vorliegenden Verfahren partei- und prozessfähig.

B. Beschwerdegegenstand

Gegenstand der Bescheidbeschwerde ist ein Bescheid einer Verwaltungsbehörde. Der A erteilte Genehmigungsbescheid stellt somit einen tauglichen Beschwerdegegenstand dar.

C. Beschwerdelegitimation

Beschwerdelegitimiert ist, wer behaupten kann, durch einen Bescheid in einem subjektiv-öffentlichen Recht verletzt zu sein (Art 132 Abs 1 Z 1 B-VG). Dabei muss die Rechtsverletzung zumindest möglich sein. Darüber hinaus kann der Gesetzgeber auch in anderen Fällen ein Beschwerderecht wegen Rechtswidrigkeit einräumen (Art 132 Abs 4 B-VG).

1. Beschwerdelegitimation des *N*

Den Personenkreis, der die Verletzung von subjektiven öffentlichen Rechten geltend machen kann, beschränkt die GewO auf Nachbarn gem § 75 Abs 2 GewO. Das sind alle Personen, die durch die Errichtung, den Bestand oder den Betrieb einer Betriebsanlage gefährdet, belästigt oder deren dingliche Rechte gefährdet werden könnten. Keine Nachbarn sind Personen, die sich bloß vorübergehend in der Nähe der Betriebsanlage aufhalten und nicht dinglich berechtigt sind. *N* ist aber Eigentümer des Einfamilienhauses und daher jedenfalls dinglich berechtigt. Hinsichtlich dieses Einwands ist er also beschwerdelegitimiert, den er auch ordnungsgemäß nach § 42 Abs 1 AVG in der mündlichen Verhandlung vorgebracht hatte.

> Dagegen halten sich Lieferanten oder Kunden nur vorübergehend im Nahebereich der Betriebsanlage auf. Darüber hinaus erweitert § 75 Abs 2 Satz 3 GewO die Nachbarstellung auf Personen, die Inhaber von Einrichtungen sind, in denen sich regelmäßig Personen vorübergehend aufhalten. Diese sind dann auch hinsichtlich des Schutzes dieser Personen beschwerdelegitimiert. Dies betrifft auch Schulerhalter. Allerdings kommt auch den Schülern Parteistellung zu, es fehlt bei ihnen an dem bloß vorübergehenden Aufenthalt (vgl dazu § 74 Abs 2 Z 1 GewO hinsichtlich der Arbeitnehmer und *Reithmayer-Ebner* in Ennöckl/Raschauer/Wessely, GewO § 75 Rz 11 ff mwN [Stand 1.1.2015, rdb.at]).

Dies gilt jedoch nicht für die allfällige Lärmbelästigung oder gar Gesundheitsgefährdung (dazu noch Punkt III.B.1.). Lt SV ist das Haus dauerhaft an seinen Vater vermietet, den er auch seit Jahrzehnten nicht besucht. Die Möglichkeit einer Belästigung oder Gesundheitsgefährdung des *N* ist daher auszuschließen. Diesbezüglich hat *N* also keine Parteistellung. Richtigerweise hätte die Behörde diesen Einwand als unzulässig zurückweisen müssen.

> Diese Einwände könnte allenfalls *N*s Vater vorbringen, der sich als Mieter dauerhaft im Immissionsbereich der Betriebsanlage aufhält. Für ein derartiges Vorbringen enthält der SV aber keinerlei Anhaltspunkte noch wäre ein solches im Rahmen der Aufgabenstellung zu beurteilen.

2. Beschwerdelegitimation des *V*

> Diesbezüglich finden sich mehrere Probleme im SV. Beginnen Sie zuerst mit der Grundfrage, nach welcher Bestimmung dem Verein überhaupt eine Parteistellung zukommen könnte. Danach können Sie sich den einzelnen Problemen widmen.

Da es sich bei dem Vorhaben um eine IPPC-Anlage handelt, könnte sich die Beschwerdelegitimation des *V* vorliegend aus § 19 Abs 7 UVP-G iVm § 356b GewO ergeben. Nach § 356b Abs 7 Z 1 GewO haben gem § 19 Abs 7 UVP-G anerkannte Umweltorganisationen auch im IPPC-Verfahren der GewO eine Parteistellung. *V* ist eine solche nach § 19 Abs 7 UVP-G anerkannte Umweltorganisation. Dass die Mitgliederzahl seit zwei Jahren unter die in § 19 Abs 6 Satz 2 UVP-G genannte Mindestzahl von 100 abgesunken ist, ist unerheblich. Für die Aberkennung des Status einer Umweltorganisation iSd § 19 Abs 7 UVP-G ist gem § 19 Abs 9 UVP-G der Bundesminister für Nachhaltigkeit und Tourismus zuständig, der in dem dort näher beschriebenen Verfahren über die Aberkennung im Einvernehmen mit dem Bundesminister für Digitalisierung und Wirtschaftsstandort mit Bescheid zu entscheiden hätte. Die Parteifähigkeit erlischt durch einen solchen Aberkennungsbescheid ex nunc. So-lange eine solche Aberkennung nicht erfolgt ist – und dafür sind hier keine Anhaltspunkte ersichtlich –, ist dies für *Vs* Beschwerdelegitimation aber unschädlich.

> Dessen ungeachtet, ist eine Umweltorganisation gem § 19 Abs 9 UVP-G jedoch verpflichtet, den Wegfall eines Anerkennungskriteriums unverzüglich dem Bundesminister für Nachhaltigkeit und Tourismus zu melden. Ob die Kriterien weiterhin erfüllt werden, kann jederzeit durch den Bundes-minister überprüft werden, indem er die Umweltorganisation auffordert, dafür geeignete Unterla-gen vorzulegen. Die Vorlage dieser Unterlagen hat aber jedenfalls alle drei Jahre unaufgefordert zu erfolgen.

Darüber hinaus hat eine Umweltorganisation aber nur Parteistellung, „soweit sie während der Auflagefrist im Sinne des § 356a Abs 2 Z 1 [GewO] schriftliche Einwendungen erhoben haben" (§ 356b Abs 7 Z 1 UVP-G). Dabei ist sie in ihrer Parteistellung beschränkt, als sie nur die Einhaltung von Umweltschutzvorschriften geltend machen kann. Dem Begriff der Umweltschutzvorschrift ist ein weites Verständnis zu Grunde zu legen.

V bringt mit dem Einwand, es hätte gesondert einer wasserrechtlichen Bewilligung bedurft, die Einhaltung einer Umweltschutzvorschrift vor, weil sie zumindest indirekt dem Schutz der Umwelt dient. Jedoch hat *V* während der Auflagefrist keine Einwendungen erhoben. Für diesen Fall statuiert § 77a Abs 9 GewO ein Beschwerderecht, wonach *V* in der Beschwerde neue Einwendungen vorbringen kann, sofern er in der Beschwerde begründet, weshalb die Einwände nicht bereits während der Einwendungsfrist im Genehmigungsverfahren geltend gemacht werden konnten. Zudem ist glaubhaft zu machen, dass ihn daran überhaupt kein Verschulden oder nur leichte Fahrlässigkeit trifft.

> Rechtstechnisch wird dies erreicht, als die Behörde die Entscheidung über die Genehmigung ei-ner IPPC-Anlage bekanntzugeben und diese aufzulegen hat (s näher § 77a Abs 7 GewO). Die Bekanntgabe und Auflage haben zur Folge, dass der Genehmigungsbescheid mit Ablauf von zwei Wochen nach der Bekanntgabe auch gegenüber jenen Personen als zugestellt gilt, die sich am Ver-fahren nicht oder nicht rechtzeitig beteiligt und deshalb keine Parteistellung erlangt haben (§ 77a Abs 8 GewO). Die dadurch konstruierte Zustellfiktion ermöglicht also erst das Beschwerderecht.

Von einem minderen Grad des Versehens kann aber dann nicht die Rede sein, wenn die zumutbare und erforderliche Sorgfalt außer Acht gelassen wird. Das Verpassen der Frist aufgrund einer „Vielzahl privater Projekte" lässt zumindest auf grobe Fahrlässigkeit schlie-ßen. *V* ist daher nicht beschwerdelegitimiert.

> Die Aufgabenstellung verlangt nach einer umfassenden Prüfung sowohl der Zulässigkeit als auch der Begründetheit der Rechtsbehelfe. Insoweit ist unabhängig von der Unzulässigkeit der Be-scheidbeschwerde auch die Begründetheit zu beurteilen.

D. Beschwerdefrist

Die Beschwerdefrist beträgt gem § 7 Abs 4 VwGVG vier Wochen. *N* und *V* haben ihre Be-schwerden daher binnen dieser Frist einzubringen.

E. Form und Einbringungsort

Die Bescheidbeschwerden sind schriftlich bei der belangten Behörde gem § 12 iVm § 20 VwGVG einzubringen. Belangte Behörde ist die Behörde, die den Bescheid erlassen hat (§ 9 Abs 2 Z 1 VwGVG). Gem § 333 Abs 1 GewO ist die sachlich zuständige Behörde im Betriebsanlagengenehmigungsverfahren die Bezirksverwaltungsbehörde. Örtlich zuständig ist gem § 3 Z 1 AVG die Bezirksverwaltungsbehörde in Waidhofen an der Thaya, da sich die Betriebsanlage dort befindet. Die sachlich und örtlich zuständige Behörde war daher die BH Waidhofen an der Thaya. Der Beschwerdeinhalt ergibt sich aus § 9 VwGVG.

III. Begründetheit

Eine Bescheidbeschwerde ist begründet, wenn der angegriffene Bescheid rechtswidrig und die Beschwerdeführer dadurch in ihren Rechten verletzt sind.

A. Formelle Rechtmäßigkeit

An der formellen Rechtmäßigkeit des Bescheids bestehen vorliegend keine Zweifel. Insb wurde der Bescheid von der zuständigen Behörde erlassen (s Punkt II.E.). Verstöße gegen die einschlägigen Verfahrensvorschriften (§§ 356 ff GewO) sind nicht ersichtlich.

B. Materielle Rechtmäßigkeit

Unter Punkt I.A. wurde bereits die Betriebsanlageneigenschaft sowie die Genehmigungspflicht der Betriebsanlage erörtert. Deshalb muss an dieser Stelle nur noch deren Genehmigungsfähigkeit geprüft werden. Die Genehmigungsvoraussetzungen für eine IPPC-Anlage ergeben sich aus den §§ 77, 77a und 356b GewO.

1. Einhaltung der gewerberechtlichen Vorgaben

N bringt vor, die Lärmbelastung sei für das (und damit auch sein) in der Familie vorhandene „besonders sensible Gehör unerträglich und mindere den Wert seiner Immobilie um ein Drittel". Zu denken ist daher sowohl an eine Eigentumsgefährdung gem § 74 Abs 2 Z 1 GewO wie auch an eine Lärmbelästigung oder gar eine Gesundheitsgefährdung gem § 74 Abs 2 1 und 2 GewO.

Gefährdungen gem § 74 Abs 1 Z 1 GewO hindern die Genehmigungsfähigkeit einer Betriebsanlage, weil sie gänzlich so vermeiden sind (§ 77 Abs 1 GewO). Allerdings ist eine Eigentumsgefährdung iSd § 74 Abs 1 Z 1 GewO von einer „bloßen Minderung des Verkehrswerts" abzugrenzen (§ 75 Abs 1 GewO), wobei letztere nicht die auflagenfreie Genehmigungsfähigkeit der Betriebsanlage hindert. Die Grenze liegt in der Unmöglichkeit der üblichen bestimmungsgemäßen Benützung oder Verwertung, wofür sich im SV aber keinerlei Anhaltspunkte finden. Zwar befindet sich *N*s Haus auf einem Nachbargrundstück, doch wird lt SV bloß dessen Wert um ein Drittel gemindert. Eine tatsächliche Eigentumsgefährdung liegt damit aber nicht vor.

Da in der Aufgabenstellung nach einer umfassenden Prüfung sowohl der Zulässigkeit als auch der Begründetheit verlangt wird, ist – trotz Unzulässigkeit des Einwands der Gesundheitsgefährdung – dieses Vorbringen dennoch im Rahmen der Begründetheit zu beurteilen.

Hinsichtlich der Lärmbelästigung gilt, dass Gefährdungen iSd § 74 Abs 2 Z 1 GewO vermieden und nachteilige Einwirkungen iSd § 74 Abs 2 GewO gem § 77 Abs 1 GewO auf ein zumutbares Maß beschränkt werden müssen (Erheblichkeitsschwelle). Fraglich ist, ob die Behörde bei der Bewertung der Lärmemissionen den korrekten Maßstab zugrunde gelegt hat. Zwar ist mit Blick auf Einwirkungen iSd § 74 Abs 2 Z 2 GewO insoweit prinzipiell auf den gesunden, normal empfindenden Menschen abzustellen (§ 77 Abs 2 GewO). Bei *N* würden die Lärmemissionen indes nicht lediglich zu Belästigungen, Beeinträchtigungen oder nachteilige Einwirkungen gem § 74 Abs 2 Z 2 GewO zur Folge haben, sondern zu dauerhaften Kopfschmerzen führen (sofern er sich denn je länger im Nahbereich der Betriebsanlage aufhalten würde [dazu schon Punkt II.C.1.]).

Fraglich ist, ob im Falle krankhafter Überempfindlichkeiten die tatsächlich zu einer Gesundheitsbeeinträchtigung führen, auf eine Durchschnittsbetrachtung abzustellen oder ein individueller, subjektiver Maßstab anzulegen ist. Für letzteres spricht der Wortlaut, da gem § 77 Abs 1 GewO Gesundheitsgefährdungen gänzlich zu vermeiden sind und die Gesundheit auch durch krankhafte Überempfindlichkeiten gefährdet sein kann (vgl § 74 Abs 2 Z 1 GewO). Die Einschätzung der Behörde war also auch inhaltlich unrichtig.

Diese Frage ist in der Lit aber umstr (vgl etwa *Reithmayer-Ebner* in Ennöckl/Raschauer/Wessely, GewO § 77 Rz 54 mwN [Stand 1.1.2015, rdb.at]). Hier wäre also eine Lösung in beide Richtungen vertretbar gewesen. Entscheidend ist, dass sie sich für eine Richtung entscheiden und ihren Lösungsweg bis zum Ende konsequent verfolgen.

2. Einhaltung wasserrechtlicher Bestimmungen

Der Verein *V* bringt vor, dass „zusätzlich" eine wasserrechtlich Genehmigung gem § 9 WRG eingeholt werden hätte müssen. Jedoch sieht § 356b Abs 1 GewO eine teilweise Verfahrens- und Entscheidungskonzentration vor. Gesonderte Genehmigungen nach anderen bundesgesetzlichen Verwaltungsvorschriften entfallen, wenn eine Betriebsanlage genehmigungspflichtig nach der GewO ist. Zur Anwendbarkeit der wasserrechtlichen Bestimmungen trifft § 356b GewO in Abs 1 Z 1 eine ausdrückliche Regelung: Sind Wasserentnahmen aus Fließgewässern für Kühl- und Löschzwecke gem § 9 WRG mit der Errichtung, dem Betrieb oder der Änderungen der Betriebsanlage verbunden, so sind die wasserrechtlichen Bestimmungen mitanzuwenden. Zu prüfen ist, ob *A* für ihre geplanten Wasserentnahmen eine Bewilligung gem § 9 WRG benötigt.

Diese ist erforderlich, wenn öffentliche Gewässer über den Gemeingebrauch hinausgehend benutzt werden. Lt SV sollen Wasserentnahmen aus dem „öffentlichen Bach" erfolgen. Zudem können diese den Wasserlauf gefährden, weshalb jedenfalls kein Gemeingebrauch gem § 8 WRG vorliegt. Deshalb ist eine Bewilligung gem § 9 WRG erforderlich. Darüber hinaus erfolgt die Wasserentnahme auch zu Kühlzwecken gem § 356b Abs 1 Z 1 GewO. Im

Rahmen des konzentrierten Genehmigungsverfahrens gem § 356b GewO hatte daher auch die hier erforderliche wasserrechtliche Beurteilung zu erfolgen.

Mit dem erteilten Genehmigungsbescheid besitzt *A* somit auch die erforderliche wasserrechtliche Bewilligung; eine zusätzliche wasserrechtliche Genehmigung in einem gesonderten Verfahren – wie von *V* vorgebracht – war also nicht notwendig.

Da diese Beurteilung vor allem eine verfahrensrechtliche Komponente enthält, könnte dieser Prüfschritt auch unter Punkt III.A. (Formelle Rechtmäßigkeit) erfolgen.

IV. Entscheidung des VwG

Das LVwG Niederösterreich hat in der Sache selbst (§ 28 Abs 1, Abs 2 VwGVG iVm Art 130 Abs 4 B-VG) mittels Erkenntnis zu entscheiden, da der maßgebliche Sachverhalt feststeht. Die Beschwerde des *N* ist hinsichtlich des Vorbringens der Eigentumsgefährdung als unbegründet abzuweisen, dagegen ist der Einwand der Gesundheitsgefährdung als unzulässig zurückzuweisen. Selbiges gilt für die – im Übrigen auch unbegründete – Beschwerde des *V*, sie ist ebenso als unzulässig zurückzuweisen.

Fall 4

Martinshof

Gewerbliches Berufs- und Betriebsanlagenrecht
Bau- und Raumordnungsrecht

Valentina Neubauer

Martin (*M*) hat einen Bauernhof mit Bauernhaus und Hühnerstall in der niederösterreichischen Gemeinde Niederleis (Bezirk Mistelbach) geerbt. Das Grundstück umfasst insgesamt 16 ha, wobei davon 15 ha auf Wiesenflächen fallen. Entsprechend dem Flächenwidmungsplan der Gemeinde ist das gesamte Grundstück als „Grünland – Land- und Forstwirtschaft" gewidmet; die angrenzenden bewohnten Nachbargrundstücke sind als „Bauland-Wohngebiet" gewidmet. Als passionierter Reiter will *M* den Bauernhof zu einem Reiterhof umgestalten, den er in der Form eines Vereins gem dem Vereinsgesetz 1951 unter dem Namen „Martinshof" führen möchte. Hierzu plant *M* den bestehenden Hühnerstall abzureißen und auf das vorhandene Fundament einen Pferdestall mit 45 Pferdeboxen für das Einstellen von fremden Pferden, 5 Boxen für das Halten eigener Schulpferde und 4 Boxen für das Halten eigener Zuchtpferde zu bauen, da er im Nebenerwerb als Pferdezüchter tätig sein möchte. Die 15 ha Wiese will er als Weidefläche für die Pferde nutzen. Im Erdgeschoß des bestehenden Bauernhauses, das bisher für reine Wohnzwecke genützt wurde, möchte *M* ein „Reiterstüberl" mit einer Sitzgelegenheit und einem Kaffee-, Kakao- und Kaltgetränkeautomaten, der die Getränke in unverschlossenen Gefäßen ausgibt, als Aufenthaltsraum für die zukünftigen Vereinsmitglieder einrichten. Hierzu soll das Erdgeschoß, das bisher lediglich aus einer großen Wohnküche bestand, in einen Aufenthaltsraum (das „Reiterstüberl"), ein Gäste-WC und eine Sattelkammer unterteilt werden. Hierfür müssen tragende Wände abgerissen werden. Bei dieser Unterteilung könnte es möglicherweise Probleme mit einer ausreichenden Belichtung des Aufenthaltsraumes geben.

Als ausgebildeter Reitpädagoge möchte *M* sein Pferdewissen zudem gerne weitergeben und beschließt daher, fortan auch Sommerreitcamps für Kinder und Jugendliche zu organisieren. In Folge macht *M* auf der von ihm bereits eingerichteten Vereinshomepage, welche im Internet allgemein abrufbar ist, folgende Ankündigung:

Sommerreitcamp 2022 am Martinshof

JULI: 11.–15.7.2022 und 25.–29.7.2022

AUGUST: 8.–12.8.2022 und 22.–26.8.2022

Ab EUR 58,–/Tag, Campwoche ab EUR 290,–

Inkludierte Leistungen: Pferd mit Ausstattung, individuelle Reitbetreuung und Reitunterricht durch ausgebildeten Reitpädagogen, Kaffee, Kakao und nicht-alkoholische Kaltgetränke, tägl. 9–16 Uhr

---

Den Reitercampteilnehmenden soll der Getränkeautomat des geplanten „Reiterstüberl", der die Getränke in unverschlossenen Gefäßen ausgibt, zur Verfügung stehen. Jährlich sollen aus den Mitgliedsbeiträgen der Vereinsmitglieder rund EUR 8 000, aus der Einstellung der fremden Pferde EUR 175 000, aus den Sommerreitcamps EUR 10 000 und aus dem Verkauf bzw der Zucht der Pferde EUR 10 800 lukriert werden. Die erwirtschafteten Einnahmen möchte *M* zukünftig mitunter in die Errichtung einer Reithalle investieren. *M* fragt sich, welche Genehmigungen er bei welchen Behörden einzuholen hat und ob er diese auch erhalten wird.

Aufgabe 1: Verfassen Sie für *M* ein Rechtsgutachten, das auf alle aufgeworfenen gewerbe-, bau- und raumordnungsrechtlichen Fragen eingeht!

Abgeschreckt von den „bürokratischen Hürden" führt *M* den geerbten Bauernhof als Hühnerstall fort. Zusätzlich bietet er 16 Pferdeboxen für die Einstellung von Pferden gegen Entgelt an. Diese können zu 80% aus eigenem Futteranbau versorgt werden. Das Grundstück umfasst 16 ha, von denen rund 4 ha für Stallungen, Paddocks und Koppeln und 12 ha landwirtschaftliche Fläche für den Anbau von Hafer und Haferstroh vorgesehen sind. Die landwirtschaftlich genutzten Flächen befinden sich in unmittelbarer Nähe zu den Stallungen. Die 50 Hühner, die von *M* im Hühnerstall gehalten werden, legen wöchentlich rund 280 Eier. Den Großteil der Eier verkauft *M* auf Wochenmärkten in der Umgebung. Den restlichen Teil der Eier verwendet *M* für die Herstellung von Kuchen und Brot. Den Hafer verarbeitet *M* zu Mehl weiter, das er auch für die Herstellung seiner Kuchen und des Brots verwendet. Lediglich Trockenhefe und Backpulver kauft *M* als Zutaten zu. Gelegentlich verkauft *M* die selbst gebackenen Kuchen und das Brot auch am Wochenmarkt.

Einige Zeit später wird *M* ein Straferkenntnis wegen einer Verwaltungsübertretung nach § 366 Abs 1 Z 1 GewO von der BH Mistelbach zugestellt. *M* ist überzeugt, dass das Straferkenntnis rechtswidrig ist, da er „ja gar nicht gewerbsmäßig tätig" sei. *M* erhebt daraufhin eine zulässige Beschwerde gegen das Straferkenntnis an das zuständige LVwG Niederösterreich.

Aufgabe 2: Wie wird das zuständige LVwG Niederösterreich über die Beschwerde des *M* inhaltlich entscheiden?

NÖ Bau-Übertragungsverordnung 2017 („NÖ BÜV")
idF LGBl 25/2022

§ 2

Die Angelegenheiten der örtlichen Baupolizei bei gewerblichen Betriebsanlagen, die einer Genehmigung durch die Gewerbebehörde bedürfen, werden aus dem eigenen Wirkungsbereich folgender Gemeinden auf nachfolgende Bezirkshauptmannschaften zur Besorgung übertragen, […].

Gemeinde	Bezirkshauptmannschaft	ab
[…]		
Niederleist	Mistelbach	1. August 1997
[…]		

Lösung

Aufgabe 1: Verfassen Sie für _M_ ein Rechtsgutachten, das auf alle aufgeworfenen gewerbe-, bau- und raumordnungsrechtlichen Fragen eingeht!

Wenn Sie – wie im vorliegenden Fall – eine offene Fragestellung bearbeiten, ist der Ausgangspunkt der Falllösung eine Aufbereitung des SV. Strukturieren Sie daher zunächst den SV in unterschiedliche Problemkreise und bearbeiten Sie diese auch getrennt voneinander. Sie brauchen in Ihrer Lösung dann keine allgemeinen Ausführungen zu den abgeprüften Rechtsgebieten machen, sondern sollen ausschließlich auf die im SV aufgeworfenen Rechtsfragen eingehen. Für den vorliegenden Fall empfiehlt es sich, zunächst nach Rechtsgebieten (I. Gewerberecht und II. Bau- und Raumordnungsrecht) aufzuteilen. Innerhalb des Gewerberechts ist eine weitere Untergliederung in A. Anwendungsbereich, B. Berufsrecht und C. Betriebsanlagenrecht sinnvoll.

I. Gewerberecht

Zunächst ist zu prüfen, ob die GewO auf die Tätigkeiten des Vereins „Martinshof" Anwendung findet.

A. Anwendungsbereich

Zu prüfen sind einerseits die Tätigkeit des Einstellens von fremden Pferden, das Einstellen von eigenen Schulpferden, die Tätigkeit der Pferdezucht sowie andererseits das Anbieten des Sommerreitcamps auf der Homepage. Das Sommerreitcamp umfasst die Tätigkeit der/des Reitbetreuung/-unterrichts, die Zurverfügungstellung von Schulpferden sowie das Anbieten von Kaffee, Kakao und nicht-alkoholischen Kaltgetränken über einen Automaten.

Gem § 1 GewO unterliegen grds alle gewerbsmäßig ausgeübten Tätigkeiten der GewO. Eine Tätigkeit wird gewerbsmäßig ausgeübt, wenn sie selbstständig, regelmäßig und in der Absicht betrieben wird, einen Ertrag oder sonstigen wirtschaftlichen Vorteil zu erzielen, gleichgültig für welche Zwecke dieser bestimmt ist (§ 1 Abs 2 GewO).

Der Verein übt all seine Tätigkeiten auf eigene Gefahr und Rechnung und trägt für alle Tätigkeiten das Unternehmerrisiko. Die selbstständige Ausübung gem § 1 Abs 3 GewO ist daher für alle Tätigkeiten zu bejahen.

Die GewO setzt voraus, dass eine Tätigkeit regelmäßig, dh mit Nachhaltigkeit betrieben wird (§ 1 Abs 4 GewO). Die Tätigkeit als Pferdezüchter und das Einstellen von fremden Pferden und eigenen Schulpferden übt der Verein dem SV zufolge regelmäßig aus. Es sind keine Anhaltspunkte im SV gegeben, die darauf hinweisen, dass das Einstellen der fremden Pferde und eigenen Schulpferde sowie die Pferdezucht nur vorübergehend betrieben werden sollen. Alleine die mit derartigen Tätigkeiten verbundenen hohen Investitionskosten sprechen für die Bejahung einer Regelmäßigkeit. Fraglich ist, ob auch das Anbieten der Sommerreitcamps auf der Vereinshomepage als regelmäßig aufzufassen ist. Im SV steht, dass _M_ die Sommerreitcamps „fortan" organisieren möchte, was auf eine Regelmäßigkeit dieser Tätigkeit hinweist. Außerdem ist gem § 1 Abs 4 GewO bereits das Anbieten einer gewerblichen Tätigkeit an einen größeren Kreis von Personen eine Ausübung des Gewerbes gleichzuhalten. Der Tatbestand des Anbietens ist bereits dann erfüllt, wenn einer an einen größeren Kreis von Personen gerichteten Ankündigung, die Eignung zukommt, in der Öffentlichkeit den Eindruck zu erwecken, dass eine unter den Wortlaut der Ankündigung fallende gewerbliche Tätigkeit entfaltet wird. Dies ist hier durch die Ankündigung der Sommerreitcamps auf der im Internet allgemein abrufbaren Vereinshomepage erfüllt. Die Regelmäßigkeit ist daher für alle Tätigkeiten des Vereins zu bejahen.

Darüber hinaus setzen gewerbsmäßig ausgeübte Tätigkeiten voraus, dass sie in der Absicht betrieben werden, einen Ertrag oder sonstigen wirtschaftlichen Vorteil zu erzielen, gleichgültig für welchen Zweck dieser bestimmt ist (§ 1 Abs 2 GewO). Das geplante Reinvestieren des erwirtschafteten Gewinns in eine neue Reithalle steht der Annahme einer Ertragserzielungsabsicht nicht entgegen.

Das Betreiben des „Martinshofs" als Verein gem dem Vereinsgesetz 1951 schließt die Ertragserzielungsabsicht außerdem nicht per se aus. Die Ertragserzielungsabsicht zeigt sich zunächst jedenfalls an den erwarteten Einnahmen über die Mitgliedsbeiträge, das Einstellen fremder Pferde, die Sommerreitcamps sowie die Zucht/den Verkauf der Pferde. Diese Einnahmen sollen zudem dem Verein selbst zugutekommen, indem M die Einnahmen zukünftig mitunter in die Errichtung einer neuen Reithalle reinvestieren möchte. Die Vereinstätigkeit ist sohin auf die Erlangung vermögensrechtlicher Vorteile der Vereinsmitglieder gerichtet (§ 1 Abs 6 Satz 1 GewO). Es ist weiters anzunehmen, dass die Tätigkeit des Vereins öfter als einmal in der Woche ausgeübt wird, was gem § 1 Abs 6 GewO eine Ertragserzielungsabsicht bei Vereinen (widerleglich) vermuten lässt.

Das Einstellen der eigenen Schulpferde ist in der Hinsicht von dem Einstellen fremder Pferde abzugrenzen, als dass die Tätigkeit des Einstellens der eigenen Schulpferde an sich nicht gegen Entgelt erfolgt.

> Ob ein Verein tatsächlich einen Gewinn erwirtschaftet, ist unerheblich, entscheidend ist die auf die Erzielung eines Ertrags oder wirtschaftlichen Vorteils gerichtete Absicht. Die reine Deckung von den mit der Tätigkeit zusammenhängenden Unkosten ist allerdings nicht ausreichend.

Die Tätigkeiten des Vereins sind nicht gesetzlich verboten. Fraglich ist, ob eine Ausnahme vom Anwendungsbereich der GewO gem §§ 2-4 GewO vorliegt. Die Pferdezucht stellt gem § 2 Abs 1 Z 1 iVm Abs 3 Z 2 GewO eine land- und forstwirtschaftliche Tätigkeit dar; und unterfällt sohin als solche nicht der GewO. Es wäre daher denkbar, grds das Einstellen der fremden Pferde (Reittiere) als ein von der GewO ausgenommenes Nebengewerbe der Land- und Forstwirtschaft gem § 2 Abs 1 Z 2 iVm Abs 4 Z 6 GewO aufzufassen.

> Als Nebengewerbe muss das Einstellen von Reittieren in einer mit der Land- und Forstwirtschaft engen Verbundenheit stehen und es muss eine wirtschaftliche Unterordnung der gewerblichen Tätigkeit gegenüber der land- und forstwirtschaftlichen Haupttätigkeit vorliegen.

Dagegen spricht aber, dass die Land- und Forstwirtschaft iSd Pferdezucht lt SV nur im „Nebenerwerb" betrieben werden soll. Die durch die Pferdezucht erwirtschaftenden Einnahmen (lt SV rund EUR 10 800) spielen gegenüber den durch die Einstelltätigkeit lukrierten Einnahmen (lt SV rund EUR 175 000) eine wirtschaftlich untergeordnete Rolle. Auch der Umfang der genutzten Baulichkeiten für das Einstellen der fremden Pferde (45 Boxen) gegenüber jenem für die Zucht (4 Boxen) weist auf eine gewisse Unterordnung bzw das Erscheinungsbild eines gewerblichen Betriebes hin. Die Pferdezucht bildet gerade nicht die Haupttätigkeit des Vereins, womit das Vorliegen eines landwirtschaftlichen Hauptbetriebes zu verneinen ist.

Auch der Tatbestand des § 2 Abs 3 Z 4 GewO ist nicht erfüllt, da *M* mehr als 25 Einstellpferde hält und der Einstellbetrieb somit keine land- und forstwirtschaftliche Tätigkeit im Rahmen der Urproduktion ist. Die Tätigkeit des Einstellens der fremden Pferde ist damit nicht von der GewO ausgenommen.

> Wird die landwirtschaftliche Einstellpferdehaltung gemäß § 2 Abs 3 Z 4 GewO bereits als Urproduktion und nicht als Nebengewerbe ausgeübt, ist lediglich das Einstellen von anderen Reittieren als Einstellpferden im Nebengewerbe gem § 2 Abs 4 Z 6 GewO möglich. Teile der Lit vertreten seit der Gewerberechtsnovelle 2017, dass die Einstellpferdehaltung nur mehr als Urproduktion gem § 2 Abs 3 Z 4 GewO und nicht mehr als Nebengewerbe gem § 2 Abs 4 Z 6 GewO von der GewO ausgenommen sein kann. Es seien unter „Reittieren" iSd Z 6 leg cit lediglich andere Reittiere und nicht Pferde zu verstehen (s ua *Gruber/Paliege-Barfuß*, GewO[7] § 2 [Stand 1.10.2017, rdb.at] Rz 183a, 217a).

Der von *M* angebotene Reitunterricht im Rahmen des geplanten Sommerreitcamps ist gem § 2 Abs 1 Z 12 GewO von der GewO ausgenommen. Das Halten und die Zurverfügungstellung von Schulpferden im Zuge der Sommerreitcamps ist keine Tätigkeit des Einstellens oder Vermietens von Reittieren gem § 2 Abs 4 Z 6 GewO, sondern ist dem von der GewO ausgenommenen Reitunterricht hinzuzurechnen. Das Anbieten von Kaffee, Kakao und nicht-alkoholischen Kaltgetränken über einen Automaten im Rahmen der Sommerreitcamps fällt allerdings unter keine Ausnahme gem §§ 2-4 GewO.

Im Ergebnis findet die GewO auf die Tätigkeit des Einstellens fremder Pferde und die Tätigkeit des Anbietens von Getränken über einen Automaten im Rahmen der Sommerreitcamps Anwendung.

B. Berufsrecht

Die GewO enthält allgemeine und besondere Voraussetzungen für die Ausübung von Gewerben. Da *M* den „Martinshof" als Verein betreiben möchte, hat er sich als gewerberechtlichen Geschäftsführer gem §§ 9 Abs 1, 39 Abs 1 und 2 GewO bei der Gewerbebehörde anzugeben. Bei obligatorischer Geschäftsführerbestellung muss der Geschäftsführer bereits zum Zeitpunkt der Gewerbeanmeldung bestellt sein (§§ 39 Abs 4, 339 Abs 3 Z 2 GewO). Gem § 39 Abs 2 GewO hat der Geschäftsführer die allgemeinen und ggf die besonderen Voraussetzungen zu erfüllen. Da der SV dazu keine (gegenteiligen) Anhaltspunkte enthält, kann davon ausgegangen werden, dass *M* die allgemeinen Voraussetzungen der §§ 8 ff GewO jedenfalls erfüllt. Außerdem muss sich *M* als gewerberechtlicher Geschäftsführer im Verein selbst betätigen und eine entsprechende selbstverantwortliche Anordnungsbefugnis besitzen. Das liegt lt SV unfraglich vor. *M* muss der Erteilung der Befugnis und seiner

Bestellung zugestimmt haben, was mangels gegensätzlicher Anhaltspunkte im SV anzunehmen ist. Gleiches gilt für den inländischen Wohnsitz (dazu näher § 39 Abs 2a GewO). Weitere Voraussetzungen bestehen für den Fall, dass es sich um Gewerbe handelt, für die ein Befähigungsnachweis vorgeschrieben ist (vgl § 39 Abs 2 Z 1 und 2 sowie Abs 3 iVm § 9 Abs 1 GewO).

1. Einstellen von fremden Pferden

Konkret handelt es sich bei dem Einstellen von fremden Pferden um ein freies Gewerbe gem § 5 Abs 2 GewO, da diese Tätigkeit nicht als reglementiertes Gewerbe in der Liste des § 94 GewO angeführt ist. Somit hat *M* zwar keinen Befähigungsnachweis zu erbringen; er hat das Gewerbe aber gem § 339 GewO unter Anschluss der erforderlichen Unterlagen anzumelden.

2. Anbieten von Getränken über den Automaten

Hinsichtlich der angebotenen Sommerreitcamps und des dabei inkludierten Angebots von „Kaffee, Kakao und nicht-alkoholischen Kaltgetränken" ist fraglich, ob die Tätigkeit unter das reglementierte Gewerbe des Gastgewerbes gem § 94 Z 26 iVm § 111 Abs 1 Z 2 GewO, für welches *M* einen Befähigungsnachweis erbringen müsste, fällt. Es liegt hier allerdings eine Gegenausnahme gem § 111 Abs 2 Z 6 GewO vor, da der Kaffee, der Kakao und die nicht-alkoholischen Kaltgetränke lediglich über einen Getränkeautomaten in unverschlossenen Gefäßen angeboten werden. *M* braucht daher keinen Befähigungsnachweis zu erbringen. Eine Gewerbeanmeldung gem § 339 GewO unter Anschluss der erforderlichen Unterlagen hat aber dennoch zu erfolgen.

Zusammengefasst muss *M* für den Verein sowohl für das Einstellen der fremden Pferde als auch für das Anbieten der Getränke als gastgewerbliche Tätigkeit im Rahmen der Sommerreitcamps eine Gewerbeberechtigung erlangen. Da es sich um freie Gewerbe handelt, braucht kein Befähigungsnachweis erbracht werden. Der Verein darf die gewerblichen Tätigkeiten gem § 5 Abs 1 GewO ab dem Zeitpunkt der Gewerbeanmeldung ausüben.

M hat die Gewerbe gem § 339 Abs 1 GewO bei der Bezirksverwaltungsbehörde des Standortes, hier also bei der BH Mistelbach, anzumelden.

> Für das berufsrechtliche Gewerbeanmeldungsverfahren ergibt sich die sachliche und örtliche Zuständigkeit direkt aus § 339 Abs 1 GewO. Subsidiär können §§ 333 Abs 1 GewO iVm 3 Z 2 AVG herangezogen werden.

C. Betriebsanlagenrecht

1. Liegt eine Betriebsanlage gem § 74 Abs 1 GewO vor?

Weiters ist zu prüfen, ob es sich bei dem Reiterhof um eine gewerbliche Betriebsanlage gem § 74 Abs 1 GewO handelt. Nach § 74 Abs 1 GewO versteht man unter einer gewerblichen Betriebsanlage jede örtlich gebundene Einrichtung, die der Entfaltung einer gewerblichen Tätigkeit nicht bloß vorübergehend zu dienen bestimmt ist.

Wie unter Punkt I.A. angeführt, liegt die gewerbliche Tätigkeit hinsichtlich des Einstellbetriebs und der gastgewerblichen Tätigkeit im Rahmen des Sommerreitcamps vor. Dass am „Martinshof" auch nicht gewerbliche Tätigkeiten (etwa die Pferdezucht oder der Reitunterricht) ausgeübt werden, schadet nicht.

Örtlich gebunden ist eine Einrichtung jedenfalls dann, wenn sie örtlich stabil, dh unbeweglich ist (zB Bauwerk). Dies ist hier jedenfalls zu bejahen, da sowohl der Pferdestall als auch das Erdgeschoß des Bauernhofs mitsamt Reiterstüberl, Gäste-WC und Sattelkammer örtlich gebundene Einrichtungen sind.

Ob die Betriebsanlage einer Tätigkeit nicht bloß vorübergehend bestimmt ist, ist anhand der zeitlichen Nutzungsabsicht zu beurteilen. Nur dann, wenn ein Gewerbetreibender die Betriebsanlage mit der Absicht errichtet, dass sie längere Zeit der Entfaltung einer gewerblichen Tätigkeit dienen soll, stellt diese auch eine Betriebsanlage iSd GewO dar. M will sowohl das Reiterstüberl, das Gäste-WC und die Sattelkammer als auch den Reitstall mit der Absicht errichten, dass diese Einrichtungen längere Zeit der Entfaltung einer gewerblichen Tätigkeit dienen sollen. Auch die hohen Investitionskosten und die feste Verankerung mit dem Boden weisen auf eine Dauerhaftigkeit hin.

Es liegt im Ergebnis also eine Betriebsanlage gem § 74 Abs 1 GewO vor. Im Sinne des Grundsatzes der Einheit der Betriebsanlage zählen zu der Betriebsanlage nicht nur der Reitstall und das Erdgeschoß des Bauernhauses, sondern auch die 15 ha Weidefläche für die Pferde, da diese in einem örtlichen und sachlichen Zusammenhang stehen.

> Alle Anlagenteile stehen nämlich in einem örtlichen Zusammenhang und dienen einem betrieblichen Zweck. Dass der Pferdestall teilweise auch der Ausübung landwirtschaftlicher bzw von der GewO ausgenommener Tätigkeiten dient (4 Boxen für die Zuchtpferde sowie 5 Boxen für Schulpferde), schadet nicht.

2. Genehmigungspflicht gem § 74 Abs 2 GewO

Im nächsten Schritt ist zu prüfen, ob diese Betriebsanlage als solche genehmigungspflichtig ist. Der SV gibt keine Anhaltspunkte oder Hinweise auf das Vorliegen einer genehmigungsfreien Anlage gem § 74 Abs 7 GewO iVm 1. und 2. FreistellungsVO, einer IPPC-Anlage oder Seveso-Anlage. Es ist aber zu prüfen, ob für die Genehmigung des Reitstalls ein vereinfachtes Verfahren gem § 359b GewO durchzuführen ist. Dies ist zu verneinen, da der Reitstall mit 45 Einstellboxen keine Bagatellanlage gem § 1 Z 27 Bagatellanlagen-VO („Anlagen zum Einstellen und Betreuen von höchstens 35 fremden Reittieren") ist.

Der Pferdehof des M ist zumindest abstrakt geeignet, die in § 74 Abs 2 GewO genannten Interessen zu beeinträchtigen (va Belästigung der Nachbarn iSd Z 2 leg cit). Der „Martinshof" befindet sich zwar selbst im Grünland – Land- und Fortwirtschaft; lt SV befinden sich umliegend aber bewohnte Grundstücke, die als Wohnbaugebiete gewidmet sind. Der von einem Pferdehof typischerweise ausgehende Lärm und Geruch könnte die angrenzenden Nachbarn belästigen. Es handelt sich daher um eine genehmigungspflichtige Normalanlage, die im Zuge eines ordentlichen Genehmigungsverfahrens gem §§ 74, 77 iVm § 353 ff GewO zu genehmigen ist.

Sachlich zuständige Behörde ist gem § 333 Abs 1 GewO grds die Bezirksverwaltungsbehörde. Da sich in der GewO keine ausdrückliche andere Bestimmung über die sachliche Zuständigkeit in Angelegenheiten betreffend Betriebsanlagen findet, ist für die Behandlung des Antrags eine Bezirksverwaltungsbehörde sachlich zuständig.

In einem nächsten Schritt ist die örtliche Zuständigkeit zu klären. Die örtliche Zuständigkeit ist mangels Spezialvorschrift in der GewO nach den allgemeinen Regeln des AVG zu bestimmen. Die örtliche Zuständigkeit ergibt sich für das Betriebsanlagenverfahren aus § 3 Z 1 AVG (Lage des unbeweglichen Gutes). Da der Hof des *M* in Niederleis (Bezirk Mistelbach) liegt, ist die BH Mistelbach im Betriebsanlagenverfahren sachlich und örtlich zuständig.

3. Genehmigungsfähigkeit

Ob eine Genehmigung erteilt werden kann, lässt sich aus den im SV enthaltenen Angaben nicht ableiten, bei der Genehmigung ist jedenfalls § 77 GewO anzuwenden, der vorschreibt, dass die Anlage zu genehmigen ist, wenn nach dem Stand der Technik und dem Stand der medizinischen und der sonst in Betracht kommenden Wissenschaften zu erwarten ist, dass Gefährdungen vermieden und Belästigungen auf ein zumutbares Maß beschränkt werden können. Dafür hat die Behörde allenfalls im Genehmigungsbescheid Auflagen vorzuschreiben.

II. Bau- und Raumordnungsrecht

Der Pferdestall soll in Niederleis (Bezirk Mistelbach) und damit in Niederösterreich errichtet werden. Auch der Umbau des Erdgeschoßes betrifft ein in Niederösterreich liegendes Bauernhaus. Daher ist die NÖ BO anwendbar (§ 1 Abs 1 NÖ BO).

A. Baubewilligungspflicht

Gem § 4 Z 7 NÖ BO ist ein Bauwerk „ein Objekt, dessen fachgerechte Herstellung ein wesentliches Maß an bautechnischen Kenntnissen erfordert und das mit dem Boden kraftschlüssig verbunden ist." Der Pferdestall ist als ein solches Objekt zu qualifizieren, denn für dessen Errichtung sind jedenfalls bautechnische Kenntnisse erforderlich. Zudem ist dieser auch fest mit dem Boden verbunden. Der Pferdestall wird lt SV auf das bestehende Fundament des Hühnerstalls gebaut. Nach ständiger Rsp des VwGH (VwSlg 17057 A/2006) ist ein Neubau die Errichtung eines neuen Gebäudes, auch wenn auf alte Fundamentteile aufgebaut wird. Es ist daher von einem Neubau auszugehen. Ein Neubau ist gem § 14 Z 1 NÖ BO ein bewilligungspflichtiges Vorhaben. Es liegt daher weder ein anzeigepflichtiges Vorhaben (§ 15 NÖ BO), ein meldepflichtiges Vorhaben (§ 16 NÖ BO) noch ein bewilligungs-, anzeige- und meldefreies Vorhaben (§ 17 NÖ BO) vor. Bei der Unterteilung der Wohnküche im Erdgeschoß des Bauernhauses in einen Aufenthaltsraum („Reiterstüberl"), ein Gäste-WC und eine Sattelkammer handelt es sich um eine bewilligungspflichtige Abänderung gem § 14 Z 3 NÖ BO. Gem § 14 Z 3 NÖ BO ist die Abänderung von Bauwerken ua baubewilligungspflichtig, wenn die Standsicherheit tragender Bauteile oder die Belichtung von Aufenthaltsräumen beeinträchtigt werden könnte. Lt SV müssen tragende Wände abgerissen werden, was die Standsicherheit beeinträchtigen könnte. Durch die Unterteilung der Wohnküche in mehrere Räume ist eine mögliche Beeinträchtigung der Belichtung von Aufenthaltsräumen zumindest anzunehmen. Auch der SV weist darauf hin, dass es Probleme mit einer ausreichenden Belichtung geben könnte.

> Eine Bewilligungspflicht besteht bereits dann, wenn die bloße Möglichkeit einer der unter § 14 Z 3 NÖ BO genannten Beeinträchtigungen besteht. Ob eine solche tatsächlich vorliegt, ist im Bewilligungsverfahren zu klären.

Es erübrigt sich daher eine Prüfung des Umbaus des Erdgeschoßes als anzeigepflichtiges Vorhaben gem § 15 Abs 1 Z 1 lit a 1. und 2. TS NÖ BO aufgrund der Verwendungszweckänderung des bislang rein für Wohnzwecke genutzten Bauernhauses.

Im Ergebnis handelt es sich sowohl bei der Errichtung des Reitstalls (§ 14 Z 1 NÖ BO) als auch bei dem Umbau des Erdgeschoßes des Bauernhauses (§ 14 Z 2 NÖ BO) um baubewilligungspflichtige Vorhaben. M hat einen Antrag auf Baubewilligung gem §§ 14 iVm 18 ff NÖ BO bei der zuständigen Behörde einzubringen.

Es ist daher zu prüfen, wer für die Bewilligung des konkreten Projekts aus baurechtlicher Sicht zuständig ist. Baubehörde erster Instanz ist gem § 2 Abs 1 NÖ BO grds der Bürgermeister bzw der Magistrat. Allerdings sind gem § 2 NÖ BÜV Angelegenheiten der örtlichen Baupolizei bei gewerblichen Betriebsanlagen, die einer Genehmigung durch die Gewerbebehörde bedürfen, für bestimmte Gemeinden an die Bezirkshauptmannschaft übertragen.

Für gewerbliche Betriebsanlagen, die in der Gemeinde Niederleis liegen, sind Angelegenheiten der örtlichen Baupolizei an die Bezirkshauptmannschaft Mistelbach übertragen. Da es sich im vorliegenden Fall um eine in der Gemeinde Niederleis gelegene gewerbliche Betriebsanlage handelt (§ 3 Z 1 AVG, s Punkt I.2.C), ist die BH Mistelbach im konkreten Fall auch Baubehörde erster Instanz.

B. Baubewilligungsfähigkeit

Gem § 20 Abs 1 Z 1 NÖ BO hat die Baubehörde bei Anträgen nach § 14 vorerst zu prüfen, ob dem Bauvorhaben die im Flächenwidmungsplan festgelegte Widmungsart entgegensteht. Das Grundstück des M weist die Widmung „Grünland – Land- Forstwirtschaft" auf. Gem § 20 Abs 2 Z 1a NÖ ROG sind darunter Flächen zu verstehen, die der land- und forstwirtschaftlichen Bewirtschaftung dienen. Wie unter Punkt I. (Gewerberecht) festgestellt, übt M gewerbsmäßige Tätigkeiten in einer gewerblichen Betriebsanlage aus. Ein Gewerbebetrieb ist auf einer solchen Fläche aber nicht zulässig. Gem § 20 Abs 2 Z 1a 2. Satz NÖ ROG ist das Einstellen von Reittieren nur zulässig, wenn dazu überwiegend landwirtschaftliche Erzeugnisse verwendet werden, die im eigenen Betrieb gewonnen werden. Das ist gegenständlich nicht der Fall, womit diese Ausnahme nicht einschlägig ist.

Im Ergebnis hätte die BH Mistelbach als zuständige Baubehörde den Baubewilligungsantrag gem § 20 Abs 1, 2 NÖ BO abzuweisen.

Aufgabe 2: Wie wird das zuständige LVwG Niederösterreich über die Beschwerde des *M* inhaltlich entscheiden?

Die Aufgabenstellung zielt konkret auf die Behandlung der inhaltlichen Begründetheit der zulässigen Beschwerde ab; die Zulässigkeit ist in diesem Fall daher nicht nochmal gesondert zu prüfen, sondern kann als gegeben erachtet werden. Lesen Sie zunächst den SV aufmerksam und machen Sie etwaige Rechtsprobleme ausfindig. Gehen Sie in Ihrer Falllösung umfassend auf den Einwand des *M* ein und überprüfen Sie, in strukturierter Reihenfolge, ob dieser begründet ist. Es empfiehlt sich, die Überprüfung der inhaltlichen Begründetheit der Beschwerde (Punkt I.) in die Punkte A. Anwendungsbereich GewO und B. Ausnahmen gem §§ 2-4 GewO zu untergliedern. Schließen Sie Ihre Falllösung mit einem Ergebnis (Punkt II.) ab.

I. Inhaltliche Begründetheit der Beschwerde

Das zuständige LVwG Niederösterreich prüft den angefochtenen Bescheid aufgrund der Beschwerde (§ 27 iVm § 9 Abs 1 Z 3 und 4, Abs 3 VwGVG). Die Beschwerde ist begründet, wenn der Bescheid rechtswidrig ist und *M* dadurch in seinen Rechten verletzt wurde.

M meint lt SV, dass er das Straferkenntnis für rechtswidrig hält, da er „ja gar nicht gewerbsmäßig tätig sei". Zu prüfen ist sohin, ob *M* gewerbliche Tätigkeiten ausübt.

A. Anwendungsbereich GewO

Zu prüfen sind einerseits die Tätigkeit des Betreibens des Hühnerstalls, die Tätigkeit des Einstellens von fremden Pferden, der Anbau von Hafer- und Haferstroh sowie das Anbieten der Produkte (Eier, Kuchen und Brot) auf den Wochenmärkten.

Gem § 1 GewO unterliegen grds alle gewerbsmäßig ausgeübten Tätigkeiten der GewO. Eine Tätigkeit wird gewerbsmäßig ausgeübt, wenn sie selbstständig, regelmäßig und in der Absicht betrieben wird, einen Ertrag oder sonstigen wirtschaftlichen Vorteil zu erzielen, gleichgültig für welche Zwecke dieser bestimmt ist (§ 1 Abs 2 GewO). Die Selbstständigkeit (§ 1 Abs 3 GewO) und die Regelmäßigkeit (§ 1 Abs 4 GewO) können unfraglich bejaht werden. *M* übt all seine Tätigkeiten auf eigene Gefahr und Rechnung aus. *M* trägt für alle Tätigkeiten das Unternehmerrisiko. Die Selbstständigkeit ist daher für alle Tätigkeiten des *M* zu bejahen. Die GewO setzt zudem voraus, dass eine Tätigkeit regelmäßig, dh mit Nachhaltigkeit betrieben wird. *M* übt all seine Tätigkeiten regelmäßig aus. Es sind keine gegenteiligen Anhaltspunkte im SV gegeben. Auch die Ertragserzielungsabsicht ist zu bejahen. Sowohl das Einstellen der Pferde (lt SV „gegen Entgelt") als auch der Verkauf von seinen Produkten auf den Wochenmärkten sind auf einen wirtschaftlichen Vorteil ausgerichtet. Die Tätigkeiten des *M* sind gesetzlich auch nicht verboten.

B. Ausnahme vom Anwendungsbereich

Fraglich ist, ob eine Ausnahme vom Anwendungsbereich der GewO gem §§ 2-4 GewO vorliegt.

1. Land- und forstwirtschaftliche Tätigkeiten

Die Haltung von Hühnern bzw die Gewinnung der Eier ist gem § 2 Abs 1 Z 1 iVm Abs 3 Z 2 GewO eine land- und forstwirtschaftliche Tätigkeit und unterfällt sohin als solche nicht der GewO. Dies umfasst auch den Verkauf der Eier am Wochenmarkt. Sofern die Erzeugung einer Sache von der GewO ausgenommen ist, darf der Erzeuger diese grds auch ohne Gewerbeberechtigung verkaufen (vgl ErläutRV 395 BlgNR 13. GP 111: „Jedem Erzeuger steht auch das Recht zu, seine Erzeugnisse zu verkaufen, soweit dieses Recht nicht gesetzlich eingeschränkt wurde.").

Ebenso stellt der Anbau von Hafer und Haferstroh gem § 2 Abs 1 Z 1 iVm Abs 3 Z 1 1. Satz GewO eine von der GewO ausgenommene land- und forstwirtschaftliche Tätigkeit dar. Auch das Einstellen von maximal 16 Pferden ist gem § 2 Abs 1 Z 1 iVm Abs 3 Z 4 GewO (iSe Urproduktion und nicht als Nebengewerbe nach § 2 Abs 4 Z 6 GewO) von der GewO ausgenommen. Mit 16 Einstellpferden ist die Höchstgrenze von 25 Einstellpferden nicht erreicht. Außerdem werden höchstens 2 Einstellpferde pro ha landwirtschaftlich genutzter Fläche gehalten, da M lt SV über 12 ha landwirtschaftlich genutzter Fläche für den Anbau von Hafer und Haferstroh verfügt. Auch das Erfordernis, dass sich diese Flächen in der Region befinden ist erfüllt, da sich die landwirtschaftlichen Flächen lt SV in unmittelbarer Nähe zu den Stallungen befinden.

> Nach den Materialien sind landwirtschaftlich genutzte Flächen als noch in der Region befindlich zu verstehen, wenn sie in einem Umkreis von 10 km zum Betrieb liegen (1752 BlgNR 25. GP 9).

Der SV weist zudem darauf hin, dass die Pferde zu 80% aus eigenem Futteranbau versorgt werden können, was einen engen Konnex zur Landwirtschaft herstellt. Der Tatbestand des § 2 Abs 3 Z 4 GewO ist daher erfüllt.

2. Nebengewerbe der Land- und Forstwirtschaft

Nach § 2 Abs 4 Z 1 GewO ist die Verarbeitung und Bearbeitung überwiegend des eigenen Naturprodukts ein Nebengewerbe der Land- und Forstwirtschaft. Darunter kann grds auch die Herstellung von Kuchen und Brot fallen. Dies steht insb unter der Voraussetzung, dass der Charakter des jeweiligen Betriebs als land- und forstwirtschaftlicher Betrieb gewahrt bleibt und der Wert der mitverarbeiteten Erzeugnisse gegenüber dem Wert des bearbeiteten/verarbeiteten Naturprodukts untergeordnet ist. Von einer Unterordnung ist bei einem 25%igen-Zukauf noch auszugehen (§ 2 Abs 3 Z 1 GewO). Lt SV verwendet M sowohl einen Teil der Eier als auch das aus eigenem Haferanbau gewonnene Mehl zur Herstellung seiner Kuchen und des Brots. Lediglich Trockenhefe und Backpulver kauft er als Zutaten zu. Es ist sohin anzunehmen, dass die 25%-Grenze an zugekauften Produkten nicht überschritten wird. Es kann nämlich davon ausgegangen werden, dass der Wert der mitverarbeiteten Erzeugnisse (Trockenhefe und Backpulver) gegenüber den bearbeiteten/verarbeiteten Naturprodukten (Hafer und Eier) untergeordnet ist. Außerdem verkauft *M* die Kuchen und das Brot lt SV bloß gelegentlich am Wochenmarkt. Die dadurch erzielten Erträge werden daher von bloß untergeordneter Rolle sein. § 2 Abs 4 Z 1 GewO ist sohin einschlägig. *M* kann sich sowohl für die Erzeugung seiner Kuchen und des Brots als auch für deren Verkauf am Wochenmarkt auf die Ausnahmebestimmung des § 2 Abs 4 Z 1 GewO berufen. Alle Tätigkeiten des *M* sind sohin von der GewO ausgenommen.

II. Entscheidung des VwG

M übt keine gewerbsmäßige Tätigkeit aus, für die er eine Gewerbeberechtigung einholen hätte müssen. Der Straftatbestand des § 366 Abs 1 Z 1 GewO ist sohin nicht erfüllt. Seine Beschwerde ist daher begründet und wird Aussicht auf Erfolg haben. Das LVwG Niederösterreich wird in der Sache selbst (§ 50 Abs 1 VwGVG iVm Art 130 Abs 4 1. Satz B-VG) mittels Erkenntnis entscheiden, der Beschwerde des *M* stattgeben und das Straferkenntnis aufheben.

Fall 5

Ein Zwilling kommt selten allein

Gewerbliches Berufs- und Betriebsanlagenrecht
Bau- und Raumordnungsrecht

Katharina Fink

Die Zwillingsschwestern *Annabel* (*A*) und *Barbara* (*B*) sind unzertrennlich. Nach der Matura gingen sie jedoch zunächst getrennte Wege: *B* absolvierte an der Universität für Bodenkultur Wien das Masterstudium der Landschaftsplanung und Landschaftsarchitektur und war danach zwei Jahre bei den Wiener Stadtgärten beschäftigt. *A* ist demgegenüber gelernte Änderungsschneiderin mit einigen Jahren Berufserfahrung. Die Schwestern möchten ihre Zukunft nunmehr aber wieder gemeinsam gestalten und beschließen in das Gärtnerbusiness einzusteigen, um hiermit fortan ihren Lebensunterhalt zu verdienen. Dabei wollen sie folgende Tätigkeiten anbieten: Erstellung und Pflege von Garten-, Park- und Grünanlagen, Verlegen von Fertigrasen, Rasenpflege, Vorbereiten von Bepflanzungsflächen, Pflanz- und Pflegearbeiten, Baumpflege sowie Innenraumbegrünung inkl Terrassen- und Dekorationspflanzen sowie Blumengestaltung. Zu diesem Zweck gründen sie die *Go-Green-Gartenfreunde-GmbH* (*G*) mit Sitz in Wien und möchten am liebsten sogleich mit der Ausübung der angestrebten Tätigkeiten beginnen. Im Gesellschaftsvertrag wird festgelegt, dass sowohl *A* als auch *B* als alleinvertretungsbefugte Geschäftsführerinnen der *G* fungieren.

Nachdem das Geschäft gut läuft, möchten die Schwestern investieren und einige Gewächshäuser errichten. Ziel ist es, diejenigen Pflanzen künftig selbst zu ziehen, welche die Gärtnerei dann bei ihren Kunden im Garten einsetzt, wie Orangen- und Zitronenbäume und andere empfindliche Gehölze. Außerdem wollen die Schwestern in unmittelbarer Nähe der Gewächshäuser ein Wohnhaus errichten, das für die Ausübung der Tätigkeit der beiden erforderlich ist, weil die heiklen Pflanzen rund um die Uhr Betreuung brauchen. Als Standort haben *A* und *B* Grundflächen östlich und westlich der Haidestraße im 11. Wiener Gemeindebezirk ins Auge gefasst (siehe Abbildung).

Aufgabe 1: Verfassen Sie ein Rechtsgutachten, das auf alle aufgeworfenen gewerbe-, bau- und raumordnungsrechtlichen Fragen eingeht!

Schlussendlich werden die Gewächshäuser und das Wohnhaus gebaut und die Gärtnerei der Schwestern läuft weiterhin sehr gut. Nach einem Arbeitsunfall entscheidet sich *A* jedoch dazu, die Arbeit in der Gärtnerei nicht mehr auszuüben. Sie möchte sich fortan wieder der Änderungsschneiderei widmen und beginnt deshalb – ohne irgendwen zu informieren – das Erdgeschoss des in der Haidestraße gelegenen Wohnhauses in ein Geschäftslokal umzubauen. Insbesondere lässt sie einen straßenseitigen Eingang errichten, damit die Kunden das Geschäft unmittelbar von der Straße aus betreten können, und baut anstelle des kleinen Fensters eine große Auslage ein. Das ganze Erdgeschoss wird von außen und von innen wie eine Geschäftsfläche wirken; dass hier einmal Wohnräume waren, wird man nicht mehr merken.

Aufgabe 2: Wie ist diese Vorgehensweise bau- und raumordnungsrechtlich zu beurteilen?

Verordnung des Bundesministers für Wirtschaft und Arbeit über die Zugangsvoraussetzungen für das verbundene Handwerk der Gärtner und der Blumenbinder (Floristen) idF BGBl II 399/2008

§ 1

Durch die im Folgenden angeführten Belege ist die fachliche Qualifikation zum Antritt des Handwerks der Gärtner (§ 94 Z 24 GewO 1994) als erfüllt anzusehen:

1. Zeugnis über die erfolgreich abgelegte Meisterprüfung oder

2. Zeugnis über die erfolgreich abgelegte Gärtnermeisterprüfung gemäß den Vorschriften über die land- und forstwirtschaftliche Berufsausbildung oder

3. Zeugnisse über

a) den erfolgreichen Abschluss einer Studienrichtung, deren schwerpunktmäßige Ausbildung im Bereich Landschaftsplanung oder Landschaftsgestaltung oder Gartenbau liegt, und

b) eine mindestens einjährige fachliche Tätigkeit (§ 18 Abs 3 GewO 1994) oder

4. Zeugnisse über

a) den erfolgreichen Besuch einer berufsbildenden höheren Schule, deren Ausbildung im Bereich Gartenbau mit Schwerpunkt Garten- und Landschaftsgestaltung liegt, und

b) eine mindestens eineinhalbjährige Tätigkeit oder […]

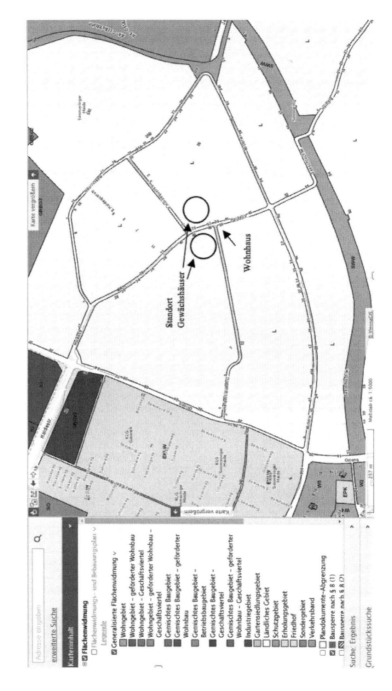

Lösung

Aufgabe 1: Verfassen Sie ein Rechtsgutachten, das auf alle aufgeworfenen gewerbe-, bau- und raumordnungsrechtlichen Fragen eingeht!

> Wenn Sie wie hier eine offene Fragestellung bearbeiten, ist die Falllösung eine Aufbereitung des SV. Es bietet sich daher an, den SV in unterschiedliche Problembereiche zu teilen und diese entsprechend abzuarbeiten. Für den vorliegenden Fall empfiehlt es sich, die Falllösung zunächst in Rechtsgebiete aufzuteilen: I. Gewerberecht und II. Bau- und Raumordnungsrecht. Innerhalb des Gewerberechts erscheint zudem eine weitere Untergliederung in A. Anwendungsbereich, B. Berufsrecht und C. Betriebsanlagenrecht sinnvoll.

I. Gewerberecht

A. Anwendungsbereich

In einem ersten Schritt ist zu prüfen, ob der Anwendungsbereich der GewO eröffnet ist. Die Bestimmungen der GewO gelten für alle gewerbsmäßig ausgeübten und gesetzlich nicht verbotenen Tätigkeiten (§ 1 Abs 1 GewO), dies jedoch nur, soweit keine Ausnahme der §§ 2 bis 4 GewO einschlägig ist. Eine Tätigkeit wird gem § 1 Abs 2 GewO gewerbsmäßig ausgeübt, wenn sie selbstständig, regelmäßig und in der Absicht betrieben wird, einen Ertrag oder sonstigen wirtschaftlichen Vorteil zu erzielen, gleichgültig für welche Zwecke dieser bestimmt ist.

Selbständigkeit liegt vor, wenn die Tätigkeit auf eigene Rechnung und Gefahr ausgeübt wird (§ 1 Abs 3 GewO). Selbstständig tätig ist daher derjenige, der das unternehmerische Risiko trägt. Lt SV wollen *A* und *B* im Rahmen ihrer Gesellschaft *G* gewisse Tätigkeiten zur Pflege von Gärten und Grünflächen anbieten. *G* kommen diesbezüglich alle Haftungen und Verbindlichkeiten zu, dh sie trägt das Unternehmerrisiko. Die Selbständigkeit setzt aber auch die unternehmerische Entscheidungsfreiheit voraus. Dh der Gewerbetreibende muss in seinen Entscheidungen überwiegend unbeeinflusst sein. Dies liegt jedenfalls dann vor, wenn eine Tätigkeit völlig frei eingeteilt bzw jederzeit abgebrochen werden kann, und wenn das Entgelt ausschließlich vom Erfolg der Tätigkeit abhängt. Mangels gegenteiliger Anhaltspunkte im SV wird man vom Vorliegen der Entscheidungsfreiheit ausgehen können. Daher ist die Selbständigkeit dieser Tätigkeit zu bejahen.

Weiters setzt die Gewerbsmäßigkeit voraus, dass eine Tätigkeit regelmäßig, dh mit Nachhaltigkeit betrieben wird (§ 1 Abs 4 GewO). Diese ist im gegenständlichen Fall jedenfalls erfüllt, da der gärtnerischen Tätigkeit lt SV „fortan" nachgegangen werden soll.

Zudem wird die Tätigkeit mit der Absicht betrieben, einen Ertrag oder sonstigen wirtschaftlichen Vorteil zu erzielen, gleichgültig für welchen Zweck dieser bestimmt ist (§ 1 Abs 5 GewO). Unerheblich ist, dass der Ertrag bzw wirtschaftliche Vorteil auch wirklich lukriert wird. Lt Rsp indizieren entgeltliche Leistungen eine Gewinnerzielungsabsicht (s bspw VwGH 25.6.2003, 2002/03/0069). Ziel der gärtnerischen Tätigkeit ist ua der Verdienst des Lebensunterhalts von *A* und *B*. Aus diesem Grund kann man davon ausgehen, dass ein Ertrag oder sonstiger wirtschaftlicher Vorteil erzielt werden soll.

Es handelt sich hier also um eine gewerbsmäßige Tätigkeit iSd § 1 Abs 2 GewO. Die angestrebte Tätigkeit als Gärtnerinnen ist außerdem nicht verboten. Weiters ist auch keine Ausnahme gem §§ 2 bis 4 GewO einschlägig. Der Anwendungsbereich der GewO ist daher eröffnet.

B. Berufsrecht

Es ist zu prüfen, ob sogleich mit der Ausübung der Tätigkeit durch die *G* begonnen werden darf.

Im gegenständlichen Fall ist gem § 9 Abs 1 GewO die Bestellung eines gewerberechtlichen Geschäftsführers obligatorisch, denn das Gewerbe soll von einer juristischen Person betrieben werden. Der gewerberechtliche Geschäftsführer muss gem § 39 Abs 2 GewO die vorgeschriebenen persönlichen Voraussetzungen erfüllen. Im gegenständlichen Fall kommen *A* und *B* als gewerberechtliche Geschäfsführerinnen in Frage. Somit ist zu prüfen, ob diese jeweils die berufsrechtlichen Voraussetzungen erfüllen.

> Für den Antritt eines Gewerbes gibt die GewO allgemeine und besondere Voraussetzungen vor. Die allgemeinen Antrittsvoraussetzungen gelten einheitlich für alle, somit auch für freie Gewerbe. Bei Gewerben, die die Interessen der Konsumenten und der Öffentlichkeit berühren, ist zusätzlich die Erfüllung besonderer Antrittsvoraussetzungen notwendig.

1. Allgemeine Antrittsvoraussetzungen

Mangels anderslautender Hinweise im SV ist davon auszugehen, dass *A* und *B* die allgemeinen Antrittsvoraussetzungen gem §§ 8 ff GewO erfüllen.

2. Besondere Antrittsvoraussetzungen

Aus den im SV aufgezählten Tätigkeiten ergibt sich, dass *A* und *B* das reglementierte Gewerbe des „Gärtner und Floristen" gem § 94 Z 24 GewO ausüben möchten. Bei diesem Gewerbe ist keine Zuverlässigkeitsprüfung durchzuführen (s § 95 GewO).

> Gewerbliche Tätigkeiten, für die ein Befähigungsnachweis erforderlich ist, nennt die GewO „reglementierte Gewerbe" (§ 5 Abs 2 GewO). Diese sind in § 94 GewO in alphabetischer Reihenfolge taxativ aufgezählt. Für einen (ebenfalls taxativ aufgezählten) Teil dieser reglementierten Gewerbe ordnet § 95 GewO aufgrund der gefahrengeneigten bzw sensiblen Art dieser Tätigkeiten eine Überprüfung der Zuverlässigkeit an (sog „Zuverlässigkeitsgewerbe").

Im Falle eines reglementierten Gewerbes ist also zusätzlich zu den allgemeinen Antrittsvoraussetzungen auch ein Befähigungsnachweis zu erbringen (s §§ 16 ff GewO). Dieser gilt als Nachweis der fachlichen und kaufmännischen Fähigkeiten, Kenntnisse und Erfahrungen zur selbständigen Ausführung der gewerblichen Tätigkeit (s § 16 Abs 2 GewO). Hierbei unterscheidet die GewO zwischen einem generellen und einem individuellen Befähigungsnachweis. Die Belege für den generellen Befähigungsnachweis werden gem § 18 Abs 1 GewO durch den Bundesminister für Wirtschaft und Arbeit (seit 18.7.2022: Bundesminister für Arbeit und Wirtschaft) für jedes reglementierte Gewerbe durch Verordnung festgelegt.

Einen Teil der reglementierten Gewerbe kennzeichnet § 94 GewO in einem Klammerausdruck zusätzlich als Handwerk (so auch das hier einschlägige Gewerbe des „Gärtner und Floristen"). Gem § 21 GewO bildet in diesem Fall auch eine Meisterprüfung einen zulässigen Befähigungsnachweis.

B erfüllt den erforderlichen generellen Befähigungsnachweis, denn sie hat mit dem Masterstudium der Landschaftsplanung und Landschaftsarchitektur ein Studium absolviert, dessen schwerpunktmäßige Ausbildung im Bereich der Landschaftsplanung und Landschaftsgestaltung oder dem Gartenbau liegt (s § 1 Z 3 lit a der VO über die Zugangsvoraussetzungen für das verbundene Handwerk der Gärtner und Blumenbinder bzw Floristen). Zudem kann sie aufgrund ihrer Tätigkeit bei den Wiener Stadtgärten auch die geforderte, mindestens einjährige, fachliche Tätigkeit gem § 1 Z 3 lit b dieser VO iVm § 18 Abs 3 GewO vorweisen. Bei *A* sieht das anders aus: Mit ihrer Ausbildung zur Änderungsschneiderin erfüllt sie keine der in der Verordnung angeführten Belege. Es verbleibt ihr aber die Möglichkeit, einen individuellen Befähigungsnachweises gem § 19 GewO zu erbringen.

Kann der generelle Befähigungsnachweis nicht erbracht werden, hat der Gewerbeanmelder die Möglichkeit eine individuelle Feststellung der Befähigung zu beantragen (sog „individueller Befähigungsnachweis"; s § 19 GewO). Hierfür müssen die zur Gewerbeausübung erforderlichen Kenntnisse, Fähigkeiten und Erfahrungen auf eine andere Art und Weise nachgewiesen werden. Wird der Antrag gleichzeitig mit der Gewerbeanmeldung gestellt, ist hierfür die Gewerbebehörde gem § 339 GewO zuständig. Mit Ausübung des Gewerbes darf allerdings erst mit Rechtskraft des Feststellungsbescheides über die individuelle Befähigung begonnen werden.

Im Fall der *A* wird dies aber ebenfalls scheitern, denn auch die individuelle Befähigung muss das fachliche Niveau des generellen Befähigungsnachweises erreichen. Dies ist durch eine Ausbildung zur Änderungsschneiderin nicht möglich.

Als gewerberechtliche Geschäftsführerin kommt daher *B* in Frage, da sie die allgemeinen Antrittsvoraussetzungen sowie den geforderten generellen Befähigungsnachweis (also die vorgeschriebenen persönlichen Voraussetzungen) erfüllt. Gem § 39 Abs 2 GewO muss die gewerberechtliche Geschäftsführerin zudem aber auch entweder dem zur gesetzlichen Vertretung berufenen Organ der juristischen Person angehören (Z 1) oder mindestens zur Hälfte der wöchentlichen Normalarbeitszeit im Betrieb beschäftigte, nach den Sozialversicherungsrecht voll versicherungspflichtige Arbeitnehmerin sein (Z 2). *B* ist lt Gesellschaftsvertrag Geschäftsführerin der *G* und gehört daher dem zur gesetzlichen Vertretung berufenen Organ der juristischen Person an. Sie erfüllt somit auch diese Voraussetzung. *B* muss gem § 39 Abs 2 GewO der Erteilung der selbstverantwortlichen Anordnungsbefugnis und ihrer Bestellung als gewerberechtliche Geschäftsführerin zudem auch nachweislich zugestimmt haben. Weiters ist es gem § 39 Abs 2a GewO notwendig, dass sie ihren Wohnsitz im Inland bzw in einem EWR-Staat oder der Schweiz hat. Dies wird mangels anderslautender Angaben im SV vermutlich auch vorliegen.

3. Ergebnis

Bevor mit der Ausübung der Tätigkeiten begonnen werden kann, muss also *B* als gewerberechtliche Geschäftsführerin bestellt werden. Dies hat der Gewerbeinhaber, im gegenständlichen Fall ist das *G*, der Behörde anzuzeigen (s § 345 GewO). Danach wird die Behörde die Eintragung in das Gewerbeinformationssystem Austria (GISA) vornehmen und *G* hiervon verständigen. Erst dann liegen alle Voraussetzungen für die rechtmäßige Ausübung des Gewerbes des „Gärtner und Floristen" vor.

C. Betriebsanlagenrecht

Abschließend ist das Vorhaben noch aus betriebsanlagenrechtlicher Sicht zu prüfen. Gem § 74 Abs 1 GewO ist eine gewerbliche Betriebsanlage jede örtlich gebundene Einrichtung, die der Entfaltung einer gewerblichen Tätigkeit nicht bloß vorübergehend zu dienen bestimmt ist. Die Betriebsanlage ist ortsgebunden, da die Gewächshäuser ihrer Natur nach unbewegliche Bauwerke sind. In Bezug auf die Dauerhaftigkeit ist auf die zeitliche Nutzungsabsicht abzustellen. Diese ist im vorliegenden Fall ebenfalls unproblematisch zu bejahen, da die Gewächshäuser lt SV künftig für die Pflanzenaufzucht genutzt werden sollen. Zudem liegt auch das letzte Wesensmerkmal, „die Entfaltung einer gewerblichen Tätigkeit", vor: Diese ergibt sich nämlich aus der Selbständigkeit, der Regelmäßigkeit und der Ertragserzielungsabsicht (s § 1 Abs 2 GewO) und kann grundsätzlich bejaht werden. Allerdings wird mit den Gewächshäusern Land- und Forstwirtschaft – nämlich Baumzucht – betrieben. Es ist daher gem § 2 Abs 1 Z 1 iVm Abs 3 Z 1 GewO keine Betriebsanlagengenehmigung notwendig.

II. Bau- und Raumordnungsrecht

A. Raumordnungsrechtliche Vorgaben

Zunächst ist die raumordnungsrechtliche Zulässigkeit des Vorhabens zu prüfen. Fraglich ist nämlich, ob die Gewächshäuser und das Wohnhaus auf den bevorzugten Grundstücken errichtet werden dürfen.

> Die Raumordnung fällt in die Generalklausel des Art 15 Abs 1 B-VG und ist damit – soweit nicht Teile davon in die Kompetenz des Bundes bzw der Gemeinden fallen – grds Landessache in Gesetzgebung und Vollziehung. Für Wien gibt es kein eigenes Raumordnungsgesetz. Die raumordnungsrechtlich relevanten Bestimmungen finden sich in der BO Wien.

Im gegenständlichen Fall ist die BO Wien anzuwenden, denn die Gewächshäuser und das Wohnhaus sollen lt SV auf Grundstücken im 11. Wiener Gemeindebezirk errichtet werden.

> Der Flächenwidmungsplan ist das zentrale Planungsinstrument der örtlichen Raumplanung und legt die erlaubte Nutzung für sämtliche Grundstücke einer Gemeinde fest. Ihm können die Grundstücksgrenzen, die Grundstücksnummern sowie die jeweiligen Widmungen entnommen werden. Hinsichtlich der Widmung werden zunächst die Widmungsarten und innerhalb dieser die Widmungskategorien festgelegt. Hauptwidmungskategorien sind ua Bauland, Verkehrsflächen, Grünland und Vorbehaltsflächen. Da das Raumordnungsrecht Ländersache ist (s Art 15 B-VG), differieren auch die einzelnen Widmungsarten erheblich und werden den Hauptwidmungskategorien zudem auch unterschiedlich zugeordnet.

Lt Abbildung sind die von den Schwestern bevorzugten Grundstücke als „ländliches Gebiet" (§ 4 Abs 2 lit A sublit a iVm § 6 Abs 1 BO Wien) ausgewiesen. Diese sind gem § 6 Abs 1 BO Wien für land- und forstwirtschaftliche oder berufsgärtnerische Nutzung bestimmt, weshalb auf diesen Flächen ausschließlich Bauwerke errichtet werden dürfen, die landwirtschaftlichen, forstwirtschaftlichen oder berufsgärtnerischen Zwecken dienen, sowie das betriebsbedingt notwendige Ausmaß nicht überschreiten. Hierzu gehören auch die erforderlichen Wohngebäude.

Die Gewächshäuser sind Anlagen, die mit dem Boden in Verbindung stehen und für deren fachgerechte Herstellung bautechnische Kenntnisse erforderlich sind. Dabei kommt es darauf an, ob die Errichtung der Anlage objektiv das Vorliegen eines wesentlichen Maßes bautechnischer bzw fachtechnischer Kenntnisse zu ihrer werkgerechten Herstellung verlangt (s VwGH 30.3.2005, 2003/06/0092, mwN). Die Gewächshäuser müssen jedenfalls so geplant und ausgeführt sein, dass sie in Hinblick auf die mechanische Festigkeit und Standsicherheit den zu erwartenden Belastungen durch Wind- und Schneelasten standzuhalten vermögen. Zudem erfordern bauliche Anlagen, die von Menschen betreten werden können, nach der Rsp des VwGH, stets gewisse bautechnische Kenntnisse (s VwGH 23.7.2013, 2010/05/0089 mwN). Daher sind die Gewächshäuser als Bauwerke iSd § 87 Abs 1 BO Wien zu qualifizieren.

Lt SV sollen die Gewächshäuser der Aufzucht von Pflanzen, also berufsgärtnerischen Zwecken, dienen. Es finden sich keine Hinweise im SV, die darauf schließen lassen, dass hierdurch das betriebsbedingt notwendige Ausmaß überschritten wird. Im Gegenteil: Die Gewächshäuser dienen der Aufzucht verschiedener Gehölze, die dann im Zuge der Gärtnerarbeiten bei Kunden eingesetzt werden. Auch das Wohnhaus ist ein Bauwerk und entspricht der hier vorgeschriebenen raumordnungsrechtlichen Nutzungsart. Lt SV ist es nämlich für die berufsgärtnerische Tätigkeit erforderlich, da die Pflanzen rund um die Uhr betreut werden müssen. Demnach spricht aus raumordnungsrechtlicher Sicht nichts gegen das Vorhaben der Schwestern.

B. Baurechtliche Vorgaben

Abschließend ist das Vorhaben noch einer baurechtlichen Untersuchung zu unterziehen. Konkret könnte hier eine baurechtliche Bewilligung notwendig sein.

> Die hierfür einschlägigen baurechtlichen Bestimmungen finden sich in den §§ 60 ff BO Wien. Sofern das Bauvorhaben nicht unter die Spezialtatbestände der §§ 62 (anzeigepflichtiges Bauvorhaben) und § 62a (bewilligungsfreie Bauvorhaben) fällt und auch die §§ 70a (vereinfachtes Bewilligungsverfahren) und 70b (Bewilligungsverfahren für Bauwerke kleinen Umfangs) nicht von einer ausdrücklichen Erteilung der Baubewilligung absehen, ist eine solche gem § 60 Abs 1 BO Wien zu erwirken.

Für bewilligungsfreie Bauvorhaben gem § 62a BO Wien ist weder eine Baubewilligung noch eine Bauanzeige erforderlich. Gewächs- bzw Wohnhäuser finden sich aber nicht in der taxativen Aufzählung, weshalb diese Bestimmung auf das Bauvorhaben der Schwestern nicht anzuwenden ist. § 62 Abs 1 BO Wien regelt jene Bauvorhaben, für die eine Bauanzeige ausreichend ist. Aber auch diese Tatbestände sind hier nicht einschlägig. Des Weiteren stellt das Vorhaben auch kein vereinfachtes Bauvorhaben nach § 70a BO Wien dar, denn dem SV kann nicht entnommen werden, dass den Einreichunterlagen eine Bestätigung des Ziviltechnikers angeschlossen wurde. Das Baubewilligungsverfahren für Bauwerke kleineren Umfangs gem § 70b BO Wien ist deshalb nicht einschlägig, da dem SV keine Angabe über die Größe (Höhe und Fläche) entnommen werden kann. Es ist daher davon auszugehen, dass die Gewächs- bzw Wohnhäuser den Vorgaben von § 70b BO Wien nicht entsprechen. Daher ist für das Bauvorhaben von *A* und *B* eine Baubewilligung gem § 60 BO Wien zu erwirken.

Eine Baubewilligung brauchen gem § 60 Abs 1 BO Wien bspw Neu-, Zu- und Umbauten (lit a leg cit) oder alle sonstigen Bauwerke über der Erde, zu deren Herstellung ein wesentliches Maß bautechnischer Kenntnisse erforderlich ist (lit b leg cit). Unter einem Neubau ist die Errichtung neuer Gebäude zu verstehen. Ein Gebäude ist, dem Wortlaut nach, ein raumbildendes Bauwerk, das in der Bausubstanz eine körperliche Einheit bildet und nicht durch Grenzen eines Bauplatzes oder Bauloses oder durch Eigentumsgrenzen geteilt ist (für die Definitionen s § 60 Abs 1 lit a BO Wien). Die Gewächshäuser sind jedenfalls als Bauwerke zu qualifizieren (s Prüfung oben bei Punkt II.A.). Aber auch das Wohnhaus ist der Sache nach eine Anlage, die mit dem Boden in Verbindung steht und zu deren fachgerechter Herstellung bautechnische Kenntnisse erforderlich sind (s hierfür § 87 Abs 1 BO Wien). Ein Raum liegt gem § 60 Abs 1 lit a BO Wien weiters dann vor, wenn eine Fläche zumindest zur Hälfte ihres Umfanges von Wänden umschlossen und von einer Decke abgeschlossen ist. Beim Wohnhaus handelt es sich daher (unzweifelhaft) um ein solches raumbildendes Bauwerk. Aber auch die Gewächshäuser sind von (lichtdurchlässigen) Wänden um- und von einer Decke abgeschlossen. Aus diesem Grund sind beide Errichtungen als Gebäude anzusehen. Im gegenständlichen Fall handelt es sich der Sache nach um Neubauten, denn die Gewächshäuser und das Wohnhaus sollen lt SV (neu) errichtet werden. Es finden sich keine Hinweise auf den Um- oder Zubau eines bestehenden Gebäudes. Die Zwillingsschwestern *A* und *B* müssen daher eine Baubewilligung gem § 60 Abs 1 lit a BO Wien beantragen.

In Bezug auf die Gewächshäuser wäre bei einer anderen Argumentation auch § 60 Abs 1 lit b BO Wien einschlägig. Zu diesem Schluss käme man insb dann, wenn man die Gewächshäuser nicht als raumbildendes Bauwerk und daher auch nicht als Gebäude qualifiziert. Für „sonstige Bauwerke über der Erde, zu deren Herstellung ein wesentliches Maß bautechnischer Kenntnisse erforderlich ist", ist aber jedenfalls auch eine baurechtliche Bewilligung zu beantragen.

Aufgabe 2: Wie ist Vorgehensweise bau- und raumordnungsrechtlich zu beurteilen?

Die Fragestellung zielt hier auf die Behandlung von aufgeworfenen bau- und raumordnungsrechtlichen Problembereichen ab. Grds gibt es keine vorgeschriebene Prüfreihenfolge, es bietet sich aber an, zunächst herauszufinden, um welches Bauvorhaben es sich handelt und abschließend die raumordnungsrechtliche Zulässigkeit zu untersuchen.

Bezüglich der baurechtlichen Zulässigkeit des Vorhabens versteckt sich im SV der Hinweis, dass *A* das Wohnhaus umbaut, weshalb es dies zu prüfen gilt. Gem § 60 Abs 1 lit a BO Wien sind unter einem Umbau jene Änderungen des Gebäudes zu verstehen, durch welche die Raumteilung oder die Raumwidmungen so geändert werden, dass nach Durchführung der Änderung das Gebäude als ein anderes anzusehen ist.

> Die Raumwidmung ist die Raumnutzung der einzelnen Räume eines Gebäudes (zB Wohnräume, Büroräume, Geschäftsräume etc).

Ein Umbau liegt gem § 60 Abs 1 lit a BO Wien auch dann vor, wenn solche Änderungen nur ein einzelnes Geschoß betreffen. Lt SV möchte *A* das Erdgeschoss des Wohnhauses zu einem Geschäftslokal umbauen. Danach werde man nicht mehr merken, dass hier einmal Wohnräume waren. Aus diesem Grund ist davon auszugehen, dass die Raumwidmung jedenfalls so geändert wird, dass das Gebäude als ein anderes anzusehen ist. Hierfür spricht auch der Einbau der großen Auslage sowie die Installation eines straßenseitigen Eingangs für die Kunden. *A* hätte für den beabsichtigten Umbau also eine Baubewilligung gem § 60 Abs 1 lit a BO Wien beantragen müssen.

> Eine Bauanzeige für den Austausch von Fenstern und Fenstertüren gem § 62 Abs 1 Z 3 BO Wien genügt hier nicht, denn das Wohnhaus in der Haidestraße (lt Abbildung und SV) liegt nicht in einer Schutzzone und wurde auch nicht vor dem 1.1.1945 errichtet. Zudem soll das kleine Fenster einer großen Auslage weichen. Bei einer Schutzzone (s § 7 BO Wien) handelt es sich um Bereiche, in welchen die Erhaltung des charakteristischen Stadtbildes durch den Schutz des äußeren Erscheinungsbildes von Objekten gewährleistet werden soll. Eine Schutzzone ist im Flächenwidmungs- bzw Bebauungsplan ebenfalls darzustellen.
>
> Im vorliegenden Fall kann auch der Austausch von Fenstern und Fenstertüren gem § 62a Abs 1 Z 34 BO Wien – und damit ein bewilligungsfreies Bauvorhaben – nicht vorliegen, denn das Fenster wird nicht bloß ausgetauscht, sondern es soll durch die große Auslage ersetzt werden.

Zuletzt ist die raumordnungsrechtliche Zulässigkeit des Vorhabens zu untersuchen. Der Umbau zu einem Geschäftslokal ist in der Widmungsart „ländliches Gebiet" (§ 4 Abs 2 lit a iVm § 6 Abs 1 BO Wien) nicht zulässig, denn ein Geschäftslokal entspricht nicht der in § 6 Abs 1 BO Wien aufgezählten Nutzungsart.

A begeht mit dem Umbau des Wohnhauses eine Verwaltungsübertretung gem § 135 Abs 1 BO Wien und wird daher mit einer Geldstrafe von bis zu EUR 50 000 zu bestrafen sein. Zudem kann die Behörde die Einstellung der widmungswidrigen Nutzung innerhalb einer mit Bescheid festzusetzenden Frist anordnen.

Fall 6

Vo Klösterle bis Wian bean i gloufa

Gewerbliches Betriebsanlagenrecht | Bau- und Raumordnungsrecht

Katharina Fink

Joachim (*J*) ist Eigentümer mehrerer Grundstücke in ganz Österreich, so auch in Klösterle (Bezirk Bludenz, Vorarlberg) und in Wien. Hinsichtlich dieser Grundstücke plagen ihn in letzter Zeit aber ein paar Probleme.

In der Gemeinde Klösterle möchte der Mobilfunkanbieter *B2*, ein privates, auf Gewinn gerichtetes Unternehmen aus dem Bereich der Telekommunikationsdienstleistungen, den Netzausbau vorantreiben. Diese Gegend wurde bisher nämlich nicht ausreichend mit Mobilfunknetzen abgedeckt. Zu diesem Zweck soll auf einem Grundstück im Ortszentrum ein fünf Meter hoher Handymast errichtet werden. Dieser besteht aus einem Stahlgerüst, das über eine Betonplatte fest mit dem Boden verbunden ist, und aus einer an der Spitze des Gerüsts befestigten Mobilfunkantenne.

J, der das Haus am unmittelbar angrenzenden Grundstück bewohnt, ist erbost. Zum einen hält er den Handymast für eine „Verschandelung des Ortsbildes". Zum anderen soll der Handymast nur drei Meter von seiner Grundstücksgrenze entfernt errichtet werden, was *J* für viel zu nahe hält. Außerdem ist er gegenüber moderner Technologie sehr skeptisch und befürchtet, dass die vom Handymast ausgehenden „Wellen" gesundheitsschädlich sind. Er will nicht „für den Rest seines Lebens einen Aluhut tragen müssen" und verlangt, dass „die Politiker" etwas gegen das Vorhaben unternehmen. Die Gemeindevertretung der Gemeinde Klösterle ist für die Sorgen des *J* empfänglich und erlässt eine Verordnung (abgedruckt im Anhang), die das Problem aus der Welt schaffen soll.

Aufgabe 1: Beurteilen Sie rechtsgutachterlich, welche Genehmigungen bei welchen Behörden für den Handymast eingeholt werden müssen und ob dieser alle erforderlichen Genehmigungen erhalten wird. Könnte *J* seine Bedenken in diesem oder diesen Verfahren erfolgreich geltend machen?

Auch in Wien hat *J* nur Probleme. Er hatte im 19. Wiener Gemeindebezirk ein Wohnhaus errichtet und dabei vergessen, die vorgeschriebene Hausnummer an der Fassade anzubringen. Eines Tages bekommt *J* deshalb ein Schreiben von der Behörde. In diesem eingeschriebenen Brief wird ihm eine Geldstrafe iHv EUR 600,– auferlegt.

Magistratsabteilung 37
Dresdnerstraße 73–75, 2. OG
1200 Wien

Herr Joachim Bonczek
Klösterle 83
6754 Klösterle

00143/Mag.ᵃ Ricarda Richtig/6643/28.4.2022

In der Sache gegen Herrn Joachim Bonczek, wohnhaft in Klösterle 83, 6754 Klösterle ergeht folgende

Strafverfügung

Sie, als Eigentümer der Liegenschaft Friedlgasse 59, 1190 Wien in der Katastralgemeinde 43807, Einlagezahl 553, hatten am 14. April 2022 um 14:31 an besagtem Wohnhaus in der Friedlgasse 59, keine Orientierungsnummer angebracht. Aus diesem Grund haben Sie die Vorschrift des § 49 iVm § 135 der Bauordnung für Wien verletzt und daher eine Verwaltungsübertretung begangen.

Wegen dieser Verwaltungsübertretung wird über Sie eine Geldstrafe **iHv EUR 600,–** verhängt.
[…]
Begründung: […]
Rechtsmittelbelehrung: […]

Für die Magistratsabteilung 37

Ricarda Richtig

J ist entsetzt. Er meint, dass eine derartige Strafe nicht so einfach verhängt werden könne und die Behörde zuvor noch andere Schritte zu setzen gehabt hätte.

Aufgabe 2: War die Verhängung der Geldstrafe rechtmäßig? Begründen Sie!

J denkt gar nicht daran, dem Staat Geld zu zahlen. Aus diesem Grund beschließt er kurzerhand, das wunderschöne Wohnhaus in der Friedlgasse 59 abzureißen: Kein Haus – keine Hausnummer. Am 11. Mai 2022 ist es soweit: Mit zwei Baggern und einem LKW werden die Arbeiten durchgeführt. Am Ende des nächsten Tages befindet sich an der Stelle des Hauses nur mehr ein riesiges Erdloch.

Aufgabe 3: Wie ist das Vorgehen von *J* baurechtlich zu qualifizieren?

Vorarlberger Baugesetz („Vbg BauG")
idF LGBl 4/2022

1. Abschnitt: Allgemeines
§ 1 – Geltungsbereich

(1) Dieses Gesetz gilt für alle Bauvorhaben. Ausgenommen sind Bauvorhaben betreffend:

a) Eisenbahn-, Schifffahrts-, und Luftfahrtsanlagen, sowie sie Zwecken des Verkehrs dienen;

b) Bergwerke;

c) spezifisch militärische Bauwerke, wie Befestigungen, Munitionslager, Meldeanlagen und Schieß- und sonstige Übungsstätten; […]

e) Güterwege, Forststraßen und andere land- und forstwirtschaftliche Bringungsanlagen, soweit es sich nicht um Gebäude handelt;

f) Leitungen für Strom, Gas, Erdöl, Telekommunikation u.dgl., soweit es sich nicht um Gebäude handelt; weiters Funkanlagen einschließlich Funksendemasten, soweit diese Anlagen für Tätigkeiten zur Aufrechterhaltung der öffentlichen Ruhe, Ordnung und Sicherheit, zur Katastrophenvorsorge oder zur Bewältigung von Katastrophen oder Unfällen verwendet werden und es sich nicht um Gebäude handelt; […]

§ 2 – Begriffe

(1) Im Sinne dieses Gesetzes ist […]

e) Bauvorhaben: die Errichtung, die Änderung oder der Abbruch eines Bauwerks; die Änderung der Verwendung eines Gebäudes; die Errichtung oder Änderung einer Feuerstätte samt Einrichtungen zur Ableitung der Verbrennungsgase; die Aufstellung oder Änderung einer ortsfesten Maschine oder sonstigen ortsfesten technischen Einrichtung; die Errichtung oder Änderung einer Ankündigung oder Werbeanlage; die Errichtung oder Änderung einer Einfriedung; die Errichtung oder Änderung eines ortsfesten Behälters für flüssige Brenn- oder Treibstoffe; die Aufstellung eines Zeltes oder einer sonstigen gebäudeähnlichen Einrichtung; die Aufstellung eines Wohnwagens oder einer ähnlichen Unterkunft; die Aufstellung eines beweglichen Verkaufsstandes oder einer ähnlichen Einrichtung; Erhaltungs- und Instandsetzungsarbeiten;

f) Bauwerk: eine Anlage, zu deren fachgerechter Herstellung bautechnische Kenntnisse erforderlich sind und die mit dem Boden in Verbindung steht; […]

i) Gebäude: ein überdachtes Bauwerk, das von Menschen betreten werden kann und mindestens einen Raum allseits oder überwiegend umschließt; […]

§ 6 – Mindestabstände

(1) Der Mindestabstand zur Nachbarsgrenze beträgt für

a) ein Gebäude: 3 m

b) ein sonstiges Bauwerk: 2 m […]

§ 17 – Schutz des Orts- und Landschaftsbildes

[…]

(4) Die Gemeindevertretung kann zum Schutz des Orts- und Landschaftsbildes nach den Abs. 1 und 2 durch Verordnung bestimmen, dass Ankündigungen und Werbeanlagen nur in einer bestimmten Form und Größe ausgeführt und innerhalb der Gemeinde nur an bestimmten Orten errichtet oder an bestimmten Orten nicht errichtet werden dürfen. Dasselbe gilt für Antennenanlagen für Mobilfunk; dabei ist auf die telekommunikationstechnischen Erfordernisse Rücksicht zu nehmen. Weiters kann die Gemeindevertretung durch Verordnung für bestimmte Ortsteile, sofern dies zum Schutz des Orts- und Landschaftsbildes nach den Abs. 1 und 2 erforderlich ist, bestimmen, dass die Freistellung für Solar- und Photovoltaikanlagen nach § 20 Abs. 2 nicht gilt. […]

§ 18 – Bewilligungspflichtige Bauvorhaben

(1) Einer Baubewilligung bedürfen […]

c) die Errichtung oder wesentliche Änderung von Bauwerken, die keine Gebäude sind, sofern durch diese Bauwerke Gefahren für die Sicherheit oder die Gesundheit einer großen Anzahl von Menschen entstehen können, z.B. Tribünen, offene Parkdecks u. dgl.; […]

§ 19 – Anzeigepflichtige Bauvorhaben

Wenn die Abstandsflächen und Mindestabstände eingehalten werden, sind folgende Bauvorhaben anzeigepflichtig: […]

e) die Errichtung oder wesentliche Änderung von Bauwerken, die keine Gebäude sind, sofern sie nicht nach § 18 Abs 1 lit c bewilligungspflichtig sind. […]

3. Unterabschnitt – Baubewilligungsverfahren
§ 24 – Bauantrag

(1) Die Erteilung der Baubewilligung ist bei der Behörde schriftlich zu beantragen.

(2) Der Bauantrag hat Art, Lage, Umfang und die beabsichtigte Verwendung des Bauvorhabens anzugeben.

(3) Dem Bauantrag sind anzuschließen

a) der Nachweis des Eigentums oder Baurechtes am Baugrundstück oder, wenn der Antragsteller nicht selbst Eigentümer oder bauberechtigt ist, der Zustimmung des Eigentümers bzw. Bauberechtigten;

b) die zur Beurteilung des Bauvorhabens erforderlichen Pläne, Berechnungen und Beschreibungen;

c) der Nachweis einer rechtlich gesicherten Verbindung des Baugrundstückes mit einer öffentlichen Verkehrsfläche gemäß § 4 Abs. 2;

d) ein Verzeichnis der Nachbarn unter Angabe der Anschrift;

e) bei Bauvorhaben betreffend eine dem Wetten- oder Glücksspielrecht unterliegende Betriebsstätte der Nachweis der für die Tätigkeit erforderlichen Berechtigung nach Wetten- oder Glücksspielrecht. […]

§ 26 – Nachbarrechte, Übereinkommen

(1) Der Nachbar hat im Verfahren über den Bauantrag das Recht, durch Einwendungen die Einhaltung der folgenden Vorschriften geltend zu machen:

a) § 4 Abs. 4, soweit mit Auswirkungen auf sein Grundstück zu rechnen ist;

b) §§ 5 bis 7, soweit sie dem Schutz des Nachbarn dienen;

c) § 8 Abs. 1 und 2, soweit mit Immissionen auf seinem Grundstück zu rechnen ist und sein Grundstück nicht mehr als 100 Meter vom Baugrundstück entfernt ist;

d) § 8 Abs. 3 und 4, soweit der benachbarte Betrieb in den Anwendungsbereich von anderen anlagenrechtlichen Vorschriften fällt, diese die Vorschreibung nachträglicher Aufträge zu Lasten des Inhabers des Betriebes vorsehen und sein Grundstück nicht mehr als 100 Meter vom Baugrundstück entfernt ist;

e) die Festlegungen des Bebauungsplanes über die Baugrenze, die Baulinie und die Höhe des Bauwerks, soweit das Bauwerk nicht mehr als 20 Meter von seinem Grundstück entfernt ist.

(2) Die im Zuge einer mündlichen Verhandlung getroffenen Übereinkommen sind von der Behörde in der Niederschrift zu beurkunden. […]

§ 28 – Baubewilligung

(1) Die Behörde hat über den Bauantrag ehestens zu entscheiden.

(2) Die Baubewilligung ist zu erteilen, wenn das Bauvorhaben nach Art, Lage, Umfang, Form und Verwendung den bau- und raumplanungsrechtlichen Vorschriften entspricht und auch sonst öffentliche Interessen, besonders solche der Sicherheit, der Gesundheit, des Verkehrs, des Denkmalschutzes, der Energieeinsparung und des haushälterischen Umgangs mit Grund und Boden (§ 2 Abs. 3 lit. a Raumplanungsgesetz), nicht entgegenstehen.

(3) Die Baubewilligung ist zu versagen, wenn die im Abs. 2 für eine Bewilligung genannten Voraussetzungen nicht gegeben sind und auch durch Befristungen, Auflagen oder Bedingungen gemäß § 29 nicht erfüllt werden können. […]

4. Unterabschnitt: Anzeigeverfahren
§ 32 – Bauanzeige

(1) Die Bauanzeige ist bei der Behörde schriftlich einzubringen.

(2) In der Bauanzeige sind Art, Lage, Umfang und die beabsichtigte Verwendung des Bauvorhabens anzugeben. Die im § 24 Abs. 3 lit. a bis c angeführten Unterlagen sind ihr anzuschließen.

(3) Die Pläne, Berechnungen und Beschreibungen sind in dreifacher, wenn die Bezirkshauptmannschaft zuständig ist, in vierfacher Ausfertigung vorzulegen. Je nach Erforderlichkeit für die Begutachtung oder die Beteiligung öffentlicher Dienststellen kann die Behörde auf die Vorlage von Ausfertigungen verzichten oder zusätzliche verlangen. […]

§ 33 – Erledigung

(1) Ist das angezeigte Bauvorhaben bewilligungspflichtig, so hat die Behörde dies mit schriftlichem Bescheid festzustellen.

(2) Die Behörde hat das anzeigepflichtige Bauvorhaben mit schriftlichem Bescheid freizugeben, wenn das Bauvorhaben nach Art, Lage, Umfang, Form und Verwendung den bau- und raumplanungsrechtlichen Vorschriften entspricht und auch sonst öffentliche Interessen, besonders solche der Sicherheit, der Gesundheit, des Verkehrs, des Denkmalschutzes, der Energieeinsparung und des haushälterischen Umgangs mit Grund und Boden (§ 2 Abs. 3 lit. a Raumplanungsgesetz), nicht entgegenstehen. Auflagen nach § 29 Abs. 5 sind zulässig.

(3) Erfüllt das anzeigepflichtige Bauvorhaben die im Abs. 2 genannten Voraussetzungen nicht, ist es mit schriftlichem Bescheid zu untersagen. Anstelle einer Untersagung kann die Behörde auch bloß schriftlich mitteilen, dass und weshalb das Bauvorhaben die Voraussetzungen für eine Freigabe nicht erfüllt. […]

§ 50 – Behörden

(1) Behörde im Sinne dieses Gesetzes ist, soweit dieses Gesetz nichts anderes bestimmt, der Bürgermeister. […]

Verordnung der Gemeindevertretung der Gemeinde Klösterle über die Errichtung von Masten zum Zweck des Betriebs einer Mobilfunkanlage

Anschlag an der Amtstafel der Gemeinde Klösterle
am 13.4.2021 (fiktiv)

Aufgrund des § 17 Abs 4 Vorarlberger Baugesetz, LGBl Nr 52/2001 in der Fassung LGBl Nr 27/2018 wird verordnet:

§ 1. Im gesamten Ortsgebiet von Klösterle dürfen keine Masten zum Zweck des Betriebs einer Mobilfunkanlage errichtet und auf Gebäuden keine solchen angebracht werden.

§ 2. Wer den Bestimmungen des § 1 zuwiderhandelt, begeht eine Verwaltungsübertretung.

§ 3. Die Verordnung tritt mit dem auf die Kundmachung folgenden Tag in Kraft.

Telekommunikationsgesetz 2021 („TKG 2021")
idF BGBl I 190/2021

§ 2 – Ausnahmen vom Anwendungsbereich

(1) Dieses Bundesgesetz gilt nicht für Kommunikationseinrichtungen (wie insbesondere Funkanlagen und Endeinrichtungen), die ausschließlich für Zwecke der Landesverteidigung errichtet und betrieben werden. Die Frequenznutzung ist jedoch mit dem Bundesministerium für Landwirtschaft, Regionen und Tourismus einvernehmlich festzusetzen.

(2) Dieses Bundesgesetz gilt nicht für Kommunikationseinrichtungen (wie insbesondere Funkanlagen und Endeinrichtungen), die ausschließlich für Zwecke der Fernmeldebehörden errichtet und betrieben werden.

(3) Für Anbieter von Kommunikationsdiensten sowie Bereitsteller und Betreiber von Kommunikationsnetzen findet die Gewerbeordnung 1994, BGBl. Nr. 194/1994, keine Anwendung. […]

§ 4 – Begriffsbestimmungen

Im Sinne dieses Bundesgesetzes bedeutet […]

49. „Funkanlage" ein Erzeugnis oder ein wesentlicher Bauteil davon, der in dem für terrestrische/satellitengestützte Funkkommunikation zugewiesenen Spektrum durch Ausstrahlung und/oder Empfang von Funkwellen kommunizieren kann; als Funkanlagen gelten auch elektrische Einrichtungen, deren Zweck es ist, mittels Funkwellen Funkkommunikation zu verhindern; […]

59. „Antennentragemasten" Masten oder sonstige Baulichkeiten, die zu dem Zweck errichtet wurden oder tatsächlich dazu verwendet werden, um Antennen, das sind jene Teile einer Funkanlage, die unmittelbar zur Abstrahlung oder zum Empfang von elektromagnetischen Wellen dienen, zu tragen; nicht als Antennentragemasten gelten die Befestigungen von Kleinantennen; […]

§ 28 – Errichtung und Betrieb von Funkanlagen

(1) Die Errichtung und der Betrieb einer Funkanlage ist unbeschadet der Bestimmungen des Funkanlagen-Marktüberwachungs-Gesetz (FmaG 2016), BGBl. I Nr. 57/2017, nur zulässig

1. im Rahmen der technischen Bedingungen einer Verordnung nach Abs. 10, oder

2. nach einer Anzeige des Betriebs einer Funkanlage auf Grund einer Verordnung nach Abs. 10, letzter Satz oder

[…]

4. im Rahmen einer gemäß § 34 zu erteilenden Bewilligung mit gleichzeitiger Frequenzzuteilung durch die Fernmeldebehörde (§ 13 Abs. 7 Z 3) oder die KommAustria (§ 13 Abs. 7 Z 1),

5. im Rahmen einer gemäß § 34 zu erteilenden Bewilligung nach einer Frequenzzuteilung durch die Regulierungsbehörde gemäß § 16,

[…]

(10) Die Bundesministerin für Landwirtschaft, Regionen und Tourismus hat durch Verordnung die technischen Bedingungen und Verhaltensvorschriften für den Betrieb von Funkanlagen ohne individueller Frequenzzuteilung oder Betriebsbewilligung (generelle Bewilligung) festzulegen. Dabei ist auf

1. die internationale Normierung,

2. die Sicherstellung eines ordnungsgemäßen und störungsfreien Betriebs einer Telekommunikationsanlage,

4. die spezifischen Merkmale der Funkfrequenzen,

5. den notwendigen Schutz vor funktechnischen Störungen,

6. die Gewährleistung einer ausreichenden Dienstequalität,

7. eine effiziente Nutzung der Funkfrequenzen und

8. nach dem Unionsrecht festgelegte Ziele

Bedacht zu nehmen. Soweit dies für die Überwachung des störungsfreien Betriebs von Funkanlagen erforderlich ist, kann in dieser Verordnung festgelegt werden, dass bestimmte Funkanwendungen einer Anzeigepflicht gemäß § 33 unterliegen. […]

§ 33 – Anzeigeverfahren

(1) Die Inbetriebnahme einer Funkanlage gemäß einer Verordnung nach § 28 Abs. 10 letzter Satz ist der Fernmeldebehörde schriftlich anzuzeigen. Die Anzeige hat die Angaben gemäß § 34 Abs. 1 Z 1 bis 3 zu enthalten.

(2) Stellt die Behörde fest, dass die Angaben unvollständig sind, hat sie den Anzeiger aufzufordern, die Anzeige binnen einer gleichzeitig festzusetzenden, angemessenen Frist zu verbessern.

§ 34 – Bewilligungsverfahren

(1) Anträge auf Errichtung und Betrieb einer Funkanlage (§ 28) sind schriftlich einzubringen. Der Antrag hat jedenfalls zu enthalten:
1. Name und Anschrift des Antragstellers,
2. Angaben über den Verwendungszweck der Funkanlage und
3. Angaben über die Funktionsweise der Funkanlage,
4. einen allfälligen Bescheid der Regulierungsbehörde gemäß § 16.

Soweit dies für die Beurteilung der Bewilligungsvoraussetzungen erforderlich ist, hat die Behörde den Antragsteller zur Vorlage von Unterlagen zum Nachweis der technischen Eigenschaften der Funkanlage sowie zur Vorlage der Erklärung über die Konformität der verwendeten Geräte aufzufordern.

(2) Über einen Antrag gemäß Abs. 1 hat das Fernmeldebüro zu entscheiden. Über Anträge gemäß Abs. 1 hinsichtlich Funksendeanlagen, die für Rundfunk im Sinne des BVG-Rundfunk vorgesehen sind, hat die KommAustria zu entscheiden. Die Behörde hat die Entscheidung binnen sechs Wochen ab Einlangen des vollständigen Antrags zu treffen, es sei denn, dass auf Grund internationaler Vereinbarungen der Abschluss einer Frequenzkoordinierung abzuwarten ist. Wurden die Frequenzen in einem vergleichenden Auswahlverfahren vergeben, verlängert sich die Frist um acht Monate.

[…]

§ 191 – Fernmeldebehörden

Fernmeldebehörden sind die Bundesministerin für Landwirtschaft, Regionen und Tourismus sowie das ihr unterstehende Fernmeldebüro.

§ 192 – Zuständigkeit

(1) Der örtliche Wirkungsbereich der Fernmeldebehörden umfasst das gesamte Bundesgebiet. […]

Fall 6: Vo Klösterle bis Wian bean i gloufa

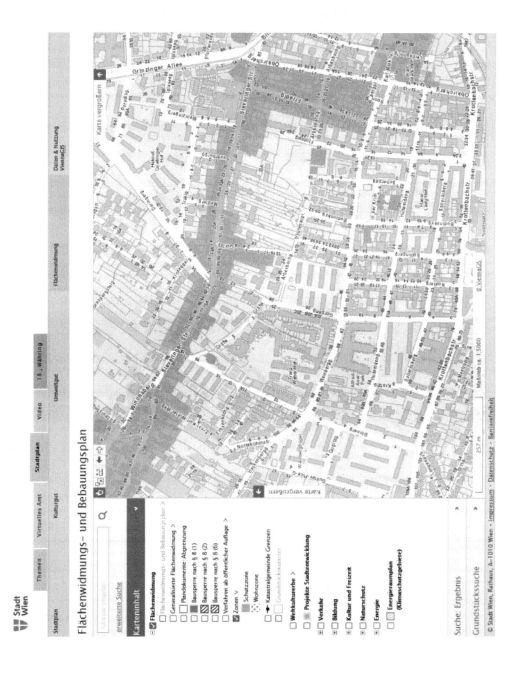

Lösung

Aufgabe 1: Beurteilen Sie rechtsgutachterlich, welche Genehmigungen bei welchen Behörden für den Handymast eingeholt werden müssen und ob dieser alle erforderlichen Genehmigungen erhalten wird. Könnte *J* seine Bedenken in diesem oder diesen Verfahren erfolgreich geltend machen?

Lesen Sie zunächst die Aufgabenstellung aufmerksam und machen Sie die diesbezüglich relevanten Elemente im SV ausfindig. Im vorliegenden Fall empfiehlt es sich die Aufgaben in ihrer gestellten Reihenfolge abzuarbeiten. So ist in einem ersten Schritt zu untersuchen, welche Genehmigungen zur Errichtung eines Handymastes erforderlich sind. Zusätzlich ist lt Aufgabenstellung auch dessen Genehmigungsfähigkeit zu beurteilen (Punkt I.). Erst in einem zweiten Schritt ist auf die Bedenken des *J* einzugehen (Punkt II.), denn diese Beurteilung erfolgt im Rahmen der einschlägigen Verfahren.

I. Erforderliche Genehmigungen

A. Baurechtliche Genehmigung

Für das Stahlgerüst samt Betonplatte braucht *B2* zunächst eine baurechtliche Genehmigung. Der Handymast soll auf einem Grundstück in der Gemeinde Klösterle (Vorarlberg) errichtet werden, daher ist das Vbg BauG anzuwenden. Gem § 1 Vbg BauG gilt dieses Gesetz für alle Bauvorhaben, die nicht in § 1 genannt sind. Die Ausnahme in § 1 lit f Vbg BauG („Funkanlagen einschließlich Funksendemasten, soweit diese Anlagen für Tätigkeiten zur Aufrechterhaltung der öffentlichen Ruhe, Ordnung und Sicherheit, zur Katastrophenvorsorge oder zur Bewältigung von Katastrophen oder Unfällen verwendet werden und es sich nicht um Gebäude handelt") ist in diesem Fall nicht einschlägig, da das Stahlgerüst samt Betonplatte, obschon es möglicherweise ein „Funksendemast" ist, zu kommerziellen und nicht zu den in der Bestimmung genannten Zwecken errichtet werden soll. Eine weitere Ausnahme ist hier nicht einschlägig. § 2 Vbg BauG enthält Begriffsdefinitionen. Hier interessiert vor allem jene zum „Bauvorhaben". Darunter versteht man gem § 2 Abs 1 lit e Vbg BauG ua die Errichtung, Änderung oder den Abbruch eines Bauwerks. Das Stahlgerüst samt Betonplatte ist als Bauwerk iSv § 2 Abs 1 lit f Vbg BauG zu qualifizieren, da dieses eine Anlage ist, zu dessen fachgerechter Herstellung bautechnische Kenntnisse erforderlich sind und die mit dem Boden in Verbindung steht. Das Stahlgerüst ist kein Gebäude iSd § 2 Abs 1 lit i Vbg BauG, da es nicht überdacht ist, nicht von Menschen betreten werden kann und keinen Raum umschließt.

Fraglich ist nun aber, ob die Errichtung des Stahlgerüsts samt Betonplatte einer Baubewilligung bedarf, oder ob es sich bloß um ein anzeigepflichtiges Bauvorhaben handelt. Gem § 18 Abs 1 lit c Vbg BauG bedarf die Errichtung eines Bauwerks, das kein Gebäude ist, einer Baubewilligung, sofern durch dieses Bauwerk Gefahren für die Sicherheit oder die Gesundheit einer großen Anzahl von Menschen entstehen könnten. Es kann in diesem Fall nicht gänzlich ausgeschlossen werden, dass durch das Stahlgerüst die Sicherheit bzw die Gesundheit einer großen Anzahl von Menschen gefährdet wird. So könnte das Stahlgerüst etwa umstürzen und dabei mehrere Leute treffen oder sich durch einen Blitzeinschlag entzünden. Aus diesem Grund hat *B2* gem § 24 Abs 1 Vbg BauG einen schriftlichen Antrag auf Baubewilligung bei der zuständigen Behörde zu stellen.

Die Festlegung der sachlichen Zuständigkeit richtet sich in erster Linie nach dem Materiengesetzgeber (s § 1 AVG). Gem § 50 Abs 1 Vbg BauG ist in diesem Fall die sachlich zuständige Behörde der Bürgermeister. Auch in Bezug auf die örtliche Zuständigkeit ist zunächst das Materiengesetz heranzuziehen. Wird hierin nichts normiert, ist die subsidiäre Auffangregelung des § 3 AVG anzuwenden. Gem § 3 Z 1 AVG richtet sich die örtliche Zuständigkeit nach der Lage des unbeweglichen Gutes. Dh es ist jene Verwaltungsbehörde örtlich zuständig, in deren Amtssprengel sich das unbewegliche Gut befindet. Gegenständlich befindet sich das Grundstück, auf dem der Handymast errichtet werden soll, in der Gemeinde Klösterle. Daher ist die sachlich und örtlich zuständige Behörde der Bürgermeister der Gemeinde Klösterle.

Die Baubewilligung ist gem § 28 Abs 2 Vbg BauG zu erteilen, wenn das Bauvorhaben ua auch den bau- und raumplanungsrechtlichen Vorschriften entspricht. In der Gemeinde Klösterle ist allerdings gem § 17 Abs 4 VbG BauG eine VO zum Schutz des Orts- und Landschaftsbildes erlassen worden. Diese verbietet ausnahmslos die Errichtung eines Mastes zum Zweck des Betriebs einer Mobilfunkanlage. Die Baubewilligung ist daher gem § 28 Abs 3 Vbg BauG zu versagen, der Antrag ist abzuweisen.

Das Vorhaben kann alternativ auch als anzeigepflichtiges Bauvorhaben iSv § 19 lit e Vbg BauG qualifiziert werden. Dies insb dann, wenn man davon ausgeht, dass das Stahlgerüst samt Betonplatte keine Gefährdungen für die Sicherheit oder Gesundheit einer größeren Anzahl von Menschen begründet (s § 18 Abs 1 lit c BauG und die Argumentation oben). Die Errichtung oder wesentliche Änderung von Bauwerken ist nämlich anzeigepflichtig, sofern das Vorhaben nicht nach § 18 Abs 1 lit c Vbg BauG bewilligungspflichtig ist. Daher ist der Mast ein anzeigepflichtiges Bauvorhaben, weshalb *B2* gem § 32 Abs 1 Vbg BauG beim Bürgermeister von Klösterle, als zuständige Behörde, schriftlich eine Bauanzeige zu stellen hat. Das anzeigepflichtige Bauvorhaben ist sodann gem § 33 Abs 2 Vbg BauG freizugeben, wenn es ua auch den bau- und raumplanungsrechtlichen Vorschriften entspricht. Allerdings ist in der Gemeinde Klösterle gem § 17 Abs 4 Vbg BauG eine VO zum Schutz des Orts- und Landschaftsbildes erlassen worden. Diese verbietet ausnahmslos die Errichtung eines Mastes zum Zweck des Betriebs einer Mobilfunkanlage. Das anzeigepflichtige Bauvorhaben ist daher gem § 33 Abs 3 Vbg BauG mit Bescheid zu untersagen.

Daran ändert auch die etwaige Rechtswidrigkeit der VO nichts, denn die Behörde ist jedenfalls bis zu einer etwaigen Aufhebung durch den VfGH an diese gebunden.

Das Post- und Fernmeldewesen fällt nach Art 10 Abs 1 Z 9 B-VG in die Gesetzgebungs- und Vollziehungskompetenz des Bundes, weshalb der Landesgesetzgeber in diesem Bereich grds nicht zuständig ist. Allerdings kann nach der Rsp des VfGH ein und derselbe SV unter verschiedenen Gesichtspunkten geregelt werden (sog „Gesichtspunktetheorie"; s VfSlg 4348/1963; 7516/1975). Damit ist eine (einschränkende) landesgesetzliche Regelung über die Bewilligung von Fernmelde- bzw Antennenanlagen nicht ausgeschlossen, sofern ein baurechtlicher Gesichtspunkt – wie etwa der Schutz des Orts- und Landschaftsbildes – besteht (VwGH 20.6.1995, 93/05/0244; 19.3.2002, 2001/05/0031). § 17 Abs 4 Vbg BauG, und somit auch die darin enthaltene Verordnungsermächtigung, ist daher nicht verfassungs- bzw kompetenzwidrig.

Die VO wurde aufgrund des § 17 Abs 4 Vbg BauG erlassen, der die Gemeinden ermächtigt, zum Schutz des Ortsbildes durch Verordnung zu bestimmen, „dass Ankündigungen und Werbeanlagen nur in einer bestimmten Form und Größe ausgeführt und innerhalb der Gemeinde nur an bestimmten Orten errichtet oder an bestimmten Orten nicht errichtet werden dürfen. Dasselbe gilt für Antennenanlagen für den Mobilfunk; dabei ist auf die telekommunikationstechnischen Erfordernisse Rücksicht zu nehmen." Die in Rede stehende Verordnung der Gemeinde Klösterle sieht ein undifferenziertes Verbot der Errichtung von „Masten zum Zweck des Betriebs einer Mobilfunkanlage" vor. Dies erweist sich aus zwei Gründen als gesetzwidrig. Zum einen ermächtigt das Vbg BauG zur Einschränkung der Errichtung von Antennenanlagen für den Mobilfunk nur an „bestimmten Orten". Das gesamte Gemeindegebiet ist allerdings kein „bestimmter Ort". Zum anderen kann durch dieses allgemeine Verbot schon begrifflich nicht auf die telekommunikationstechnischen Erfordernisse Rücksicht genommen worden sein, geht doch aus dem SV hervor, dass das Gemeindegebiet nur unzureichend von Mobilfunknetzen abgedeckt ist. Die Verordnung ist daher gesetzwidrig (angelehnt an VfSlg 18.582/2008).

Zu beachten bleibt außerdem, dass ein Individualantrag beim VfGH gem Art 139 B-VG in diesem Fall schon deshalb unzulässig ist, weil bereits ein behördliches Verfahren läuft. Die Bedenken gegen die VO müssten daher im Rechtsmittelweg an den VfGH herangetragen werden, dies entweder durch Anregung eines Gerichtsantrags auf Verordnungsprüfung beim VwG oder durch eine Beschwerde gegen dessen Erkenntnis (Art 144 B-VG).

B. Fernmelderechtliche Genehmigung

Das Vorhaben ist auch einer fernmelderechtlichen Beurteilung zu unterziehen. Zu prüfen ist daher, ob es sich bei der Mobilfunkantenne um eine „Funkanlage" gem § 4 Z 49 TKG 2021 handelt. Eine Funkanlage ist „ein Erzeugnis oder ein wesentlicher Bauteil davon, der in dem für terrestrische/satellitengestützte Funkkommunikation zugewiesenen Spektrum durch Ausstrahlung und/oder Empfang von Funkwellen kommunizieren kann; als Funkanlagen gelten auch elektrische Einrichtungen, deren Zweck es ist, mittels Funkwellen Funkkommunikation zu verhindern." Die Mobilfunkantenne sendet und empfängt elektromagnetische Wellen zum Zweck der mobilen Telekommunikation. Daher ist diese eine Funkanlage, oder zumindest ein Bauteil hiervon gem § 4 Z 49 TKG 2021.

Das Stahlgerüst samt Betonplatte, das die Mobilfunkantenne tragen soll, stellt einen „Antennentragemast" gem § 4 Z 59 TKG 2021 dar; diese sind „Masten oder sonstige Baulichkeiten, die zu dem Zweck errichtet wurden oder tatsächlich dazu verwendet werden, um Antennen, das sind jene Teile einer Funkanlage, die unmittelbar zur Abstrahlung oder zum Empfang von elektromagnetischen Wellen dienen, zu tragen; […]." Die Errichtung und der Betrieb der Funkanlage bedürfen gem § 34 iVm § 28 Abs 1 Z 4 bzw 5 TKG 2021 einer Bewilligung. Es handelt sich hier nämlich nicht um eine durch Verordnung nach § 28 Abs 10 TKG 2021 bewilligungsfrei gestellte Funkanlage, deren Inbetriebnahme nach § 33 TKG 2021 bloß anzeigepflichtig wäre.

Alternativ kann auch argumentiert werden, dass die Funkanlage in der Verordnung nach § 28 Abs 10 TKG 2021 genannt ist. Dann handelt es sich um eine bewilligungsfrei gestellte Funkanlage, deren Inbetriebnahme nach § 33 TKG 2021 anzeigepflichtig ist.

Die fernmelderechtlich zuständigen Behörden sind gem § 191 TKG 2021 die Bundesministerin für Landwirtschaft, Regionen und Tourismus sowie das ihr unterstehende Fernmeldebüro. Über einen Bewilligungsantrag gem § 34 Abs 2 TKG 2021 entscheidet das Fernmeldebüro, dessen Wirkungsbereich gem § 192 Abs 1 TKG 2021 das gesamte Bundesgebiet umfasst. Der Antrag auf Bewilligung ist schriftlich einzubringen und hat die Einhaltung der Voraussetzungen gem § 28 Abs 1 TKG 2021 darzutun.

C. Betriebsanlagenrechtliche Genehmigung

Eine betriebsanlagenrechtliche Genehmigung braucht es nicht, da gem § 2 Abs 3 TKG 2021 (iVm § 2 Abs 1 GewO) für Anbieter von Kommunikationsdiensten sowie Bereitsteller und Betreiber von Kommunikationsnetzen die Gewerbeordnung keine Anwendung findet.

D. Ergebnis

B2 benötigt für die Aufstellung des Handymastes demzufolge eine baurechtliche Bewilligung gem Vbg BauG (bzw ist das anzeigepflichtige Bauvorhaben mittels Bescheid freizugeben) sowie eine Bewilligung nach dem TKG 2021.

II. *Js* Bedenken

Zu prüfen ist, ob die Anliegen des *J* als Einwendungen in den jeweiligen Verfahren einerseits zulässig und andererseits berechtigt sind.

A. Baurechtliches Genehmigungsverfahren

Zunächst ist das baurechtliche Genehmigungsverfahren näher zu betrachten. *J* hält den Handymast für eine „Verschandelung des Ortsbildes". Die Einhaltung der Vorschriften zum Schutz des Ortsbildes ist aber kein subjektives öffentliches Recht der Nachbarn iSd § 26 Vbg BauG, sondern von der Behörde amtswegig zu berücksichtigen. *J* hat also kein Recht darauf, dass die Behörde auf seine ortsbildmäßigen Bedenken eingeht. Die Einwendung des *J* ist daher unzulässig.

Ein subjektives öffentliches Recht verleiht dem Einzelnen kraft öffentlichen Rechts die Rechtsmacht, vom Staat zur Verfolgung seiner Interessen ein bestimmtes Verhalten zu verlangen (s VwSlg 14.750 A/1997). Dieses ist dann vor den Verwaltungsbehörden, den Verwaltungsgerichten sowie den Gerichtshöfen des öffentlichen Rechts durchsetzbar. Ein subjektives öffentliches Recht liegt vor, wenn der Gesetzgeber mit der Regelung nicht nur den Schutz öffentlicher Interessen, sondern (zumindest auch) den Schutz konkreter Interessen einzelner Personen bezweckt (sog Schutznormtheorie; s auch VwSlg 16.028 A/2003).

J meint weiters, dass der Handymast zu nah an seiner Grundstücksgrenze errichtet wird. Die Einhaltung der Abstände ist ein subjektives öffentliches Recht der Nachbarn gem § 26 Abs 1 lit b Vbg BauG. Da es sich beim Stahlgerüst um ein Bauwerk handelt (s Punkt I.A.), ist für dieses gem § 6 Abs 1 lit b Vbg BauG ein Mindestabstand von zwei Metern zur Nachbarsgrenze einzuhalten. Das Stahlgerüst soll lt SV drei Meter von der Grundstücksgrenze entfernt errichtet werden, weshalb der gesetzliche Abstand eingehalten wird. Die Einwendung des *J* ist daher zwar zulässig, aber unberechtigt.

Weiters befürchtet *J*, dass die vom Handymast ausgehenden „Wellen" gesundheitsschädlich sind. Vom Stahlgerüst selbst kann die von *J* behauptete gesundheitsschädliche Emission von „Wellen" aber gar nicht ausgehen, sondern höchstes von der Mobilfunkantenne. Diese ist jedoch nicht Gegenstand des baubehördlichen Bewilligungsverfahrens, und ein Eingehen auf diese Punkte ist der Baubehörde daher schon aus kompetenzrechtlichen Gründen verwehrt. Der Aspekt des Gesundheitsschutzes gehört nämlich zur Kompetenz des Fernmeldewesens, die in Gesetzgebung und Vollziehung dem Bund zukommt (s Art 10 Abs 1 Z 9 B-VG). Die Einwendung des *J* ist daher unzulässig und zurückzuweisen.

> Qualifiziert man das Vorhaben im Zuge der Prüfung bei Punkt I.A. nicht als bewilligungs-, sondern als anzeigepflichtig, ist die Lösung auch hier eine etwas andere: In einem Anzeigeverfahren kommt *J* als Nachbar nämlich keine Parteistellung zu. Gem § 26 Abs 1 Vbg BauG hat ein Nachbar nur im Verfahren über den Bauantrag (Baubewilligungsverfahren, §§ 24 ff Vbg BauG) Parteistellung, die §§ 32 ff Vbg BauG (Anzeigeverfahren) räumen Nachbarn grds keine Rechte ein. Aufgrund fehlender Parteistellung wären daher alle Einwendungen des *J* zurückzuweisen. Im Lichte jüngerer Judikatur des VwGH und VfGH ist in Anbetracht des Sachlichkeitsgebotes bei verfassungskonformer Auslegung der §§ 32 bis 34 VbG BauG den Nachbarn im Bauanzeigeverfahren nach § 32 Vbg BauG jedoch die auf die Frage der Überprüfung der Zulässigkeit des Bauanzeigeverfahrens beschränkte Parteistellung zuzubilligen (VfSlg 19.617/2012; VwGH 21.5.2015, 2013/06/0176; 4.11.2016, Ro 2014/05/0029; 27.6.2017, Ra 2016/05/0118; 22.11.2019, Ra 2018/05/0191; zu Vorarlberg s LVwG Vlbg, 5.8.2019, LVwG-318-62/2019-R15). Dh *J* kann lediglich einwenden, dass die Voraussetzungen zur Durchführung eines Anzeigeverfahrens nicht vorliegen.

B. Fernmelderechtliches Genehmigungsverfahren

Das fernmelderechtliche Genehmigungsverfahren über die Mobilfunkantenne nach dem TKG 2021 sieht keine Parteistellung für Nachbarn vor. Alle „Einwendungen" des *J* wären in einem solchen Verfahren mangels Parteistellung zurückzuweisen. Allerdings stellte die zur alten Rechtslage (§ 73 Abs 2 iVm § 81 Abs 6 TKG 2003) ergangene Rsp klar, dass die Behörde den Schutz des Lebens und der Gesundheit von Menschen sowie den ungestörten Betrieb anderer Funkanlagen und Telekommunikationsendeinrichtungen von Amts wegen zu prüfen hat (VwGH 27.11.2012, 2011/03/0226). Aus diesem Grund werden die gesundheitlichen Bedenken des *J* von der Behörde bereits amtswegig berücksichtigt worden sein.

Aufgabe 2: War die Verhängung der Geldstrafe rechtmäßig? Begründen Sie!

> Diese Aufgabe beinhaltet eine konkrete Fragestellung, die Sie im Zuge Ihrer Lösung beantworten sollen. Schweifen Sie nicht in allgemeine Ausführungen ab. Die Frage nach der Rechtmäßigkeit der Verhängung der Geldstrafe zielt auf eine Untersuchung des innerbehördlichen Vorgangs ab. Diesbezüglich empfiehlt es sich das Schreiben der Behörde einschließlich der angeführten Gesetzesbestimmungen aufmerksam zu lesen und die Subsumtion der Behörde nachzuvollziehen.

Gem § 135 Abs 7 BO Wien ist bei einer Verwaltungsübertretung nach § 49 BO Wien § 33a VStG anwendbar. Liegt eine geringe Bedeutung des verletzten Rechtsgutes vor und ist auch die Intensität seiner Beeinträchtigung durch die Tat und das Verschulden des Beschuldigten gering, hat die Behörde nach Feststellung einer Verwaltungsübertretung den Beschuldigten zunächst zu beraten (§ 33a Abs 1 VStG). Dies unterliegt dem Ziel einer möglichst wirksamen Beendigung des strafbaren Verhaltens und hat schriftlich mittels Fristsetzung zu erfolgen. Das Nichtanbringen der Haus- bzw Orientierungsnummer ist als eine Beeinträchtigung von geringer Intensität iSd § 33a Abs 3 VStG zu qualifizieren. Im SV gibt es nämlich keine Hinweise darauf, dass nachteilige Auswirkungen auf Personen oder Sachgüter hervorgerufen wurden. Die Behörde hätte *J* daher zunächst schriftlich „beraten" müssen, anstatt ihm sogleich eine Verwaltungsstrafe aufzuerlegen.

Aufgabe 3: Wie ist das Vorgehen von *J* baurechtlich zu qualifizieren?

Diese Aufgabe beinhaltet eine konkrete Fragestellung, die Sie im Zuge Ihrer Lösung beantworten sollen. Schweifen Sie nicht in allgemeine Ausführungen ab. Es empfiehlt sich hier zunächst die planliche Darstellung des Flächenwidmungs- und Bebauungsplans näher zu betrachten. Danach soll eine baurechtliche Untersuchung des SV vorgenommen werden.

Das Wohnhaus in der Friedlgasse 59 im 19. Wiener Gemeindebezirk liegt gem Flächenwidmungs- und Bebauungsplan der Stadt Wien (s die planliche Darstellung) in einer Schutzzone (§ 7 BO Wien). Bei einer Schutzzone handelt es sich um einen Bereich, in welchem die Erhaltung des charakteristischen Stadtbildes durch den Schutz des äußeren Erscheinungsbildes von Objekten gewährleistet werden soll.

Auch der Abbruch von Bauwerken kann unter bestimmten Voraussetzungen bewilligungspflichtig sein. In der BO Wien finden sich die Bestimmungen zu den unterschiedlichen Arten der Bauführung in §§ 60 ff BO Wien. Sofern der Abbruch daher nicht unter die Spezialtatbestände von §§ 62 (anzeigepflichtiges Bauvorhaben) und 62a (bewilligungsfreies Bauvorhaben) fällt und auch die §§ 70a (vereinfachtes Bewilligungsverfahren) und 70b (Bewilligungsverfahren für Bauwerke kleinen Umfangs) nicht von einer ausdrücklichen Erteilung der Baubewilligung absehen, ist eine solche gem § 60 Abs 1 BO Wien zu erwirken.

Das Wohnhaus in der Friedlgasse 59 ist gem § 87 Abs 1 BO Wien ein Bauwerk, denn es ist eine Anlage, die mit dem Boden in Verbindung steht und zu deren fachgerechter Herstellung bautechnische Kenntnisse erforderlich sind. Der Abbruch eines Bauwerks in einer Schutzzone ist gem § 62a Abs 1 Z 2 iVm Abs 5a BO Wien dann bewilligungsfrei, wenn der Abbruch spätestens vier Wochen vor dem geplanten Beginn der Arbeiten schriftlich angezeigt wird und zudem eine Bestätigung des Magistrats vorliegt, die bescheinigt, dass an der Erhaltung des Bauwerks infolge seiner Wirkung auf das örtliche Stadtbild kein öffentliches Interesse besteht. Den Angaben im SV zufolge ist das hier aber nicht der Fall: *J* hat den Abbruch des Wohnhauses weder angezeigt noch kann er eine derartige Bestätigung des Magistrats vorweisen. Für den Abbruch des Wohnhauses genügt auch keine Bauanzeige gem § 62 Abs 1 BO Wien. Zudem sind sowohl das vereinfachte Baubewilligungsverfahren nach § 70a BO Wien als auch das Bewilligungsverfahren für Bauwerke kleinen Umfangs nach § 70b BO Wien in diesem Fall nicht einschlägig. Der Abbruch des Wohnhauses ist daher gem § 60 Abs 1 lit d BO Wien bewilligungspflichtig.

Die Abbruchbewilligung wird gem § 60 Abs 1 lit d BO Wien nur dann erteilt werden, wenn an der Erhaltung des Bauwerks infolge seiner Wirkung auf das örtliche Stadtbild kein öffentliches Interesse besteht oder der Bauzustand derart schlecht ist, dass die Instandsetzung technisch unmöglich oder nur durch wirtschaftlich unzumutbare Aufwendungen bewirkt werden kann.

J erfüllt mit dem Abriss des Wohnhauses in der Friedlgasse daher den Tatbestand einer Verwaltungsübertretung gem § 135 Abs 3 Z 2 BO Wien und wird mit einer Geldstrafe bis zu EUR 300 000 oder mit einer Freiheitsstrafe bis zu sechs Wochen zu bestrafen sein.

Fall 7

Bludenzer Business

Gewerbliches Berufs- und Betriebsanlagenrecht
Recht der UVP | Baurecht

Martina Gabriel / Alice Lea Nikolay

Emma (E) ist als Juristin bei der BH Bludenz (Vorarlberg) im Bereich Wirtschaft und Umwelt tätig. Sie ist auf dem Weg zu einer mündlichen Verhandlung in einer gewerberechtlichen Angelegenheit: Die *Käsknödl GmbH (K)* verfügt über eine aufrechte Gewerbeberechtigung mit dem Gewerbewortlaut „Erzeugung von Lebensmitteln mit Ausnahme der reglementierten Nahrungsmittelerzeugung" und stellt in einer ordnungsgemäß genehmigten 300 m² großen Produktionsstätte (gewerbliche Betriebsanlage) mit mehreren Maschinen (Anschlussleistung insgesamt 50 kW) in der Gemeinde Thüringen (Bezirk Bludenz, Vorarlberg) Käsknödel her. Im Winter werden diese an diverse Skihütten in den Skigebieten Brandnertal und Golm ausgeliefert.

Um insgesamt und auch in den Sommermonaten mehr Umsätze zu erzielen, will *Gerald (G)*, gewerberechtlicher Geschäftsführer der *K,* das Angebot erweitern. Ab sofort sollen auch Teigtaschen mit Fleisch- und Gemüsefüllung erzeugt und ganzjährig an Gasthäuser in der Umgebung sowie an den Lebensmittelgroßhandel verkauft werden. Dafür sollen in der bereits bestehenden Produktionsstätte zwei neue Teigtaschenmaschinen (Anschlussleistung je Maschine 0,5 kW) aufgestellt sowie ein zusätzlicher Tiefkühlraum (30 m²) an die Produktionshalle angebaut werden. Außerdem soll eine Etikettiermaschine (Anschlussleistung 0,3 kW) zur Herstellung von Etiketten für die von ihnen hergestellten Teigtaschen angeschafft werden. *G* hofft, dass wie auch schon bei der ursprünglichen Genehmigung auch dieses Mal die „behördlichen Angelegenheiten" reibungslos ablaufen werden und „die Nachbarn auch diesmal nichts zu sagen haben, obwohl sie vielleicht durch zusätzlichen Lärm und Geruch gestört werden könnten".

Alle für die Verwirklichung des Projekts erforderlichen Anträge wurden mitsamt den Beilagen ordnungsgemäß bei den zuständigen Behörden gestellt. *E* hat dafür gesorgt, dass die bei der BH Bludenz eingebrachten Projektunterlagen drei Wochen lang dort zur Einsicht aufgelegt wurden und dies im Einklang mit den gewerberechtlichen Vorschriften bekanntgegeben. Außerdem hat sie rechtskonform eine mündliche Verhandlung für den heutigen Tag anberaumt. Als *E* beim Verhandlungstermin in der Produktionsstätte erscheint, findet sie zwar keine Nachbarn vor, doch staunen *E* und die ebenfalls erschienenen Amtssachverständigen nicht schlecht, als sie bei einem Rundgang durch die Produktionsstätte entdecken, dass eine der in den Antragsunterlagen beschriebenen neuen Teigtaschenmaschinen bereits aufgestellt und in Betrieb genommen wurde. Der Amtssachverständige für Maschinenbautechnik sieht sich die Maschine näher an und sagt zu *E*: „Diese Maschine entspricht nicht dem Stand der Technik. Von ihr geht eine Gefahr für das Leben und die Gesundheit der Gewerbetreibenden und der Arbeitnehmenden aus." *E* erklärt dem ebenfalls anwesenden *G*, dass er nicht „einfach so" Maschinen aufstellen könne und verfügt deren sofortige Stilllegung. Um sicherzustellen, dass sich die befürchtete Gefahr nicht verwirklicht, wird durch das Anbringen einer Plombe die weitere Inbetriebnahme der Maschine verhindert. Besorgt fragt der dabei anwesende *G*, was dies jetzt „für seinen Antrag bedeute" und ob er jetzt „eine Strafe zahlen müsse".

Aufgabe 1: Verfassen Sie ein Rechtsgutachten, das auf alle im Sachverhalt angesprochenen gewerbe- und baurechtlichen Fragestellungen eingeht!

Als sich *E* auf dem Heimweg befindet, fährt sie am *Chalethotel (C)* in Lech am Arlberg (Bezirk Bludenz, Vorarlberg) vorbei. Der Betrieb wurde vor drei Jahren eröffnet, wobei der Vorgänger von *E* damals der federführende Jurist seitens der BH Bludenz war. *E* erinnert sich gehört zu haben, dass damals auch darüber diskutiert wurde, ob die BH für die Genehmigung dieses Vorhabens überhaupt zuständig sei und dass das Verfahren vor allem in Bezug auf den ca 300 m vom Haupthaus entfernten, in einem 200 m² großen Pavillon befindlichen Wellnessbereich „mühsam" gewesen sei. Da *E* auf der Suche nach einer Hochzeitslocation ist und sowieso schon seit längerem das Hotel besichtigen wollte, beschließt sie, stehenzubleiben. Im Hotel stehen den Gästen 480 Betten und der schöne Wellnessbereich zur Verfügung, wo es ein künstliches Freibad, einen Whirlpool und zwei Saunakabinen gibt. Eine Kollegin, die erst vor zwei Wochen im *C* die Einhaltung der im Genehmigungsbescheid angeführten Auflagen kontrolliert hat, hat *E* außerdem erzählt, dass der Ausblick von der Sonnenterasse so schön sei. *E* gibt bei der Rezeption bekannt, dass sie von der Gewerbebehörde sei und „eine Kontrolle durchführen und Proben nehmen" wolle.

Aufgabe 2: Verfassen Sie ein Rechtsgutachten, in dem Sie auf alle im Sachverhalt angesprochenen gewerberechtlichen Fragestellungen eingehen! Die Anwendbarkeit der GewO ist anzunehmen und nicht gesondert zu prüfen.

Vorarlberger Baugesetz („Vbg BauG")
idF LGBl 42/2022

§ 1 – Geltungsbereich

(1) Dieses Gesetz gilt für alle Bauvorhaben. […]

§ 2 – Begriffe

(1) Im Sinne dieses Gesetzes ist […]

e) Bauvorhaben: die Errichtung, die Änderung oder der Abbruch eines Bauwerks; die Änderung der Verwendung eines Gebäudes; […];

f) Bauwerk: eine Anlage, zu deren fachgerechter Herstellung bautechnische Kenntnisse erforderlich sind und die mit dem Boden in Verbindung steht;

o) wesentliche Änderung eines Bauwerkes oder einer sonstigen Anlage: ein Zu- oder ein Umbau; eine Änderung, durch die die äußere Erscheinung des Bauwerkes oder der sonstigen Anlage erheblich geändert wird; eine Änderung, durch die die Sicherheit oder die Gesundheit von Menschen oder die Verkehrssicherheit gefährdet, die Nachbarn belästigt oder die Einhaltung der Abstandsflächen oder Mindestabstände beeinflusst werden können;

q) Zubau: die Vergrößerung eines schon bestehenden Gebäudes in waagrechter oder lotrechter Richtung durch Herstellung neuer oder Erweiterung bestehender Räume;

§ 18 – Bewilligungspflichtige Bauvorhaben

(1) Einer Baubewilligung bedürfen

a) die Errichtung oder wesentliche Änderung von Gebäuden; […]

§ 50 – Behörden

(1) Behörde im Sinne dieses Gesetzes ist, soweit dieses Gesetz nichts anderes bestimmt, der Bürgermeister.

(2) Die Bezirkshauptmannschaft ist Behörde im Sinne dieses Gesetzes, wenn

a) sich ein Bauvorhaben auf das Gebiet von zwei oder mehreren Gemeinden erstreckt;

b) in das Ermittlungsverfahren Grundflächen einzubeziehen sind, die in zwei oder mehreren Gemeinden liegen;

c) sich das Bauvorhaben auf Grundflächen an der Staatsgrenze bezieht;

d) es sich um ein Bauvorhaben im Bodensee handelt.

Verordnung der Landesregierung über die Übertragung von Angelegenheiten der örtlichen Baupolizei auf die Bezirkshauptmannschaften Bludenz, Bregenz und Feldkirch („Vbg BÜV") idF LGBl 44/2018

(adaptiert)

§ 1. (1) Die Angelegenheiten der örtlichen Baupolizei hinsichtlich der nachstehend angeführten Bauwerke werden, soweit in erster Instanz der Bürgermeister Baubehörde ist, in den Gemeinden Bartholomäberg, Bürs, Bürserberg, Dalaas, Fontanella, Gaschurn, Innerbraz, Klösterle, Lorüns, Raggal, St. Anton im Montafon, St. Gallenkirch, Schruns, Silbertal, Sonntag, Thüringerberg, Tschagguns und Vandans der Bezirkshauptmannschaft Bludenz zur Besorgung übertragen:

a) Bauwerke des Bundes, des Landes, der Gemeinde oder eines in deren Verwaltung stehenden Fonds,

b) Bauwerke zum Zwecke des öffentlichen Gottesdienstes,

c) Bauwerke für genehmigungspflichtige gewerbliche Betriebsanlagen,

d) Bauwerke für öffentliche Zusammenkünfte, wie Turnsäle, Gaststätten, Vergnügungslokale und dergleichen mehr,

e) Bauwerke im Zusammenhang mit elektrischen Starkstromanlagen.

Bäderhygienegesetz („BHygG") idF BGBl I 42/2012

I. ABSCHNITT
Anwendungsbereich, Begriffsbestimmungen

§ 1. (1) Dieses Bundesgesetz ist, […], auf […]

2. künstliche Freibäder, […]

3. Warmsprudelbäder (Whirl Pools), […]

5. Saunaanlagen, Warmluft- und Dampfbäder, […]

anzuwenden.

(2) Der Begriff Bäder umfaßt Hallenbäder, künstliche Freibäder, Warmsprudelbäder (Whirl Pools) und Bäder an Oberflächengewässern. […]

(4) Bäder, Warmsprudelwannen (Whirlwannen), Saunaanlagen, Warmluft- und Dampfbäder und Kleinbadeteiche, die im Rahmen einer der Gewerbeordnung unterliegenden Tätigkeit betrieben werden, sind genehmigungspflichtige Betriebsanlagen im Sinne des § 74 der Gewerbeordnung 1994; der II. Abschnitt dieses Bundesgesetzes ist auf solche Einrichtun-

gen nicht anzuwenden, die Bestimmungen des III. Abschnitts – [...] – gelten als Vorschriften zum Schutz der Gesundheit der Kunden im Sinne des § 82 Abs. 1 der Gewerbeordnung 1994.

II. ABSCHNITT
Bewilligungsbestimmungen, behördliche Kontrolle und Maßnahmen

§ 3. (1) Die Errichtung von Hallenbädern, künstlichen Freibädern, Warmsprudelbädern und Kleinbadeteichen bedarf einer Bewilligung der Bezirksverwaltungsbehörde.

§ 9. (1) Die Bezirksverwaltungsbehörde hat Hallenbäder, künstliche Freibäder, Warmsprudelbäder, Warmsprudelwannen (Whirlwannen) und Kleinbadeteiche jedenfalls einmal jährlich an Ort und Stelle, Saunaanlagen, Warmluft- und Dampfbäder und Bäder an Oberflächengewässern periodisch wiederkehrend an Ort und Stelle und auf Aufforderung im Rahmen der Durchführung eines Überprüfungsbetriebs (§ 15 Abs. 3) zu überprüfen. [...]

III. ABSCHNITT
Hygienevorschriften

§ 12. (1) Das einem Becken (§ 2 Abs. 6), einer Warmsprudelwanne (Whirlwanne) (§ 2 Abs. 2) oder einem Kleinbadeteich (§ 2 Abs. 5) zugeführte Wasser muss eine solche Beschaffenheit aufweisen, dass für den Schutz der Gesundheit der Badegäste, insbesondere in hygienischer Hinsicht, in ausreichendem Maße Vorsorge getroffen wird.

(2) Es muss gewährleistet sein, dass das Beckenwasser, das Wasser in einer Warmsprudelwanne (Whirlwanne) und das Wasser in einem Kleinbadeteich bei maximal zulässiger Belastung in mikrobiologischer, parasitologischer, physikalischer und chemischer Hinsicht eine solche Beschaffenheit aufweisen, dass für den Schutz der Gesundheit der Badegäste, insbesondere in hygienischer Hinsicht, in ausreichendem Maße Vorsorge getroffen wird.

(3) Die Qualität des Wassers von Badestellen muss eine solche Beschaffenheit aufweisen, dass für den Schutz der Gesundheit der Badegäste, insbesondere in hygienischer Hinsicht, in ausreichendem Maße Vorsorge getroffen wird.

Lösung

Aufgabe 1: Verfassen Sie ein Rechtsgutachten, das auf alle im Sachverhalt angesprochenen gewerbe- und baurechtlichen Fragestellungen eingeht!

Bei einer offenen Fragestellung sollten Sie immer damit beginnen, den SV zu strukturieren und in verschiedene Problemkreise zu unterteilen. Zunächst ist eine Unterteilung in Rechtsgebiete (Gewerberecht und Baurecht) und dann eine weitere Untergliederung innerhalb des Gewerberechts (Berufs- und Betriebsanlagenrecht) sinnvoll.

I. Gewerberecht

A. Anwendungsbereich

In einem ersten Schritt ist die Anwendbarkeit der GewO zu prüfen, um den SV in weiterer Folge an deren Anforderungen zu beurteilen.

Die GewO gilt gem § 1 Abs 1 GewO für alle gewerbsmäßig ausgeübten und nicht gesetzlich verbotenen Tätigkeiten, mit Ausnahme der in §§ 2 bis 4 GewO genannten Tätigkeiten. Die Erzeugung von Teigtaschen ist weder eine verbotene Tätigkeit noch stellt sie eine Ausnahme der in §§ 2 bis 4 GewO genannten Tätigkeiten dar. Die Tätigkeit, die die *K* nun zusätzlich ausführen soll (also die Teigtaschenerzeugung), ist als gewerbsmäßig iSd § 1 Abs 2 GewO geplant, also selbständig, regelmäßig und mit Ertragsabsicht. Das ergibt sich aus dem SV: *K* will die Teigtaschen (wie auch bisher die Käsknödel) auf eigene Rechnung und Gefahr iSd § 1 Abs 3 GewO herstellen, weil die Erweiterung des Produktsortiments ein wirtschaftliches Risiko auf Seiten des Unternehmens birgt. Da geplant ist, das Angebot ganzjährig zu erweitern, ist auch die Regelmäßigkeit gem § 1 Abs 4 GewO erfüllt, weil lt SV das ganze Jahr über Teigtaschen an Gasthäuser und den Lebensmittelgroßhandel geliefert werden sollen. Dass sich die Geschäftsleitung der *K* dadurch insb in den Sommermonaten eine Umsatzsteigerung erhofft, macht dabei keinen Unterschied. Auch die Ertragsabsicht iSd § 1 Abs 5 GewO ist gegeben, da die *K* lt SV ihre Umsätze steigern möchte, woraus sich klar ergibt, dass die Tätigkeit auf die Erzielung eines wirtschaftlichen Vorteils gerichtet ist. Der Anwendungsbereich der GewO ist daher eröffnet.

B. Berufsrecht

Grds unterteilt man von der GewO erfasste Tätigkeiten in freie und reglementierte Gewerbe (§ 5 Abs 2 GewO). Ist ein Gewerbe nicht im taxativen Katalog des § 94 GewO genannt, handelt es sich um ein freies Gewerbe. Ein solches darf gem § 5 Abs 1 GewO bereits mit der Anmeldung des Gewerbes ausgeübt werden. Um zu prüfen, ob eine konkrete Person ein bestimmtes Gewerbe rechtskonform ausübt (bzw zukünftig ausüben darf) ist zu prüfen, ob die Antritts- und Ausübungsvoraussetzungen erfüllt sind. Die GewO enthält dafür allgemeine und besondere Voraussetzungen. Die allgemeinen Voraussetzungen sind für die Ausübung aller (freier und reglementierter) Gewerbe erforderlich. Besondere Voraussetzungen sind in der Regel nur bei reglementierten Gewerben zu erfüllen und bestehen in der Erbringung eines Befähigungsnachweises, im Nachweis der relativen Zuverlässigkeit oder in der Erfüllung sonstiger Voraussetzungen, wie bspw des Abschlusses einer Haftpflichtversicherung.

Lt SV hat die *K* bereits eine aufrechte Gewerbeberechtigung für die Erzeugung von Lebensmitteln. Es ist daher anzunehmen, dass die allgemeinen Voraussetzungen der §§ 8 ff GewO erfüllt sind. Diese bestehen im konkreten Fall ua deshalb, weil hier eine juristische Person Trägerin der Gewerbeberechtigung ist, in der Bestellung eines gewerberechtlichen Geschäftsführers zur Erlangung der gewerberechtlichen Handlungsfähigkeit, im Vorhandensein des Sitzes der GmbH im Inland bzw im EWR sowie im Nichtvorliegen von Ausschließungsgründen (durch Unbescholtenheit jener natürlichen Personen, denen ein maßgeblicher Einfluss auf die Geschäfte der juristischen Person zukommt). Wie bereits erwähnt, können die allgemeinen Voraussetzungen vorliegend als erfüllt angenommen werden; dass es einen gewerberechtlichen Geschäftsführer gibt, ergibt sich aber auch aus dem SV.

> Die Bestellung eines gewerberechtlichen Geschäftsführers iSd § 39 GewO kann fakultativ oder obligatorisch sein. Soll eine juristische Person Gewerbeinhaberin sein, ist die Bestellung eines gewerberechtlichen Geschäftsführers zwingend (§ 9 GewO). Der gewerberechtliche Geschäftsführer ist für die Einhaltung der gewerberechtlichen Vorschriften gegenüber der Behörde verantwortlich. Er muss bestimmte Anforderungen erfüllen (wie zB die Eigenberechtigung oder die Möglichkeit, sich auch tatsächlich im Betrieb zu betätigen). Übt die juristische Person ein reglementiertes Gewerbe aus, hat der gewerberechtliche Geschäftsführer den für das konkrete Gewerbe vorgeschriebenen Befähigungsnachweis zu erbringen.

Zu klären ist, ob die *K* (bzw *G* als gewerberechtliche Geschäftsführer) für die angestrebte Teigtaschenproduktion besondere Voraussetzungen zu erfüllen hat. Da sich die Erzeugung von Lebensmitteln nicht in der taxativen Liste des § 94 GewO findet, ist es ein freies Gewerbe. Auch die neue Tätigkeit der „Erzeugung von Teigtaschen" fällt unter die „Erzeugung von Lebensmitteln mit Ausnahme der reglementierten Nahrungsmittelerzeugung", da die Erzeugung von Teigtaschen eine Erzeugung von Lebensmitteln ist und Teigtaschen nicht in der Liste der der reglementierten Gewerbe genannt wird (vgl § 94 Z 3, 19, 40, 50 GewO). Somit sind die Erzeugung und der Verkauf von Teigtaschen von der bereits bestehenden Gewerbeberechtigung „Erzeugung von Lebensmitteln" umfasst.

Auch das Etikettieren der Teigtaschen ist von der bestehenden Gewerbeberechtigung gedeckt: Bei dieser Tätigkeit handelt es sich um ein Nebenrecht iSd § 32 Abs 1 Z 5 GewO. Die *K* hat also auch das Recht, im Rahmen ihrer aufrechten Gewerbeberechtigung die Etiketten zum Verkauf ihrer Lebensmittel herzustellen und ihre Waren zu bedrucken. Dafür ist keine gesonderte Gewerbeberechtigung erforderlich.

C. Betriebsanlagenrecht

Liegt lt SV bereits eine gewerbliche Betriebsanlage vor, ist nicht gesondert zu prüfen, ob es sich um eine Anlage iSd § 74 Abs 1 GewO handelt. Allerdings gilt es festzustellen, ob die Veränderungen, die lt SV an der Anlage vorgenommen werden sollen, gesondert genehmigungspflichtig sind. Bedarf die Änderung einer Genehmigung, ist zu prüfen, in welchem Verfahren über diese zu entscheiden ist.

1. Änderung einer gewerblichen Betriebsanlage

Eine Betriebsanlage iSd § 74 Abs 1 GewO ist jede örtlich gebundene Einrichtung, welche der Entfaltung einer gewerblichen Tätigkeit nicht bloß vorübergehend dient. Im SV steht explizit, dass die Produktionsstätte eine gewerbliche Betriebsstätte ist. Diese Anlage soll nun geändert werden, indem darin neue Maschinen aufgestellt und durch den Anbau eines zusätzlichen Kühlraumes auch bauliche Veränderungen an der Anlage vorgenommen werden sollen. Gem § 81 Abs 1 GewO bedarf in bestimmten Fällen auch die Änderung einer genehmigten Betriebsanlage einer Genehmigung durch die Behörde. Es ist zu prüfen, ob so ein Fall vorliegt.

> Eine Änderung einer gewerblichen Betriebsanlage ist gegeben, wenn eine Abweichung von dem im Genehmigungsbescheid beschriebenen Zustand („genehmigter Konsens") vorliegt, also auch zB bei einer Änderung der Betriebsweise.

2. Genehmigungspflicht der Änderung

Gem § 81 Abs 1 GewO bedarf die Änderung einer Betriebsanlage einer Genehmigung, sofern dies zur Wahrung der in § 74 Abs 2 GewO umschriebenen Interessen erforderlich ist. In § 81 Abs 2 GewO finden sich Ausnahmen von der Genehmigungspflicht. Vorliegend ist kein Ausnahmetatbestand erfüllt: Lt SV („zusätzliche[r] Lärm und Geruch") ist auch davon auszugehen, dass die Änderung der Betriebsanlage eine Änderung des Emissionsverhaltens zu Lasten der Nachbarn bewirkt, weshalb § 81 Abs 2 Z 7 GewO nicht einschlägig ist. Insgesamt ist die Änderung daher aufgrund der Möglichkeit der Beeinträchtigung von Nachbarinteressen genehmigungspflichtig.

Allerdings ist zu prüfen, in welchem Verfahren die Genehmigung der Änderung zu erfolgen hat. Gem § 359b Abs 1 Z 5 GewO wird auch das Verfahren über die Änderung einer genehmigten Betriebsanlage in einem vereinfachten Verfahren durchgeführt, sofern hinsichtlich der Betriebsanlage einschließlich der geplanten Änderungen einer der Tatbestände des § 359b Abs 1 Z 1 bis 4 GewO erfüllt ist. Vorliegend ist § 359b Abs 1 Z 2 erfüllt, da das Ausmaß der der Betriebsanlage zur Verfügung stehenden Fläche auch nach dem Zubau nicht mehr als 800 m^2 (330 m^2) beträgt und auch die elektrische Anschlussleistung der verwendeten Maschinen 300 kW nicht übersteigt (51,3 kW). Die Genehmigung der Änderung der Betriebsanlage ist daher im vereinfachten Verfahren gem § 359b GewO durchzuführen.

> Der SV enthält durch die m^2- und kW-Angaben Hinweise darauf, dass es sich um eine relativ kleine und immissionsarme Betriebsanlage handelt. Außerdem bestehen Anhaltspunkte im SV, dass auch die Ursprungsgenehmigung in einem vereinfachten Betriebsanlagengenehmigungsverfahren ergangen ist: G hofft, „dass die behördlichen Angelegenheiten wieder reibungslos ablaufen und die Nachbarn auch diesmal nichts zu sagen haben". Das indiziert, dass im ursprünglichen Genehmigungsverfahren den Nachbarn nur eine beschränkte Parteistellung zukam, was ein vereinfachtes Genehmigungsverfahren vermuten lässt.

Die K hat lt SV bereits die für das Projekt erforderlichen Anträge inkl der erforderlichen Beilagen ordnungsgemäß bei den zuständigen Behörden gestellt, weswegen es aus betriebsanlagenrechtlicher Sicht zur Einleitung des (vereinfachten) Verfahrens über die Änderung der Betriebsanlage kommt.

3. Verfahren

a. Zuständigkeit der Behörde

Die sachlich zuständige Behörde ist in Angelegenheiten der GewO gem § 333 Abs 1 GewO grds die Bezirksverwaltungsbehörde. Da es keine anderen ausdrücklichen Bestimmungen betreffend die Zuständigkeit in Angelegenheiten gewerblicher Betriebsanlagen gibt, ist eine Bezirksverwaltungsbehörde für die Behandlung des Antrags sachlich zuständig.

Mangels Spezialvorschriften in der GewO ist für die Beurteilung der örtlichen Zuständigkeit auf das AVG zurückzugreifen. Gem § 3 Z 1 AVG richtet sich diese in Sachen, die sich auf ein unbewegliches Gut beziehen, nach der Lage des Gutes. Die Betriebsanlage ist, weil sie fest mit dem Boden verbunden ist, ein unbewegliches Gut und befindet sich in Thüringen im Bezirk Bludenz. Es ist daher die für den Bezirk Bludenz bestehende Bezirksverwaltungsbehörde zuständig.

Somit ist die BH Bludenz die sachlich und örtlich zuständige Gewerbebehörde.

b. Auflage der Projektunterlagen und mündliche Verhandlung

Lt SV wurden die Projektunterlagen für drei Wochen zur Einsichtnahme aufgelegt. Dies wird bei Genehmigungsansuchen, die im vereinfachten Verfahren zu erledigen sind, von § 359b Abs 2 GewO vorgeschrieben. Für die Bekanntgabe der Auflage der Projektunterlagen sind die besonderen Kundmachungsvorschriften des § 356 GewO sinngemäß anzuwenden. Lt SV wurden alle gewerberechtlichen Anforderungen in diesem Zusammenhang eingehalten, weshalb in der Hinsicht keine weiteren Fragen zu bearbeiten sind. Es ergibt sich auch nicht aus dem SV, dass während der Auflagefrist Nachbarn Einwendungen erhoben hätten.

> Hintergrund dieser Bestimmung ist, dass im vereinfachten Verfahren Nachbarn nur eine beschränkte Parteistellung zukommt. Sie können lediglich einwenden, dass die Voraussetzungen für die Durchführung eines vereinfachten Verfahrens nicht vorliegen (vgl § 359b Abs 2 GewO). Wird während der dreiwöchigen Auflagefrist nicht eingewendet, dass die Voraussetzungen für die Durchführung eines vereinfachten Verfahrens nicht vorliegen, endet die (beschränkte) Parteistellung der Nachbarn. Sie können im anschließenden Verfahren keine Rechte geltend machen und bspw auch keine Rechtsbehelfe erheben. Im Gegensatz dazu können Nachbarn iSd § 75 Abs 2 und 3 GewO im „klassischen" (nicht vereinfachten) Verfahren („Normalanlagenverfahren") die Beeinträchtigung bestimmter (von der Gewerbeordnung eingeräumter) subjektiver Rechte vorbringen. Im klassischen Verfahren haben Nachbarn (volle) Parteistellung ab Einleitung des Verfahrens. Diese Einwendungen müssen jedoch bei sonstiger Präklusion rechtzeitig erhoben werden und rechtserheblich (vgl § 74 Abs 2 Z 1, 2, 3 und 5 GewO) sein.

Auch im vereinfachten Genehmigungsverfahren steht es der Behörde aber frei, eine mündliche Verhandlung anzuberaumen. Diese wird lt SV im Einklang mit den gewerberechtlichen Bestimmungen und somit iSd § 356 Abs 1 GewO anberaumt, weswegen hier keine weiteren Schritte zu prüfen sind.

4. Stilllegung der Maschine

Lt SV kommt es während der mündlichen Verhandlung zur sofortigen Stilllegung einer Maschine und zur Anbringung einer Plombe, um die weitere Inbetriebnahme zu verhindern.

> Ergibt sich aus dem SV, dass eine Behörde eine bestimmte Handlung setzt, ist es ratsam, in einem ersten Schritt zu prüfen, welche Art von Verwaltungshandeln bzw welcher Rechtsakt vorliegt und ggf diesen von anderen Rechtsakten abzugrenzen. In einem weiteren Schritt muss dann geprüft werden, ob die Handlungen der Behörde iSd anwendbaren Materiengesetzes rechtskonform waren.

Bei diesem Vorgehen von *E* handelt es sich um einen Akt unmittelbarer verwaltungsbehördlicher Befehls- und Zwangsgewalt: Ein AuvBZ ist eine von einem Verwaltungsorgan im Bereich der Hoheitsverwaltung, nach außen an einen individuell bestimmten Kreis gerichtete, in relativer Verfahrensfreiheit erlassene, Anordnung (Befehl) oder unmittelbare Veranlassung (Zwang). *E* verfügt in ihrer Funktion als Juristin der BH Bludenz und somit als Organ der Behörde über die Stilllegung der Maschine. Dies erfolgt hoheitlich, da sie die Betriebsanlage in ihrer dienstlichen Funktion besichtigt. Es handelt sich um eine einseitige, verbindliche und nach außen gerichtete Maßnahme gegenüber der *K*. Die *K* ist eine individuell bestimmte Person, die durch diese Maßnahme in ihren subjektiven Rechten berührt wird. Die Stilllegung stellt eine Zwangsmaßnahme dar, da *E* durch das Anbringen der Plombe das staatliche Gewaltmonopol in Anspruch nimmt, indem sie dadurch verhindert, dass die Maschine erneut in Betrieb genommen wird. Die Stilllegung erfolgt in relativer Verfahrensfreiheit, insb ohne vorangehende Erlassung eines Bescheids.

Rechtsgrundlage für dieses Vorgehen ist § 360 Abs 4 GewO. Um Gefahr für das Leben oder die Gesundheit von Menschen oder für das Eigentum abzuwehren oder um die durch eine nicht genehmigte Betriebsanlage verursachte unzumutbare Belästigung der Nachbarn abzustellen, hat die Behörde, entsprechend dem Ausmaß der Gefährdung oder Belästigung, die gänzliche oder teilweise Schließung eines Betriebs oder die Stilllegung von Maschinen, Geräten oder Ausrüstungen mit Bescheid zu verfügen. Bei Erforderlichkeit von Sofortmaßnahmen zur Gefahrenabwehr, darf die Behörde nach Verständigung des Betriebsinhabers auch ohne vorausgegangenes Verfahren und vor Erlassung eines Bescheides an Ort und Stelle diese Maßnahmen treffen.

Die Stilllegung der Maschine und die Anbringung der Plombe sind als Sofortmaßnahmen zur Gefahrenabwehr iSd § 360 Abs 4 GewO zu qualifizieren, da nach Aussage des Sachverständigen von der Maschine eine Gefahr für das Leben und die Gesundheit der Gewerbetreibenden und der Arbeitnehmenden ausgeht. Das Vorgehen war daher rechtskonform, der Geschäftsführer als Betriebsinhaber war bei Erlassung der Maßnahme lt SV auch vor Ort.

Die Behörde hat allerdings gem § 360 Abs 4 GewO bei sonstiger Aufhebung der Maßnahme binnen eines Monats einen schriftlichen, „flankierenden" Bescheid zu erlassen, andernfalls gilt die Maßnahme als aufgehoben.

In § 360 GewO befinden sich Bestimmungen über einstweilige Zwangs- und Sicherheitsmaßnahmen. Sie dienen grds der Beseitigung von Verstößen gegen die gewerberechtlichen Vorschriften: Einerseits zur Herstellung eines rechtskonformen Zustandes (Abs 1, 1a, 2 und 3) und andererseits zur Erhaltung der Schutzgüter des § 74 Abs 2 GewO (Abs 4).

Die Behörde hat grds mit Verfahrensanordnung bzw Bescheid über die Herstellung des rechtskonformen Zustandes bzw der Einhaltung der Schutzgüter zu entscheiden. Bei einem offenkundigen Verdacht bzw zur Gefahrenabwehr kann sie aber auch Sofortmaßnahmen setzen. In diesem Fall ist binnen eines Monats ein flankierender Bescheid zu erlassen.

Ein flankierender Bescheid bestätigt oder widerruft den Inhalt eines AuvBZ. Der AuvBZ tritt bei Erlassung des Bescheids außer Kraft und die Maßnahme ist nach Erlassung des Bescheids mittels Bescheidbeschwerde gem Art 130 Abs 1 Z 1 B-VG vor den Verwaltungsgerichten bekämpfbar.

5. Genehmigungsfähigkeit

Die Stilllegung der Maschine hat als verfahrensfrei ergangene Sofortmaßnahme grds keine Auswirkung auf das (bereits laufende) Änderungsverfahren. Jedoch ist davon auszugehen, dass der konkrete Antrag der *K*, der lt SV die Verwendung der stillgelegten Maschine vorsieht, nicht genehmigungsfähig ist, weil die Maschine laut Angaben des Sachverständigen nicht dem Stand der Technik entspricht und von ihr eine Gefahr für Leben und Gesundheit ausgeht. Es ist der Behörde auch nicht möglich, amtswegig lediglich die Errichtung des Kühlraumes und das Aufstellen der Etikettiermaschine zu genehmigen, weil die „Sache", über die die Behörde zu entscheiden hat, durch das Genehmigungsansuchen bestimmt wird und dieses im konkreten Fall auch nicht genehmigungsfähige Maschinen umfasst. Allerdings hat die Behörde im Rahmen ihrer Manuduktionspflicht (vgl § 13a AVG) den Antragsteller darauf hinzuweisen, dass der Antrag in seiner derzeitigen Ausgestaltung nicht genehmigungsfähig ist, bevor sie diesen zur Gänze abweist. *E* wird wohl *G* auf die Möglichkeit hinweisen, den Antrag auf die genehmigungsfähigen Teile einzuschränken (Kühlraum und Etiketiermaschine) bzw ihm bspw nahelegen, die Genehmigung einer manuellen Produktion von Teigtaschen zu beantragen, die keine zusätzlichen Maschinen erfordert. Wird das Ansuchen der *K* nicht abgeändert, ist es von der Behörde abzuweisen.

D. Strafverfahren

Durch die Inbetriebnahme der Maschine ohne die erforderliche Genehmigung der dadurch bewirkten Betriebsanlagenänderung, beging die *K* eine Verwaltungsübertretung nach § 366 Abs 1 Z 3 GewO. Die Anschaffung und Inbetriebnahme von neuen Maschinen stellt bereits eine genehmigungspflichtige Betriebsanlagenänderung iSd § 81 Abs 1 GewO dar, sofern die Änderung abstrakt dazu geeignet ist, die Schutzgüter des § 74 Abs 2 GewO zu beeinträchtigen. Das ist hier aufgrund der Gefahr, die von der Maschine ausgeht, unzweifelhaft gegeben. Die von der Behörde ergriffene Zwangsmaßnahme ist zwar unabhängig von der Einleitung eines etwaigen Strafverfahrens, es ist aber dennoch davon auszugehen, dass die *K* wegen der begangenen Verwaltungsübertretung mit einer Strafe von bis zu EUR 3.600 gem § 366 Abs 1 GewO zu rechnen hat. Weil es sich bei der *K* um eine juristische Person handelt, wird gem § 370 Abs 1 GewO die Strafe gegen den gewerberechtlichen Geschäftsführer iSd § 39 GewO und damit *G* verhängt.

> Der gewerberechtliche Geschäftsführer ist für die Einhaltung der gewerberechtlichen Vorschriften gegenüber der Behörde verantwortlich und Geldstrafen sind gem § 370 Abs 1 GewO ihm gegenüber zu verhängen. Voraussetzung dafür ist, dass seine Bestellung angezeigt bzw – bei sensiblen Gewerben, bei welchen eine Zuverlässigkeitsprüfung zu erfolgen hat, – genehmigt wurde. Nur unter besonderen Voraussetzungen haftet auch die juristische Person, von der er bestellt wurde (vgl § 370 Abs 1a, 1b und 3 GewO).

II. Baurecht

Die baurechtlichen Anforderungen an die Änderung der Produktionshalle sind anhand des Vbg BauG zu bestimmen. Dieses ist gem § 1 Abs 1 Vbg BauG für alle Bauvorhaben anzuwenden.

Die Änderung der Produktionshalle stellt ein Bauvorhaben iSd § 2 Abs 1 lit e Vbg BauG dar, weil es sich um die Änderung eines Bauwerks handelt.

A. Bewilligungspflicht

Lt SV soll ein Tiefkühlraum in Größe von 30 m² an die Produktionshalle angebaut werden. Dabei handelt es sich um einen Zubau iSd § 2 Abs 1 lit q Vbg BauG, da es zur Vergrößerung der bereits bestehenden Produktionshalle durch die Herstellung eines neuen Raumes kommt. Dies ist als eine wesentliche Änderung eines Bauwerks iSd § 2 Abs 1 lit o Vbg BauG zu qualifizieren. Ein Bauwerk iSd § 2 Abs 1 lit f Vbg BauG liegt vor, da zur Herstellung der Produktionshalle bautechnische Kenntnisse erforderlich sind und sie mit dem Boden in Verbindung steht.

Gem § 18 Abs 1 lit a Vbg BauG bedarf die Errichtung oder wesentliche Änderung von Gebäuden einer Baubewilligung. Da der Anbau eines Tiefkühlraumes als Zubau eine wesentliche Änderung darstellt, ist zur Umsetzung des Projekts eine Baubewilligung erforderlich.

K hat lt SV diesen Antrag inkl der erforderlichen Beilagen ordnungsgemäß bei der zuständigen Behörde gestellt. Zuständige Baubehörde für die Erteilung der Baubewilligung ist gem § 50 Abs 1 Vbg BauG der Bürgermeister. Es liegt keine Zuständigkeit der BH gem § 50 Abs 2 Vbg BauG vor, weil sich das Bauvorhaben weder auf das Gebiet von zwei oder mehreren Gemeinden erstreckt noch lt SV Grundflächen in das Ermittlungsverfahren einzubeziehen wären, die in zwei oder mehreren Gemeinden liegen. Es handelt sich auch nicht um ein Bauvorhaben auf Grundflächen an der Staatsgrenze oder im Bodensee. Auch die Vbg BÜV sieht keine Übertragung der Angelegenheiten der örtlichen Baupolizei an die Bezirkshauptmannschaft für Bauwerke für genehmigungspflichtige gewerbliche Betriebsanlagen, die in der Gemeinde Thüringen liegen, vor. Die örtliche Zuständigkeit ist nach den allgemeinen Regeln des AVG zu bestimmen. Da es sich beim Bauvorhaben, um ein unbewegliches Gut handelt, entscheidet gem § 3 Z 1 AVG die Lage des Gutes. Der Zubau soll in Thüringen errichtet werden.

Der Bürgermeister von Thüringen ist daher die sachlich und örtlich zuständige Behörde für die Erteilung der Baubewilligung.

B. Bewilligungsfähigkeit

Der SV enthält keine näheren Angaben hinsichtlich der Vereinbarkeit des Bauvorhabens mit den bau- und raumordnungsrechtlichen Bestimmungen. Jedenfalls hat die *K* lt SV den Antrag auf Erteilung einer Baubewilligung bei der zuständigen Behörde eingebracht. Diese hat ein Ermittlungsverfahren einzuleiten und schließlich mit Bescheid zu entscheiden.

Aufgabe 2: Verfassen Sie ein Rechtsgutachten, in dem Sie auf alle im Sachverhalt angesprochenen gewerberechtlichen Fragestellungen eingehen! Die Anwendbarkeit der GewO ist anzunehmen und nicht gesondert zu prüfen.

Die Fragestellung verlangt, die angesprochenen gewerberechtlichen Fragestellungen rechtsgutachterlich zu bearbeiten. Anhand der Angaben im SV lassen sich zwei Bearbeitungskreise erkennen: Einerseits die bestehende Genehmigung (Fragen iZm Zuständigkeit der Gewerbebehörde und des Wellnessbereichs) und andererseits der Fragenkreis rund um die behördliche Kontrolle.

I. Fragenkomplex genehmigter Konsens

Lt SV handelt es sich beim *C* zweifelsfrei um eine gewerbliche Betriebsanlage iSd § 74 Abs 1 GewO. Das Hotel ist fest mit dem Boden verankert und somit örtlich gebunden. Es dient der Entfaltung einer gewerblichen Tätigkeit (Gastgewerbe für die Beherbergung von Gästen) und ist nicht bloß vorübergehend, da es lt SV bereits seit drei Jahren besteht.

A. Zuständigkeit zur Erteilung der betriebsanlagenrechtlichen Genehmigung

Grds ist gem § 333 GewO die Bezirksverwaltungsbehörde die in gewerberechtlichen Angelegenheiten zuständige Behörde. Allerdings wurde lt SV im Rahmen des Genehmigungsverfahrens die Zuständigkeit der BH Bludenz angezweifelt. Aufgrund der Größe der Anlage und der von ihr ausgehenden möglichen Umwelteinwirkungen, ist die Anwendbarkeit des UVP-G zu prüfen. Für die Genehmigung der Realisierung von Vorhaben, die im Anhang 1 des UVP-G angeführt sind, ist gem § 39 Abs 1 UVP-G grds die Landesregierung zuständig.

Da es sich aber jedenfalls um eine nach der GewO genehmigungspflichtige gewerberechtliche Betriebsanlage handelt, hätte im Falle einer UVP-Pflicht die UVP-Behörde die GewO und die darin enthaltenen Genehmigungskriterien anzuwenden (Verfahrenskonzentration).

Bei der Errichtung des Hotels handelt es sich um ein Vorhaben iSd § 2 Abs 2 UVP-G, weil eine Anlage errichtet wird. Vom Vorhabensbegriff ist auch die Errichtung des Wellnessbereichs mitumfasst, weil es sich um eine weitere Anlage handelt, die in einem sachlichen und räumlichen Zusammenhang mit dem Hotelgebäude steht. Die räumliche Nähe ist bei einer Entfernung von ca 300 m jedenfalls gegeben, der sachliche Zusammenhang besteht im gemeinsamen Betriebszweck. Es ist zu prüfen, ob zu Realisierung dieses Vorhabens gem § 3 Abs 1 UVP-G eine Umweltverträglichkeitsprüfung durchzuführen war, was der Fall ist, wenn ein Vorhaben im Anhang 1 zum UVP-G angeführt ist.

Für den vorliegenden Fall kommen zwei Tatbestände des Anhangs 1 zum UVP-G grds in Frage: Gem Anhang 1 Z 20 lit a und lit b zum UVP-G sind Beherbergungsbetriebe, wie Hotels, bei der Erfüllung bestimmter Voraussetzungen UVP-pflichtige Vorhaben. Bei lit a ist das der Fall, wenn außerhalb geschlossener Siedlungsgebiete eine Bettenzahl von mindestens 500 oder eine Flächeninanspruchnahme von mindestens 5 ha vorliegt. Im C gibt es 480 Betten. Nähere Angaben zur Flächeninanspruchnahme oder zur Lage des Betriebs gibt es im SV keine. Der Tatbestand des Anhang 1 Z 20 lit a UVP-G ist daher nicht erfüllt. Es ist allerdings – aufgrund der Lage des Hotels in unmittelbarer Nähe zum Arlberg – zu prüfen, ob es sich um einen Beherbergungsbetrieb in einem schutzwürdigen Gebiet der Kategorie B (Alpinregion) handelt, dessen Errichtung gem Anhang 1 Z 20 lit b iVm § 3 Abs 4 UVP-G nach Durchführung einer Einzelfallprüfung allenfalls einer Umweltverträglichkeitsprüfung zu unterziehen wäre. Der Schwellenwert dieses Tatbestands (250 Betten) ist überschritten. Der SV enthält aber keine näheren Angaben dazu, dass sich das Hotel bereits in einer Alpinregion, also im schutzwürdigen Gebiet, befindet. Gem Anhang 2 UVP-G ist außerdem die Untergrenze der Alpinregion die Grenze des geschlossenen Baumwuchses. Es ist lt SV nicht davon auszugehen, dass das Hotel hoch oben auf einem Berg steht, im Gegenteil, es befindet sich „in Lech" also im Dorf.

> Wenn der SV – wie vorliegend – keine näheren Angaben dahingehend enthält, ob sich eine Anlage in einem schutzwürdigen Gebiet befindet oder von ihr bspw besondere Gefahren ausgehen würden, sind auch keine derartigen Annahmen dem SV hinzuzudichten. Nehmen Sie für die Bearbeitung des Falles ausschließlich jene Informationen als erwiesen an, die sich auch im SV befinden.

Die betriebsanlagenrechtliche Genehmigung war daher nicht im Rahmen einer UVP zu erteilen. Deshalb ist für die Bestimmung der Zuständigkeit zur Erteilung der Betriebsanlagengenehmigung die GewO anwendbar. Sachlich zuständige Behörde zur Erteilung der Genehmigung war gem § 333 GewO die Bezirksverwaltungsbehörde. Die örtliche Zuständigkeit richtet sich gem § 3 Z 1 AVG nach der Lage des unbeweglichen Gutes. Das Hotel ist ein unbewegliches Gut, das in Lech im Bezirk Bludenz liegt, weshalb die zur betriebsanlagenrechtlichen Genehmigung zuständige Behörde die BH Bludenz war, die diese lt SV auch erteilt hat.

B. Genehmigung des Wellnessbereichs

Der SV spricht von der „Genehmigung des Wellnessbereichs". Das impliziert, dass womöglich ein eigenes Genehmigungsverfahren für den Wellnessbereich durchgeführt wurde.

Dies wäre nicht rechtskonform gewesen: Der in einem 300 m vom Haupthaus entfernten Pavillon angesiedelte Wellnessbereich ist iSd Grundsatzes der Einheit der gewerblichen Betriebsanlage als Teil der gesamten Betriebsanlage anzusehen, weil er in einem sachlichen und räumlichen Zusammenhang mit dem Beherbergungsbetrieb steht (vgl schon oben bei der Diskussion über den Vorhabensbegriff des UVP-G). Er war daher im Genehmigungsverfahren im Rahmen einer Gesamtbetrachtung mit dem Hotel (Haupthaus) auf seine gewerberechtliche Genehmigungsfähigkeit hin zu beurteilen, unabhängig davon, ob allein die

Errichtung nur des Wellnessbereichs für sich genommen bereits betriebsanlagenrechtlich genehmigungspflichtig gewesen wäre.

Außerdem soll die Beurteilung des Wellnessbereichs „mühsam" gewesen sein: Der Wellnessbereich umfasst ein künstliches Freibad, einen Whirlpool und zwei Saunakabinen. Somit ist der Anwendungsbereich des BHygG eröffnet (§ 1 Abs 1 Z 2, 3 und 5 BHygG). Grds bedarf gem § 3 Abs 1 BHygG die Errichtung von künstlichen Freibädern und Warmsprudelbädern einer Bewilligung der Bezirksverwaltungsbehörde. Gem § 1 Abs 4 BHygG sind Bäder, Warmsprudelwannen, Saunaanlagen, Warmluft- und Dampfbäder und Kleinbadeteiche, die im Rahmen einer der Gewerbeordnung unterliegenden Tätigkeit betrieben werden, genehmigungspflichtige Anlagen iSd § 74 GewO, auf die der II. Abschnitt des BHygG, der auch § 3 BHygG enthält, nicht anzuwenden ist.

Die materiellen Genehmigungskriterien des BHygG, also insb auch die Hygienevorschriften des § 12 BHygG, waren aber im Betriebsanlagengenehmigungsverfahren von der Behörde zu berücksichtigen: Gem § 356b Abs 1 GewO entfallen bei nach der GewO genehmigungspflichtigen Betriebsanlagen, zu deren Errichtung auch nach anderen Verwaltungsvorschriften des Bundes eine Genehmigung erforderlich ist, die gesonderten Genehmigungen. Die materiellrechtlichen Genehmigungsregelungen der mitanzuwendenden Bundesgesetze sind bei der Erteilung der Betriebsanlagengenehmigung heranzuziehen (teilkonzentriertes Genehmigungsverfahren). Die im III. Abschnitt des BHygG enthaltenen Vorschriften gelten gem § 1 Abs 4 BHygG als Vorschriften zum Schutz der Gesundheit der Kunden iSd § 82 Abs 1 GewO, diese waren daher bei der Beurteilung der Genehmigungsfähigkeit des Hotels in Bezug auf den Wellnessbereich jedenfalls anzuwenden.

§ 82 Abs 1 GewO enthält eine Verordnungsermächtigung des zuständigen BM zur Erlassung näherer Vorschriften hins Bauart, Betriebsweise, Ausstattung, Maß zulässiger Emissionen für bestimmte genehmigungspflichtige Anlagen (sog „BranchenV"). Die Vorschriften des III. Abschnitts des BHygG entsprechen daher materiell Bestimmungen zum Schutz der Gesundheit der Kunden einer BranchenV. Freilich wird bei der Bearbeitung eines gewerberechtlichen Falles kein branchenspezifisches Sonderwissen abgeprüft. Auch in der Praxis werden zur Beurteilung spezifischer (meist technischer) Anforderungen Sachverständige herangezogen. Im vorliegenden Fall geht es nur darum, zu erkennen, dass auch in einem gewerblichen Betriebsanlagenverfahren zum Teil weitere Materiengesetze angewendet werden. Die darin enthaltenen Genehmigungskriterien sind dann zur Erteilung der (gewerberechtlichen) Betriebsanlagengenehmigung (ebenfalls) zu erfüllen.

Es ist davon auszugehen, dass der SV die Anwendung der materiellen Genehmigungskriterien des BHygG mit „mühsam" meint, da wohl unter anderem die Einholung eines wasserbautechnischen Gutachtens erforderlich war. Nähere Aussagen können mangels weiterer Angaben im SV in der Hinsicht aber nicht getroffen werden.

II. Fragenkomplex Rechtmäßigkeit der Kontrolle

§ 9 Abs 1 BHygG normiert, dass die Bezirksverwaltungsbehörde Hallenbäder, künstliche Freibäder, Warmsprudelbäder, Warmsprudelwannen und Kleinbadeteiche jedenfalls jährlich an Ort und Stelle, Saunaanlagen, Warmluft- und Dampfbänder und Bäder an Oberflächengewässern periodisch wiederkehrend an Ort und Stelle zu überprüfen hat.

E ist ein Organ der BH Bludenz und somit der zuständigen Behörde. Die sachliche Zuständigkeit der BH ergibt sich aus § 3 Abs 1 BHygG, der die Bezirksverwaltungsbehörde vorsieht. Die örtliche Zuständigkeit ergibt sich aus § 3 Z 1 AVG der bestimmt, dass sich diese in Sachen, die sich auf ein unbewegliches Gut beziehen, nach der Lage dieses Gutes richten. Der Wellnessbereich ist ein unbewegliches Gut und liegt in Lech im Bezirk Bludenz, weshalb die BH Bludenz grds die nach den BHygG zuständige Behörde ist.

§ 1 Abs 4 BHygG schließt aber die Anwendbarkeit des II. Abschnitts des BHygG für Einrichtungen aus, welche im Rahmen einer der Gewerbeordnung unterliegenden Tätigkeit betrieben werden. Deshalb ist § 9 BHygG nicht anwendbar.

Allerdings enthält § 338 Abs 1 GewO eine ähnliche Bestimmung. Sofern es zur Vollziehung der gewerberechtlichen Vorschriften erforderlich ist, sind die Organe der zuständigen Behörde berechtigt, Betriebe während der Betriebszeiten zu betreten und zu besichtigen. Gem § 356b Abs 3 GewO sind außerdem auch die nach anderen bei der Genehmigungserteilung mitanzuwendenden Materiengesetzen bestehenden behördliche Befugnisse und Aufgaben zur Anlagenüberprüfung von der Gewerbebehörde wahrzunehmen.

E hat somit grds das Recht, *C* zu betreten, um bspw die Einhaltung der im III. Abschnitt des BHygG enthaltenen Hygienevorschriften zu kontrollieren. Aus § 338 Abs 1 GewO geht auch nicht hervor, dass eine Besichtigung nur aufgrund von etwaigen „Vorfällen" geprüft werden kann, vielmehr ist entscheidend, dass es zur Vollziehung der gewerberechtlichen Vorschriften notwendig ist. Der örtlich zuständigen Behörde steht es somit zu, Betriebsanlagen auch ohne Anlassfall zu prüfen. *E* möchte das Hotel aber lt SV auskundschaften, da sie auf der Suche nach einer Hochzeitslocation ist. Dies ist keinesfalls zur Vollziehung der gewerberechtlichen Vorschriften erforderlich, zumal aus dem SV hervorgeht, dass erst kürzlich eine Kontrolle des Hotels erfolgt ist, weshalb von einer Erforderlichkeit aus gewerberechtlicher Sicht wohl kaum auszugehen ist.

Es Handeln ist somit nicht vom § 338 Abs 1 GewO gedeckt.

> Der SV enthält keine näheren Hinweise dazu, welche Handlungen *E* im Rahmen der rechtswidrigen Kontrolle setzt. Das Betreten des Betriebs ist grds als schlichthoheitliches Handeln zu werten, gegen das mangels in den Verwaltungsvorschriften vorgesehener spezifischer Verhaltensbeschwerde gem Art 130 Abs 2 Z 1 B-VG kein Rechtsschutz besteht. Sollte der Betriebsinhaber dem Vorgehen von *E* allerdings widersprechen und betritt diese dennoch den Betrieb und entnimmt gegen den Willen des Betriebsinhabers Proben, sind diese Akte als AuvBZ zu werten, die im Rahmen einer Maßnahmenbeschwerde gem Art 130 Abs 1 Z 2 B-VG bekämpft werden können.

Fall 8

(T)ennis & Co
Bau- und Raumordnungsrecht

Elissa Tschachler

Ausgehend von einer Judikaturdivergenz zwischen dem VfGH sowie dem VwGH hat der Landtag von Niederösterreich ordnungsgemäß eine Änderung der NÖ BO beschlossen, wodurch dem § 6 NÖ BO idF LGBl 22/2022 der im Anhang abgedruckte Abs 8 angefügt wird.

Gänzlich ungestört von diesen Vorgängen im Landtag betreibt *Tina (T)* einen Tennisverein in Lanzenkirchen (Niederösterreich). Dieser befindet sich außerhalb des Ortskerns und ist aufgrund seiner Abgelegenheit nur mit dem Auto erreichbar. Da der Tennissport in den letzten Jahren allerdings wieder populärer wurde, möchte *T* ihren etwas abgelegenen Tennisverein vergrößern und im Zuge dessen neue Tennislehrende einstellen, um weiterhin eine ausgesprochen gute Qualität bei den Dienstleistungen in ihrem Tennisverein gewährleisten zu können. Vor allem in den Sommermonaten rechnet sie mit vielen Anmeldungen für ihre Tenniscamps sowie Trainerstunden. Da sie für die zusätzlichen Tennislehrenden allerdings nicht viel Geld ausgeben möchte, plant sie junge Tennislehrenden einzustellen, die sich noch in ihrer Ausbildung befinden.

Anstatt mit einem hohen Gehalt, versucht sie diese mit einer dauerhaften Wohnmöglichkeit während des aufrechten Beschäftigungsverhältnisses anzuwerben. Dies hätte nicht nur den Vorteil, dass die Tennislehrenden eine dauerhafte Wohnmöglichkeit hätten, sondern auch, dass diese einen kurzen Anfahrtsweg zum Tennisverein haben, um auch kurzfristige Tennisstunden für „Spontanentschlossene" anbieten zu können. Hierfür plant *T* das südlich direkt an den Tennisverein angrenzende etwa 500 m² große unbebaute Grundstück zu erwerben. Auf diesem, im Flächenwidmungsplan als „Bauland-Wohngebiet" ausgewiesenen Grundstück, möchte *T* nicht nur ein neues Haus errichten, in dem ihre jungen Tennislehrenden dauerhaft wohnen können, sondern auch einen Partyraum im Erdgeschoss, damit sich ihre Tennislehrenden abseits der Arbeit erholen und „ihre Jugend genießen können". *T* sucht daher schriftlich um Baubewilligung bei der zuständigen Behörde an und reicht dazu alle erforderlichen Unterlagen ein.

In Folge fordert die zuständige Behörde nach einer durchgeführten Vorprüfung die Grundstückseigentümerin *Emilia (E)*, den Grundstückseigentümer und Eigentümer eines darauf befindlichen land- und forstwirtschaftlichen Betriebs *Leo (L)* sowie die Pächterin einer direkt westlich an das unbebaute Grundstück angrenzenden gewerberechtlich genehmigten Betriebsanlage *Petra (P)* auf, schriftlich innerhalb von zwei Wochen ab der Zustellung der Verständigung Einwendungen gegen das geplante Vorhaben von *T* zu erheben, da sie ansonsten ihre Parteistellung verlieren.

Zwischen dem Grundstück von E und dem Bauvorhaben befindet sich ein 14 m breiter Grüngürtel. E bringt innerhalb der Frist schriftlich vor, dass der überempfindliche L den Lärm vom Partyraum mit Sicherheit nicht ertragen würde und seinen Betrieb höchstwahrscheinlich aufgrund seines dann stattzufindenden Umzugs verkaufen würde. Da E schon seit ihrer Kindheit in L verknallt ist, möchte sie auf gar keinen Fall, dass dieser wegzieht. L hingegen gibt seine Befürchtungen etwaiger nachträglicher Auflagen oder Verbote bekannt, da nicht ausgeschlossen werden kann, dass die Immissionen seines land- und forstwirtschaftlichen Betriebs auf das geplante Haus von T einwirken. Ls land- und forstwirtschaftlicher Betrieb grenzt unmittelbar östlich an das unbebaute Grundstück an. Ähnliche Bedenken hat P, die sie ebenso wie L rechtzeitig vorbringt. Damit ihre Bedenken auch tatsächlich beachtet werden, bringt sie zusätzlich die Bedenken von L vor, die er ihr zufällig während eines Gesprächs mitteilte. Nebstdem bringt sie ein unabhängiges Sachverständigengutachten ein, in dem festgestellt wird, dass das widmungsgemäße Maß des Baugrundstücks der T durch die von Ls land- und forstwirtschaftlichen Betrieb ausgehenden Emissionen deutlich überschritten wird. P bringt ihre Einwendungen und das unabhängige Sachverständigengutachten innerhalb der Frist schriftlich vor.

Wenige Wochen später erhält T von der zuständigen Behörde einen positiven Bescheid hinsichtlich des Vorhabens. Begründend wird ausgeführt, dass den jeweiligen Einwendungen von P, L sowie E nicht gefolgt wurde. P, L und E sind empört, da sie sicher sind, dass die Behörde rechtswidrig entschieden hat und möchten schließlich dagegen vorgehen.

Aufgabe: Prüfen Sie in einem Rechtsgutachten, das auf alle aufgeworfenen bau- und raumordnungsrechtlichen Rechtsfragen eingeht, die Erfolgsaussichten des/r einzulegenden Rechtsbehelfs/e!

NÖ Bauordnung 2014 (NÖ BO 2014)
idF LGBl 22/2022

(fiktiv)

§ 6 Abs 8

Beim Neubau von ganz oder teilweise Wohnzwecken dienenden Gebäuden auf bisher unbebauten Grundstücken (heranrückende Bebauung) sind auch Einwendungen zu berücksichtigen, mit denen Immissionen geltend gemacht werden, die von einer bestehenden
benachbarten Betriebsanlage oder von einem bestehenden benachbarten land- und forstwirtschaftlichen Betrieb ausgehen und auf das geplante Bauvorhaben einwirken. Hierdurch
wird ebenso eine Nachbar- und Parteistellung im Sinne des § 6 Abs 1 bzw Abs 2 begründet.

Lösung

Aufgabe: Prüfen Sie in einem Rechtsgutachten, das auf alle aufgeworfenen bau- und raumordnungsrechtlichen Rechtsfragen eingeht, die Erfolgsaussichten des/r einzulegenden Rechtsbehelfs/e!

Im Rahmen des Rechtsgutachtens haben in einem ersten Schritt Vorbemerkungen (Punkt I.) zu den statthaften Rechtsbehelfen sowie zum zuständigen Gericht zu erfolgen. Erst dann kann in einem zweiten Schritt auf die Zulässigkeit (Punkt II.) sowie auf die Begründetheit (Punkt III.) der statthaften Rechtsbehelfe eingegangen werden. Abschließend wird im Rechtsgutachten die zu erwartende Entscheidung der Berufungsbehörde (Punkt IV.) abgefasst.

Aus Gründen der besseren Verständlichkeit und der Vermeidung von doppelten Ausführungen werden die Rechtsbehelfe der *P*, *L* und *E* prinzipiell zusammen behandelt. Lediglich im Rahmen von Abweichungen und unterschiedlichen Lösungen werden diese separat dargelegt (s insb bei Punkt III. [Begründetheit]).

I. Vorbemerkungen

Für die Durchführung des Rechtsgutachtens bedarf es zuallererst der Prüfung, ob der Anwendungsbereich der NÖ BO eröffnet ist. Da sich das geplante Bauvorhaben in Lanzenkirchen (Niederösterreich) befindet, ist der Anwendungsbereich nach § 1 Abs 1 NÖ BO eröffnet.

In einem zweiten Schritt stellt sich die Frage, welche statthaften Rechtsbehelfe im Rahmen des Gutachtens näher zu erörtern sind. Als einzulegende Rechtsbehelfe der *P*, *L* und *E* kommt jeweils eine Berufung iSd §§ 64 ff AVG an die Baubehörde zweiter Instanz in Betracht, da sie jeweils gegen den abweisenden Bescheid der Baubehörde erster Instanz vorgehen möchten. Gem § 3 NÖ BO fallen die Aufgaben, die nach der NÖ BO von der Gemeinde zu besorgen sind, in den eigenen Wirkungsbereich der Gemeinde (Art 118 Abs 3 Z 9 B-VG). Der Instanzenzug richtet sich gem § 63 Abs 1 AVG nach den Verwaltungsvorschriften, dh gegenständlich nach der NÖ BO.

Die sachlich zuständige Baubehörde zweiter Instanz ist im gegenständlichen Fall gem § 1 AVG iVm § 2 Abs 1 NÖ BO der Gemeindevorstand. Es handelt sich bei dem Bauvorhaben von *T* um ein unbewegliches Gut (§ 3 Z 1 AVG), das sich in Lanzenkirchen befindet. Der Gemeindevorstand von Lanzenkirchen ist daher die örtlich und auch sachlich zuständige Baubehörde zweiter Instanz.

Als Zwischenergebnis ist daher festzuhalten, dass gem § 1 AVG iVm § 2 Abs 1 NÖ BO der Gemeindevorstand von Lanzenkirchen die zuständige Behörde für die von *P*, *L* und *E* angedachten Rechtsbehelfe ist, dh für die Berufung.

II. Zulässigkeit

A. Berufungswerber

Berufungswerber kann jede partei- und prozessfähige natürliche oder juristische Person sein (§§ 63 Abs 5 iVm 9 AVG). Mangels gegenteiliger Anhaltspunkte im SV ist davon auszugehen, dass *P*, *L* und *E* jeweils sowohl partei- als auch prozessfähig sind.

B. Berufungsgegenstand

Der positive Bescheid der erstinstanzlichen Baubehörde über den Baubewilligungsantrag von T stellt einen tauglichen Berufungsgegenstand dar. Der innergemeindliche Instanzenzug ist nicht ausgeschlossen (Art 118 Abs 4 B-VG, § 63 Abs 3 AVG).

C. Berufungslegitimation

P, L und E müssen im gegenständlichen Fall behaupten können durch den positiven Bescheid in ihren subjektiv-öffentlichen Rechten möglicherweise verletzt zu werden. Diese Verletzung muss jedenfalls möglich sein. Die mögliche Verletzung von P, L und E in ihren subjektiv-öffentlichen Rechten ergibt sich aus der positiven Entscheidung des Baubewilligungsantrages von T, dh ihrer nicht stattgegebenen Einwendungen und ist nicht denkunmöglich.

D. Frist

Gem § 63 Abs 5 AVG ist „die Berufung [...] von der Partei binnen zwei Wochen bei der Behörde einzubringen, die den Bescheid in erster Instanz erlassen hat." Von den Berufungswerbern muss daher die Frist von zwei Wochen beachtet werden.

E. Form und Einbringungsort

Die Berufung ist gem § 13 Abs 1 S 2 AVG schriftlich, unter Bezeichnung des angefochtenen Bescheides (§ 63 Abs 5 AVG) und eines begründeten Berufungsantrags (§ 63 Abs 3 AVG) bei der Behörde einzubringen, „die den Bescheid in erster Instanz erlassen hat" (§ 63 Abs 5 AVG). Baubehörde erster Instanz, dh die Bescheid erlassende Behörde, ist gem § 1 AVG iVm § 2 Abs 1 NÖ BO der Bürgermeister. Die örtliche Zuständigkeit richtet sich gem § 1 iVm § 3 Z 1 AVG nach der Lage des unbeweglichen Gutes; der Neubau soll in Lanzenkirchen liegen. Demnach war der Bürgermeister von Lanzenkirchen sachlich und örtlich zuständig über den Baubewilligungsantrag von T abzusprechen. Die Berufung muss daher beim Bürgermeister von Lanzenkirchen eingebracht werden.

F. Ergebnis

Die Bescheidbeschwerden der P, L und E sind zulässig.

III. Begründetheit

Sofern die berufungswerbende Partei, im gegenständlichen Fall daher jeweils P, L und E, aufgrund eines rechtswidrigen Bescheides in ihren Rechten verletzt wurde, ist die Berufung begründet und hat Aussichten auf Erfolg.

A. Formelle Rechtmäßigkeit

Gem Art 118 Abs 3 Z 9 B-VG fällt die Vollziehung der Angelegenheiten der örtlichen Baupolizei in den eigenen Wirkungsbereich der Gemeinden. Der Bürgermeister von

Lanzenkirchen war daher sachlich und örtlich (s Punkt II.E.) für die Erlassung des angefochtenen Bescheides zuständig. In Ermangelung näherer Anhaltspunkte im SV kann davon ausgegangen werden, dass der zuständigen Behörde prinzipiell keine Verfahrensfehler unterlaufen sind. Zu erwähnen ist allerdings, dass *P* lt SV (trotz mangelnder Nachbar- bzw Parteistellung; s sogleich unter III.B.3.c.) von der Behörde aufgefordert wurde, eine Einwendung zu erheben. Die Behörde hätte der *P* allerdings lediglich eine Information bzw Verständigung nach dem AVG zukommen lassen dürfen, denn aus baurechtlicher Sicht ist dies nicht vorgesehen. Hinsichtlich der Entscheidungsfrist können in Ermangelung näherer Anhaltspunkte im SV keine Fehler festgestellt werden (vgl § 73 Abs 1 AVG iVm § 5 Abs 2 NÖ BO).

B. Materielle Rechtmäßigkeit

Im Rahmen der Bewertung der materiellen Rechtmäßigkeit bedürfen die Bewilligungspflichtigkeit des Bauvorhabens (1.), die Bewilligungsfähigkeit des Bauvorhabens (2.) sowie die jeweiligen Einwendungen (3.) einer näheren Betrachtung.

1. Bewilligungspflichtigkeit

Da es sich bei der neuen Errichtung des Hauses auf dem bisher unbebauten 500 m² großen Grundstück um einen Neubau handelt, bedarf es gem § 14 Z 1 NÖ BO einer Baubewilligung. Der Neubau ist als Wohngebäude iSd § 4 Z 15 NÖ BO zu qualifizieren, da es sich bei der geplanten Neuerrichtung um „ein Gebäude [handeln soll], das ganz oder überwiegend zum Wohnen genutzt wird".

Es liegt daher kein anzeigepflichtiges Vorhaben (§ 15 NÖ BO), kein meldepflichtiges Vorhaben (§ 16 NÖ BO) oder bewilligungs-, anzeige- und meldefreies Vorhaben (§ 17 NÖ BO) vor. *T* brachte daher richtigerweise einen Baubewilligungsantrag ein und die zuständige Baubehörde erster Instanz führte eine Vorprüfung nach § 20 NÖ BO durch.

> Da im SV keine gegenteiligen Anhaltspunkte angeführt sind, führte die Vorprüfung zu keiner Abweisung des Antrags von *T*. Daher hat in weiterer Folge ein Verfahren mit Parteien und Nachbarn nach § 21 NÖ BO stattzufinden und die „Baubehörde [hat] die Parteien und Nachbarn (§ 6 Abs. 1 und 3) nachweislich vom geplanten Vorhaben nach § 14 zu informieren und darauf hinzuweisen, dass bei der Baubehörde in die Antragsbeilagen und in allfällige Gutachten Einsicht genommen werden darf. Gleichzeitig sind die Parteien und Nachbarn – unter ausdrücklichem Hinweis auf den Verlust ihrer allfälligen Parteistellung – aufzufordern, eventuelle Einwendungen gegen das Vorhaben schriftlich binnen einer Frist von 2 Wochen ab der Zustellung der Verständigung bei der Baubehörde einzubringen. Werden innerhalb dieser Frist keine Einwendungen erhoben, erlischt die Parteistellung. Eine mündliche Verhandlung im Sinn der §§ 40 bis 44 [AVG] findet nicht statt."

2. Bewilligungsfähigkeit

Da es sich um ein bewilligungspflichtiges Vorhaben gem § 14 NÖ BO handelt, hat die Baubehörde im Rahmen der Vorprüfung (§ 20 Abs 1 NÖ BO) zu prüfen, ob dem Bauvorhaben einschlägige Rechtsgrundlagen (wie etwa der Flächenwidmungsplan) entgegenstehen. Für den vorliegenden Fall ist § 20 Abs 1 Z 1 NÖ BO relevant, da im SV ausdrücklich festgeschrieben ist, dass sich das relevante Grundstück von *T* im „Bauland-Wohngebiet" befindet. In Ermangelung gegenteiliger Anhaltspunkte fällt der geplante Neubau unter die Widmungsart „Wohngebiet" und ist mit dem Flächenwidmungsplan vereinbar (§ 15 Abs 1 iVm § 16 Abs 1 Z 1 NÖ ROG).

3. Einwendungen

Lt SV werden *P*, *L* sowie *E* von der Baubehörde verständigt; *L* sowie *E* nach § 21 Abs 1 NÖ BO und *P* nach dem AVG. Es ist zu prüfen, ob *P*, *L* und *E* eine Parteistellung iSd § 6 Abs 1 NÖ BO zukommt. Hierfür bedarf es im ersten Schritt der Prüfung, ob *P*, *L* und *E* Nachbarn iSd § 6 Abs 1 NÖ BO sind.

P, *L* und *E* fallen weder unter § 6 Abs 1 Z 1 noch unter Z 2 NÖ BO.

P ist als Pächterin einer bereits bestehenden, gewerberechtlich genehmigten Betriebsanlage, die direkt westlich an das unbebaute Grundstück angrenzt, keine Nachbarin iSd § 6 Abs 1 Z 3 NÖ BÖ, da der Nachbarbegriff an das Grundeigentum anknüpft. Hingegen ist *L*, der Grundstückseigentümer und Eigentümer des unmittelbar östlich angrenzenden land- und forstwirtschaftlichen Betriebs an das unbebaute Grundstück, Nachbar iSd § 6 Abs 1 Z 3 NÖ BÖ. Auch die Grundstückseigentümerin *E* ist aufgrund des lediglich 14 m breiten Grüngürtels zwischen dem Grundstück von ihr und dem Bauvorhaben eine Nachbarin iSd § 6 Abs 1 Z 3 NÖ BO.

Um Parteistellung zu erhalten, muss in einem zweiten Schritt geprüft werden, ob Nachbarn durch das fertiggestellte Bauvorhaben bzw das Bauwerk und dessen Benützung in ihren subjektiv-öffentlichen Rechten (§ 6 Abs 2 NÖ BO) beeinträchtigt werden könnten.

> Die subjektiv-öffentlichen Nachbarrechte sind in § 6 Abs 2 NÖ BO taxativ aufgezählt (VwGH 13.1.2021, Ra 2020/05/0036). Wenn die Verletzung eines Rechts behauptet wird, das nicht nur der Wahrung öffentlicher Interessen, sondern auch dem Schutz des Nachbarn dient (subjektiv öffentlich-rechtliche Einwendung), so kann die Behörde über diese Einwendung im Baubewilligungsbescheid absprechen. Unter Nachbarrechten werden daher nur subjektiv-öffentliche Rechte verstanden, die im Baurecht begründet sind und nicht nur der Wahrung öffentlicher Interessen, sondern auch dem Schutz der Nachbarn dienen. Es gilt jedoch zu beachten, dass nach der stRsp des VwGH (zB VwGH 31.8.1999, 99/05/0056) das Mitspracherecht des Nachbarn im Baubewilligungsverfahren eine zweifache Beschränkung erfährt. Denn zum einen besteht das Mitspracherecht nur insoweit, als dem Nachbarn nach der jeweiligen BauO subjektiv-öffentliche Rechte zugeschrieben werden. Zum anderen hat der Nachbar diese Rechte im Verfahren dadurch geltend zu machen, indem er die Einwendungen rechtzeitig erhebt (*Jahnel*, Baurecht, in Bachmann et al, Besonderes Verwaltungsrecht[13] [2020] 566 f).

a. Grundstückseigentümerin *E*

Da der Nachbarbegriff in der NÖ BO an das Grundeigentum anknüpft und *E* Grundstückseigentümerin ist, hat sie eine Nachbarstellung gem § 6 Abs 1 Z 3 NÖ BO. Sie bringt lt SV rechtzeitig und schriftlich vor, „dass der überempfindliche *L* den Lärm vom Partyraum mit Sicherheit nicht ertragen würde und seinen Betrieb höchstwahrscheinlich aufgrund seines dann stattfindenden Umzugs verkaufen würde". Als subjektiv-öffentliche Rechte kommen allerdings nur die in § 6 Abs 2 Z 1-3 NÖ BO taxativ aufgezählten in Betracht. Da diese keine Wahrung fremder Rechte enthalten, kommt *E* kein Anspruch auf die Wahrung fremder Rechte zu, etwa ihres Jugendschwarms *L*.

E ist daher zwar Nachbarin, allerdings brachte sie keine zulässige Einwendung vor. Die Baubehörde erster Instanz hatte *E* daher zwar gem § 21 Abs 1 NÖ BO informieren und sie um eventuelle Einwendungen auffordern dürfen. Mangels zulässiger Einwendung und mithin mangels Parteistellung hätte die zuständige Behörde, dh der Bürgermeister von Lanzenkirchen (s Punkt II.E.), ihre Einwendungen allerdings nicht berücksichtigen dürfen.

b. Eigentümer *L*

L ist Grundstückseigentümer und Eigentümer eines land- und forstwirtschaftlichen Betriebs, der direkt östlich an das unbebaute Grundstück angrenzt. *L* trägt innerhalb der Frist und schriftlich seine Befürchtungen dahingehend vor, dass „nicht ausgeschlossen werden kann, dass die Immissionen seines land- und forstwirtschaftlichen Betriebs auf das geplante Haus von *T* einwirken" und er deshalb etwaige nachträgliche Auflagen oder Verbote erhalten würde. Es handelt sich um die sog „heranrückende Wohnbebauung".

Unter dem Titel „heranrückenden Wohnbebauung" wird diskutiert, ob ein Inhaber einer bereits genehmigten Betriebsanlage Einwendungen erheben kann, weil ihm nachträglich Schutzpflichten auferlegt werden könnten, obwohl die Betriebsemissionen an sich zulässig sind. Diese Frage stellt sich vor allem bei der Errichtung von Häusern zu Wohnzwecken (s *Jahnel*, Baurecht, in Bachmann et al, Besonderes Verwaltungsrecht[13] [2020] 568.).

Aufgrund des vom Landtag von Niederösterreich ordnungsgemäß neu beschlossenen § 6 Abs 8 NÖ BO erhält er durch seine vorgebrachte Einwendung (Nachbar- und) Parteistellung. Denn diese wird mit der Nachbar- und Parteistellung iSd § 6 Abs 1 bzw Abs 2 NÖ BO gleichgesetzt. Da es sich bei dem geplanten Bauvorhaben um einen Neubau auf einem bisher unbebauten Grundstück handelt, kann er dementsprechend seine Einwendung vorbringen. Die Behörde hat seine Einwendung ob seiner Parteistellung zu beachten.

Die Problematik um die „heranrückende Wohnbebauung" wird in der Judikatur nicht einheitlich beantwortet, denn es gibt dazu eine Judikaturdivergenz zwischen VfGH und VwGH. Während der VfGH in diesen Konstellationen eine Parteistellung befürwortet (so etwa VfSlg 19.846/2014), lehnt dies der VwGH ab und verlangt nach einer ausdrücklichen Regelung (zB VwGH 27.4.1999, 99/05/0058; s eingehend *Jahnel*, Baurecht, in Bachmann et al, Besonderes Verwaltungsrecht[13] [2020] 568.).

c. Pächterin *P*

P ist – lediglich – Pächterin einer bereits bestehenden (gewerberechtlich) genehmigten Anlage und trägt innerhalb der Frist schriftlich Befürchtungen dahingehend vor, dass sie ob der eventuellen von ihrer Anlage ausgehenden Immissionen auf das geplante Bauvorhaben nachträgliche Auflagen erhält. Ihre Betriebsanlage grenzt lt SV direkt westlich an das unbebaute Grundstück von *T* an. Wie bei *L*, handelt es sich prinzipiell um einen Fall der „heranrückenden Wohnbebauung". Anders als der Grundstückseigentümer *L* erhält *P* aufgrund ihrer vorgebrachten Einwendung allerdings keine (Nachbar- bzw) Parteistellung nach § 6 Abs 8 NÖ BO. Obzwar es sich bei dem geplanten Bauvorhaben um einen Neubau auf einem bisher unbebauten Grundstück handelt, kann sie ihre Einwendung mangels (Nachbar- bzw) Parteistellung nicht vorbringen und die Behörde hat ihre Einwendung nicht zu beachten.

Nebstdem bringt P lt SV zusätzlich die (gleichen) Bedenken von L vor, um sichergehen zu können, dass ihre Einwendungen auch tatsächlich beachtet werden. Wie bereits bei der Grundstückseigentümerin E erwähnt, können allerdings keine fremden Rechte, wie die von L, geltend gemacht werden, da sich in § 6 Abs 2 NÖ BO eine taxative Auflistung der subjektiv-öffentlichen Nachbarrechte befindet. Mangels Partei- sowie Nachbarstellung wäre dieses Vorbringen aber ohnehin nicht beachtlich. Zudem brachte P ein unabhängiges Sachverständigengutachten vor, in dem festgestellt wird, „dass das widmungsgemäße Maß des Baugrundstücks der T durch die von Ls land- und forstwirtschaftlichen Betrieb ausgehenden Emissionen deutlich überschritten wird." Mangels Partei- sowie Nachbarstellung wäre dieses Vorbringen ebenso nicht beachtlich.

IV. Entscheidung der Berufungsbehörde

Im Prinzip entscheidet die Berufungsbehörde, dh der Gemeindevorstand von Lanzenkirchen, in der Sache selbst und kann gem § 66 Abs 4 AVG auch die Zweckmäßigkeit (somit das Ermessen) kontrollieren.

Mit Blick auf die erhobenen Einwendungen zeigte sich, dass lediglich L eine (Nachbar- und) Parteistellung hinsichtlich der möglichen Immissionen seines land- und forstwirtschaftlichen Betriebs erlangte und die Behörde seine diesbezüglichen Einwendungen zu berücksichtigen und sogar stattzugeben hätte. Hingegen ist E zwar eine Nachbarin, allerdings keine Partei, da sie keine subjektiv-öffentlichen Rechte vorbrachte, sondern nur die fremden Rechte des L wahren wollte. Weder eine Nachbar- noch eine Parteistellung erlangte P, da sie lediglich Pächterin ist und die NÖ BO in § 6 an das Grundstückseigentum anknüpft.

Der Rechtsbehelf von L hat daher hinsichtlich der geltend gemachten Immissionen ob seines land- und forstwirtschaftlichen Betriebs positive Erfolgsaussichten. Dieser ist sowohl zulässig als auch prinzipiell begründet. Dagegen sind die Einwendungen der P sowie der E wegen Unzulässigkeit bzw Unbegründetheit (je nach Argumentation) zurückzuweisen bzw abzuweisen. Es bestehen für P und E daher negative Erfolgsaussichten hinsichtlich ihrer Rechtsbehelfe.

Fall 9

Golfresort „Golf & Fun"

Recht der UVP

Elissa Tschachler

Die *Therme Grinsberg GmbH (G)*, mit dem dazugehörigen Grinsberg Asia Resort, stellte mit 28.3.2021 einen Antrag auf Erteilung einer Genehmigung nach dem UVP-G für das Vorhabensprojekt Golfresort „Golf & Fun".

Das Projekt Golfresort „Golf & Fun" sieht die Errichtung eines Golfresorts mit einer 18-Loch Golfanlage im Ausmaß von 62,6 ha vor. Die Projektfläche befindet sich im Westen des Gemeindegebietes der Marktgemeinde Lanzenkirchen (Niederösterreich) auf einer aktuell landwirtschaftlich genutzten Fläche. Die Errichtung des Golfresorts basiert auf der Umwidmung von Flächen mit der Widmung „Grünland – Land- und Forstwirtschaft" in „Grünland-Sportstätten" und „Grünland-Grüngürtel". Das Areal konnte erst nach einer längeren Suche gefunden werden, da *G* keine Flächen in schutzwürdigen Gebieten für das Vorhabensprojekt heranziehen möchte. Damit allen Golfspielern eine Parkmöglichkeit zukommt, sollen zudem 1 000 Stellplätze für Kraftfahrzeuge errichtet werden.

Um „auf der sicheren Seite" zu sein, entschließt sich die Behörde, bei der der Antrag ordnungsgemäß eingebracht wurde, zur Durchführung einer Umweltverträglichkeitsprüfung und veröffentlicht auf ihrer Homepage Folgendes:

AMTLICHE NACHRICHTEN NIEDERÖSTERREICH   6/2021

Liebe Bürgerinnen und Bürger,

gemäß § 44a und § 44b AVG und gemäß § 9 UVP-G wird Folgendes kundgemacht: Es wurde ein Projektantrag zum Golfresort „Golf & Fun" von der Therme Grinsberg GmbH gestellt. Hierzu können Sie wie folgt Einsicht nehmen:

Zeit und Ort der möglichen Einsichtnahme: Ab 9.7.2021 bis einschließlich 23.8.2021 liegen der Genehmigungsantrag und die Projektunterlagen inklusive der Umweltverträglichkeitserklärung in der Marktgemeinde Lanzenkirchen sowie beim Amt der NÖ Landesregierung, Abteilung Umwelt- und Energierecht, während der jeweiligen Amtsstunden zur öffentlichen Einsichtnahme auf.

Hinweise: Ab 9.7.2021 bis einschließlich 23.8.2021 besteht die Möglichkeit für jedermann schriftliche Stellungnahmen bzw Einwendungen zum Vorhaben bei der NÖ Landesregierung, per Adresse: Amt der NÖ Landesregierung, Abteilung Umwelt- und Energierecht (RU4), Landhausplatz 1, 3109 St. Pölten, einzubringen. Wird wie gegenständlich ein Antrag durch Edikt kundgemacht, so hat dies zur Folge, dass Personen ihre Stellung als Partei verlieren, soweit sie nicht rechtzeitig, also ab 9.7.2021 bis

---

einschließlich 23.8.2021, bei der Behörde schriftlich Einwendungen erheben (§ 44b AVG). Bürgerinitiativen können gemäß § 19 UVP-G Beteiligtenstellung mit dem Recht auf Akteneinsicht im Verfahren erlangen, wenn eine Stellungnahme zum Vorhaben von mindestens 300 Personen, die zum Zeitpunkt der Unterstützung in der Standortgemeinde oder in einer an diese unmittelbar angrenzenden Gemeinde für Gemeinderatswahlen wahlberechtigt waren, unterstützt wird. Die Unterstützung hat während der öffentlichen Auflagefrist durch Eintragung in eine Unterschriftenliste zu erfolgen, wobei Name, Anschrift und Geburtsdatum anzugeben und die datierte Unterschrift beizufügen ist. Die Unterschriftenliste ist gleichzeitig mit der Stellungnahme bei der Behörde einzubringen.

Zustellung von Schriftstücken: Es wird darauf hingewiesen, dass sämtliche Schriftstücke in diesem Verfahren durch Edikt zugestellt werden können.

NÖ Landesregierung

Im Auftrag

Mag. Wichtig

AMTLICHE NACHRICHTEN NIEDERÖSTERREICH   6/2021

Diese Informationen teilte die Behörde ordnungsgemäß ebenso der Standortgemeinde mit. Am 1.8.2021 bringt die *Bürgerinitiative „Free Lanzenkirchen" (B)* eine schriftliche Stellungnahme bzw Einwendung zum Vorhaben Golfresort „Golf & Fun" bei der NÖ Landesregierung, Abteilung Umwelt- und Energierecht (RU4), Landhausplatz 1, 3109 St. Pölten ein. Neben ihrer Einwendung, dass die Vögel in unmittelbarer Umgebung aufgrund des Vorhabenprojekts ihren natürlichen Lebensbereich verlieren, führt sie Folgendes an: „Als Bürgerinitiative ‚Free Lanzenkirchen' machen wir darauf aufmerksam, dass uns eine volle Parteistellung und somit keine Begrenzung auf das Recht zur Akteneinsicht im gegenständlichen Verfahren zusteht". Die Bürgerinitiative bringt neben dieser Einwendung eine Unterschriftenliste mit 360 Personen ein, von denen 210 in der Standortgemeinde Lanzenkirchen wahlberechtigt sind. An erster Stelle steht die Initiatorin der Bürgerinitiative *Frida Flott (F)*, unter Anführung ihrer Anschrift, Geburtsdatum und datierten Unterschrift. Die restlichen 359 Personen folgen in der Unterschriftenliste dem gleichen Aufbau und der gleichen Angabe von Informationen. Da *B* über mehrere Wochen hinweg keine näheren Informationen hinsichtlich des weiteren Fahrplans erhält, schaut *F* auf die Homepage der zuständigen UVP-Behörde und findet folgenden Eintrag:

AMTLICHE NACHRICHTEN NIEDERÖSTERREICH   4/2022

Liebe Bürgerinnen und Bürger,

im Verfahren zum Vorhaben Golfresort „Golf & Fun" wurde der Antrag nach § 5 UVP-G gemäß § 44a AVG mit Edikt vom 9.7.2021 im NÖ Kurier, der NÖ Krone, im Amtsblatt der Wiener Zeitung und zusätzlich in den Amtlichen Nachrichten Niederösterreich (Amtsblatt) kundgemacht. Wir teilen in dieser Angelegenheit mit, dass das nachstehende Schriftstück beim Amt der NÖ Landesregierung, Abteilung Umwelt- und Energierecht – RU4, 3109 St. Pölten, Neue Herrengasse, Haus 16, Erdgeschoss, sowie bei der Standortgemeinde Lanzenkirchen, während der jeweiligen Amtsstunden vom 12.4.2022 bis 9.6.2022 für jedermann zur Einsicht aufliegt: Antragsteller: Therme Grinsberg GmbH, Linsberger Straße 1/2/2, 2822 Bad Erlach. Inhalt: Bescheid der NÖ Landesregierung vom 5.4.2022 gemäß § 17 UVP-G, Zl. RU4-U-695/025-2016: Erteilung einer Genehmigung für die Errichtung und den Betrieb des Vorhabens Golfresort „Golf & Fun".

Der Bescheid gilt mit Ablauf von zwei Wochen nach der Verlautbarung dieses Ediktes als zugestellt. Eine spätere Zusendung bzw Ausfolgung löst daher keine Zustellwirkung aus. Der Bescheid kann auch unter der Adresse http://www.noe.gv.at/Umwelt/Umweltschutz/Umweltrecht-aktuellGolf&Fun.html im Internet eingesehen werden. Den Beteiligten wird auf Verlangen eine Ausfertigung des Schriftstückes ausgefolgt und den Parteien des Verfahrens auf Verlangen zugesendet.

Rechtsgrundlagen: §§ 44a, 44 f AVG, § 17 Abs 7 und Abs 8 UVP-G

NÖ Landesregierung

Im Auftrag

Mag. Wichtig

AMTLICHE NACHRICHTEN NIEDERÖSTERREICH   4/2022

Als *F* während der Amtsstunden in das Schriftstück Einsicht nimmt, kann sie nicht fassen, dass die Argumente der *B* nicht „gehört" und mithin ihre Parteistellung verwehrt wurde. Gemeinsam mit den 359 anderen Bürgerinitiative-Begründern von *B* möchte sie gegen den ihrer Ansicht nach rechtswidrigen Bescheid der NÖ Landesregierung vorgehen.

Aufgabe: Beurteilen Sie rechtsgutachterlich die Durchführung des UVP-Verfahrens und gehen Sie dabei auch auf die Argumente der *B* ein.

Übereinkommen von Aarhus über den Zugang zu Informationen, die Öffentlichkeitsbeteiligung an Entscheidungsverfahren und den Zugang zu Gerichten in Umweltangelegenheiten samt Erklärung – Aarhus Konvention idF BGBl III 58/2014

Artikel 6 – Öffentlichkeitsbeteiligung an Entscheidungen über bestimmte Tätigkeiten

[…]

(2) Die betroffene Öffentlichkeit wird im Rahmen umweltbezogener Entscheidungsverfahren je nach Zweckmäßigkeit durch öffentliche Bekanntmachung oder Einzelnen gegenüber in sachgerechter, rechtzeitiger und effektiver Weise frühzeitig unter anderem über folgendes informiert: […]

e) die Tatsache, dass die Tätigkeit einem nationalen oder grenzüberschreitenden Verfahren zur Umweltverträglichkeitsprüfung unterliegt. […]

Artikel 9 – Zugang zu Gerichten

(1) Jede Vertragspartei stellt im Rahmen ihrer innerstaatlichen Rechtsvorschriften sicher, dass jede Person, die der Ansicht ist, dass ihr […] gestellter Antrag auf Informationen nicht beachtet, fälschlicherweise ganz oder teilweise abgelehnt, unzulänglich beantwortet oder auf andere Weise nicht in Übereinstimmung mit dem genannten Artikel bearbeitet worden ist, Zugang zu einem Überprüfungsverfahren vor einem Gericht oder einer anderen auf gesetzlicher Grundlage geschaffenen unabhängigen und unparteiischen Stelle hat.

Für den Fall, dass eine Vertragspartei eine derartige Überprüfung durch ein Gericht vorsieht, stellt sie sicher, dass die betreffende Person auch Zugang zu einem schnellen, gesetzlich festgelegten sowie gebührenfreien oder nicht kostenaufwendigen Überprüfungsverfahren durch eine Behörde oder Zugang zu einer Überprüfung durch eine unabhängige und unparteiische Stelle, die kein Gericht ist, hat.

Nach Absatz 1 getroffene endgültige Entscheidungen sind für die Behörde, die über die Informationen verfügt, verbindlich. Gründe werden in Schriftform dargelegt, zumindest dann, wenn der Zugang zu Informationen nach diesem Absatz abgelehnt wird.

(2) Jede Vertragspartei stellt im Rahmen ihrer innerstaatlichen Rechtsvorschriften sicher, dass Mitglieder der betroffenen Öffentlichkeit,

a) die ein ausreichendes Interesse haben oder alternativ

b) eine Rechtsverletzung geltend machen, sofern das Verwaltungsverfahrensrecht einer Vertragspartei dies als Voraussetzung erfordert,

Zugang zu einem Überprüfungsverfahren vor einem Gericht und/oder einer anderen auf gesetzlicher Grundlage geschaffenen unabhängigen und unparteiischen Stelle haben, um die materiell-rechtliche und verfahrensrechtliche Rechtmäßigkeit von Entscheidungen, Handlungen oder Unterlassungen anzufechten, für die Artikel 6 und – sofern dies nach dem jeweiligen innerstaatlichen Recht vorgesehen ist und unbeschadet des Absatzes 3 – sonstige einschlägige Bestimmungen dieses Übereinkommens gelten.

Was als ausreichendes Interesse und als Rechtsverletzung gilt, bestimmt sich nach den Erfordernissen innerstaatlichen Rechts und im Einklang mit dem Ziel, der betroffenen Öffentlichkeit im Rahmen dieses Übereinkommens einen weiten Zugang zu Gerichten zu gewähren. Zu diesem Zweck gilt das Interesse jeder Nichtregierungsorganisation, […] als ausreichend im Sinne des Buchstaben a. Derartige Organisationen gelten auch als Träger von Rechten, die im Sinne des Buchstaben b verletzt werden können.

Absatz 2 schließt die Möglichkeit eines vorangehenden Überprüfungsverfahrens vor einer Verwaltungsbehörde nicht aus und lässt das Erfordernis der Ausschöpfung verwaltungsbehördlicher Überprüfungsverfahren vor der Einleitung gerichtlicher Überprüfungsverfahren unberührt, sofern ein derartiges Erfordernis nach innerstaatlichem Recht besteht.

(3) Zusätzlich und unbeschadet der in den Absätzen 1 und 2 genannten Überprüfungsverfahren stellt jede Vertragspartei sicher, dass Mitglieder der Öffentlichkeit, sofern sie etwaige in ihrem innerstaatlichen Recht festgelegte Kriterien erfüllen, Zugang zu verwaltungsbehördlichen oder gerichtlichen Verfahren haben, um die von Privatpersonen und Behörden vorgenommenen Handlungen und begangenen Unterlassungen anzufechten, die gegen umweltbezogene Bestimmungen ihres innerstaatlichen Rechts verstoßen.

(4) Zusätzlich und unbeschadet des Absatzes 1 stellen die in den Absätzen 1, 2 und 3 genannten Verfahren angemessenen und effektiven Rechtsschutz und, soweit angemessen, auch vorläufigen Rechtsschutz sicher; diese Verfahren sind fair, gerecht, zügig und nicht übermäßig teuer. Entscheidungen nach diesem Artikel werden in Schriftform getroffen oder festgehalten. Gerichtsentscheidungen und möglichst auch Entscheidungen anderer Stellen sind öffentlich zugänglich.

(5) Um die Effektivität dieses Artikels zu fördern, stellt jede Vertragspartei sicher, dass der Öffentlichkeit Informationen über den Zugang zu verwaltungsbehördlichen und gerichtlichen Überprüfungsverfahren zur Verfügung gestellt werden; ferner prüft jede Vertragspartei die Schaffung angemessener Unterstützungsmechanismen, um Hindernisse finanzieller und anderer Art für den Zugang zu Gerichten zu beseitigen oder zu verringern. […]

Lösung

Aufgabe: Beurteilen Sie rechtsgutachterlich die Durchführung des UVP-Verfahrens und gehen Sie dabei auch auf die Argumente der *B* ein.

> Bevor im Rechtsgutachten auf die Bürgerinitiative „Free Lanzenkirchen" (dazu II.) eingegangen werden kann, bedarf es einer näheren Prüfung des Verfahrens (Punkt I.), einschließlich der UVP-Pflichtigkeit des Vorhabens (Punkt I.A.) sowie der (Behörden-)Zuständigkeit (Punkt I.B.). Im Kontext der Bürgerinitiative sind die Prüfungen ihres statthaften Rechtsbehelfs (dazu II.A.), ihrer Parteistellung (Punkt II.B.) sowie ihrer Vorbringen (Punkt II.C.) und die Überprüfung der von der niederösterreichischen Landesregierung gesetzten Verfahrensschritte (Punkt II.D.) vorzunehmen.

I. Verfahren

A. UVP-Pflichtigkeit des Vorhabens

Gem § 2 Abs 2 UVP-G ist unter einem „Vorhaben […] die Errichtung einer Anlage oder ein sonstiger Eingriff in Natur und Landschaft unter Einschluss sämtlicher damit in einem räumlichen und sachlichen Zusammenhang stehenden Maßnahmen" zu verstehen (gesamthafter Vorhabensbegriff). Im gegenständlichen Fall plant *G* die Errichtung des Golfresorts „Golf & Fun", das eine (Golfplatz-)Anlage sowie mehrere Stellplätze für Kraftfahrzeuge umfasst, welche unzweifelhaft in einem räumlichen und sachlichen Zusammenhang zur Anlage stehen und daher ein gemeinsames Vorhaben darstellen.

Zur Beurteilung der UVP-Pflichtigkeit dieses Vorhabens sind die Schwellenwerte der Spalte 2 Z 17 lit a Anhang 1 UVP-G zu prüfen, wonach „Golfplätze mit einer Flächeninanspruchnahme von mindestens 10 ha oder mindestens 1 500 Stellplätzen für Kraftfahrzeuge" als UVP-pflichtiges Vorhaben gelten. Lt SV ist die Errichtung einer (Golfplatz-)Anlage im Ausmaß von 62,6 ha geplant und zudem sind 1 000 Stellplätze für Kraftfahrzeuge vorgesehen. Daraus folgt, dass der Schwellenwert „von mindestens 10 ha" der maßgeblichen Bestimmung überschritten wird und das Vorhaben der *G* jedenfalls UVP-pflichtig ist. Dass der (zweite) Schwellenwert von „mindestens 1 500 Stellplätzen für Kraftfahrzeuge" aufgrund der lediglich 1 000 geplanten Stellplätze für Kraftfahrzeuge nicht erreicht wird, ist nicht schädlich. Immerhin ergibt sich aus dem Wortlaut der Spalte 2 Z 17 lit a Anhang 1 UVP-G, dass die beiden Schwellenwerte nicht kumulativ erfüllt werden müssen. Weil sich das Vorhaben in Spalte 2 Anhang 1 UVP-G befindet, ist ein vereinfachtes UVP-Verfahren durchzuführen.

> Inzwischen werden in der Regel nur noch vereinfachte Verfahren durchgeführt. Im Prinzip gilt gem § 3 Abs 1 UVP-G, dass nur bei „Vorhaben, die in Anhang 1 angeführt sind, sowie Änderungen dieser Vorhaben […] nach Maßgabe der folgenden Bestimmungen einer Umweltverträglichkeitsprüfung zu unterziehen [sind und dementsprechend ein normales Verfahren durchgeführt wird]. Für Vorhaben, die in Spalte 2 und 3 des Anhanges 1 angeführt sind, ist das vereinfachte Verfahren durchzuführen."
>
> Im Prinzip wurde das vereinfachte Verfahren ob der Forderung nach Verfahrensbeschleunigungen eingeführt. Damit gehen allerdings erhebliche Einschränkungen mit Blick auf die Prüftiefe der

UVP einher. Denn anders als etwa die Erstellung eines Umweltverträglichkeitsgutachtens (§ 12 UVP-G) im Rahmen eines normalen UVP-Verfahrens, wird bei einem vereinfachten Verfahren lediglich eine sog „zusammenfassende Bewertung der Umweltauswirkungen" (§ 12a UVP-G) gefordert. Darüber hinaus bestehen mildere Anforderungen an die Umweltverträglichkeitserklärung (UVE), da etwa keine Angaben zur Immissionszunahme verlangt werden. Ferner hat gem §§ 3 Abs 1 iVm 20 Abs 5 UVP-G in den Abnahmebescheid nicht festgelegt zu werden, bis zu welchem Zeitpunkt die Nachkontrolle (§ 22) durchzuführen ist, weil ohnehin gem §§ 3 Abs 1 iVm 22 Abs 1 UVP-G keine Nachkontrolle erfolgt. Im Lichte der Forderung nach Verfahrensbeschleunigungen kann im vereinfachten Verfahren zudem kein Mediationsverfahren beantragt werden. Das Herzstück der vereinfachten Genehmigungsverfahren ist freilich, dass im Gegensatz zu normalen Verfahren die Entscheidungsfrist nur sechs anstatt neun Monate beträgt.

Pointiert wird, dass es bei einem vereinfachten Verfahren zu keinen Einschränkungen der Rechte der Öffentlichkeit kommt und somit auch Bürgerinitiativen in einem vereinfachten UVP-Verfahren eine Parteistellung zukommt (dazu Punkt II.).

B. Zuständigkeit

Mit Blick auf die Frage der zuständigen UVP-Behörde muss zwischen der sachlichen Zuständigkeit einerseits und der örtlichen Zuständigkeit andererseits unterschieden werden. Da es sich im vorliegenden Fall um ein Verfahren nach dem ersten und zweiten Abschnitt des UVP-G handelt, ist gem § 39 Abs 1 UVP-G die Landesregierung die sachlich zuständige UVP-Behörde.

Die Zuständigkeit der Landesregierung erstreckt sich auf alle Ermittlungen, Entscheidungen und Überwachungen nach den gem § 5 Abs 1 UVP-G betroffenen Verwaltungsvorschriften und auf Änderungen gem § 18b UVP-G. Sie erfasst auch die Vollziehung der Strafbestimmungen. Die Landesregierung kann die Zuständigkeit zur Durchführung des Verfahrens, einschließlich der Verfahren gem § 45 UVP-G, und zur Entscheidung ganz oder teilweise der Bezirksverwaltungsbehörde übertragen. Gesetzliche Mitwirkungs- und Anhörungsrechte werden dadurch nicht berührt (vgl § 39 Abs 1 UVP-G). Bei der ganzen oder teilweisen Übertragung zur Entscheidung an die Bezirksverwaltungsbehörde handelt es sich um einen Fall der sog echten Delegation. Denn „[d]ie in Abs. 1 vorgesehene ‚Delegationsmöglichkeit' an die Bezirksverwaltungsbehörde mit der Ermächtigung, in ihrem Namen zu entscheiden, stellt sich nach der Rechtsprechung des Verfassungsgerichtes zu § 1 Abs. 5 des Salzburger Landeslehrer-DiensthoheitsG 1995 (G 177/06 ua vom 20.6.2007) als zwischenbehördliches Mandat dar, durch das die Bezirksverwaltungsbehörde als Hilfsapparat der Landesregierung tätig wird. Die erwähnte Regelung widerspricht nach Ansicht des VfGH den Organisationsvorschriften der Bundesverfassung, im Besonderen dem § 3 des B-VG über die Ämter der Landesregierung außer Wien, BGBl. 289/1925. Diese Rechtsprechung dürfte auch auf die Regelung in § 39 Abs. 1 anzuwenden sein. Das hier vorgesehene zwischenbehördliche Mandat ist daher in eine echte Delegationsmöglichkeit umzuwandeln, wobei die Bezirksverwaltungsbehörde nach einer Delegation im eigenen Namen und über Berufungen dagegen weiterhin der Umweltsenat (§ 40 Abs. 1 [aber siehe: § 46 Abs 1 UVP-G]) entscheidet." (s AB 271 BlgNR 24. GP 12.)

Gem § 39 Abs 4 UVP-G richtet sich die örtliche Zuständigkeit für Verfahren nach dem ersten, zweiten und dritten Abschnitt nach der Lage des Vorhabens. Im vorliegenden Fall ist das Golfresort „Golf & Fun" im niederösterreichischen Lanzenkirchen geplant und daher die niederösterreichische Landesregierung die sowohl sachlich als auch örtlich zuständige UVP-Behörde.

II. Bürgerinitiative „Free Lanzenkirchen"

A. Rechtsbehelf

Gegen Bescheide der niederösterreichischen Landesregierung als zuständige UVP-Behörde kann Beschwerde an das BVwG erhoben werden (Art 131 Abs 4 Z 2 lit a B-VG), denn gem § 40 Abs 1 UVP-G entscheidet „in Angelegenheiten nach diesem Bundesgesetz […] das Bundesverwaltungsgericht."

Im gegenständlichen Fall kommt daher eine (Bescheid-)Beschwerde an das Bundesverwaltungsgericht in Betracht.

> Hierbei müssen die Zulässigkeit sowie die Begründetheit geprüft werden. Da im vorliegenden Fall vor allem die Parteistellung der Bürgerinitiative *B* pointiert wird, werden die restlichen Zulässigkeitsvoraussetzungen nicht näher behandelt. Mit Blick auf die Prüfung der Begründetheit wird auf Punkt C. verwiesen.

Es ist daher im Folgenden zu prüfen, ob *B* eine Parteistellung zukommt.

B. Parteistellung der *B*

Lt SV hat *B* am 1.8.2021 eine schriftliche Stellungnahme (§ 9 Abs 5 UVP-G) bzw Einwendung eingebracht. Der Stellungnahme bzw der Einwendung wurde lt SV eine Unterschriftenliste beigefügt, in der die Namen, Anschriften, Geburtsdaten sowie jeweils eine datierte Unterschrift von insgesamt 360 Personen angeführt wurden, von denen allerdings nur 210 in der Standortgemeinde Lanzenkirchen für die Gemeinderatswahlen wahlberechtigt sind. Die Unterschriftenliste wurde gleichzeitig mit der Stellungnahme eingebracht. Da die Stellungnahme aber auch von mindestens 200 Personen (lt SV 210), die zum Zeitpunkt der Unterstützung in der Standortgemeinde Lanzenkirchen für Gemeinderatswahlen wahlberechtigt waren, unterstützt wurde, nimmt diese Personengruppe gem § 19 Abs 4 UVP-G als Bürgerinitiative am Verfahren zur Erteilung der Genehmigung für das Vorhaben als Partei teil.

> Da die Voraussetzungen zur wirksamen Konstituierung einer Bürgerinitiative im Einbringungszeitpunkt vorliegen müssen, würden sich zB spätere Widerrufe von Unterstützungserklärungen nicht auf den Bestand der Bürgerinitiative auswirken. Die Kehrseite der Medaille ist jedoch, dass dies auch bedeutet, dass eventuell fehlende Unterschriften nicht nachgereicht werden können (s *Schmelz/Schwarzer*, UVP-G-ON[1.00] § 19 UVP-G Rz 154 [Stand 1.7.2011, rdb.at]).

Als Partei ist *B* berechtigt, die Einhaltung von Umweltschutzvorschriften als subjektiv-öffentliches Recht im Verfahren geltend zu machen und Beschwerde an das Bundesverwaltungsgericht (und ggf Revision an den VwGH sowie Beschwerde an den VfGH) zu erheben.

Da sich lt SV in der Unterschriftenliste keine als Vertreter bezeichnete Person befindet, ist *F* als erstgenannte Person in der Unterschriftenliste nach § 19 Abs 5 UVP-G die Vertreterin der *B*.

Gem § 19 Abs 5 UVP-G ist *F* als Vertreterin auch Zustellungsbevollmächtigte gem § 9 Abs 1 ZustG. Sollte sie aus der Bürgerinitiative ausscheiden, gilt als Vertreter der Bürgerinitiative die in der Unterschriftenliste jeweils nächstgereihte Person. Zudem könnte die Vertreterin *F* mittels schriftlicher Erklärung an die Behörde durch eine andere Vertreterin substituiert werden. Eine solche Erklärung muss von der Mehrheit der Bürgerinitiative unterzeichnet werden.

Aus alledem folgt, dass *B* im Einklang mit den Voraussetzungen des § 19 Abs 4 UVP-G gegründet wurde und dieser mithin eine Parteistellung zukommen müsste. Denn *B* erlangte mit dem Einlangen der Stellungnahme samt Unterschriftenliste ex lege Parteistellung. Damit sie ihre Parteistellung nicht wieder verliert, muss *B* rechtzeitig Einwendungen erheben.

Bedeutend ist, dass zwischen der Einwendung von Bürgerinitiativen sowie ihrer Konstituierung unterschieden wird. Denn in einem ersten Schritt wird durch die Einbringung der Stellungnahme samt Unterschriftenliste die Bürgerinitiative lediglich konstituiert. Im Prinzip werden erst in einem zweiten Schritt Einwendungen erhoben. Allerdings kommt es auch dann zur Wahrung der Parteistellung, wenn die (entsprechend unterstützte) eingebrachte Stellungnahme inhaltlich zugleich den Anforderungen einer Einwendung iSd § 44b Abs 1 AVG gleichkommt (s *Schmelz/Schwarzer*, UVP-G-ON[1.00] § 19 UVP-G Rz 173 [Stand 1.7.2011, rdb.at]).

Lt SV hat *B* am 1.8.2021 als Stellungnahme und Einwendung vorgebracht, dass die „Vögel in unmittelbarer Umgebung aufgrund des Vorhabenprojekts ihren natürlichen Lebensbereich verlieren" würden. Die Bürgerinitiative „Free Lanzenkirchen" brachte daher rechtzeitig eine Umweltschutzvorschrift vor.

Prinzipiell könnte *B* auch Einwendungen erheben, die sie nicht bereits in der Stellungnahme (§ 9 Abs 5 UVP-G) thematisiert hat (s in der Lit dafür etwa *Altenburger/Berger*, UVP-G[2] § 19 Rz 39, dagegen ua *Schmelz/Schwarzer*, UVP-G-ON[1.00] § 19 UVP-G Rz 174 [Stand 1.7.2011, rdb.at]).

C. Vorbringen

Lt SV „können [Bürgerinitiativen] gemäß § 19 UVP-G Beteiligtenstellung mit dem Recht auf Akteneinsicht im Verfahren erlangen, wenn eine Stellungnahme zum Vorhaben von mindestens 300 Personen, die zum Zeitpunkt der Unterstützung in der Standortgemeinde oder in einer an diese unmittelbar angrenzenden Gemeinde für Gemeinderatswahlen wahlberechtigt waren, unterstützt wird." Daraufhin brachte *B* vor, dass ihr „eine volle Parteistellung und somit keine Begrenzung auf das Recht zur Akteneinsicht im gegenständlichen Verfahren zusteht".

Problematisch hierbei sind zweierlei Dinge: Erstens wird damit lediglich Beteiligtenstellung mit dem Recht auf Akteneisicht gewährt (und damit keine volle Parteistellung) und – zweitens – muss die Stellungnahme von mindestens 300 Personen unterstützt werden, die zum Zeitpunkt der Unterstützung in der Standortgemeinde oder in einer an diese unmittelbar angrenzenden Gemeinde für Gemeinderatswahlen wahlberechtigt waren; § 19 Abs 4 UVP-G schreibt dafür nur eine Mindestanzahl von 200 Personen vor.

Bereits an dieser Stelle muss darauf hingewiesen werden, dass es prinzipiell irrelevant ist, ob die Bürgerinitiative „Free Lanzenkirchen" beide diese Probleme an die zuständige UVP-Behörde heranträgt oder nicht, da sie ohnehin automatisch mit Einbringung der schriftlichen Stellungnahme eine Parteistellung erlangte und die zuständige Behörde diese zu berücksichtigen gehabt hätte. Es müsste ohnehin eine amtswegige Wahrnehmung betreffs der vollen Parteistellung stattfinden.

1. Beteiligten- vs Parteistellung

Entgegen dem Wortlaut des § 19 Abs 1 Z 6 iVm Abs 2 UVP-G kommt Bürgerinitiativen auch im vereinfachten Verfahren Parteistellung zu. Da B als Teil der betroffenen Öffentlichkeit (Art 1 Abs 2 lit e UVP-RL) einzustufen ist, hat ihr eine Anfechtungsmöglichkeit bei Rechtsverletzungen, sowohl im ordentlichen als auch im vereinfachten UVP-Verfahren, offenzustehen (vgl Art 6 iVm Art 9 Abs 2 Aarhus-Konvention sowie Art 11 Abs 1 und Abs 3 UVP-RL). Damit Bürgerinitiativen von ihrer Anfechtungsmöglichkeit Gebrauch machen können, bedürfen sie einer Parteistellung. Demzufolge widerspricht § 19 Abs 2 UVP-G nach der Rsp dem geltenden Unionsrecht und hat aufgrund des Anwendungsvorrangs unangewendet zu bleiben (VwGH 27.9.2018, Ro 2015/06/0008).

Denn nach Auffassung des Gerichtshofs sind Art 11 Abs 1 und 3 UVP-RL sowie Art 9 Abs 2 Übereinkommen von Aarhus einschlägig, die der betroffenen Öffentlichkeit bei hinreichendem Interesse oder Geltendmachung einer Rechtsverletzung eine Beschwerdemöglichkeit einräumen. Der Begriff „betroffene Öffentlichkeit" bezieht sich auf die Öffentlichkeit, die von umweltbezogenen Entscheidungsverfahren betroffen ist oder (wahrscheinlich) betroffen sein könnte. Im Rahmen von umweltbezogenen Entscheidungsverfahren, zu denen auch UVP-Verfahren gehören, einschließlich vereinfachter Verfahren, ist der Zugang zu den Gerichten auf breiter Basis einzuräumen.

Um das Recht auf Zugang zu Gerichten nach Art 11 UVP-RL geltend machen zu können, reicht es allerdings nicht aus, lediglich zum Kreis der „betroffene[n] Öffentlichkeit" zu gehören. Vielmehr ist eine qualifizierte Betroffenheit erforderlich, die entweder durch ein ausreichendes Interesse oder durch die Geltendmachung einer Rechtsverletzung erfüllt werden kann (vgl EuGH 16.4.2015, C-570/13, *Gruber*, sowie EuGH 20.12.2017, C-664/15, *Protect*). Danach umfasst der Handlungsspielraum des österreichischen Gesetzgebers lediglich die Verfahrensmodalitäten der Rechtsbehelfe, aber nicht die grundsätzliche Möglichkeit des Gerichtszugangs.

Im Ergebnis führte der VwGH folglich aus, dass das UVP-G für Bürgerinitiativen eine örtliche Nahebeziehung bedingt und somit regelmäßig eine Betroffenheit oder zumindest eine wahrscheinliche Betroffenheit zum Vorhaben zu bejahen ist. Demnach ist eine Bürgerinitiative, sofern sie den verfahrensrechtlichen Anforderungen des nationalen Gesetzgebers entspricht, als Teil der „betroffene[n] Öffentlichkeit" zu qualifizieren und ihr mithin eine Parteistellung zuzusprechen. Diese Parteistellung hat sie unabhängig davon, ob es sich um ein ordentliches oder um ein vereinfachtes Verfahren handelt. Die entgegenstehende nationale Bestimmung des § 19 Abs 1 Z 6 iVm Abs 2 UVP-G bleibt daher aufgrund des Anwendungsvorrangs des Unionsrechts unangewendet.

Daher handelte die niederösterreichische Landesregierung rechtswidrig, da sie B nicht nur Beteiligtenstellung, sondern volle Parteistellung gewähren hätte müssen. Dementsprechend hätte sie den in § 19 Abs 2 UVP-G festgeschriebenen Ausschluss von Bürgerinitiativen als Partei im vereinfachten UVP-Verfahren unangewendet lassen müssen.

Bezüglich des Vorbringens der „Vögel in unmittelbarer Umgebung" s bereits die Ausführungen unter Punkt II.B.

2. Mindestanzahl von Unterschriften

Wie bereits oben aufgegriffen, bedarf es gem § 19 Abs 4 UVP-G der Mindestanzahl von 200 Personen. Der niederösterreichischen Landesregierung steht es nicht zu, die Anzahl auf 300 Personen anzuheben. Lt SV unterstützten 360 Personen, von denen allerdings nur 210 in der Standortgemeinde für Gemeinderatswahlen wahlberechtigt sind, mit ihrer Unterschrift die Stellungnahme (bzw die Einwendung). Da der Schwellenwert von 200 Unterschriften allerdings erreicht wurde, erfüllt *B* die Kriterien des § 19 Abs 4 UVP-G und erhält automatisch Parteistellung. Auch die sonstigen Kriterien des § 19 Abs 4 UVP-G werden lt SV erfüllt (s bereits oben).

Mit Blick auf jene Personen, die nicht ein Teil der Bürgerinitiative sein können (150 Personen), bedarf es im Prinzip der Prüfung, ob ihnen eine Partei- bzw Beteiligtenstellung gem § 19 UVP-G zukommt. Zudem könnten Einwendungen einer nicht gültig zustande gekommenen Bürgerinitiative nach der Rsp als Einwendungen der natürlichen Person angesehen werden, soweit dieser nach § 19 Abs 1 Z 1 oder 2 UVP-G Parteistellung zukommt. In der Lit wird diese Interpretation kritisiert, weil die Unterzeichnung einer Stellungnahme auf die Begründung einer Partei- oder Beteiligtenstellung einer Bürgerinitiative gerichtet sei und nicht mit der Geltendmachung subjektiv-öffentlicher Rechte im eigenen Namen gleichgesetzt werden könne (*Schmelz/Schwarzer,* UVP-G-ON[1.00] § 19 UVP-G Rz 175 [Stand 1.7.2011, rdb.at] mwN).

D. Überprüfung der von der niederösterreichischen Landesregierung gesetzten Verfahrensschritte

Da es im vereinfachten UVP-Genehmigungsverfahren im Gegensatz zum ordentlichen UVP-Genehmigungsverfahren zu einer Art Verfahrensbeschleunigung kommen soll, gelten gem § 3 Abs 1 UVP-G – anstatt §§ 3a Abs 2, 6 Abs 1 Z 1 lit d, 7 Abs 2, 12, 13 Abs 2, 16 Abs 2, 20 Abs 5 und 22 UVP-G – die §§ 3a Abs 3, 7 Abs 3, 12a und 19 Abs 2 UVP-G. Jedoch bestehen hinsichtlich der zuständigen Behörde, der Parteien und der Rechtsschutzmöglichkeiten keine Abweichungen vom ordentlichen UVP-Genehmigungsverfahren (*Fuchs,* Umweltverträglichkeitsprüfung, in Bachmann et al [Hg], Besonderes Verwaltungsrecht[13] [2020] 250.).

Lt SV erfolgte neben der elektronischen Veröffentlichung auf der Homepage der niederösterreichischen Landesregierung eine Übermittlung des Genehmigungsantrags, der dazugehörigen Unterlagen sowie der UVE an die Standortgemeinde zur öffentlichen Auflage für mindestens sechs Wochen. Zudem wurde der Hinweis gegeben, dass innerhalb dieser Auflagefrist jedermann zum Vorhaben Golfresort „Golf & Fun" eine schriftliche Stellungnahme an die Behörde abgeben kann (§ 9 Abs 1 und Abs 5 UVP-G). Die Frist von sechs Wochen wurde gewahrt, da lt SV vom 9.7.2021 bis einschließlich 23.8.2021 Einsicht genommen werden kann. Nebstdem geht aus dem SV hervor, dass das Vorhaben durch die Behörde im Internet auf der Homepage sowie „im NÖ Kurier, der NÖ Krone, im Amtsblatt der Wiener Zeitung" kundgemacht wurde, dh gem § 9 Abs 3 UVP-G in einer im Bundesland weit verbreiteten Tageszeitung sowie in einer weiteren, in den betroffenen Gemeinden periodisch erscheinenden Zeitung.

> Die Behörde hat anstatt eines Umweltverträglichkeitsgutachtens nach § 12 UVP-G im verein-
> fachten Verfahren eine sog „zusammenfassende Bewertung der Umweltauswirkungen" iSd § 12a
> UVP-G zu erstellen. Siehe zudem § 13 UVP-G.

Da sich im SV keine näheren Angaben zu einer durchgeführten mündlichen Verhandlung ergeben, bedarf § 16 Abs 1 Satz 3 UVP-G im gegenständlichen Fall einer näheren Betrachtung. Demzufolge kann eine mündliche Verhandlung unterbleiben, „wenn keine begründeten Bedenken in einer Stellungnahme gemäß § 9 Abs. 5 oder, wenn der Antrag gemäß § 44a AVG kundgemacht wurde, innerhalb der Ediktalfrist keine Einwendungen gegen das Vorhaben abgegeben wurden und die Behörde die Abhaltung einer mündlichen Verhandlung nicht zur Erhebung des Sachverhaltes für erforderlich erachtet." Da allerdings lt SV von der Bürgerinitiative „Free Lanzenkirchen" am 1.8.2021 sehr wohl eine begründete Einwendung erhoben wurde, hätte grds eine mündliche Verhandlung durchgeführt werden müssen.

Entsprechend § 17 UVP-G hat die zuständige UVP-Behörde in einem vereinfachten Verfahren innerhalb von sechs Monaten eine Entscheidung zu fällen (§ 7 Abs 3 UVP-G). Da lt SV die Eingabe des Vorhabens Golfresort „Golf & Fun" mit 28.3.2021 erfolgte, der Bescheid allerdings erst mit 5.4.2022 datiert ist, handelte die UVP-Behörde rechtswidrig, da sie die Frist von spätestens 6 Monaten in §§ 3 Abs 1 iVm 7 Abs 3 UVP-G nicht einhielt. Zudem kann diese Fristverlängerung auch nicht durch eine Unterbrechung aufgrund eines Mediationsverfahrens iSd § 16 Abs 2 UVP-G ausgelöst worden sein, da ein solches gem § 3 Abs 1 UVP-G bei vereinfachten Verfahren nicht durchgeführt wird.

> Es bestünde daher etwa für den Projektwerber ob Nichteinhaltung der Entscheidungsfrist die
> Möglichkeit eine Säumnisbeschwerde beim VwGH zu erheben (Art 132 B-VG), alle anderen Par-
> teien haben diesbezüglich keine Antragslegitimation (*Schmelz/Schwarzer*, UVP-G-ON[1.00] § 24b
> UVP-G Rz 12 [Stand 1.7.2011, rdb.at]).

Rechtmäßig war allerdings, dass erneut auf der Homepage der Behörde im Internet kundgemacht wurde, dass die Einsicht in den Genehmigungsbescheid bei der niederösterreichischen Landesregierung als zuständige UVP-Behörde und in der Standortgemeinde Lanzenkirchen vorzunehmen ist (s § 17 Abs 7 und 8 UVP-G).

E. Ergebnis

Im Ergebnis kann sich *B* an dem Verfahren als Partei beteiligen und Umweltschutzvorschriften (zB betreffs Vögel) vorbringen. Die niederösterreichische Landesregierung hat als sowohl sachlich als auch örtlich zuständige UVP-Behörde die *B* rechtswidrig nicht dem Verfahren als Partei beigezogen und keine mündliche Verhandlung durchgeführt. Zudem hat die Behörde nicht innerhalb von spätestens sechs Monaten eine Entscheidung getroffen. In den betreffenden Punkten handelte die niederösterreichische Landesregierung daher nicht rechtmäßig. Der (Bescheid-)Beschwerde von *B* können folglich positive Erfolgsaussichten zugesprochen werden.

Fall 10

Stolpersteine beim Windkraftausbau

Recht der UVP

Valentina Neubauer

Die *Windpark GmbH (W)* will einen Windpark, bestehend aus 9 Windenergieanlagen mit einer Gesamtleistung von 29,80 MW, errichten und betreiben. Alle 9 Windenergieanlagen sind in der Gemeinde Frantschach-St. Gertraud (Bundesland Kärnten) geplant. Als Zufahrts- und Verbindungsweg zwischen den Windenergieanlagen 5 und 6 soll für eine Strecke von 350 m ein bereits bestehender Erschließungsweg für den Betrieb einer Hochspannungsleitung auf steiermärkischem Landesgebiet mitbenützt werden. Im unmittelbaren Umfeld des geplanten Windparks befinden sich bereits seit mehreren Jahren eine Windenergieanlage (W1) mit einer Leistung von 3,45 MW sowie ein Pumpspeicherkraftwerk (P1) mit einer Leistung von 8 MW. Für den Bau eines weiteren Pumpspeicherkraftwerks (P2) mit einer Leistung von 12 MW in unmittelbarer Nähe zum geplanten Windpark wurde bereits ein vollständiger Genehmigungsantrag bei der zuständigen UVP-Behörde eingebracht. Als der Kärntner Naturschutzbeirat von *Ws* Windparkprojekt erfährt, hegt dieser große Bedenken aufgrund der zu befürchtenden negativen Auswirkungen dieses Vorhabens auf Natur und Landschaft und möchte abklären, ob eine Umweltverträglichkeitsprüfung (UVP) durchzuführen ist.

Aufgabe 1: Wie kann der Kärntner Naturschutzbeirat Gewissheit darüber erlangen, ob eine UVP durchzuführen ist? Welche Behörde ist für die Beurteilung dieser Frage zuständig?

Gehen Sie für die weitere Fallbearbeitung davon aus, dass der Antrag bei der zuständigen Behörde gestellt wurde.

Ein Sachverständiger stellt in weiterer Folge fest, dass wesentliche Wechselwirkungen der Umweltauswirkungen des Windparkvorhabens mit jenen der Pumpspeicherkraftwerke P1 und P2 in Bezug auf Naturschutz, insbesondere betreffend endemische Pflanzen- und Tierarten, sowie hinsichtlich des Schutzgutes Landschaftsschutz mit großer Wahrscheinlichkeit zu erwarten seien. Trotz dieser Informationen stellt die zuständige Behörde mit Bescheid daraufhin fest, dass das von der *W* geplante Vorhaben keinen Tatbestand des Anhanges 1 UVP-G erfülle und daher nicht der Verpflichtung zur Durchführung einer UVP unterliege. Begründend führt die Behörde aus, dass von dem geplanten Windparkvorhaben keine schwerwiegenden schädlichen, belästigenden oder belastenden Auswirkungen auf die Umwelt ausgehen würden. Der Behörde zufolge waren die Pumpspeicherkraftwerke P1 und P2 nicht in die Bewertung miteinzubeziehen, da es sich nicht um „gleichartige Vorhaben" handle. Der 2005 gegründete gemeinnützige, österreichweit tätige Verein *Fledermaushilfe* (*F*) mit rund 130 Mitgliedern, dessen statutarisches Ziel der Schutz heimischer Fledermausarten ist, hält den Bescheid für rechtswidrig und möchte dagegen vorgehen. *F* ist in einer gem § 19 Abs 8 UVP-G auf der Homepage des Bundesministeriums für Nachhaltigkeit und Tourismus veröffentlichten Liste angeführt. *F* ist der Meinung, dass in richtlinienkonformer Auslegung des UVP-G die Auswirkungen aller umliegenden Vorhaben mitberücksichtigt hätten werden müssen. Entsprechende höchstgerichtliche Rechtsprechung liegt zu dieser Frage nicht vor. Der Verein ist überzeugt, dass eine UVP durchzuführen ist und bringt daher ein entsprechendes Rechtsmittel bei der zuständigen Rechtsmittelinstanz ein. Die Rechtsmittelinstanz bestätigt die Entscheidung der Behörde vollinhaltlich und weist das Rechtsmittel als unbegründet ab. Im Erkenntnis vom 10.8.2022, welches dem Verein *F* am 18.8.2022 zugestellt wurde, wird außerdem die Revision als unzulässig erklärt, da der Rechtsmittelinstanz zufolge keine Rechtsfrage von grundsätzlicher Bedeutung vorliege. *F* möchte das Erkenntnis vor dem VwGH bekämpfen.

Aufgabe 2: Welchen Rechtsbehelf kann *F* gegen das Erkenntnis der Rechtsmittelinstanz erheben und hätte dieser Aussicht auf Erfolg? Prüfen Sie umfassend sowohl die Zulässigkeit als auch die Begründetheit!

In weiterer Folge leitet die Kärntner Landesregierung ein entsprechendes UVP-Genehmigungsverfahren über die Errichtung des Windparks ein und macht das Vorhaben ordnungsgemäß kund. Für die Errichtung des Windparks werden zusätzlich auch Rodungen auf einer Fläche von 4 ha erforderlich. Die betroffenen Waldflächen erstrecken sich sowohl über Kärntner als auch Steiermärkisches Landesgebiet. Die in der Gemeinde Frantschach-St. Gertraud wohnhafte *Sarah* (*S*) ist überzeugt, dass die notwendigen Rodungen im Rahmen des UVP-Verfahrens völlig untergehen könnten. Ihr Grundstück grenzt unmittelbar an die betroffenen Waldflächen. Daher befürchtet *S* von dem geplanten Vorhaben unzumutbar belästigt zu werden. Außerdem zweifelt sie an der Zuständigkeit der Kärntner Landesregierung. *S* möchte auch andere Gemeindebürger davon überzeugen und beginnt, Unterschriften zu sammeln.

Aufgabe 3: Welche Möglichkeit(en) hat *S*, sich am Verfahren zu beteiligen und sind ihre Bedenken inhaltlich begründet?

Kärntner Naturschutzgesetz 2002 („K-NSG")
idF LGBl 36/2022

§ 61 – Naturschutzbeirat

(1) Zur Beratung der Landesregierung in grundsätzlichen Fragen des Schutzes und der Pflege der Natur wird beim Amt der Landesregierung ein Naturschutzbeirat eingerichtet.

(2) Der Beirat ist von der Landesregierung jedenfalls vor der Erlassung von von ihr zu beschließenden Verordnungen nach diesem Gesetz zu hören. [...]

(4) Der Naturschutzbeirat ist dazu berufen, die in Bundesgesetzen dem Umweltanwalt eingeräumten Rechte wahrzunehmen.

ForstG 1975 („ForstG")
idF BGBl I 56/2016

§ 17 – Rodung

(1) Die Verwendung von Waldboden zu anderen Zwecken als für solche der Waldkultur (Rodung) ist verboten.

(2) Unbeschadet der Bestimmungen des Abs. 1 kann die Behörde eine Bewilligung zur Rodung erteilen, wenn ein besonderes öffentliches Interesse an der Erhaltung dieser Fläche als Wald nicht entgegensteht. [...]

§ 19 – Rodungsverfahren

(1) Zur Einbringung eines Antrags auf Rodungsbewilligung sind berechtigt:

1. der Waldeigentümer,

2. der an der zur Rodung beantragten Waldfläche dinglich oder obligatorisch Berechtigte in Ausübung seines Rechtes unter Nachweis der Zustimmung des Waldeigentümers,

3. die zur Wahrnehmung der öffentlichen Interessen im Sinne des § 17 Abs. 3 Zuständigen,

4. in den Fällen des § 20 Abs. 2 auch die Agrarbehörde, [...]

(4) Parteien im Sinne des § 8 AVG sind:

1. die Antragsberechtigten im Sinn des Abs. 1 im Umfang ihres Antragsrechtes,

2. der an der zur Rodung beantragten Waldfläche dinglich Berechtigte,

3. der Bergbauberechtigte [...],

4. der Eigentümer und der dinglich Berechtigte der an die zur Rodung beantragten Waldfläche angrenzenden Waldflächen, wobei § 14 Abs. 3 zweiter Halbsatz zu berücksichtigen ist, [...].

Lösung[1]

Aufgabe 1: Wie kann der Kärntner Naturschutzbeirat Gewissheit darüber erlangen, ob eine UVP durchzuführen ist? Welche Behörde ist für die Beurteilung dieser Frage zuständig?

Lesen Sie zunächst die Aufgabenstellung aufmerksam und machen Sie in Hinblick darauf relevante Sachverhaltselemente ausfindig. Überlegen Sie dann, in welcher Reihenfolge die Rechtsprobleme sinnvollerweise abzuarbeiten sind und wie Sie die Lösung strukturieren möchten. Bedenken Sie hierbei insb, ob es Rechtsprobleme gibt, deren Lösungen voneinander abhängen. Die Aufgabenstellung ist im vorliegenden Fall konkret und bereits in Unterfragen aufgegliedert, beantworten Sie in Ihrer Lösung daher wirklich nur die gestellten Fragen und schweifen Sie nicht in allgemeine Ausführungen zu den abgeprüften Rechtsgebieten ab. Für den vorliegenden Fall empfiehlt es sich, die Fragen in ihrer gestellten Reihenfolge abzuarbeiten.

I. Feststellungsverfahren

Ob bei einem Vorhaben eine UVP durchzuführen ist, kann – auch vor der Einbringung eines Genehmigungsantrags – durch ein Feststellungsverfahren geklärt werden. Gem § 3 Abs 7 UVP-G hat die Behörde auf Antrag des Umweltanwaltes festzustellen, ob für ein Vorhaben eine UVP durchzuführen ist. Gem § 61 Abs 4 K-NSG ist der Naturschutzbeirat dazu berufen, die in Bundesgesetzen dem Umweltanwalt eingeräumten Rechte wahrzunehmen.

II. Zuständigkeit

Für die Behandlung des Feststellungsantrags ist gem § 39 Abs 1 UVP-G die Landesregierung sachlich zuständig. Gem § 39 Abs 4 UVP-G richtet sich die örtliche Zuständigkeit nach der Lage des Vorhabens. Fraglich ist, ob sich das gegenständliche Vorhaben über zwei Bundesländer erstreckt. Was unter einem Vorhaben zu verstehen ist, ergibt sich aus § 2 Abs 2 UVP-G: Demnach ist ein Vorhaben die Errichtung einer Anlage oder ein sonstiger Eingriff in Natur und Landschaft unter Einschluss sämtlicher damit in einem räumlichen und sachlichen Zusammenhang stehender Maßnahmen. Ein Vorhaben kann eine oder mehrere Anlagen oder Eingriffe umfassen, wenn diese in einem räumlichen und sachlichen Zusammenhang stehen.

Nach ständiger Rsp des VwGH ist der Begriff des Vorhabens im Sinne des § 2 Abs 2 UVP-G weit zu verstehen (vgl etwa VwGH 25.9.2018, Ra 2018/05/0061 bis 0154 Rz 51 mwN). Der Verfahrens- und Beurteilungsgegenstand wird vom gesamten Vorhaben gebildet.

Das Vorhaben beschränkt sich nicht auf die jeweilige technische Anlage (hier also die 9 Windenergieanlagen an sich), sondern umfasst auch alle mit dieser in ihrem räumlichen und sachlichen Zusammenhang stehenden Maßnahmen.

---

1 Der SV sowie der Lösungsvorschlag beruhen in wesentlichen Teilen auf VwGH 17.12.2019, Ro 2018/04/0012 betreffend Windpark Koralpe.

Ein sachlicher Zusammenhang liegt vor, wenn ein gemeinsamer Betriebszweck, dh ein bewusstes und gewolltes Zusammenwirken zur Erreichung eines gemeinsamen wirtschaftlichen Ziels, vorliegt. Zur Subsumtion unter den Vorhabensbegriff gem § 2 Abs 2 UVP-G ist es aber nicht erforderlich, dass die Vorhaben unter die gleiche Projektklasse (die gleiche Ziffer im Anhang) fallen oder sie dem gleichen Projektträger zugerechnet werden. Es muss sich nicht um gleichartige/ vergleichbare Umwelteingriffe handeln.

Ausgehend davon handelt es sich bei der Mitbenutzung des bestehenden Erschließungsweges für den Betrieb einer Hochspannungsleitung auf einer Länge von 350 m auf steiermärkischem Landesgebiet als Zufahrts- bzw Verbindungsweg zwischen den Windkraftanlagen 5 und 6 um einen Bestandteil des gegenständlichen Vorhabens. Somit liegt ein bundesländerübergreifendes Vorhaben vor.

Mit § 39 Abs 4 zweiter Satz UVP-G wurde die örtliche Zuständigkeit für Verfahren gem § 3 Abs 7 UVP-G betreffend Vorhaben, die sich über mehrere Bundesländer erstrecken, im UVP-G dahingehend geregelt, dass die Behörde jenes Landes örtlich zuständig ist, in dem sich der Hauptteil des Vorhabens befindet. Der Hauptteil des Vorhabens befindet sich im Kärntner Landesgebiet. Es finden sich keine Hinweise im SV, dass noch etwaige Teile des Vorhabens in der Steiermark liegen; daher kann man davon ausgehen, dass sich der restliche Teil in Kärnten befindet.

III. Ergebnis

Der Kärntner Naturschutzbeirat kann als Umweltanwalt einen Antrag auf Feststellung der UVP-Pflicht gem § 3 Abs 7 UVP-G stellen. Da sich der Hauptteil des Vorhabens in Kärnten befindet, ist für den Feststellungsantrag gem § 39 Abs 1, Abs 4 UVP-G die Kärntner Landesregierung sachlich und örtlich zuständig.

Aufgabe 2: Welchen Rechtsbehelf kann der Verein *F* gegen die Entscheidung der Rechtsmittelinstanz erheben und hätte dieser Aussicht auf Erfolg? Prüfen Sie umfassend sowohl die Zulässigkeit als auch die Begründetheit!

Wenn – wie im vorliegenden Fall – nach den Erfolgsaussichten eines Rechtsbehelfs gefragt wird, ist grds sowohl auf die Zulässigkeit als auch auf die Begründetheit einzugehen. Sofern aber die Zulässigkeit des Rechtsbehelfs bereits zu verneinen ist, kann die Prüfung an dieser Stelle abgebrochen werden, da der Rechtsbehelf dann nicht erfolgreich sein wird. Im vorliegenden Fall lautet die Aufgabenstellung zusätzlich aber explizit „Prüfen Sie umfassend sowohl die Zulässigkeit als auch die Begründetheit!". Gehen Sie daher in Ihrer Falllösung auch bei etwaiger Verneinung der Zulässigkeit auf die Begründetheit ein. Überlegen Sie in einem ersten Schritt, welcher Rechtsbehelf einschlägig sein könnte. Achten Sie hierbei auf etwaige Hinweise im SV. Es empfiehlt sich, die Lösung in die Punkte I. Zulässigkeit, II. Begründetheit und III. Entscheidung der Rechtsmittelinstanz zu gliedern und die im SV aufgeworfenen Rechtsprobleme jeweils an der entsprechenden Stelle des Prüfschemas zu behandeln.

Zu prüfen ist eine (außerordentliche) Revision nach Art 133 Abs 1 Z 1 B-VG.

I. Zulässigkeit

A. Revisionswerber

Gem § 19 Abs 7 UVP-G anerkannte Umweltorganisationen sind berechtigt, Beschwerde an das BVwG zu erheben, sofern die Behörde gem § 3 Abs 7 UVP-G festgestellt hat, dass für ein Vorhaben keine UVP durchzuführen ist (§ 3 Abs 9 UVP-G). Zunächst ist zu prüfen, ob es sich bei dem Verein um eine anerkannte Umweltorganisation handelt.

Eine Umweltorganisation ist ein Verein, dessen statutarisches Ziel der Umweltschutz ist (vgl § 1 Abs 1 UVP-G). Der Verein muss die Umwelt nicht global schützen, auch ein Ausschnitt davon ist ausreichend, hier der Schutz der heimischen Fledermausarten. Der Verein ist lt SV gemeinnützig tätig und hat (vor der Antragstellung nach § 19 Abs 7 UVP-G) mindestens drei Jahre bestanden, da der Verein F lt SV bereits 2005 gegründet wurde. Mit 130 Mitgliedern erreicht der Verein F die gesetzliche Mindestmitgliederanzahl von 100 Mitgliedern. Gem § 19 Abs 7 UVP-G hat der Bundesminister für Land- und Forstwirtschaft, Umwelt und Wasserwirtschaft im Einvernehmen mit dem Bundesminister für Wirtschaft und Arbeit auf Antrag mit Bescheid zu entscheiden, ob eine Umweltorganisation die Kriterien des Abs 6 leg cit erfüllt und in welchen Bundesländern die Umweltorganisation zur Ausübung der Parteienrechte befugt ist. Der Bundesminister für Nachhaltigkeit und Tourismus veröffentlicht auf der Homepage des Bundesministeriums eine Liste jener Umweltorganisationen, die mit Bescheid gem Abs 7 leg cit anerkannt wurden. In der Liste ist anzuführen, in welchen Bundesländern die Umweltorganisation zur Ausübung der Parteienrechte befugt ist (§ 19 Abs 8 UVP-G). Lt SV ist F in einer gem § 19 Abs 8 UVP-G auf der Homepage des Bundesministeriums für Nachhaltigkeit und Tourismus veröffentlichten Liste angeführt. Der SV spricht weiters davon, dass der Verein „österreichweit tätig" ist, daher kann davon ausgegangen werden, dass der Tätigkeitsbereich auch Kärnten und die Steiermark umfasst und der gem § 19 Abs 7 UVP-G anerkannte Zulassungsbereich ganz Österreich ist.

Der Verein F ist eine anerkannte Umweltorganisation gem § 19 Abs 7 UVP- G und damit als Partei des erstinstanzlichen Verfahrens, der iSd Art 133 Abs 6 Z 1 B-VG in seinen Rechten verletzt wurde, berechtigt, Revision einzubringen.

B. Revisionsgegenstand

Lt SV liegt ein Erkenntnis der zuständigen Rechtsmittelinstanz vor. Es handelt sich dabei um ein Erkenntnis des BVwG. Die Zuständigkeit des BVwG ergibt sich aus § 40 Abs 1 UVP-G, wobei sich die örtliche Zuständigkeit aus der sachlichen Zuständigkeit ergibt.

Diese Bestimmung wurde auf Grundlage des Art 131 Abs 4 Z 2 lit a B-VG erlassen (abweichend von der sonst vorgesehenen Zuständigkeit der LVwG in Angelegenheiten der Landesverwaltung gem Art 131 Abs 1 B-VG). Gem Art 131 Abs 4 Z 2 lit a B-VG kann durch Bundesgesetz in Rechtssachen in den Angelegenheiten der Umweltverträglichkeitsprüfung für Vorhaben, bei denen mit erheblichen Auswirkungen auf die Umwelt zu rechnen ist, eine Zuständigkeit der Verwaltungsgerichte des Bundes vorgesehen werden. Der Bundesgesetzgeber bedarf hierzu nicht der Zustimmung der Länder.

Es liegt sohin ein tauglicher Prüfungsgegenstand einer Revision nach Art 133 Abs 1 Z 1 B-VG vor.

C. Revisionslegitimation

§ 3 Abs 9 UVP-G räumt einer nach § 19 Abs 7 UVP-G anerkannten Umweltorganisation das Recht ein, gegen negative Feststellungsbescheide Beschwerde an das BVwG zu erheben. Ein ausdrückliches Recht, gegen die Entscheidung des BVwG Revision an den VwGH zu erheben, wird grds nicht normiert. Der VwGH bejaht im Lichte der EuGH-Judikatur aber die Möglichkeit zur Erhebung einer Revision durch eine anerkannte Umweltorganisation im Rahmen eines Feststellungsverfahrens. Nach der Rsp des EuGH müsse es einer anerkannten Umweltorganisation nämlich ermöglicht werden, dieselben Rechte geltend zu machen wie ein Einzelner.

Laut VwGH steht es dem nationalen Gesetzgeber zwar frei, die Geltendmachung der Verletzung von Rechten Einzelner auf subjektive Rechte zu beschränken, eine solche Beschränkung könne aber nicht auf anerkannte Umweltorganisationen angewandt werden. Dies würde den Zielen der UVP-Richtlinie widersprechen (VwGH 21.12.2016, Ra 2016/04/0117 Rz 15).

Insoweit muss der mit § 3 Abs 9 UVP-G geschaffene Rechtsschutz von Umweltorganisationen im Feststellungsverfahren unionsrechtskonform so ausgelegt werden, dass Umweltorganisationen dieselben Rechte geltend machen können wie ein Einzelner. Umweltorganisationen dürfen insofern nicht nur die Einhaltung von Umweltschutzvorschriften geltend machen, die im Interesse der Allgemeinheit stehen, sondern auch solche, die Rechtsgüter des Einzelnen schützen. Somit kann auch eine anerkannte Umweltorganisation die Verletzung von Rechten in einer Revision gemäß Art 133 Abs 6 Z 1 B-VG geltend machen (vgl ua VwGH 21.12.2017, Ro 2015/06/0018; 21.12.2016, Ra 2016/04/0117).

F muss also behaupten, durch das Erkenntnis in einem subjektiv-öffentlichen Recht verletzt zu sein (Art 133 Abs 6 Z 1 B-VG). Diese Rechtsverletzung muss zumindest möglich sein. Die Rechtsverletzung besteht hier in der möglicherweise rechtswidrig verneinten UVP-Pflicht und aufgrund dessen möglichweise rechtswidrigen Bestätigung der behördlichen Entscheidung durch das BVwG.

D. Rechtsfrage von grundsätzlicher Bedeutung

Die Revision ist nur zulässig, wenn sie von der Lösung einer Rechtsfrage abhängt, der grundsätzliche Bedeutung zukommt, insb weil das Erkenntnis von der Rechtsprechung des VwGH abweicht, eine solche Rechtsprechung fehlt oder die zu lösende Rechtsfrage in der bisherigen Rechtsprechung des VwGH nicht einheitlich beantwortet wird (Art 133 Abs 4 B-VG).

Nach § 25a Abs 1 VwGG hat das Verwaltungsgericht im Spruch seines Erkenntnisses/Beschlusses auszusprechen, ob die Revision zulässig ist. Diese Entscheidung ist für den VwGH nicht bindend (§ 34 Abs 1a VwGG), hat aber Auswirkungen auf das Verfahren: Wird die Zulässigkeit der Revision ausgesprochen, kann die ordentliche Revision erhoben werden. Im Fall des Ausspruchs der Unzulässigkeit der Revision kann eine außerordentliche Revision erhoben werden.

Die Rechtsmittelinstanz hat lt SV die Revision für unzulässig erklärt, weshalb im vorliegenden Fall die außerordentliche Revision erhoben werden kann. Der Verein muss gem § 28 Abs 3 VwGG die Gründe gesondert nennen, aus denen entgegen dem Ausspruch des BVwG die Revision für zulässig erachtet wird. Der SV spricht davon, dass zu der Rechtsfrage noch keine höchstgerichtliche Rsp vorliegt. Die Revision ist daher zulässig.

E. Revisionsfrist

Die Frist zu Erhebung der Revision beträgt gem § 26 Abs 1 Satz 1 VwGG sechs Wochen ab Zustellung der Entscheidung des Verwaltungsgerichts, hier also sechs Wochen vom 18.8.2022. Die Frist endet somit am 29.9.2022.

F. Form

Die Revision ist beim VwG einzubringen, das die bekämpfte Entscheidung erlassen hat (§§ 24 Abs 1, 25a Abs 5, 30a VwGG). Die Revision ist daher beim BVwG (dazu bereits unter Punkt I.B.) einzubringen.

Das VwGG sieht in den §§ 24, 28 formale Anforderungen an Revisionen vor. Die Revision hat die in § 28 Abs 1 VwGG genannten Inhalte aufzuweisen. Insb sind dabei auch die Rechte anzuführen, in denen der Revisionswerber verletzt zu sein behauptet (Revisionspunkte), sowie die Gründe, auf die sich diese Behauptung stützt.

G. Ergebnis

Die außerordentliche Revision ist, unter Einhaltung von Frist und Formvorgaben, zulässig.

II. Begründetheit

Für die Frage, ob die Revision auch begründet ist, muss geprüft werden, ob der Verein *F* durch die Entscheidung des BVwG in seinen Rechten verletzt wurde. Die Überprüfung durch den VwGH erfolgt im Rahmen der geltend gemachten Revisionspunkte. Der Verein ist der Meinung, dass in richtlinienkonformer Auslegung des UVP-G die Auswirkungen aller umliegenden Vorhaben mitberücksichtigt hätten werden müssen und damit eine UVP-Pflicht vorliege. Darauf ist im Folgenden näher einzugehen:

Mit einer Nennleistung von 29,80 MW erreicht der geplante Windpark nicht den Schwellenwert gem Anhang 1 Spalte 2 Z 6 lit a iHv mindestens 30 MW; weist jedoch eine Kapazität von zumindest 25% dieses Schwellenwertes auf. Gem § 3 Abs 2 UVP-G hat die Behörde bei Vorhaben des Anhangs 1 UVP-G, „die die dort festgelegten Schwellenwerte nicht erreichen […], die aber mit anderen Vorhaben gemeinsam den jeweiligen Schwellenwert erreichen […]", im Einzelfall festzustellen, ob auf Grund einer Kumulierung der Auswirkungen mit erheblichen schädlichen, belästigenden oder belastenden Auswirkungen auf die Umwelt zu rechnen und daher eine UVP für das geplante Vorhaben durchzuführen ist. Für die Kumulierung zu berücksichtigen sind „andere gleichartige und in einem räumlichen Zusammenhang stehende Vorhaben, die bestehen oder genehmigt sind, oder Vorhaben, die mit vollständigem Antrag auf Genehmigung bei einer Behörde früher eingereicht [...] wurden."

Die Windenergieanlage W1 stellt jedenfalls ein „anderes gleichartiges und in einem räumlichen Zusammenhang stehendes Vorhaben" zum geplanten Windparkvorhaben der *W* dar. Unstrittig ist, dass der geplante Windpark bereits gemeinsam mit der Windenergieanlage W1 den in der Z 6 lit a des Anhangs 1 UVP-G festgelegten Schwellenwert erreicht (29,80 MW + 3,45 MW). Das Vorliegen der Voraussetzungen für die gemäß § 3 Abs 2 UVP-G durchgeführte Einzelfallprüfung ist somit in Bezug auf den Tatbestand der Z 6 lit a des Anhangs 1 UVP-G unzweifelhaft erfüllt. Für das Erreichen des in Z 6 lit a des Anhangs 1 UVP-G normierten Schwellenwerts ist daher im konkreten Fall die Bedachtnahme auf die mit dem Windparkvorhaben im räumlichen Zusammenhang stehenden Pumpspeicherkraftwerke nicht wesentlich.

Dies hat jedoch nicht zur Konsequenz, dass solche unter eine andere Ziffer des Anhangs 1 UVP-G zu subsumierende Vorhaben bei der durchzuführenden Einzelfallprüfung jedenfalls unberücksichtigt zu bleiben haben. Die UVP-RL stellt nicht auf „gleichartige Vorhaben" ab; vielmehr ist in Anhang III Z 1 Buchstabe b der UVP-RL ausschließlich von der „Kumulierung mit anderen bestehenden und/oder genehmigten Projekten und Tätigkeiten" die Rede.

> Nach der Rsp des EuGH hat die UVP-RL einen ausgedehnten Anwendungsbereich und einen weiten Zweck. Bei den unter den Kumulierungstatbestand fallenden „gleichartigen" Vorhaben muss es sich nicht um Vorhaben handeln, die unter die gleiche Ziffer im Anhang zum UVP-G fallen; vielmehr kommt es auf gleichartige Umweltauswirkungen der Vorhaben an – was ua an vergleichbaren/zusammenrechenbaren Schwellenwerten ersichtlich ist.

Von P1 und P2 gehen gleichartige Umweltauswirkungen wie von dem Windpark aus. Zudem wird sowohl bei Pumpspeicherkraftwerken als auch bei Windkraftanlagen auf MW als Schwellenwert abgestellt. Bei der Einzelfallprüfung sind sohin in unionsrechtskonformer Auslegung sowohl die Wechselwirkungen zu W1 als auch zu P1 und P2 zu berücksichtigen. P2 ist zu berücksichtigen, da bereits ein vollständiger Genehmigungsantrag bei der UVP-Behörde eingebracht worden ist. P1 stellt ein bereits bestehendes Vorhaben dar.

Lt dem Sachverständigen sind „wesentliche Wechselwirkungen der Umweltauswirkungen des Windparkvorhabens der *W* mit jenen der Pumpspeicherkraftwerke P1 und P2 in Bezug auf Naturschutz, insb betreffend endemische Pflanzen- und Tierarten, sowie hinsichtlich des Schutzgutes Landschaftsschutz mit großer Wahrscheinlichkeit" zu erwarten. Bei einer Einzelfallprüfung gem § 3 Abs 2 UVP-G hat die Behörde die Kriterien des Abs 5 Z 1–3 leg cit zu berücksichtigen. Indem die Behörde die Kumulierung zu im räumlichen Nahebereich befindlichen Pumpspeicherkraftwerken nicht vorgenommen hat, hat sie den Bescheid mit inhaltlicher Rechtswidrigkeit belastet. Das BVwG belastet auch insofern das angefochtene Erkenntnis mit inhaltlicher Rechtswidrigkeit.

III. Entscheidung des VwGH

Die Revision ist begründet. Das Erkenntnis des BVwG ist wegen Rechtswidrigkeit seines Inhalts vom VwGH aufzuheben (§ 42 Abs 2 Z 1 VwGG).

> Gem § 42 Abs 4 VwGG kann der VwGH in der Sache selbst entscheiden, wenn sie entscheidungsreif ist und die Entscheidung in der Sache selbst im Interesse der Einfachheit, Zweckmäßigkeit und Kostenersparnis liegt. Dies liegt im Ermessen des VwGH. Der VwGH hätte das angefochtene Erkenntnis des BVwG dahingehend abzuändern, dass aufgrund der Berücksichtigung der Wechselwirkungen mit P1 und P2 eine UVP-Pflicht besteht.

Aufgabe 3: Welche Möglichkeit(en) hat *S*, sich am Verfahren zu beteiligen und sind ihre Bedenken inhaltlich begründet?

> Wenn – wie im vorliegenden Fall – die Aufgabenstellung konkret ist, fokussieren Sie sich in Ihrer Falllösung auf die Beantwortung der gestellten Fragen und schweifen Sie nicht in allgemeine Ausführungen ab. Überlegen Sie, ob die Lösungen bestimmter Rechtsprobleme voneinander abhängen und strukturieren Sie danach Ihre Lösung. Um die Möglichkeit(en) der Beteiligung der *S* sinnvoll beantworten zu können (Punkt II.), muss zunächst die Art des Verfahrens (Punkt I.) geklärt werden. Es empfiehlt sich zudem, die inhaltliche Prüfung der Bedenken der *S* (Punkt III.) thematisch getrennt abzuhandeln, dh zum einen auf den Einwand in Bezug auf die Rodungen und zum anderen auf den Einwand in Bezug auf die Zuständigkeit einzugehen.

Zunächst ist zu prüfen, welche Art von UVP-Verfahren gegenständlich von der Behörde durchzuführen ist.

I. Art des UVP-Verfahrens

Die Windkraftanlagen erreichen kumuliert mit der bereits bestehenden Windkraftanlage W1 gem § 3 Abs 2 UVP-G den Schwellenwert nach Anhang 1 Spalte 2 Z 6 lit a. Vorhaben, die nach einer Einzelfallprüfung gem § 3 Abs 2 UVP-G der UVP-Pflicht unterliegen, sind in einem vereinfachten UVP-Genehmigungsverfahren zu prüfen. Mit der Errichtung des Windparks gehen lt SV auch Rodungen auf einer Fläche von 4 ha einher. Die Rodungen von 4 ha Wald erreichen nicht den Schwellenwert von mindestens 20 ha gem Anhang 1 Spalte 2 Z 46 lit a UVP-G (für die sonstigen Tatbestände gem Spalte 2 lit b-d und Spalte 3 lit e–j finden sich keine Hinweise im SV) und sind daher für sich genommen nicht UVP-pflichtig. Im Sinne eines gesamthaften Vorhabensbegriffs gem § 2 Abs 2 UVP-G ist bei der Errichtung des Windparks und den dafür erforderlichen Rodungen von einem Vorhaben auszugehen. Daher ist für das gesamte Vorhaben (Windpark inklusive Rodungen) ein vereinfachtes UVP-Verfahren durchzuführen.

II. Möglichkeiten der Beteiligung am Verfahren

A. Parteistellung als Nachbarin

Parteistellung haben gemäß § 19 Abs 1 Z 1 UVP-G Nachbarn, die durch die Errichtung, den Betrieb oder den Bestand des Vorhabens gefährdet oder belästigt oder deren dingliche Rechte im In- oder Ausland gefährdet werden könnten. Die subjektiv-öffentlichen Rechte der Nachbarn ergeben sich aus § 17 Abs 2 Z 2 lit a und c UVP-G. § 17 Abs 2 Z 2 lit c UVP-G verleiht Nachbarn ein Recht auf Belästigungsschutz. Eine Parteistellung aufgrund ihrer Nachbareigenschaft wird daher für *S* zu bejahen sein, weil das Grundstück der *S* direkt an die betroffene Waldfläche angrenzt und sie lt SV unzumutbare Belästigungen durch das Vorhaben befürchtet.

Da *S* hier bereits auf Grundlage des § 19 Abs 1 Z 1 UVP-G Parteistellung zukommt, ist nicht mehr zu prüfen, ob ihr auf Grund der Materiengesetze (vgl § 19 Abs 1 Z 2 UVP-G iVm § 19 Abs 4 Z 4 ForstG) Parteistellung zukommt.

B. Parteistellung als Bürgerinitiative

Es besteht andererseits die Möglichkeit, eine Bürgerinitiative zu gründen und damit gem § 19 Abs 1 Z 6 UVP-G Parteistellung im UVP-Verfahren zu erlangen. Eine Bürgerinitiative entsteht unter Einhaltung der in § 19 Abs 4 UVP- G festgelegten Voraussetzungen: schriftliche Stellungnahme gem § 9 Abs 5 UVP-G, Unterschriftenliste mit mindestens 200 Unterschriften, Einbringung der Unterschriftenliste gleichzeitig mit der Stellungnahme.

Gem § 19 Abs 2 UVP-G kommt Bürgerinitiativen im vereinfachten Verfahren grds lediglich Beteiligtenstellung mit Recht auf Akteneinsicht zu. Nach der Judikatur des EuGH (vgl EuGH 20.12.2017, C-664/15, *Protect*) ist eine Bürgerinitiative, sofern sie die verfahrensrechtlichen Anforderungen des nationalen Gesetzgebers erfüllt, als Teil der betroffenen Öffentlichkeit im Sinne des Art 1 Abs 2 lit e UVP- RL anzusehen. Ihr kommt daher in Verfahren gemäß Art 9 Abs 2 iVm Art 6 Aarhus-Konvention ein Recht auf Beteiligung als Partei zu, unabhängig davon, ob ein solches Verfahren innerstaatlich als „ordentliches" Genehmigungsverfahren oder als „vereinfachtes" Verfahren ausgestaltet ist. Der in § 19 Abs 2 UVP-G vorgesehene Ausschluss der Parteistellung von Bürgerinitiativen in vereinfachten Verfahren hat unangewendet zu bleiben. Daher hätte *S* – unter den oben genannten Voraussetzungen – auch die Möglichkeit, sich als Bürgerinitiative am (vereinfachten) UVP-Verfahren zu beteiligen.

III. Bedenken der *S*

A. Einwand Zuständigkeit

Gem § 39 Abs 4 UVP-G richtet sich die örtliche Zuständigkeit nach der Lage des Vorhabens.

Nur für Verfahren nach § 3 Abs 7 UVP-G richtet sich die Zuständigkeit nach der Lage des Hauptteils des Vorhabens (§ 39 Abs 4 2. Satz UVP-G).

Lt SV befinden sich zwar alle 9 geplanten Windkraftanlagen auf Kärntner Landesgebiet; der 350 m lange Zufahrts- und Verbindungsweg zwischen den Windkraftanlagen 5 und 6 sowie Teile der von den Rodungen betroffenen Waldflächen liegen allerdings in der Steiermark. Da es sich gegenständlich sohin um ein Bundesländergrenzen überschreitendes Vorhaben handelt, ist für den in Kärnten gelegenen Vorhabensteil (dh der in Kärnten gelegene Windpark) die Kärntner Landesregierung, und für den in der Steiermark gelegenen Vorhabensteil (dh insb die in der Steiermark liegenden Rodungsflächen und der Zufahrts- und Verbindungsweg) die Steiermärkische Landesregierung zuständig.

Jede Landesregierung ist nur für jenen Antrag und die Umweltauswirkungen zuständig, die sich auf das jeweilige Landesgebiet beziehen (Antragsgegenstand). Umweltauswirkungen, die zwar ihren Ausgangspunkt in einem anderen Landesgebiet haben, aber in das eigene Bundesland „einstrahlen", sind miteinzubeziehen (Beurteilungsgegenstand) (vgl *Altenburger* in Altenburger/Berger, UVP-G Kommentar[2] § 39 UVP-G Rz 16)

B. Einwand Rodungen

Ein UVP-Verfahren stellt ein konzentriertes Genehmigungsverfahren dar, welches alle sonstigen nach den Materiengesetzen für ein Vorhaben erforderlichen Genehmigungen umfasst (§ 3 Abs 3 UVP-G). Es tritt daher eine Genehmigungskonzentration ein. Gegenständlich haben die zuständigen UVP-Behörden im Rahmen des UVP-Verfahrens auch die Rodungen zu berücksichtigen und das ForstG mitanzuwenden.

IV. Ergebnis

Die Bedenken der S sind zum Teil begründet. Es ist im Rahmen des ordentlichen Genehmigungsverfahrens sowohl die Kärntner als auch die steiermärkische Landesregierung zuständig. Ihr Einwand hinsichtlich der Rodungen ist unbegründet, da diese im Rahmen des konzentrierten UVP-Verfahrens berücksichtigt werden.

Fall 11

Emils Einkaufszentrum

Gewerbliches Betriebsanlagenrecht | Recht der UVP
Bau- und Raumordnungsrecht

Daniela Petermair

Der Projektentwickler *Emil (E)* möchte ein Einkaufszentrum in Niederösterreich bestehend aus einem Gebäudekomplex und einem angrenzenden Parkhaus mit Stellplätzen für
1 030 KFZ errichten. Das große Parkhaus ist deshalb nötig, da *E* mit einem durchschnittlichen täglichen Verkehr von 3 800 KFZ an Werktagen rechnet. Für die Errichtung des
Einkaufszentrums hat er bereits geeignete Grundstücke in der Gemeinde Ennsdorf (Bezirk
Amstetten) mit einer Gesamtfläche von 9,5 ha ins Auge gefasst, die allesamt eine Widmung
als „Grünland, Land- und Forstwirtschaft" aufweisen. *E* ist sich darüber im Klaren, dass er
auf den Grundstücken unter den geltenden Voraussetzungen sein Projekt nicht verwirklichen kann und tritt daher an die Bürgermeisterin *Bettina (B)* heran.

Die Gespräche führen dazu, dass man eine Änderung des Flächenwidmungsplans auch im
Ennsdorfer Gemeinderat intensiv diskutiert, denn man sorgt sich um die Zukunft der Gemeinde. Tatsächlich wandern seit einigen Jahren vor allem junge Gemeindebürgerinnen
und -bürger in die nahegelegene Großstadt Linz ab. Nach Auffassung des Gemeinderats
könnten die Umwidmung zur Entstehung neuer Arbeitsplätze beitragen und so vor allem
auch berufliche Zukunftsperspektiven gerade für die jungen Leute in der Gemeinde verbessern. Aus diesen Gründen beschließt der Gemeinderat schließlich eine Änderung des örtlichen Raumordnungsprogramms gem § 25 Abs 1 Z 7 NÖ ROG unter Einhaltung des dafür
vorgesehenen Verfahrens, wobei die neue Flächenwidmung das Grundstück als „Bauland,
Industriegebiet" ausweist. Aus Anlass der Umwidmung wird auch ein Vertrag zwischen *E*
und der Gemeinde Ennsdorf abgeschlossen, worin vereinbart wird, auf dem Grundstück in
den nächsten fünf Jahren das Einkaufszentrum zu errichten. Erfolgt das nicht, dann darf die
Gemeinde das Grundstück zu einem ortsüblichen Preis zurückkaufen.

Nachdem *E* sämtliche Planungen abgeschlossen hat, fragt er sich, zu welchen Behörden er
den nun „rennen muss", um sein Einkaufszentrum verwirklichen zu können und ob er die
erforderliche(n) Bewilligung(en) auch erhalten wird.

**Aufgabe 1: Verfassen Sie ein Rechtsgutachten für *E*, das auf alle aufgeworfenen
Rechtsfragen eingeht.**

*Gehen Sie für die weitere Bearbeitung davon aus, dass E alle erforderlichen Genehmigun-
gen erhalten hat.*

Bereits zwei Jahre später ist das Einkaufszentrum fertig gestellt und es läuft hervorragend!
Deshalb möchte *E* das Einkaufszentrum bereits ein Jahr nach dessen Eröffnung um einen

kleinen Westflügel erweitern. *E* rechnet damit, dass sich durch den Ausbau die Besucherzahlen erhöhen werden, weshalb er auch den Ausbau des Parkhauses um weitere 200 Stellplätze plant.

Da er von den mühsamen Behördengängen genug hat, verzichtet er darauf, weitere Genehmigungen einzuholen, obwohl es durch die Erweiterung zu schädlichen Auswirkungen auf die Umwelt kommt. Kurz nach Beginn der Bauarbeiten wird *E* ein Strafbescheid zugestellt, in dem ihm eine Übertretung gemäß § 45 Z 1 UVP-G zur Last gelegt wird. *E* möchte unbedingt gegen den Bescheid vorgehen.

Aufgabe 2: Beurteilen Sie die Erfolgsaussichten des Rechtsmittels und gehen Sie dabei auch auf die zuständige Rechtsmittelinstanz ein.

Lösung

Aufgabe 1: Verfassen Sie ein Rechtsgutachten für *E*, das auf alle aufgeworfenen Rechtsfragen eingeht.

Die Aufgabenstellung wird bei diesem Fall durch den SV konkretisiert. Zu beurteilen ist nämlich erstens zu welchen Behörden *E* nun „rennen" müsse, weshalb die zuständige(n) Behörde(n) ermittelt werden müssen. Hierzu muss als Vorfrage beantwortet werden, welche Bewilligung(en) *E* für sein Vorhaben überhaupt benötigt. Hinzuweisen ist darauf, dass selbstverständlich nur die in der Lehrveranstaltung bzw im Rahmen dieses Casebooks behandelte Rechtsgebiete aufgegriffen werden müssen, sofern sich dazu auch konkrete Hinweise im SV finden. Der vorliegende Fall würde etwa keine datenschutzrechtliche Prüfung verlangen, wobei (abstrakt) natürlich denkbar wäre, dass sich bei der Errichtung eines Einkaufszentrums auch datenschutzrechtliche Fragen ergeben.

Zweitens geht aus dem SV auch hervor, dass zusätzlich zu prüfen ist, ob *E* die erforderliche(n) Genehmigung(en) auch erhalten wird. Nachdem also die erforderliche(n) Bewilligung(en) und die dafür zuständige(n) Behörde(n) ermittelt wurden (Punkt I.) ist die Genehmigungsfähigkeit des Vorhabens zu prüfen (Punkt II.).

I. Behördenzuständigkeit

UVP-Verfahren sind vollkonzentrierte Genehmigungsverfahren, mit einem Bescheid werden sämtliche, für ein Vorhaben erforderliche Bewilligungen von einer einzigen Behörde erteilt (vgl §§ 3 Abs 3, 39 UVP-G). Es ist also sinnvoll, zuerst eine allfällige UVP-Pflichtigkeit eines Projekts zu ermitteln, da sich bejahendenfalls eine Bewilligungspflicht nach anderen Rechtsvorschriften bei der Frage nach der Behördenzuständigkeit erübrigt.

Die Prüfung nach etwaigen anderen einschlägigen Rechtsvorschriften ist in diesem Fall freilich nur aufgeschoben und nicht aufgehoben. Diese sind bei Prüfung der Genehmigungsfähigkeit des Vorhabens in einem zweiten Schritt zu ermitteln (s Punkt II.).

A. UVP-Pflichtigkeit

Fraglich ist, ob der Gebäudekomplex samt Parkhaus als ein Vorhaben gem § 2 Abs 2 UVP-G anzusehen ist. Dazu normiert § 2 Abs 2 UVP-G, dass ein Vorhaben die Errichtung einer Anlage oder ein sonstiger Eingriff in Natur und Landschaft unter Einschluss sämtlicher damit in einem räumlichen und sachlichen Zusammenhang stehender Maßnahmen ist und auch mehrere Anlagen oder Eingriffe umfassen kann, wenn diese in einem räumlichen und sachlichen Zusammenhang stehen. Das ist im vorliegende Fall anzunehmen, da das Parkhaus direkt neben dem Gebäudekomplex errichtet werden soll und auch dessen Nutzung dient (vgl außerdem Z 19 Anhang 1 Fußnote 4 UVP-G). Daher sind sämtliche Baumaßnahmen als ein Vorhaben iSd § 2 Abs 2 UVP-G zu qualifizieren.

Die Neuerrichtung eines Vorhabens ist nur dann UVP-pflichtig, wenn es einem Tatbestand des Anhang 1 UVP-G unterliegt. Im vorliegenden Fall ist zu prüfen, ob ein Einkaufszentrum gem Z 19 Anhang 1 vorliegt. Dazu definiert die Fußnote 4 Anhang 1 Einkaufszentren „als Gebäude und Gebäudekomplexe mit Verkaufs- und Ausstellungsräumen von Handels- und Gewerbebetrieben [...], die in einem räumlichen Naheverhältnis stehen und eine betriebsorganisatorische oder funktionelle Einheit bilden." Als Einkaufszentrum sind daher jedenfalls sämtliche Gebäude wie auch das Parkhaus zu verstehen. Da mit 1 030 auch der Schwellenwert von zumindest 1 000 Stellplätzen erreicht wird, ist der Tatbestand der Z 19 lit a Anhang 1 erfüllt. Es kommt das vereinfachte UVP-Verfahren zur Anwendung, weil der erfüllte Tatbestand der Spalte 2 Anhang 1 zugeordnet ist (§ 3 Abs 1 UVP-G).

Die UVP ist unter Einbezug der materiellen Genehmigungsbestimmungen der bundes- und landesrechtlichen Verwaltungsvorschriften zu führen, auch soweit diese im eigenen Wirkungsbereich der Gemeinde zu vollziehen sind (vollkonzentriertes Genehmigungsverfahren, § 3 Abs 3 UVP-G). Verfahrensvorschriften anderer Verwaltungsvorschriften werden durch die Verfahrensbestimmungen des UVP-G verdrängt; am Ende des Verfahrens steht ein einheitlicher Bescheid, der alle erforderlichen Bewilligungen ersetzt.

B. Zuständigkeit

Aufgrund des konzentrierten Genehmigungsverfahrens richtet sich die Behördenzuständigkeit ausschließlich nach dem UVP-G. Gem § 39 Abs 1 UVP-G ist die Landesregierung sachlich zuständig, da es sich um ein Verfahren des 1. und 2. Abschnitts UVP-G handelt. Gem § 39 Abs 4 UVP-G bestimmt die Lage des Vorhabens die örtliche Zuständigkeit. Da das Einkaufszentrum in Niederösterreich errichtet werden soll, ist die Landesregierung Niederösterreich örtlich und sachlich zuständig.

C. Ergebnis

Aufgrund der Konzentrationswirkung des UVP-Verfahrens muss *E* nur zur niederösterreichischen Landesregierung „rennen".

II. Genehmigungsfähigkeit des Vorhabens

A. Anwendbare Materiengesetze

Die Genehmigungsvoraussetzungen des UVP-Verfahrens sind in § 17 UVP-G geregelt, wobei die Behörde aufgrund des konzentrierten Genehmigungsverfahrens auch die in den entsprechenden Verwaltungsvorschriften festgelegten Genehmigungsvoraussetzungen anzuwenden hat. Dabei sind die Genehmigungsvoraussetzungen des § 17 Abs 2 UVP-G nur heranzuziehen, soweit dies nicht ohnehin bereits in den anzuwendenden Verwaltungsvorschriften vorgesehen ist. Daher ist zunächst zu beurteilen, welche Verwaltungsvorschriften anzuwenden sind und ob das Vorhaben nach den dort festgelegten Kriterien genehmigungsfähig wäre. Zuletzt ist noch anhand der eigenständigen und subsidiär anwendbaren Genehmigungskriterien des § 17 UVP-G die Genehmigungsfähigkeit des Vorhabens zu erörtern.

Es ist zwischen den Genehmigungsvoraussetzungen des § 17 UVP-G und den sonstigen Prüfkriterien im UVP-G zu unterscheiden. Die Behörde hat bei der Genehmigungsentscheidung die Prüfkriterien lediglich zu berücksichtigen, während sie an die Genehmigungsvoraussetzungen gebunden ist. Dieser Unterschied ergibt sich aus der grundsätzlichen Trennung zwischen UVP und

Genehmigungsentscheidung. Im österreichischen Recht ist die UVP aber stets in ein Genehmigungsverfahren eingebettet, was die unionsrechtlichen Vorgaben aber nicht zwingend verlangen würden. Auch wenn also keine Verwaltungsvorschriften außerhalb des UVP-G mitanzuwenden wären, steht am Ende des Verfahrens eine Genehmigungsentscheidung, die in einem solchen Fall ausschließlich anhand der Genehmigungsvoraussetzungen des § 17 UVP-G zu beurteilen wäre.

1. Bau- und raumordnungsrechtliche Vorgaben

Da sich das Einkaufszentrum in Niederösterreich befindet, ist der Anwendungsbereich der NÖ BO eröffnet.

Zwar wird die NÖ BO im eigenen Wirkungsbereich der Gemeinde vollzogen (vgl §§ 2, 3 NÖ BO), doch sind auch solche Vorschriften im konzentrierten Genehmigungsverfahren mitanzuwenden (§ 3 Abs 3 UVP-G).

Für Neubauten von Gebäuden statuiert § 14 Abs 1 Z 1 BO NÖ eine Bewilligungspflicht. Der geplante Gebäudekomplex ist als ein/mehrere Gebäude iSd § 14 Z 15 BO NÖ zu qualifizieren. Seine fachgerechte Herstellung erfordert ein wesentliches Maß an bautechnischen Kenntnissen und er ist mit dem Boden kraftschlüssig verbunden (§ 4 Z 7 BO NÖ). Der Gebäudekomplex ist oberirdisch geplant und soll ein Dach und wenigstens zwei Wänden (vermutlich vier) besitzen, kann von Menschen betreten werden und ist dazu bestimmt, Menschen, Tiere oder Sachen zu schützen (§ 4 Z 15 BO NÖ). Auch das Parkhaus ist aus diesen Gründen als Gebäudeneubau iSd § 14 Abs 1 Z 1 BO NÖ zu qualifizieren.

Erforderlich ist stets, dass diese Vorhaben mit dem Flächenwidmungsplan in Einklang stehen (vgl § 20 Z 1 NÖ BO). *E* ist dahingehend zuzustimmen, dass sich das Einkaufszentrum auf Grundflächen mit der Widmung „Grünland, Land- und Forstwirtschaft" nicht hätte verwirklichen lassen, weil dort nur Bauwerke für die Ausübung der Land- und Forstwirtschaft und zur Befriedigung der familieneigenen Wohnbedürfnisse des Betriebsinhabers zulässig sind (s im Einzelnen § 20 Abs 2 Z 1a NÖ ROG). Allerdings wurde der Flächenwidmungsplan abgeändert. In Niederösterreich ist der Flächenwidmungsplan Teil des örtlichen Raumordnungsprogramms, weshalb mit dessen Änderung auch die Änderung des örtlichen Raumordnungsprogramms einhergeht. Wann eine solche Änderung erfolgen darf, legt § 25 Abs 1 NÖ ROG in den taxativ aufgezählten Gründen fest.

Da das örtlichen Raumordnungsprogramm oft Grundlage für langfristige private Entscheidungen und hohe Investitionen sein wird, kommt diesem eine erhöhte Bestandsgarantie. Daher ist bei der der Beurteilung, ob ein Änderungsgrund des § 25 Abs 1 NÖ ROG vorliegt, ein strenger Maßstab anzulegen (vgl VfGH 19.6.2013, V 2/2013). Umwidmungen, die allein aufgrund eines privaten Wunsches vorgenommen werden, sind unzulässig, weil Flächenwidmungspläne generelle Verordnungen sind (vgl VwGH 20.12.2002, 2002/05/0593).

Der Gemeinderat stützt die Änderung des Raumordnungsprogramms auf § 25 Abs 1 Z 1 NÖ ROG und das ist auch plausibel: Immerhin wandern lt SV seit Jahren tatsächlich vor allem junge Personen nach Linz ab, was zu einer „Fehlentwicklung" iSd § 25 Abs 1 Z 7 NÖ ROG führen kann. Dass eine Umwidmung von „Grünland, Land- und Forstwirtschaft" in „Bauland, Industriegebiet" zur Schaffung von Arbeitsplätzen beitragen kann, ist außerdem schlüssig, weil dies die Betriebsansiedelung erleichtern wird. Die Änderung des Raumordnungsprogramms durfte also erfolgen und ist vom Planungsermessen der Gemeinde gedeckt. Aus formaler Sicht ergeben sich keine weiteren Bedenken, als die Änderung unter Einhaltung des dafür vorgesehenen Verfahrens durchgeführt wurde.

Allerdings ist weiteres die besondere Modalität prüfen, dass ein Vertrag mit *E* als Grundeigentümer im „Dunstkreis" des Umwidmungsvorgangs abgeschlossen wurde.

Diese Fragestellungen werden unter dem Titel „Vertragsraumordnung" diskutiert. Problematisch an diesen Konstellationen ist die Verknüpfung von öffentlich-rechtlichen (Flächenwidmungsplan als Verordnung) und privatrechtlichen (Vertrag) Instrumenten. Die für das Privatrecht typische „Gleichrangigkeit" der Vertragspartner ist in diesen Fällen zumindest nicht vollumfänglich gegeben, weil der privatrechtliche Vertrag im Zusammenhang mit einem öffentlichen-rechtlichen Akt steht, der freilich nur von der Gemeinde gesetzt werden kann. Darüber hinaus fehlt es in solchen Konstellationen auch an entsprechenden Rechtsschutzmöglichkeiten. Der VfGH hat den Fall einer zwingenden Verknüpfung zwischen Vertrag und Flächenwidmungsplan als verfassungswidrig erachtet (VfGH 13.10.1999, G77/99, V29/99).

§ 17 Abs 3 NÖ ROG erlaubt der Gemeinde den Vertragsabschluss mit dem Grundeigentümer aus Anlass der Erstwidmung von Bauland. Lt SV wird der Vertrag mit *E* ebenfalls „aus Anlass der Umwidmung" abgeschlossen. Zudem wird vereinbart, auf den Grundstücken innerhalb der nächsten fünf Jahre ein Einkaufszentrum zu errichten, andernfalls die Gemeinde das Grundstück zu einem ortsüblichen Preis zurückkaufen darf. Damit ist auch der Tatbestand der Z 1 leg cit erfüllt, der Vertrag darf gem § 17 Abs 3 Z 1 NÖ ROG also jedenfalls mit diesem Inhalt abgeschlossen werden.

Nunmehr sind die Flächen als „Bauland, Industriegebiet" gewidmet. Die Widmungsart „Bauland, Industriegebiet" ist in § 16 Abs 1 Z 4 NÖ BO geregelt. Industriegebiete sind für betriebliche Bauwerke bestimmt, die wegen ihrer Auswirkungen, ihrer Erscheinungsform oder ihrer räumlichen Ausdehnung nicht in den anderen Baulandwidmungsarten zulässig sind. Dies trifft für das geplante Einkaufszentrum jedenfalls zu. Unzulässig sind aber Betriebe, die voraussichtlich mehr als 100 Fahrten von mehrspurigen KFZ pro ha Baulandfläche und Tag im Jahresdurchschnitt erzeugen. Diese Vorgabe wird hier jedenfalls überschritten, weil lt SV mit einem durchschnittlichen täglichen Verkehr von 3 800 KFZ an Werktagen zu rechnen ist. Das geplante Vorhaben steht daher nicht mit dem Flächenwidmungsplan im Einklang und wäre deshalb zu versagen.

2. Gewerberechtliche Vorgaben

Miteinzubeziehen sind auch die gewerberechtlichen Vorgaben, als es sich bei dem Einkaufszentrum um eine Betriebsanlage gem § 74 Abs 2 GewO handelt: Das Einkaufszentrum ist jedenfalls eine örtliche gebundene Einrichtung, weil die Gebäude mit dem Boden verbunden sind. Nach dem Grundsatz der Einheit der Betriebsanlage sind all jene Einrichtungen Teil einer Betriebsanlage, die in einem betrieblichen und örtlichen Zusammenhang stehen. Daher ist der gesamte Gebäudekomplex inklusive des Parkhauses als eine Betriebsanlage zu beurteilen (vgl auch VwGH 30.10.1990, 90/04/0143). Außerdem ist das Einkaufszentrum zur Entfaltung gewerblicher Tätigkeiten bestimmt. Denn einerseits liegt schon im Betrieb des Einkaufszentrums eine gewerbliche Tätigkeit iSd § 1 Abs 1 GewO und andererseits werden in den einzelnen Geschäftsräumen des Einkaufszentrums zumindest zum Teil gewerbliche Tätigkeiten ausgeübt werden. Darüber hinaus ist davon auszugehen, dass sie diesen Tätigkeiten nicht nur bloß vorübergehend dienen soll.

Als gewerbliche Betriebsanlage ist das Einkaufszentrum dann genehmigungspflichtig, wenn es geeignet ist, einen der in § 74 Abs 2 GewO aufgezählten Tatbestände zu erfüllen. Im SV finden sich dazu keine konkreten Anhaltspunkte, jedoch ist bei einem Einkaufszentrum davon auszugehen, dass Nachbarn zumindest belästig (Z 2 leg cit) oder die Sicherheit, Leichtigkeit und Flüssigkeit des Verkehrs wesentlich beeinträchtigt werden könnte (Z 4 leg cit). § 74 Abs 3 GewO stellt dazu klar, dass die Genehmigungspflicht auch dann besteht, wenn die Tatbestände etwa durch Kunden des Einkaufszentrums bewirkt werden könnten, weil diese das Einkaufszentrum nach der Art des Betriebs in Anspruch nehmen.

3. UVP-rechtliche Vorgaben

Es finden sich keine Anhaltspunkte im SV, ob die eigenständigen Genehmigungsvoraussetzungen des § 17 UVP-G erfüllt werden.

> Hinzuweisen ist insb auf die Möglichkeit der Behörde, einen Genehmigungsantrag wegen negativer Gesamtbewertung abzuweisen (§ 17 Abs 5 UVP-G). Von dieser Möglichkeit kann selbst dann Gebrauch gemacht werden, wenn alle Genehmigungsvoraussetzungen des § 17 UVP – einschließlich der mitanzuwendenden Verwaltungsvorschriften – erfüllt werden.

B. Ergebnis

Da das Vorhaben ist mit dem geltenden Flächenwidmungsplan nicht vereinbar, wäre es mittels Bescheid zu versagen.

Aufgabe 2: Beurteilen Sie die Erfolgsaussichten des Rechtsmittels und gehen Sie dabei auch auf die zuständige Rechtsmittelinstanz ein.

> Die Aufgabenstellung verlangt nach einer umfassenden Beurteilung. Am besten strukturieren Sie Ihre Lösung, indem Sie in einem ersten Schritt das mögliche Rechtsmittel sowie die zuständige Rechtsmittelinstanz ermitteln (Punkt I.). Danach ist sowohl die Zulässigkeit (Punkt II.) wie auch die Begründetheit (Punkt III.) des Rechtsmittels umfassend zu prüfen. Verfolgen Sie die einzelnen Prüfschritte konsequent und vertiefen Sie Ihre Erörterungen, wenn der SV bei einem Prüfschritt (Rechts)Fragen aufwirft. Denken Sie daran, abschließend als Ergebnis die Entscheidung der Rechtsmittelinstanz aufzuzeigen (Punkt IV.).

I. Vorbemerkungen

In Betracht kommt eine Bescheidbeschwerde gem Art 130 Abs 1 Z 1 B-VG, §§ 7 ff VwGVG.

Die sachliche Zuständigkeit für Bescheidbeschwerden ergibt sich aus Art 131 B-VG. Gem Art 131 Abs 4 Z 2 lit a B-VG kann die Zuständigkeit des BVwG in Angelegenheiten der Umweltverträglichkeitsprüfung für Vorhaben, bei denen mit erheblichen Auswirkungen auf die Umwelt zu rechnen ist, vorgesehen werden. Von dieser Möglichkeit wurde mit § 40 Abs 1 Satz 1 UVP-G Gebrauch gemacht, allerdings gilt dies nicht für Verwaltungsstrafverfahren gem § 45 UVP-G (Satz 2 leg cit). Daher bestimmt sich die Zuständigkeit nach Art 131 Abs 1 B-VG, weil die Abs 2 und 3 leg cit nichts Abweichendes bestimmen. Sachlich sind daher die Landesverwaltungsgerichte zuständig. Die örtliche Zuständigkeit richtet sich nach § 3 Abs 2 Z 1 VwGVG. Dieser verweist für Fälle der Bescheidbeschwerde (Art 130 Abs 1 Z 1 B VG) auf § 3 AVG. Die Sache bezieht sich auf das Einkaufszentrum und damit ein unbewegliches Gut (§ 3 Z 1 AVG). Da die Erweiterung des Einkaufszentrums in Niederösterreich erfolgt ist, ist im Ergebnis das LVwG Niederösterreich sachlich und örtlich zuständig.

II. Zulässigkeit

A. Beschwerdeführer

Beschwerdeführer kann jede partei- und prozessfähige natürliche oder juristische Person sein (§ 17 VwGVG iVm § 9 AVG). *E* ist eine natürliche Person und – mangels konkreter Anhaltspunkte im SV – partei- und prozessfähig.

B. Beschwerdegegenstand

Beschwerdegegenstand einer Bescheidbeschwerde ist ein Bescheid einer Verwaltungsbehörde, wobei ein solcher mit dem an *E* adressierten Strafbescheid vorliegt (vgl § 43 VStG).

C. Beschwerdelegitimation

Beschwerdelegitimiert ist, wer behauptet, durch den Bescheid in einem subjektiven-öffentlichen Recht verletzt zu sein (Art 132 Abs 1 Z 1 B-VG), wobei diese Rechtsverletzung zumindest möglich sein muss. *E* kann als Adressat des Strafbescheids behaupten, durch die (potentiell) rechtswidrige Verhängung der Verwaltungsstrafe in seinen Rechten verletzt zu sein.

D. Frist

Die Beschwerdefrist beträgt vier Wochen (§ 38 iVm § 7 Abs 4 VwGVG). *E* hat seine Beschwerde daher binnen dieser Frist einzubringen.

E. Form und Einbringungsort

Die Formvorgaben der §§ 9, 12 VwGVG sind einzuhalten; der Beschwerdeinhalt ergibt sich aus § 9 VwGVG. Gem § 12 iVm § 20 VwGVG ist die Bescheidbeschwerde schriftlich bei der belangten Behörde einzubringen und das ist die Behörde, die den Bescheid erlassen hat (§ 9 Abs 2 Z 1 VwGVG). Gem § 39 Abs 1 UVP-G ist auch im Verwaltungsstrafverfahren die Landesregierung die sachlich zuständige Behörde. Die örtliche Zuständigkeit richtet sich nach dem Ort der Verwaltungsübertretung (§ 27 Abs 1 VStG); da sich die Erweiterung in Niederösterreich befindet, ist sachlich und örtlich wiederum die niederösterreichische Landesregierung zuständig.

F. Ergebnis

Die Bescheidbeschwerde des *E* ist zulässig.

III. Begründetheit

A. Formelle Rechtmäßigkeit

Verstöße gegen die einschlägigen Zuständigkeits- und Verfahrensvorschriften sind nicht ersichtlich. Die formelle Rechtmäßigkeit ist daher anzunehmen.

B. Materielle Rechtmäßigkeit

Lt Strafbescheid beging *E* eine Verwaltungsübertretung gem § 45 Z 1 UVP-G. Es ist daher zu prüfen, ob der Tatbestand dieser Bestimmung erfüllt ist. Dieser nach ist zu betrafen, wer ein UVP-pflichtiges Vorhaben ohne die erforderliche Genehmigung durchführt oder betreibt. Somit ist zu beurteilen, ob die Erweiterung des Einkaufszentrum UVP-pflichtig gewesen wäre.

Ausgeschlossen werden kann, dass eine Neuerrichtung eines Vorhabens gem § 2 Abs 2 UVP-G vorliegt. Das wäre nämlich nur dann der Fall, wenn der Westflügel und die zusätzlichen als Teil des bereits bestehenden Vorhabens (Gebäudekomplex und Parkhaus) betrachtet werden könnten. Die ist jedoch zu verneinen, da sie mit diesem unzweifelhaft in einem räumlichen, sachlichen und zeitlichen Zusammenhang stehen, weil der Westflügel und die zusätzlichen Parkplätze im Parkhaus nach Errichtung ebenso Teil genau jenes Einkaufszentrums sind. Die Maßnahmen sind daher keine Neuerrichtung eines Vorhabens, sondern die Änderung eines bereits bestehenden Vorhabens, weil auch eine (bloße) Erweiterung eine Änderung eines Vorhabens iSd UVP-G ist.

Jedoch können auch Änderungen von Vorhaben sind UVP-pflichtig sein (§ 3 Abs 1 UVP-G). Welche Änderungstatbestände UVP-pflichtig sind, legt § 3a UVP-G fest.

§ 3a UVP-G regelt die UVP-Pflicht von Vorhabensänderungen. Grundvoraussetzung ist somit, dass bereits ein Vorhaben nach dem UVP-G vorliegt und das zu beurteilende Projekt kein neues Vorhaben, sondern die Änderung eines bereits bestehenden Vorhabens ist. Eine ähnliche Frage stellt sich etwa auch bei gewerberechtlichen Betriebsanlagengenehmigungsverfahren, wo sich zB mit § 81 GewO eine Bestimmung zu Anlagenänderungen findet.

Die Änderungstatbestände der Abs 1 und 2 leg cit sind mangels Erfüllung der Schwellenwerte bzw mangels Vorliegen eines Spalte 1 Vorhabens offensichtlich nicht einschlägig. § 3a Abs 3 Z 1 UVP-G verlangt bei einem Spalte 2 Vorhaben (wie im vorliegenden Fall) eine Änderung der Kapazitätsausweitung von mindestens 50% des in Spalte 2 festgelegten Schwellenwerts sowie, dass dieser Schwellenwert entweder bereits durch die schon bestehende Anlage erreicht wurde oder durch Verwirklichung der Änderung erreicht werden wird.

Wenn Sie sich mit § 3a UVP-G befassen, achten Sie auf den genauen Wortlaut und eine präzise Subsumtion: Ein Schwellenwert wird im Anhang 1 UVP-G festgelegt, dagegen ist die genehmigte Kapazität die genehmigte oder beantragte Größe oder Leistung eines Vorhabens (s § 3 Abs 5 UVP-G). Beachten Sie auch, dass nicht für alle der in Anhang 1 angeführten Vorhaben ein Schwellenwert festgelegt ist.

Der in Z 19 lit a Anhang 1 festgelegte Schwellenwert beträgt 1 000 Stellplätze. Dieser Schwellenwert wurde bereits mit der bestehenden Anlage mit den 1 100 Stellplätzen überschritten. Für zumindest 50% Kapazitätsausweitung müssten zumindest 500 neue Stellplätze geschaffen werden. Lt SV sind jedoch nur 200 geplant, weshalb der Tatbestand des § 3a Abs 3 Z 1 UVP-G nicht erfüllt ist.

Um aber zu verhindern, dass ein Vorhaben zur Vermeidung eines UVP-Verfahrens in mehrere kleinere Einzelprojekte aufgespalten wird (sog „Salami-Slicing"), ist in § 3a Abs 5 UVP-G eine Summationsregel normiert. Demnach ist ein Projekt auch dann von der Behörde im Einzelfall auf eine UVP-Pflicht zu überprüfen, wenn dieses Projekt zumindest 25% des festgelegten Schwellenwerts erreicht und die relevanten Schwellenwerte der § 3a Abs 1 Z 2, Abs 2 und 3 UVP-G unter Heranziehung der innerhalb der letzten fünf Jahren genehmigten Projekten zuzüglich der nun beantragten Kapazitäten erreicht.

Beispiel: Im Jahr X1 wird eine Starkstromfreileitung mit einer Nennspannung von 220 kV in einer Länge von 15 km nach Durchführung einer UVP genehmigt (§ 3 Abs 1 iVm Z 16 lit a Anhang 1 UVP-G). Im Jahr X3 wird die Stromleitung um 4 km erweitert. Diese Erweiterung unterliegt gem § 3 Abs 1 iVm § 3a Abs 2 Z 1 iVm Abs 5 UVP-G einer UVP-Pflicht: Zwar erreicht die Kapazitätsausweitung nicht den relevanten Schwellenwert iHv 7,5 km gem § 3a Abs 2 Z 1 UVP-G (50% von 15 km), jedoch sind die beantragten 4 km jedenfalls mehr als 25% von 15 km und sie erreichen kumulativ mit den bereits in X1 genehmigten 15 km den relevanten Schwellenwert iHv 7,5 km gem § 3a Abs 2 Z 1 UVP-G, da die Genehmigung der 15 km innerhalb der letzten fünf Jahre erfolgte.

Darüber hinaus setzt die Begründung einer UVP-Pflicht gem § 3a Abs 5 UVP-G voraus, dass die beantragte Kapazitätsausweitung zumindest 25% des Schwellenwerts erreicht. Gegenständlich ist dies nicht erfüllt, da die geplanten 200 Stellplätze weniger als 25% des Schwellenwerts iHv 250 (25% x 1 000) ausmachen.

Jedoch findet sich eine abweichende Regelung zu § 3a Abs 5 UVP-G in Anhang 1: Demnach ist § 3a Abs 5 UVP-G bei Einkaufszentren gem Z 19 lit a und b mit der Maßgabe anzuwenden, dass die Änderung eine Kapazitätsausweitung von 25% des Schwellenwerts nicht erreichen muss, die hier 250 (25% x 1 000) Stellplätze betragen würde. Im Ergebnis ist § 3a Abs 5 UVP-G unabhängig von der Erfüllung dieser Schwelle anzuwenden. Darüber hinaus wurden die bereits bestehenden 1 100 Stellplätze vor drei Jahren und damit innerhalb der letzten fünf Jahre genehmigt. Daher sind diese 1 100 Stellplätze mit den geplanten 200 Stellplätzen zu summieren. Diese Summe iHv 1 300 Stellplätze erreicht unproblematisch die relevante Kapazitätsausweitung gem § 3a Abs 3 Z 1 UVP-G von zumindest 500 (50% x 1 000) Stellplätzen. Die UVP-Behörde hat daher im Rahmen einer Einzelfallprüfung festzustellen, ob durch die geplante Erweiterung mit erheblichen schädlichen, belästigenden oder belastenden Auswirkungen auf die Umwelt zu rechnen ist (§ 3a Abs 3 UVP-G).

Lt SV ist mit derartigen Auswirkungen zu rechnen, weshalb ein UVP-Verfahren für die Erweiterung des Einkaufszentrums durchgeführt werden hätte müssen. Der Tatbestand des § 45 Z 1 UVP-G wurde daher von *E* verwirklicht, weshalb die Verwaltungsstrafe zu Recht verhängt wurde.

IV. Entscheidung des VwG

Das LVwG Niederösterreich hat in der Sache selbst zu entscheiden (Art 130 Abs 4 erster Satz B-VG, § 50 Abs 1 VwGVG). Da die Bedenken des *E* unbegründet sind, hat es die Beschwerde vollumfänglich abzuweisen.

Fall 12

Ursula Ungesund

Gewerbliches Berufsrecht | Datenschutzrecht

Daniela Petermair

Die *Österreichische Pakete AG (P)* ist die landesweit führende Logistik- und Postdienst-leisterin, zu deren Hauptgeschäftsbereichen die Beförderung von Briefen, Werbesendun-gen, Printmedien und Paketen zählt. Darüber hinaus verfügt die *P* über eine Gewerbebe-rechtigung als „Adressverlag und Direktmarketingunternehmen" gem § 151 GewO. Auf Grundlage dieser Gewerbeberechtigung erhebt die *P* auch Marketingdaten. Dabei werden einer Person Attribute aufgrund bestimmter soziodemografischer Umstände im Wege eines Marketing-Analyseverfahrens zugeschrieben, indem die Person einer bestimmten Marke-tinggruppe zugeordnet wird. Die Zuordnung zu einer Marketinggruppe erfolgt bei der *P* immer dann, wenn mit einer gewissen Wahrscheinlichkeit angenommen werden kann, dass die entsprechende Affinität vorliegt. Es werden diesbezüglich keine zusätzlichen Daten von der Person erhoben und bewertet. Als Datengrundlage wird auf schon in der Datenbank gespeicherte Informationen zurückgegriffen.

Bill Bio (B) ist deutscher Staatsbürger und vertreibt in Deutschland in Glasflaschen abgefüll-te Bio-Smoothies. Im März 2021 beauftragt *B* die *P*, Werbeprospekte an potentielle Kunden zu verschicken, um so den geplanten Verkauf seiner Smoothies auf österreichischen Festi-vals zu bewerben. *B* wird für den Smoothieverkauf insgesamt 53 Tage in Österreich sein. Für die Auswahl der Zielpersonen und die anschließende Aussendung der Prospekte greift die *P* auf ihre Marketing-Datenbank zurück. In dieser Datenbank finden sich auch Einträge zu *Ursula Ungesund (U)*, die nach dem Motto „Bio ist gut, billig ist besser!" lebt. In der Datenbank sind zu *U* folgende Informationen gespeichert:

Name	Ursula Ungesund
Anschrift	Obere Augartenstraße 42, 1020 Wien
Anzahl der Pakete pro Jahr	23
Akademiker	ja
Attribute	Bioaffin, Distanzhandelaffin

Von *Us* Studienabschluss weiß die *P* durch Zugriff auf das Kundensystem der *A&B Klei-dungs GmbH (A&B)*. Zur Aufnahme in das Membership-Programm der *A&B* hatte *U* der Datenverarbeitung zu Zwecken dieses Programms zwar rechtswirksam zugestimmt, eine Weitergabe der Daten für Werbezwecke Dritter war von dieser Zustimmung allerdings nicht erfasst. Von *Us* Anschrift, Paketfrequenz und Anzahl der Pakete pro Jahr weiß die *P* auf-grund der Daten ihres Paketgeschäfts. In die Verarbeitung dieser Daten hat *U* jedoch nie eingewilligt, allerdings wird auf der Webseite der *P* ein Online-Formular zur Verfügung gestellt, mit dem die Verwendung von Daten zu Marketingzwecken untersagt werden kann. Die Attribute wurden *U* durch das interne Marketing-Analyseverfahren zugeordnet.

Im Mai 2021 erhält *U* ein Werbeprospekt, in welchem *Bs* Bio-Smoothies beworben werden. Sie ist darüber sehr verärgert und will von der *P* „alles zu ihren Daten erfahren". Auch *B* ist beunruhigt, als er nach einer hastig durchgeführten Internetrecherche glaubt, mit der Beauftragung der *P*, den Verkauf der Smoothies durch die Versendung der Werbeprospekte zu bewerben, gegen gewerberechtliche Vorgaben verstoßen zu haben.

Aufgabe 1: Beurteilen Sie *Bs* Vorgehen (Bewerbung des Smoothieverkaufs) aus gewerberechtlicher Sicht!

Aufgabe 2: Kann *U* von der *P* „alles zu ihren Daten erfahren"? Führen Sie auch aus, ob die Verarbeitung der Daten rechtmäßig erfolgte.

Lösung

Aufgabe 1: Beurteilen Sie *Bs* Vorgehen (Aussendung der Werbeprospekte) aus gewerberechtlicher Sicht!

Umfasst ein SV mehrere Themenbereiche, sollte dieser in einem ersten Schritt gegliedert werden. Hier zeigen schon die beiden Fragestellungen auf, dass der SV sowohl eine gewerberechtliche als auch eine datenschutzrechtliche Komponente enthält. Arbeiten Sie die beiden Themenkomplexe getrennt voneinander aus und lassen Sie sich nicht durch kleinere Verbindungen der beiden Komplexe untereinander irritieren.

I. Anwendbarkeit der GewO

Damit die GewO anwendbar ist, muss eine gewerbsmäßig ausgeübte Tätigkeit gem § 1 Abs 2 GewO vorliegen. Das ist nach § 1 Abs 2 GewO dann der Fall, wenn sie selbstständig, regelmäßig und in der Absicht betrieben wird, einen Ertrag oder sonstigen wirtschaftlichen Vorteil zu erzielen. In einem ersten Schritt ist zu definieren, welche Tätigkeit überhaupt geprüft werden soll. In Frage kommt nämlich das Aussenden der Werbeprospekte einerseits und der geplante Verkauf der Smoothies andererseits. In diesem Fall verlangt die Fragestellung ausdrücklich, das Versenden der Werbeprospekte zu beurteilen. Daher wird nun auch das Versenden der Werbeprospekte gewerberechtlich geprüft.

Problematisch bei einem bloßen Angebot ist, dass darin grds keine gewerbliche Tätigkeit liegen würde, als diese ja noch gar nicht stattgefunden hat. Für diese Fälle normiert § 1 Abs 4 GewO eine rechtliche Fiktion, wenn das Anbieten einer den Gegenstand eines Gewerbes bildenden Tätigkeit an einen größeren Kreis von Personen oder bei Ausschreibungen der Gewerbeausübung gleichgehalten wird. Somit ist zu prüfen, ob – erstens – im Aussenden der Werbeprospekte ein Angebot an einem größeren Kreis von Personen liegt und ob – zweitens – in den Werbeprospekten eine gewerbliche Tätigkeit angeboten wird.

Da *B* die Prospekte an eine Vielzahl von Personen ausschicken lässt, erfolgt dies an einen größeren Kreis von Personen. Ein Angebot liegt vor, wenn bei einem durchschnittlichen Betrachter der Eindruck erweckt wird, dass eine gewerbliche Tätigkeit entfaltet wird. Da in den Prospekten der Verkauf von Smoothies beworben wird, ist dieses Kriterium erfüllt, wenn der Smoothieverkauf eine gewerbliche Tätigkeit bildet, also selbstständig, regelmäßig und mit Ertragserzielungsabsicht betrieben werden soll.

Eine selbstständige Tätigkeit liegt vor, wenn sie auf eigene Rechnung und Gefahr ausgeübt wird (§ 1 Abs 3 GewO). Da *B* das unternehmerische Risiko des Smoothieverkaufs trägt, erfolgt die Ausübung selbstständig. Unerheblich ist, dass die Aussendungen durch die *P* vorgenommen werden, da sie im Auftrag des *B* tätig wird und die Aussendungen somit *B* zuzurechnen sind. Eine regelmäßige Ausübung ist dann gegeben, wenn die Tätigkeit mit einer gewissen Nachhaltigkeit betrieben wird bzw zumindest darauf angelegt ist (vgl § 1 Abs 4 GewO). Das ist mit dem Verkauf auf den Festivals gegeben. Darüber hinaus ist unschädlich, dass zurzeit die bloße Verkaufsabsicht vorliegt, als § 1 Abs 4 GewO genau für diesen Fall eine rechtliche Fiktion enthält. Die Ertragserzielungsabsicht ist anzunehmen, weil entgeltliche Leistungen nach der Rsp eine Gewinnerzielungsabsicht indizieren. Darüber hinaus ist der Smoothieverkaufs *Bs* Beruf, mit dem er vermutlich seinen Lebensunterhalt verdient. Mangels gegenteiliger Hinweise im SV ist somit anzunehmen, dass Ertragserzielungsabsicht vorliegt.

Im Ergebnis ist der Smoothievertrieb also eine gewerbsmäßige Tätigkeit, die nicht verboten ist und auch keiner Ausnahme gem §§ 2-4 GewO unterliegt. Weil auch die Voraussetzungen des § 1 Abs 4 Satz 2 GewO erfüllt sind, ist der Anwendungsbereich der GewO eröffnet.

II. Erfüllung der Antrittsvoraussetzungen

Nach § 373a GewO dürfen Staatsangehörige eines EU-Mitgliedsstaates unter die österreichische GewO fallenden Tätigkeiten unter den gleichen Voraussetzungen wie Inländer in Österreich ausüben, wenn die Ausübung nur vorübergehend und gelegentlich erfolgt. Diese Personen benötigen dann keine Gewerbeberechtigung für die Ausübung entsprechender Tätigkeiten. § 373a GewO suppliert somit die allgemeine Antrittsanforderung, in Österreich eine Niederlassung zu besitzen.

B ist deutscher Staatsbürger und möchte die Smoothies nur von Festivals in Österreich vertreiben, was insgesamt 53 Tage in Anspruch nehmen wird. Damit ist der Verkauf insb auch als vorübergehende und gelegentliche Tätigkeit iSd § 373a Abs 1 GewO zu qualifizieren. Der Anwendungsbereich des § 373a GewO somit eröffnet.

> Unter welchen Umständen eine Tätigkeit „vorübergehend und gelegentlich" ausgeübt wird, ist anhand des jeweiligen Falls zu beurteilen. Eine Untergrenze ergibt sich durch systematische Überlegungen zu § 373b GewO, wonach Staatsangehörige der Schweiz ebenfalls von § 373a GewO für eine tatsächliche Dauer von 90 Arbeitstagen pro Kalenderjahr privilegiert werden.

Mangels Hinweisen im SV ist davon auszugehen, dass *B* die allgemeinen Antrittsvoraussetzungen (abseits einer österreichischen Niederlassung) erfüllt.

> Es ist irrelevant, ob Sie die Prüfung mit den allgemeinen Antrittsvoraussetzungen starten und erst bei der Voraussetzung einer österreichischen Staatsbürgerschaft bzw der fehlenden inländischen Niederlassung auf § 373a GewO verweisen oder ob Sie sofort auf Grundlage des § 373a GewO prüfen.

Hinsichtlich der Erfüllung allfälliger besonderer Antrittsvoraussetzung ist festzuhalten, dass für den Smoothieverkauf kein Befähigungsnachweis zu erbringen ist.

Zwar ist der Ausschank von Getränken gem § 111 Abs 1 Z 2 GewO eine gastgewerbliche Tätigkeit, die gem § 94 Z 26 GewO als ein reglementiertes Gewerbe anzusehen ist. Wird aber ein Tatbestand des § 111 Abs 2 GewO erfüllt, braucht ausnahmsweise kein Befähigungsnachweis erbracht werden. In Frage kommt hier § 111 Abs 2 Z 3 GewO, der den Ausschank von nichtalkoholischen Getränken und Bier in handelsüblich verschlossene Gefäße vom Erfordernis, einen Befähigungsnachweis zu erbringen, freistellt. Darüber hinaus dürfen nicht mehr als acht Verabreichungsplätze zur Verfügung gestellt werden. Diese

Voraussetzungen werden erfüllt, da die Smoothies keine alkoholischen Getränke sind, sie in Glasflaschen und damit in verschlossenen Gefäßen verkauft werden sollen und der SV keinen Hinweis gibt, dass Verabreichungsplätze zur Verfügung gestellt werden sollen.

Da die österreichische GewO für diese Tätigkeit keinen Befähigungsnachweis vorschreibt, brauchen die Voraussetzungen des § 373a Abs 1 Z 1 und 2 GewO nicht geprüft werden. *B* kann die Tätigkeit gleich wie Inländer ausüben. Die Aussendung der Werbeprospekte erfolgte rechtskonform.

> So braucht kein Befähigungsnachweis erbracht werden, wenn die gewerbliche Tätigkeit im Niederlassungsmitgliedstaat (das wäre in diesem Fall Deutschland) reglementiert ist oder eine reglementierte Ausbildung iSd Art 3 lit e RL 2005/36/EG vorliegt (§ 373a Abs 1 Z 1 GewO). Weiters ist ein Befähigungsnachweis auch dann nicht notwendig, wenn der Dienstleister die gewerbliche Tätigkeit mindestens ein Jahr während der vorhergehenden zehn Jahre im Niederlassungsmitgliedstaat ausgeübt hat (§ 373a Abs 1 Z 1 GewO).

III. Ergebnis

B hat bei der Aussendung der Werbeprospekte die GewO zu beachten (§ 373a Abs 2 GewO). Eine Anzeige der Tätigkeit gem § 373a Abs 4 GewO ist nicht erforderlich, weil *B* damit kein reglementiertes Gewerbe ausübt.

Aufgabe 2: Kann *U* von der *P* „alles zu ihren Daten erfahren"? Führen Sie auch aus, ob die Verarbeitung der Daten rechtmäßig erfolgte.[1]

> Bevor Sie sich genauer mit der Strukturierung Ihrer Lösung und der rechtlichen Beurteilung auseinandersetzen, sollten Sie sich unbedingt einen Überblick über § 151 GewO verschaffen. So können Sie vermeiden, dass Sie zuerst, „ins Blaue" hinein, bekannte datenschutzrechtliche Bestimmung prüfen, ehe Sie gegen Ende auf eine Reihe von Sonderregelungen in § 151 GewO stoßen. Besonders deutlich wird hier auch, dass die Kenntnis des grundlegenden datenschutzrechtlichen Regelungsregimes eine Grundvoraussetzung für die erfolgreiche Lösung bildet.

I. Rechtsbehelf

In Frage kommt ein Auskunftsbegehren nach Art 15 DSGVO, weil dieses einen Anspruch auf umfassende Information hinsichtlich personenbezogener Daten einräumt. Im vorliegenden Fall ist jedoch zu berücksichtigen, dass die *P* als Adressverlag/Direktmarketingunternehmen tätig wird, wofür sich mit § 151 GewO auch datenschutzrechtliche Sonderbestimmungen finden. *P* führt die Versendung der Werbeprospekte für *B* durch, weshalb sie gem § 151 Abs 3 Z 1 GewO an der Vorbereitung und Durchführung einer Marketingaktion eines Dritten beteiligt ist.

Ein weiterer Blick in § 151 GewO zeigt auf, dass dieser einer betroffenen Person die Stellung eines Auskunftsbegehrens verunmöglicht. § 151 Abs 7 GewO verweist auf Art 15

---

1 Teile des SV sowie der Lösungsvorschlag sind an das Urteil OGH 18.2.2021, 6 Ob 127/20z angelehnt.

DSGVO, weshalb die Stellung eines Auskunftsbegehrens nach Art 15 DSGVO dem Grunde nach möglich wäre. Grundvoraussetzung für die Stellung des Auskunftsbegehrens ist bleibt damit aber, dass die DSGVO auch anwendbar ist.

II. Anwendungsbereich der DSGVO

A. Räumlicher Anwendungsbereich

Der räumliche Anwendungsbereich ist gem Art 3 Abs 1 DSGVO eröffnet, weil die Verarbeitung personenbezogener Daten im Rahmen der Tätigkeit der Niederlassung von *P* als Verantwortliche in Österreich und damit innerhalb der Union erfolgt. *P* ist verantwortlich iSd Art 4 Z 7 DSGVO, da sie als juristische Person über die Zwecke und Mittel der Verarbeitung von personenbezogenen Daten entscheidet.

B. Sachlicher Anwendungsbereich

Die DSGVO gilt gem Art 2 Abs 1 DSGVO für die ganz oder teilweise automatisierte Verarbeitung personenbezogener Daten sowie für die nichtautomatisierte Verarbeitung personenbezogener Daten, die in einem Dateisystem gespeichert sind oder gespeichert werden sollen. Somit müssen drei Kriterien kumulativ vorliegen: Bei den Daten muss sich um (i) personenbezogen Daten handeln, die (ii) automatisiert (iii) verarbeitet werden.

1. Personenbezogene Daten

Personenbezogene Daten sind gem Art 4 Z 1 DSGVO alle Informationen, die sich auf eine identifizierte oder identifizierbare natürliche Person beziehen. Als identifizierbar wird eine natürliche Person angesehen, die direkt oder indirekt identifiziert werden kann. Entscheidend ist der Zusammenhang zwischen dem Datum und der betroffenen Person.

Bei Name, Anschrift, Paketfrequenz, Anzahl der Pakete pro Jahr und Akademiker handelt es sich zweifellos um personenbezogene Daten gem Art 4 Z 1 DSGVO. So sind gegenständlich insb auch die Daten Paketfrequenz und Anzahl der Pakete pro Jahr personenbezogene Daten, da auch sie Informationen darstellen und mit *U* als identifizierter natürlicher Person in Zusammenhang stehen.

Fraglich ist hingegen, ob die bloße Zuordnung zu den Marketinggruppen und die *U* daraus zugeordneten Affinitäten „bioaffin" und „distanzhandelaffin" personenbezogene Daten sind. Unklar ist nämlich, ob unter den Begriff der „Information" nicht nur Aussagen zu überprüfbaren Eigenschaften oder sachlichen Verhältnissen der betroffenen Person, sondern auch Einschätzungen und Urteile über sie fallen. Gegen eine solche Kategorisierung könnte sprechen, dass es sich um abstrakte Durchschnittswerte handelt. Zudem ist das Attribut „bioaffin" auch unrichtig, als *U* lt SV nicht als bioaffin eingeordnet werden kann (arg „Bio ist gut, billig ist besser!"). Für eine entsprechende Subsumtion spricht, dass die zugeordneten Affinitäten Aussagen über Vorliegen und Einstellungen enthalten sowie Einschätzungen und keine bloßen Prognose- oder Planungswerte sind. Aufgrund des weiten

Informationsbegriffs kann die Einordnung als personenbezogenes Datum in einer Gesamtbetrachtung aber jedenfalls bejaht werden (vgl OGH 18.2.2021, 6 Ob 127/20z mwN).

2. Automatisierte Datenverarbeitung

Eine Verarbeitung ist nach Art 4 Z 2 DSGVO jeder Vorgang mit personenbezogenen Daten, als der Begriff der Verarbeitung ist daher schon per definitionem weit gefasst. Denn die Verarbeitung ist jeder mit oder ohne Hilfe automatisierter Verfahren ausgeführter Vorgang oder jede solche Vorgangsreihe im Zusammenhang mit personenbezogenen Daten. Die folgende Aufzählung erfasst eine große Bandbreite an Vorgängen und ist darüber hinaus als nicht abschließend zu verstehen. Im vorliegenden Fall kann der Verarbeitungsbegriff schon allein aufgrund der Speicherung der Daten in der Datenbank bejaht werden, zumal die Speicherung auch ausdrücklich in Art 4 Z 2 DSGVO aufgezählt ist.

Die Verarbeitung erfolgt außerdem automatisiert, weil für die Speicherung (und vermutlich auch für einige andere Verarbeitungsvorgänge) eine elektronische Datenbank verwendet wird, wodurch jedenfalls eine Datenverarbeitungsanlage zum Einsatz kommt.

Das weite und technologieneutrale Verständnis soll eine Umgehung der datenschutzrechtlichen Schutzvorschriften verhindern. Die Unterscheidung von vollständig automatisierter oder bloß teilautomatisierter Datenverarbeitung ist für die Falllösung unerheblich, als der sachliche Anwendungsbereich ja selbst bei der teilautomatisierten Datenverarbeitung eröffnet ist.

3. Ausnahme

Es liegt keine Ausnahme vom sachlichen Anwendungsbereich gem Art 2 Abs 2 DSGVO vor.

C. Ergebnis

Sowohl der sachliche als auch der räumliche Anwendungsbereich der DSGVO sind eröffnet, weshalb *U* Auskunft gem Art 15 DSGVO begehren kann.

III. Rechtmäßigkeit der Datenverarbeitung

Gem Art 6 Abs 1 DSGVO ist die Verarbeitung nur rechtmäßig, wenn zumindest eine der angeführten Bedingungen (Abs 1 lit a bis f leg cit) erfüllt ist. In der Analyse bleibt aber zu beachten, dass § 151 GewO mitunter abweichende bzw konkretisierende Regelungen vorsieht.

Strukturieren Sie Ihre Analyse am besten anhand der Herkunft der Daten, weil sich daraus der größte Unterschied in der rechtlichen Beurteilung ergibt.

A. Name, Anschrift, Paketfrequenz, Anzahl der Pakete pro Jahr

Lt SV liegt keine Einwilligung der Verwendung der Daten (lit a leg cit) zu Marketingzwecken vor. Zwar können diese Daten aufgrund von Art 6 Abs 1 lit b DSGVO in Bezug auf das Paketgeschäft verarbeitet werden, dies erstreckt sich aber nicht auf die Verwendung der Daten zu Zwecken des Direktmarketings, da eine solche Verarbeitung nicht zur Vertragserfüllung erforderlich ist. Allerdings dürfen Adressverlage/Direktmarketingunternehmen wie die *P* die in § 151 Abs 5 GewO genannten Daten aus einem Kunden- und Interessentendateisystem eines Dritten ermitteln. Unklar ist, ob auch die Datenübernahme aus einem anderen Geschäftsbereich des gleichen Unternehmens unter § 151 Abs 5 GewO fallen kann. Aufgrund eines Größenschluss kann dies aber bejaht werden, weil selbst die Datenermittlung aus dem System eines Dritten zulässig wäre. Die Daten Name (Z 1 leg cit) und Anschrift (Z 5 leg cit) sind in der Auflistung angeführt und sie sind auch keine sensiblen Daten gem Art 9 DSGVO.

Allerdings ist die Verarbeitung nur zulässig, wenn *U* eine Möglichkeit eingeräumt wurde, die Übermittlung der Daten zu Werbezwecken zu untersagen. Genau das ist aber fraglich, weshalb noch zu beurteilen ist, ob *U* in geeigneter Weise von der Untersagungsmöglichkeit informiert wurde. Dies ist zu verneinen, als ein bloßes Online-Formular ohne aktive Information an die betroffene Person den Anforderungen des § 151 Abs 5 GewO nicht genügen wird.

> Wie gezeigt, besteht hier an einigen Punkten Argumentationsspielraum. Entscheidend für die Falllösung ist, zu erkennen, welche Aspekte unklar oder problematisch sein könnten und diese dann schlüssig zu argumentieren. In der Regel wird in solchen Fällen vor allem das Aufgreifen und Diskutieren der Rechtsprobleme bewertet.

B. Studienabschluss/Akademikereigenschaft

Lt SV liegt keine Einwilligung der *U* bei der *A&B* zur Verwendung der Daten zu Marketingzwecken vor, womit sich eine nähere Prüfung ob der Rechtskonformität einer Einwilligung erübrigt.

Denkbar wäre auch hier, die Verarbeitung auf § 151 Abs 5 GewO zu stützen, weil in Z 3 und Z 4 leg cit der „Titel" und „akademischer Grad" aufgezählt sind sowie es sich um kein sensibles Datum gem Art 9 DSGVO handelt. Erforderlich dafür wäre aber eine Unbedenklichkeitserklärung gewesen, zu der sich im SV aber keine Hinweise finden. Somit ist davon auszugehen, dass keine Unbedenklichkeitserklärung erfolgte.

C. Affinitäten

Aus § 151 Abs 6 GewO kann abgeleitet werden, dass die Durchführung von Marketinganalyseverfahren und die anschließende Attributzuschreibung für Unternehmen wie die *P* grds zulässig sind. Weiters werden die *U* zugeschriebenen Attribute nur für Marketingzwecke verwendet. Allerdings erfolgte die Marketinganalyse auf der Grundlage von Daten, die unrechtmäßig zu Marketingzwecken verwendet werden (s Punkt III.A. und B.), was die Rechtmäßigkeit der Verarbeitung ausschließen könnte. Die besseren Gründe sprechen bei dieser Beurteilung für die Unrechtmäßigkeit der Verarbeitung, weil die datenschutzrechtlichen Vorgaben ansonsten ausgehöhlt werden könnten.

VI. Ergebnis

U kann eine Auskunftsbegehren gem Art 15 DSGVO an die *P* stellen. Bei der Beurteilung, ob der Rechtsmäßigkeit der Datenverarbeitung sind die datenschutzrechtlichen Sonderbestimmungen des § 151 GewO mitzuberücksichtigen. Im Ergebnis erfolgte die Verarbeitung sämtlicher Daten unrechtmäßig.

Fall 13

Die Ärztin und der Datenschutz

Datenschutzrecht

Elissa Tschachler / Sarah Werderitsch

Anna (A) ist Ärztin und betreibt eine Arztpraxis im 1. Bezirk Wien-Innere Stadt. Sie ist ein sehr korrekter Mensch und versucht stets, alle Vorschriften in der COVID-19 Pandemie einzuhalten. Eines Tages erfährt *A*, dass sie am Wochenende bei ihrer Nachbarin *Tina (T)* zu einer großen Grill-Familienfeier eingeladen ist. Daraufhin nimmt *A* Einsicht in den elektronischen Impfpass der *T*. Nachdem mittlerweile bekannt ist, dass Infektionen gehäuft nach Familienfeiern auftreten, will *A* für sich durch die Abfrage des elektronischen Impfpasses eine Risikoabschätzung vornehmen. Als *T* davon erfährt, ist diese entsetzt und fühlt sich durch die Einsicht der *A* in ihrem „Datenschutzrecht" verletzt und möchte sich sogleich an die zuständige Aufsichtsbehörde wenden.

Aufgabe 1: Welchen Rechtsbehelf kann *T* erheben? Gehen Sie auf dessen Vorgaben sowie Erfolgsaussichten ein!

Gehen Sie bei der Bearbeitung der Aufgabe davon aus, dass der Anwendungsbereich der DSGVO eröffnet ist.

Um für ihre Arztpraxis in 1010 Wien einen höheren Bekanntheitsgrad zu erreichen, beschließt *A* in den sozialen Medien aktiv zu werden. Sie beginnt unter ihrem Klarnamen auf verschiedensten Online-Ärzte-Foren die jeweils dort bereits veröffentlichten Beiträge zu kommentieren. Besonders aktiv ist *A* vor allem im Online-Forum „deinegesundheit.at" des *GESUNDHEITFIT-Medienunternehmens (G)*. Dieses hat sich neben der Zurverfügungstellung des Online-Forums primär zum Ziel gesetzt, als größte digitale Gesundheitsplattform in Österreich, zu Themen aus den Bereichen Sport, Familie, Gesundheit sowie Psyche im Kontext der COVID-19 Pandemie täglich journalistische Artikel zu veröffentlichen, die allgemein und kostenlos zugänglich sind.

A hat mittlerweile nicht nur einen hohen Bekanntheitsgrad in den verschiedensten Online-Ärzte-Foren und Communities erzielen können, sondern zählt auch zu den aktivsten Nutzern des „deinegesundheit.at"-Online-Forums des *G*. Vor allem eine ausgesprochen kritische, auf wahren Tatsachen beruhende Aussage zu COVID-19 unter ihrem Klarnamen im Zuge einer ihrer Kommentare, hat ihr zu einem großen Bekanntheitsgrad in der Online-Community verholfen. Als die für das Online-Forum zuständige Mitarbeiterin *Martina (M)* des *GESUNDHEITFIT-Medienunternehmens* im Rahmen ihrer Betreuungstätigkeiten des Forums von der hitzigen Diskussion erfährt, veröffentlicht diese im Rahmen ihrer journalistischen Tätigkeiten einen Artikel, der für die Allgemeinheit kostenlos zugänglich ist. Dieser greift die Aussage der *A* sinngemäß auf und setzt anstelle ihres Klarnamens die Quelle „Renommierte Ärztin aus Wien" unter den Artikel. Ziel und Zweck des Artikels ist es primär die Öffentlichkeit über die Meinungsdifferenzen zu COVID-19 aufzuklären.

A fühlt sich in ihren Rechten verletzt und befürchtet zudem aufgrund der Angabe „Renommierte Ärztin aus Wien" ihren hohen (positiven) Bekanntheitsgrad in der Online-Community zu verlieren. A fordert daher die sofortige Löschung gem Art 17 DSGVO des veröffentlichten Artikels sowie ihres „kritischen" Kommentars, da dieser Rückschlüsse auf die tatsächliche Herkunft der „Renommierte[n] Ärztin aus Wien" zulassen könnte. M und G lehnen jedoch die beiden geforderten Löschungen ab, als diese ihrer Meinung nach eine Gefährdung sowohl für die Informationsfreiheit als auch für die freie Meinungsfreiheit der Leserschaft darstellen würden. Zudem sei zu erwarten, dass es zu einer verzerrten Darstellung der betreffenden Diskussion führen würde, da durch die Löschungen auch die Beiträge anderer Nutzer aus dem Kontext gerissen werden. A kann den derartigen „Schwachsinn" nicht glauben und wendet sich unverzüglich mittels Beschwerde an die DSB, da sie ein solches „Privileg" nicht für möglich hält.

Aufgabe 2: Beurteilen Sie mit Blick auf das von A bestrittene „Privileg" rechtsgutachterlich, wie die DSB über die Beschwerde von A entscheiden wird!

Gehen Sie bei der Bearbeitung der Aufgabe davon aus, dass der Anwendungsbereich der DSGVO eröffnet ist.

Mediengesetz („MedienG")
idF BGBl I 148/2020

§ 1

(1) Im Sinn der Bestimmungen dieses Bundesgesetzes ist

1. „Medium": jedes Mittel zur Verbreitung von Mitteilungen oder Darbietungen mit gedanklichem Inhalt in Wort, Schrift, Ton oder Bild an einen größeren Personenkreis im Wege der Massenherstellung oder der Massenverbreitung;

1a. „Medieninhalte": Mitteilungen oder Darbietungen mit gedanklichem Inhalt in Wort, Schrift, Ton oder Bild, die in einem Medium enthalten sind; […]

3. „Medienwerk": ein zur Verbreitung an einen größeren Personenkreis bestimmter, in einem Massenherstellungsverfahren in Medienstücken vervielfältigter Träger von Mitteilungen oder Darbietungen mit gedanklichem Inhalt; […]

6. „Medienunternehmen": ein Unternehmen, in dem die inhaltliche Gestaltung des Mediums besorgt wird sowie

a) seine Herstellung und Verbreitung oder

b) seine Ausstrahlung oder Abrufbarkeit

entweder besorgt oder veranlasst werden;

7. „Mediendienst": ein Unternehmen, das Medienunternehmen wiederkehrend mit Beiträgen in Wort, Schrift, Ton oder Bild versorgt;

8. „Medieninhaber": wer

a) ein Medienunternehmen oder einen Mediendienst betreibt oder

b) sonst die inhaltliche Gestaltung eines Medienwerks besorgt und dessen Herstellung und Verbreitung entweder besorgt oder veranlasst oder

c) sonst im Fall eines elektronischen Mediums dessen inhaltliche Gestaltung besorgt und dessen Ausstrahlung, Abrufbarkeit oder Verbreitung entweder besorgt oder veranlasst oder

d) sonst die inhaltliche Gestaltung eines Mediums zum Zweck der nachfolgenden Ausstrahlung, Abrufbarkeit oder Verbreitung besorgt; […]

11. „Medienmitarbeiter": wer in einem Medienunternehmen oder Mediendienst an der inhaltlichen Gestaltung eines Mediums oder der Mitteilungen des Mediendienstes journalistisch mitwirkt, sofern er als Angestellter des Medienunternehmens oder Mediendienstes oder als freier Mitarbeiter diese journalistische Tätigkeit ständig und nicht bloß als wirtschaftlich unbedeutende Nebenbeschäftigung ausübt; […]

Lösung

Aufgabe 1: Welchen Rechtsbehelf kann *T* erheben? Gehen Sie auf dessen Vorgaben sowie Erfolgsaussichten ein![1]

Wenn Sie eine „gegliederte" Fragestellung bearbeiten, empfiehlt es sich, auch Ihre Falllösung danach zu strukturieren und den SV danach aufzubereiten. In einem ersten Schritt sollten Sie daher zunächst den einschlägigen Rechtsbehelf ermitteln. In einem weiteren Schritt sind die rechtlichen Vorgaben des einschlägigen Rechtsbehelfs zu prüfen und dessen Erfolgsaussichten zu beurteilen. Hierfür ist es notwendig, dass Sie die aufgeworfenen Problembereiche im SV hinsichtlich dieser inhaltlichen Prüfung erkennen, rechtlich einordnen und beurteilen.

I. Rechtsbehelf

Das Kapitel VIII der DSGVO enthält Regelungen über die Rechtsbehelfe der betroffenen Personen, Haftung und Schadenersatz sowie verwaltungs- und strafrechtliche Sanktionen bei Verstößen gegen datenschutzrechtliche Vorschriften.

Gem Art 77 Abs 1 DSGVO hat jede betroffene Person „das Recht auf Beschwerde bei einer Aufsichtsbehörde, insbesondere in dem Mitgliedstaat ihres gewöhnlichen Aufenthaltsorts, ihres Arbeitsplatzes oder des Orts des mutmaßlichen Verstoßes". In diesem Kontext schreibt die DSGVO zudem explizit in Art 52 Abs 1 DSGVO vor, dass „jede Aufsichtsbehörde […] bei der Erfüllung ihrer Aufgaben und bei der Ausübung ihrer Befugnisse gemäß dieser Verordnung völlig unabhängig [handelt]".

Dieses Beschwerderecht steht unabhängig von anderen Rechtsbehelfen zu. Nach Art 79 DSGVO besteht eine volle Parallelität des gerichtlichen Rechtsschutzes in Datenschutzangelegenheiten. (Str ist dies jedoch in der Lit, da eine solche Parallelität die Gefahr mit sich bringt, dass die jeweiligen Rechtsschutzeinrichtungen in identischen oder vergleichbaren Sachverhalten unterschiedliche Entscheidungen fällen, vgl dazu *Jahnel*, Kommentar zur Datenschutz-Grundverordnung Art 79 DSGVO [Stand 1.12.2020, rdb.at] Rz 19.) Daher hat die betroffene Person neben der Beschwerde bei einer Aufsichtsbehörde die Möglichkeit, etwaige gerichtliche Rechtsbehelfe gem Art 79 DSGVO gegen den Verantwortlichen oder Auftragsverarbeiter zu ergreifen oder etwaige Schadenersatzansprüche geltend zu machen.

Hier tritt *T* als betroffene Person auf, da sich die personenbezogenen Daten (s sogleich) auf sie beziehen (vgl Art 4 Z 1 DSGVO). *T* wird daher eine Beschwerde an die nationale (unabhängige) Aufsichtsbehörde geltend machen.

II. Vorgaben für eine Beschwerde an die DSB

In Ausführung von Art 77 DSGVO werden in den §§ 24, 25 DSG das Recht auf eine Beschwerde an die DSB sowie begleitende Maßnahmen im Beschwerdeverfahren gesetzlich festgelegt.

---

1 Der SV sowie der Lösungsvorschlag sind an DSB 10.6.2021, GZ 2021-0.404.151 (D124.408), angelehnt.

Hierzu sei erwähnt, dass die DSGVO in Österreich zwar unmittelbar anwendbar ist, sie jedoch zahlreiche Öffnungsklauseln enthält und dem nationalen Gesetzgeber gewisse Spielräume offenlässt. Es braucht daher grds eine gewisse „Zusammenschau" aus DSGVO und DSG für die Bearbeitung datenschutzrechtlicher Fragen. So meint etwa die DSB dazu, dass das DSG die DSGVO nur ergänzt, s <https://www.dsb.gv.at/recht-entscheidungen/gesetze-in-oesterreich.html> (zuletzt abgerufen am 22.7.2022).

In Österreich ist die Aufsichtsbehörde die DSB (§ 18 DSG). Gem § 24 DSG hat „jede betroffene Person […] das Recht auf Beschwerde bei der DSB, wenn sie der Ansicht ist, dass die Verarbeitung der sie betreffenden personenbezogenen Daten gegen die DSGVO oder gegen § 1 oder Artikel 2 1. Hauptstück verstößt".

Hierbei schreibt § 24 Abs 2 DSG vor, dass eine solche Beschwerde nachstehendes zu enthalten hat: Dabei ist von T das als verletzt erachtete Recht zu bezeichnen (Z 1), im vorliegenden Fall das Recht auf Geheimhaltung gem § 1 Abs 1 DSG. Gem Z 2 hat T als Beschwerdeführer offenzulegen, gegen wen sie ein Verfahren anstrebt, im konkreten Fall ist A Beschwerdegegner von T. Weiters hat eine Beschwerde eine Sachverhaltsschilderung betreffend die vorgebrachten Rechtsverletzungen zu enthalten (Z 3) und sind die Gründe darzulegen auf die sich die Behauptung der Rechtswidrigkeit stützt (Z 4). Nach Z 5 hat T außerdem das Begehren, die Verletzung in ihrem Recht auf Geheimhaltung gem § 1 Abs 1 DSG festzustellen, anzuführen und eine Angabe hinsichtlich der Rechtzeitigkeit (Z 6), dass sie die Beschwerde sofort ab Kenntnis von der Rechtsverletzung, eingebracht hat, zu machen.

Nach § 24 Abs 4 DSG erlischt der Anspruch auf Behandlung einer Beschwerde, wenn diese nicht binnen eines Jahres ab Kenntnis von der Rechtsverletzung, längstens binnen drei Jahren, nachdem das Ereignis behaupteter Maßen stattgefunden hat, eingebracht wurde.

Die Beschwerdeführerin T ist gem § 24 Abs 7 DSG von der DSB innerhalb von drei Monaten ab Einbringung der Beschwerde über den Stand und das Ergebnis der Ermittlungen zu unterrichten.

Kommt die DSB ihrer Unterrichtungspflicht nicht nach oder befasst sie sich innerhalb der drei Monate nicht mit der Beschwerde, so besteht die Möglichkeit, sich mit einer Säumnisbeschwerde an das BVwG zu wenden (s Art 78 DSGVO).

Die DSB entscheidet über die Beschwerde der T mit Bescheid gem § 24 Abs 5 Satz 1 DSG.

III. Recht auf Geheimhaltung gem § 1 Abs 1 DSG

T wird eine Verletzung in ihrem (Grund-)Recht auf Geheimhaltung gem § 1 Abs 1 DSG vorbringen. Die DSGVO und insb auch die darin verankerten Grundsätze sind zur Auslegung des Rechts auf Geheimhaltung zu berücksichtigen (vgl DSB 4.7.2019, DSB-D123.652/0001-DSB/2019 [Parkgaragenbenutzung]).

Auch wenn die Überschrift des § 1 DSG „Grundrecht auf Datenschutz (Verfassungsbestimmung)" lautet, normiert die Bestimmung kein einheitliches Grundrecht auf Datenschutz. Das Grundrecht besteht vielmehr aus mehreren, unterschiedlichen Rechten: dem Recht auf Geheimhaltung personenbezogener Daten (§ 1 Abs 1 DSG), dem Recht auf Auskunft (§ 1 Abs 3 Z 1 DSG), dem Recht auf Richtigstellung unrichtiger Daten (§ 1 Abs 3 Z 2 DSG) sowie dem Recht auf Löschung unzulässiger Weise verarbeiteter Daten (§ 1 Abs 3 Z 2 DSG).

Aufgrund der unmittelbaren Drittwirkung der Rechte aus dem Grundrecht auf Datenschutz binden diese sowohl den Staat als auch Private (vgl etwa *Öhlinger/Eberhard*, Verfassungsrecht[13] [2022] Rz 833). Daher besteht ein Geheimhaltungsanspruch der *T* auch gegenüber Privatpersonen, wie etwa im vorliegenden Fall gegenüber *A*.

A. Schutzbereich

1. Persönlicher Schutzbereich

Es handelt sich um ein sog „Jedermannsrecht", das für jede natürliche und juristische Person gilt, unabhängig von der Staatsbürgerschaft. *T* ist eine natürliche Person, daher ist der persönliche Schutzbereich von § 1 Abs 1 DSG eröffnet.

2. Sachlicher Schutzbereich

Das Grundrecht auf Geheimhaltung umfasst sämtliche personenbezogene Daten. Zudem ist das Vorliegen eines „schutzwürdigen Geheimhaltungsinteresses" Voraussetzung für den Grundrechtsschutz. Nach Art 4 Z 1 DSGVO versteht man unter personenbezogenen Daten „alle Informationen, die sich auf eine identifizierte oder identifizierbare natürliche Person" beziehen. Der Impfstatus der *T* stellt ein personenbezogenes „Datum" iSd Art 4 Z 1 DSGVO dar, da es sich um eine Information handelt, welche sich auf eine identifizierbare natürliche Person (*T*) bezieht. Weiters ist es für den Anspruch auf Geheimhaltung nach § 1 Abs 1 DSG notwendig, dass die Daten „geheim" sind. Daten sind dann geheim, wenn sie nur einem beschränkten Personenkreis bekannt oder nicht allgemein zugänglich sind. Der Impfstatus der *T* ist geheim, da es sich um eine Information handelt, die nicht allgemein zugänglich ist. Ebenso kann davon ausgegangen werden, dass für *T* ein schutzwürdiges Interesse an der Wahrung der Geheimhaltung besteht. Der sachliche Schutzbereich von § 1 Abs 1 DSG ist daher eröffnet

Im Zusammenhang mit der Prüfung des sachlichen Schutzbereichs und der Feststellung, dass es sich bei dem Impfstatus der *T* um ein personenbezogenes „Datum" handelt, empfiehlt es sich, an dieser Stelle auch noch auf die Besonderheit des vorliegenden „Datums" einzugehen. Im konkreten Fall handelt es sich bei den eingesehenen Daten (Impfstatus der *T*) um Gesundheitsdaten iSd Art 4 Z 15 DSGVO. Diese gelten gem Art 9 Abs 1 DSGVO als besondere Kategorie personenbezogener Daten (sog „sensible Daten").

Art 9 DSGVO sieht für besonders schutzwürdige Daten eine spezifische Regelung vor. Art 9 Abs 1 DSGVO enthält eine abschließende Aufzählung der besonderen Kategorie personenbezogener Daten („rassische und ethnische Herkunft, politische Meinungen, religiöse oder weltanschauliche

Überzeugungen oder die Gewerkschaftszugehörigkeit [...], sowie die Verarbeitung von genetischen Daten, biometrischen Daten zur eindeutigen Identifizierung einer natürlichen Person, Gesundheitsdaten oder Daten zum Sexualleben oder der sexuellen Orientierung").

Hintergrund dieser bereichsspezifischen Regelung ist, dass im Zusammenhang mit der Verarbeitung dieser personenbezogenen Daten eine gesteigerte Schutzbedürftigkeit der betroffenen Person angenommen wird. Begründet wird dieser besondere Schutz damit, dass „Personenbezogene Daten, die ihrem Wesen nach hinsichtlich der Grundrechte und Grundfreiheiten besonders sensibel sind, [...] erhebliche Risiken für die Grundrechte und Grundfreiheiten" mit sich bringen (s ErwGr 51).

3. Ergebnis

Der Schutzbereich des Rechts auf Geheimhaltung gem § 1 Abs 1 DSG ist daher eröffnet. Durch die Einsicht in den elektronischen Impfpass der *T* greift *A* in das Recht auf Geheimhaltung der *T* gem § 1 Abs 1 DSG ein.

B. Rechtfertigung des Eingriffs

Das Grundrecht auf Geheimhaltung gilt jedoch nicht absolut, sondern darf durch bestimmte, zulässige Eingriffe beschränkt werden. Gem § 1 Abs 2 DSG sind Beschränkungen des Geheimhaltungsanspruchs nur aus den folgenden drei Gründen zulässig: aufgrund (i) eines lebenswichtigen Interesses des Betroffenen; (ii) ob einer erteilten Zustimmung des Betroffenen oder (iii) bei überwiegenden berechtigten Interessen eines anderen.

Die hier relevante Datenabfrage liegt weder im (i) lebenswichtigen Interesse der *A*, noch gibt es im SV Hinweise für eine (ii) Zustimmung durch die betroffene Person *T*. Mithin ist der Rechtfertigungsgrund (iii) „im überwiegenden berechtigten Interesse [...] eines anderen" heranzuziehen, weil *A* lt SV die Einsicht/Abfrage für sich zur Vornahme einer Risikoabschätzung vornimmt.

Für die Prüfung der Rechtfertigung des Eingriffs ist die Einordnung der personenbezogenen Daten zu beachten. Bei den eingesehenen Daten handelt es sich um besonders schutzwürdige (sensible) Daten iSd Art 9 DSGVO (zur Qualifikation des Impfstatus als besondere Kategorie personenbezogener Daten, s Punkt III.A.2.). Wie bereits erwähnt, ist die DSGVO und insb auch die darin verankerten Grundsätze zur Auslegung des Rechts auf Geheimhaltung zu berücksichtigen. Art 9 Abs 1 DSGVO sieht ein grundsätzliches Verarbeitungsverbot für besondere Datenkategorien vor; wozu auch Gesundheitsdaten wie im vorliegenden Fall zählen. In Art 9 Abs 2 DSGVO wird jedoch ein taxativer Katalog von Ausnahmetatbeständen von diesem Verarbeitungsverbot aufgelistet, wodurch es im Hinblick auf die Frage des „Ob" – dh der Zulässigkeit – in diesen bestimmten Fällen trotzdem zu einer Verarbeitung der personenbezogenen Gesundheitsdaten kommen kann. Nebstdem bedürften mit Blick auf die Frage des „Wie" – dh der Rechtmäßigkeit – prinzipiell die Datenschutzgrundsätze des Art 5 DSGVO einer näheren Betrachtung.

Art 9 Abs 2 DSGVO sieht für besonders schutzwürdige Daten gegenüber Art 6 DSGVO erhöhte Rechtmäßigkeitsanforderungen vor. Die allgemeinen Rechtmäßigkeitsanforderungen des Art 6 DSGVO werden dabei nicht vollständig verdrängt, sondern lediglich von den spezifischeren Anforderungen des Art 9 DSGVO „überlagert". Bei der Verarbeitung besonders schutzwürdiger Daten hat daher stets eine Prüfung von Art 9 Abs 2 und Art 6 Abs 1 zu erfolgen (s ErwGr 51 DSGVO), da ausschließlich Art 6 Abs 1 DSGVO festlegt, ob eine konkrete Datenverarbeitung zulässig ist.

A nimmt die Einsicht in den Impfstatus der *T* lt SV für sich vor, weshalb zu prüfen ist, ob in Art 9 Abs 2 DSGVO ein Ausnahmetatbestand vom Verarbeitungsverbot für „überwiegende berechtigte Interessen [...] eines anderen" aufgelistet ist. In Art 9 Abs 2 DSGVO fehlt jedoch, im Vergleich zu den Rechtfertigungstatbeständen des Art 6 Abs 1 DSGVO, ua der Zulässigkeitstatbestand der „Verarbeitung im berechtigten Interesse des Verantwortlichen oder eines Dritten" (Art 6 Abs 1 lit f DSGVO). Da der in Art 6 Abs 1 lit f DSGVO befindliche Rechtfertigungsgrund nicht von Art 9 Abs 2 DSGVO umfasst ist, kann sich *A* aufgrund des Vorliegens von sensiblen Daten nicht auf diesen berufen. Des Weiteren ist auch kein sonstiger in Art 9 Abs 2 DSGVO aufgelisteter Rechtfertigungsgrund auf den SV anwendbar. Im vorliegenden Fall liegt daher kein Ausnahmetatbestand nach Art 9 Abs 2 DSGVO vor.

Im Ergebnis ist der Eingriff somit nicht gerechtfertigt. *T* wurde in ihrem Recht auf Geheimhaltung verletzt. Es ist daher davon auszugehen, dass die DSB diese Rechtsverletzung mit Bescheid feststellen wird.

Aufgabe 2: Beurteilen Sie mit Blick auf das von *A* bestrittene „Privileg" rechtsgutachterlich, wie die DSB über die Beschwerde von *A* entscheiden wird![2]

Für die rechtsgutachterliche Beurteilung, wie die DSB über die Beschwerde von *A* entscheiden wird, müssen von der Rechtsanwältin in einem ersten Schritt Vorüberlegungen dahingehend angestellt werden, ob eine Verarbeitung zu journalistischen Zwecken vorliegt, die unter das „Medienprivileg" iSd Art 85 Abs 2 DSGVO bzw iSd § 9 Abs 1 DSG fällt, da in letzterem die Durchführung verankert ist (Punkt I.). Danach gilt es im zweiten Schritt sowohl den persönlichen (Punkt II.A.) als auch den sachlichen und räumlichen (Punkt II.B.) Anwendungsbereich zu prüfen. Letztlich muss im dritten Schritt die Zuständigkeit der DSB (Punkt III.) begutachtet werden, um das Rechtsgutachten mit einem Ergebnis beschließen zu können.

I. Vorüberlegungen

Im Kontext der vorliegenden Frage stehen vor allem die Verarbeitung von personenbezogenen Daten einerseits sowie die Freiheit der Meinungsäußerung und Informationsfreiheit andererseits im Vordergrund.

---

2 Der SV sowie der Lösungsvorschlag sind an DSB 13.8.2018, DSB-D123.077/0003-DSB/2018 (Medienprivileg) und die Ausführungen von *Thiele/Wagner*, Praxiskommentar zum Datenschutzgesetz (DSG) § 9 (Stand 1.1.2020, rdb.at) sowie *Jahnel*, Kommentar zur Datenschutz-Grundverordnung Art 85 DSGVO (Stand 1.12.2020, rdb.at) angelehnt.

Obzwar das in Art 8 GRC verankerte Grundrecht auf Schutz personenbezogener Daten mit den Grundrechten auf Meinungsäußerungsfreiheit sowie Informationsfreiheit iSd Art 11 GRC in Ansehung ihrer diametral verschiedenen Schutzrichtungen in einem gewissen Spannungsverhältnis steht, normiert die DSGVO in ErwGr 4, dass „die Verordnung [...] im Einklang mit allen Grundrechten [steht] und [...] Freiheiten und Grundsätze [achtet], die mit der Charta anerkannt wurden und in den Europäischen Verträgen verankert sind, insbesondere [...] Freiheit der Meinungsäußerung und Informationsfreiheit, [...]".

Art 85 DSGVO regelt das sog „Medienprivileg". Im vorliegenden Fall käme insb eine Verarbeitung zu journalistischen Zwecken iSd Art 85 Abs 2 DSGVO in Betracht.

Aufgrund dessen, dass es sich bei Art 85 Abs 2 DSGVO um eine obligatorische Öffnungsklausel handelt, wird den Mitgliedstaaten ein verpflichtender Handlungsauftrag erteilt, durch Rechtsvorschriften das Recht auf den Schutz personenbezogener Daten mit der Meinungsäußerungsfreiheit einerseits sowie der Informationsfreiheit andererseits, in Einklang zu bringen. Basierend auf Art 85 Abs 2 DSGVO besteht demnach bei Vorliegen einer Datenverarbeitung zu journalistischen Zwecken für die Mitgliedstaaten die Pflicht, Abweichungen bzw Ausnahmen der in Art 85 Abs 2 DSGVO genannten Kapitel vorzusehen, „wenn dies erforderlich ist, um das Recht auf Schutz der personenbezogenen Daten mit der Freiheit der Meinungsäußerung und der Informationsfreiheit in Einklang zu bringen." Mithin folgt aus dem erteilten verpflichtenden Handlungsauftrag an die Mitgliedstaaten, dass Art 85 Abs 2 DSGVO kein unmittelbar anwendbares Recht in den Mitgliedstaaten darstellt.

Im Zusammenhang mit der Verarbeitung zu journalistischen Zwecken ist die Durchführung von Art 85 Abs 2 DSGVO in § 9 Abs 1 DSG verankert. Denn Art 6 Abs 2 und 3 DSGVO erlauben den Mitgliedstaaten von sog „Flexibilisierungsklauseln" Gebrauch zu machen. Eine solche bereichsspezifische Datenschutzvorschrift stellt § 9 Abs 1 DSG dar; der das nationale „Medienprivileg" für journalistische Zwecke vorsieht.

Im Gegensatz zu Art 85 DSGVO sieht die österreichische Ausführung aufgrund des schmäleren Anwendungsbereiches allerdings eine Einschränkung des „Medienprivilegs" vor.

II. Anwendungsbereich des § 9 Abs 1 DSG

Der Anwendungsbereich des § 9 Abs 1 DSG erstreckt sich auf die Verarbeitung von personenbezogenen Daten durch Medieninhaber, Herausgeber, Medienmitarbeiter sowie Arbeitnehmer eines Medienunternehmens bzw Mediendienstes iSd MedienG „zu journalistischen Zwecken des Medienunternehmens oder Mediendienstes". Demnach kommt der Ausschluss der Bestimmungen des DSG bzw der Kapitel II (Grundsätze), III (Rechte der betroffenen Person), IV (Verantwortlicher und Auftragsverarbeiter), V (Übermittlung personenbezogener Daten an Drittländer oder an internationale Organisationen), VI (Unabhängige Aufsichtsbehörden), VII (Zusammenarbeit und Kohärenz) und IX (Vorschriften für besondere Verarbeitungssituationen) der DSGVO erst dann zur Anwendung, sofern die Verarbeitungen der personenbezogenen Daten „zu journalistischen Zwecken des Medienunternehmens oder Mediendienstes" erfolgen.

Im vorliegenden Fall bedarf es daher der Prüfung des persönlichen und sachlichen Anwendungsbereichs und damit der näheren Betrachtung, ob eine Verarbeitung von personenbezogenen Daten stattfindet (Punkt II.B.1.), diese „durch Medieninhaber, Herausgeber, Medienmitarbeiter und Arbeitnehmer eines Medienunternehmens oder Mediendienstes im Sinne des Mediengesetzes" (Punkt II.A.), „zu journalistischen Zwecken des Medienunternehmens oder Mediendienstes" (Punkt II.B.2.) erfolgte.

Mithin ist zum einen zu prüfen, ob – einerseits – der veröffentlichte Artikel und – andererseits – auch der Diskurs zwischen den Benutzern im Online-Forum „deinegesundheit.at" des *G*, respektive das Posting von *A*, die drei Kriterien erfüllen und mithin vom „Medienprivileg" nach § 9 Abs 1 DSG erfasst sind.

A. Persönlicher Anwendungsbereich

Der persönliche Anwendungsbereich beschränkt sich gem § 9 Abs 1 DSG „auf die Verarbeitung von personenbezogenen Daten durch Medieninhaber, Herausgeber, Medienmitarbeiter und Arbeitnehmer eines Medienunternehmens oder Mediendienstes im Sinne des Mediengesetzes".

Gem § 1 Abs 1 Z 6 lit b MedienG handelt es sich bei *G* um ein Medienunternehmen, da in ihm die inhaltliche Gestaltung des Mediums (§ 1 Abs 1 Z 1 MedienG) besorgt wird und *G* zudem seine Ausstrahlung bzw Abrufbarkeit besorgt.

> Ein Hinweis für die Einstufung als „Medienunternehmen" bietet hier schon der SV, als dort von einem „GESUNDHEITFIT-Medienunternehmen" die Rede ist.

Zudem kann *G* als Betreiber der größten Diskussionsplattform in Österreich, des „deinegesundheit.at"-Online-Forums, als Verantwortlicher iSv Art 4 Z 7 DSGVO dem persönlichen Anwendungsbereich des § 9 Abs 1 DSG unterworfen werden (vgl DSB 13.8.2018, DSB-D123.077/0003-DSB/2018).

M kann als Medienmitarbeiterin iSd § 1 Abs 1 Z 11 MedienG qualifiziert werden, da sie im *G* unstreitig „an der inhaltlichen Gestaltung eines Mediums oder der Mitteilungen des Mediendienstes journalistisch mitwirkt" und sie in Ermangelung gegenteiliger Anhaltspunkte im SV die journalistische Tätigkeit als Angestellte des Medienunternehmens *G* „nicht bloß als wirtschaftlich unbedeutende Nebenbeschäftigung ausübt".

Der persönliche Anwendungsbereich des § 9 Abs 1 DSG ist eröffnet, da es sich bei *M* um eine Medienmitarbeiterin sowie bei *G* um ein Medienunternehmen handelt.

B. Sachlicher Anwendungsbereich

1. Verarbeitung personenbezogener Daten

Personenbezogene Daten werden in Art 4 Abs 1 Z 1 DSGVO definiert. Im vorliegenden Fall muss im Kontext dieses Kriteriums zwischen dem Posting, bei welchem der Klarnamen von *A* genannt wird, sowie dem veröffentlichten Artikel, der die Angabe „Renommierte Ärztin aus Wien" setzt, differenziert werden. Während im Zusammenhang mit dem Posting personenbezogene Daten verarbeitet werden, da *A* ihren Klarnamen gegenüber dem/n Beschwerdegegner/n *G* bzw *M* offengelegt hat und sich deshalb das Posting bzw die kritische Aussage im Posting auf *A* zurückführen lässt, wird beim veröffentlichten Artikel lediglich die Angabe „Renommierte Ärztin aus Wien" gesetzt. Mangels Herstellbarkeit eines Personenbezugs muss die Identifizierbarkeit von *A* mithin verneint werden (*Thiele/Wagner*, Praxiskommentar zum Datenschutzgesetz [DSG] § 9 [Stand 1.1.2020, rdb.at] Rz 22).

Im Ergebnis liegt daher im Zusammenhang mit dem Posting eine Verarbeitung von personenbezogenen Daten vor, aber nicht im Zusammenhang mit dem veröffentlichten Artikel.

2. Verarbeitung zu journalistischen Zwecken

Unter Punkt II.A. wurde bereits geprüft, dass *G* ein Medienunternehmen iSd § 1 Abs 1 Z 6 lit b MedienG ist, das täglich „Themen aus den Bereichen Sport, Familie, Gesundheit sowie Psyche im Kontext der COVID-Pandemie allgemein und kostenlos" online zur Verfügung stellt. Nun gilt es zu beurteilen, ob dabei Verarbeitungen „zu journalistischen Zwecken des Medienunternehmens oder Mediendienstes" vorlagen.

Zur Auslegung des Begriffes „journalistische Zwecke" kann vor allem auf die Aussagen des EuGH zurückgegriffen werden, wonach dieser weit auszulegen ist (EuGH 16.12.2008, C-73/07, *Satakunnan Markkinapörssi und Satamedia*).

Demnach ist es etwa unerheblich, ob durch den Journalismus kommerzielle Ziele verfolgt werden sowie, ob die Daten auf konventionelle Weise oder etwa durch eine modernere Methode verarbeitet werden. Da sich der Begriff der Datenverarbeitung zu journalistischen Zwecken nicht nur auf institutionalisierte Massenmedien, sondern auf alle Personen bezieht, die journalistisch tätig sind, ist vom Begriff auch der „Bürgerjournalismus" erfasst. Das sind zB Online-Diskussionsforen, wenn der Zweck der einseitigen oder wechselseitigen Kommunikation von Ideen, Meinungen und Informationen verfolgt wird. Mithin sind Tätigkeiten als „journalistisch" einzustufen, wenn sie zum Zweck haben, Informationen, Meinungen oder Ideen in der Öffentlichkeit, dh für einen unbestimmten Personenkreis, zu verbreiten. Für die Anwendbarkeit des Privilegs nach § 9 Abs 1 DSG ist daher allein der Verarbeitungszweck entscheidend.

Somit sind nach Auffassung des EuGH journalistische Tätigkeiten nicht nur Medienunternehmen vorbehalten (*Satakunnan Markkinapörssi und Satamedia*, Rz 61). Aufgrund des eindeutigen Wortlauts in § 9 DSG scheitert allerdings eine unionsrechtskonforme Auslegung und die vollständige Ausklammerung von nicht unternehmerisch organisierten journalistischen Tätigkeiten ist prinzipiell unionsrechtswidrig.

Die großzügige Ausnahme von Medienunternehmen und Journalisten von der Anwendbarkeit datenschutzrechtlicher Bestimmungen durch das „Medienprivileg" ist inzwischen Gegenstand eines Gesetzprüfungsverfahrens vor dem VfGH. Mit Beschluss vom 13.6.2022 (GZ W214 2235037-1/9Z) stellte das BVwG den Antrag an den VfGH, essenzielle Passagen dieser 2018 eingeführten Ausnahmebestimmung wegen Verfassungswidrigkeit aufzuheben. Hauptproblem ist, dass Betroffene keine Beschwerde bei der DSB erheben können (s *Röhsner*, Verfassungsgerichtshof soll über die Datenschutzprivilegien der Medien entscheiden, Der Standard 2022, abrufbar unter https://www.derstandard.at/story/2000136583698/verfassungsgerichtshof-soll-ueber-die-datenschutzprivilegien-der-medien-entscheiden [zuletzt am 11.8.2022]; s VfGH, G 200/2022 und G 229/2022 [noch zu entscheiden]).

Auch ErwG 153 letzter Satz DSGVO weist in diese Richtung: „Um der Bedeutung des Rechts auf freie Meinungsäußerung in einer demokratischen Gesellschaft Rechnung zu tragen, müssen Begriffe wie Journalismus, die sich auf diese Freiheit beziehen, im Ergebnis weit ausgelegt werden."

Der veröffentlichte Artikel dient dem Zweck der Verbreitung der Information bzw der Meinung einer „Renommierte[n] Ärztin aus Wien" in der Öffentlichkeit. Auch in Bezug auf das Posting ist der Öffentlichkeitsbegriff zu bejahen. Immerhin ist davon auszugehen, dass das Posting in dem von *M* betreutem „deinegesundheit.at"-Online-Forum des *G* einer unbestimmten Anzahl an Personen zugänglich ist und somit ebenso das Kriterium der Öffentlichkeit erfüllt wird. Selbst wenn daher ein Benutzer, wie etwa *A*, nur ihre Meinung zu einem gewissen Thema abgeben möchte und gar nicht an einer Diskussion interessiert ist, muss sie dennoch davon ausgehen, dass andere Benutzer auf ihr Posting reagieren (zB durch eine Bewertung oder Kommentierung). Insoweit liegt daher fraglos die notwendige Öffentlichkeit vor (DSB 13.8.2018, DSB-D123.077/0003-DSB/2018).

C. Ergebnis

Im Ergebnis würde im Rechtsgutachten die Einschätzung dahingehend lauten, dass die DSB zum Ergebnis kommen müsste, dass die Veröffentlichung von *As* sinngemäßer Aussage mit der Quellenangabe „Renommierte Ärztin aus Wien" im Online-Artikel sowie ihre kritische Aussage im Posting als journalistische Tätigkeit prinzipiell zu Zwecken des Medienunternehmens *G* zu werten ist. Da allerdings lediglich im Zusammenhang mit dem Posting eine Verarbeitung von personenbezogenen Daten stattfindet, fällt lediglich diese journalistische Tätigkeit unter das „Medienprivileg" nach § 9 Abs 1 DSG (DSB 13.8.2018, DSB-D123.077/0003-DSB/2018).

III. Zuständigkeit der DSB

Das Privileg nach § 9 Abs 1 DSG schließt die Anwendung von Kapitel VI DSGVO („unabhängige Aufsichtsbehörden") aus. Hingegen wird durch das Privileg die Anwendung der Bestimmungen von Kapitel VIII DSGVO („Rechtsbehelfe, Haftung und Sanktionen") nicht ausgeschlossen. Die in Art 77 DSGVO gewährte Beschwerde an die DSB ist jedoch ebenso wie die Verhängung einer Geldbuße durch die DSB dennoch undenkbar, da die Anordnungs- und Sanktionsbefugnisse der DSB (Kapitel VI, insb Art 58 Abs 2 lit c und i DSGVO) für Datenverarbeitungen unter dem Schutz des Privilegs nicht zwingend gelten. Dieser Schluss ergibt sich direkt aus Art 85 Abs 2 DSGVO (vgl *Suda/Veigl* in Gantschacher/ Jelinek/Schmidl/Spanberger, Datenschutzgesetz § 9 Rz 2).

Daraus folgt, dass die Rechtsanwältin die *A* darauf hinzuweisen hat, dass die DSB zur Behandlung der Beschwerde unzuständig ist, weshalb die DSB die Beschwerde von *A* zurückzuweisen hat. Im Übrigen bestünde für die DSB zudem die Möglichkeit herauszustellen, dass das Privileg nach § 9 Abs 1 DSG auch die Anwendung der Bestimmungen von Kapitel III DSGVO („Betroffenenrechte") ausschließt und somit das Recht auf Löschung gem Art 17 DSGVO im Kontext des Postings gar nicht für *A* in Betracht käme. Aufgrund dessen, dass die Fragestellung ausschließlich auf die Beurteilung des erwähnten „Privilegs" abstellt, ist auf den veröffentlichten Artikel, der mangels Herstellbarkeit der Identifizierbarkeit nicht unter das „Privileg" fällt, nicht näher einzugehen.

Sowohl § 9 Abs 1 DSG als auch § 9 Abs 2 DSG werden in der Lit als unions- bzw verfassungswidrig angesehen. Bis zu einer etwaigen Aufhebung durch den VfGH sind diese Bestimmungen allerdings von den Behörden sowie Gerichten weiter anzuwenden (s zum Beschluss des BVwG über den Antrag auf Entscheidung des VfGH über die Datenschutzprivilegien der Medien *Röhsner*, Der Standard 2022, abrufbar unter https://www.derstandard.at/story/2000136583698/verfassungsgerichtshof-soll-ueber-die-datenschutzprivilegien-der-medien-entscheiden [zuletzt am 11.8.2022]; s VfGH, G 200/2022 und G 229/2022 [noch zu entscheiden]). Zudem sind derartige nationale Ausführungsbestimmungen gem Art 85 Abs 3 DSGVO auch der EK mitzuteilen.

Fall 14

Fakelife

Datenschutzrecht

Daniela Petermair

Die *belgische Datenschutzbehörde (GBA)* beobachtet schon seit einigen Monaten bestimmte Datenverarbeitungspraktiken der *Fakelife Ireland Ltd (F)*. *F* betreibt das soziale Online-Netzwerk *Fakelife* und hat ihre Hauptniederlassung in Irland sowie mehrere Zweigniederlassungen in ganz Europa.

F erhebt Daten von Nutzern ihres Online-Netzwerks, während diese im Internet surfen. Dies erfolgt durch den Einsatz von „Cookies". In die Vorgänge der Datenerhebung sind auch die Zweigniederlassungen der *F* stark involviert. So wird etwa wird die Datenerhebung der belgischen Nutzer von der belgischen Zweigniederlassung durchgeführt. Mit den dadurch gewonnenen Daten erstellt *F* ein Profil zum Surfverhalten der Nutzer, um ihnen im Anschluss zielgerichtete Werbung anzuzeigen. Bei der erstmaligen Anwendung im sozialen Netzwerk erhalten die Nutzer Informationen zu diesem Vorgehen und müssen der Setzung von Cookies zustimmen, wobei in der dafür vorgesehenen Einwilligungsbox das Häkchen bereits gesetzt ist.

Im März 2019 beantragt die *GBA* im Rahmen der Amtshilfe bei ihrem irischen Pendant, der *Data Protection Commission (DPC)*, weitere Informationen zu den Vorgängen der Verarbeitung personenbezogener Daten durch *F* zu erhalten. Allerdings reagiert die *DPC* sowohl auf diesen Antrag als auch auf eine Nachfrage der *GBA* nicht.

Im März 2021 möchte die *GBA* diesen Praktiken nicht weiter nur zusehen und beschließt durch eine einstweilige Maßnahme gem Art 66 DSGVO, diese der *F* für drei Monate zu untersagen. *F* setzt die Praktiken aber weiter fort, weshalb die *GBA* schließlich eine Klage gegen *F* einbringt. Wenige Wochen später wird der Fall vor einem belgischen Gericht verhandelt. Darin bringt *F* unter anderem vor, dass die Datenverarbeitung rechtskonform erfolgte, immerhin habe sie die dafür erforderliche Einwilligung der Nutzer eingeholt. Zudem sei die *GBA* überhaupt nicht befugt, in diesem Fall Klage zu erheben. Einerseits sei die *GBA* nämlich nicht die zuständige Behörde und andererseits sei in keinem belgischen Gesetz eine Klagebefugnis der *GBA* normiert.

Aufgabe: Sind die Argumente der *F* stichhaltig? Argumentieren und begründen Sie!

Lösung[1]

Aufgabe: Sind die Argumente der *F* stichhaltig? Argumentieren und begründen Sie!

Die Fragestellung weist Sie an, die von *F* vorgebrachten Argumente auf ihre Stichhaltigkeit zu überprüfen. In einem ersten Schritt sollten Sie sich daher die Argumente genauer ansehen. Diese lassen sich in zwei Gruppen gliedern, wobei diese Untergliederung auch schon in der Fallangabe angelegt ist: Einerseits wird nämlich der materiellrechtliche Einwand erhoben, dass die Datenverarbeitung rechtskonform erfolgt sei, weil man dafür eine Einwilligung eingeholt habe. Andererseits verfolgt *F* eine verfahrensrechtliche Argumentation, wenn die Klagsbefugnis der *GBA* bestritten wird (Unzuständigkeit und fehlende Kompetenz). Ihre Lösung können Sie anhand der Argumente gliedern. Arbeiten Sie die Argumente am besten nacheinander ab. Wichtig ist, dass Sie sich in Ihrer Lösung nur auf die vorgebrachte Argumentation beschränken, da die Aufgabenstellung nur verlangt, auf diese einzugehen.

I. Rechtskonformität der Datenverarbeitung

A. Anwendungsbereich der DSGVO

1. Räumlicher Anwendungsbereich

Verantwortlich für die Datenverarbeitung ist, wer allein oder gemeinsam mit anderen über die Zwecke und Mittel der Verarbeitung von personenbezogenen Daten entscheidet (Art 4 Z 7 DSGVO). Das ist im vorliegenden Fall die *F*. Die Datenverarbeitung findet außerdem jedenfalls im EU-Inland statt, da Irland Teil der EU ist. Dies gilt unabhängig davon, ob die Verarbeitung der Daten selbst in der Union stattfindet oder ob sich zB die Server im EU-Ausland befinden.

Somit ist der Anwendungsbereich der DSGVO gem Art 3 Abs 1 DSGVO eröffnet.

2. Sachlicher Anwendungsbereich

Gem Art 2 Abs 1 DSGVO gilt die DSGVO für die ganz oder teilweise automatisierte Verarbeitung personenbezogener Daten sowie für die nichtautomatisierte Verarbeitung personenbezogener Daten, die in einem Dateisystem gespeichert sind oder gespeichert werden sollen. Somit müssen bei des Art 2 Abs 1 1. Fall DSGVO drei Kriterien kumulativ vorliegen: Bei den Daten muss sich um (i) personenbezogen Daten handeln, die (ii) automatisiert (iii) verarbeitet werden.

Personenbezogene Daten sind alle Informationen, die sich auf eine identifizierte oder identifizierbare natürliche Person beziehen. Als identifizierbar wird eine natürliche Person angesehen, die direkt oder indirekt identifiziert werden kann (Art 4 Z 1 DSGVO).

---

1 Der SV sowie der Lösungsvorschlag sind an das Urteil EuGH 15.6.2021, C-645/19, *Facebook gg GBA*, sowie die Schlussanträge des GA angelehnt.

> ErwG 26 DSGVO erläutert dies näher: Eine Person ist dann identifizierbar, wenn ihre Identität unter Berücksichtigung aller Mittel, die von dem Verantwortlichen oder einer anderen Person nach allgemeinem Ermessen wahrscheinlich genutzt werden, um die natürliche Person direkt oder indirekt zu identifizieren, festgestellt werden kann. Bei der Feststellung sollten alle objektiven Faktoren, wie die Kosten der Identifizierung und der dafür erforderliche Zeitaufwand, herangezogen werden, wobei die zum Zeitpunkt der Verarbeitung verfügbare Technologie und technologische Entwicklungen zu berücksichtigen sind.

Ausdrücklich angeführt werden in den Erwägungsgründen IP-Adressen und Cookie-Kennungen, die insb in Kombination mit eindeutigen Kennungen dazu benutzt werden können, eine natürliche Person zu identifizieren (ErwG 30 DSGVO). Damit sieht die DSGVO in IP-Adressen und Cookie-Kennungen keinen unmittelbaren Personenzug. Da lt SV aber das gesamte Surfverhalten der Nutzer aufgezeichnet wird und die betroffenen Personen insb die Nutzer des Online-Netzwerks der F sind, kann man davon ausgehen, dass ausreichend Zusatzinformationen vorliegen werden, um eine Person identifizieren zu können (vgl EuGH 19.10.2016, C-582/14, *Breyer*).

Die gewonnenen Daten werden auch iSd Art 4 Z 2 DSGVO verarbeitet, weil sie anschließend dazu genutzt werden, ein Profil zum Surfverhalten der Nutzer zu erstellen, um ihnen zielgerichtete Werbung anzuzeigen. Die Verarbeitung erfolgt zudem automatisiert, weil für etwa schon für das Erfassen, deren Speicherung wie wohl für einige weitere Verarbeitungsvorgänge eine elektronische Datenbank verwendet wird, wodurch eine Datenverarbeitungsanlage zum Einsatz kommt.

Eine Ausnahme vom sachlichen Anwendungsbereich liegt soweit ersichtlich nicht vor (vgl Art 2 Abs 2 DSGVO).

3. Zwischenergebnis

Im Ergebnis ist der sachliche und räumliche Anwendungsbereich eröffnet. Die Datenverarbeitung der F unterliegt daher der DSGVO.

B. Rechtmäßigkeit der Datenverarbeitung

Gem Art 6 Abs 1 DSGVO ist die Verarbeitung nur rechtmäßig, wenn zumindest eine der angeführten Bedingungen (Abs 1 lit a bis f leg cit) erfüllt ist. In Betracht kommt hier vor allem die rechtmäßige Verarbeitung aufgrund einer Einwilligung gem Art 6 Abs 1 lit a DSGVO. Hinsichtlich der anderen literae fehlen Anhaltspunkte im SV. So finden sich zB keine Hinweise darauf, dass die Verarbeitung zur Vertragserfüllung erforderlich wäre (lit b leg cit).

Zu prüfen ist daher, ob die Nutzer ihre Einwilligung zur Datenverarbeitung für einen oder mehrere bestimmte Zwecke gegeben haben. Dazu definiert Art 4 Z 11 DSGVO die Einwilligung als freiwillig für den bestimmten Fall, in informierter Weise und unmissverständlich abgegebene Willensbekundung in Form einer Erklärung oder einer sonstigen eindeutigen bestätigenden Handlung, mit der die betroffene Person zu verstehen gibt, dass sie mit der Verarbeitung der sie betreffenden personenbezogenen Daten einverstanden ist. Art 7 DSGVO konkretisiert sodann die Bedingungen für eine rechtmäßige Einwilligung.

1. Freiwilligkeit

Eine Einwilligung ist nur dann freiwillig, wenn die betroffene Person eine Wahlmöglichkeit hat und ihre Abgabe insb ohne Zwang erfolgt.

Freiwilligkeit liegt etwa dann nicht vor, wenn die Einwilligung zur Verarbeitung personenbezogener Daten mit einem Vertragsabschluss gekoppelt wird, wobei die Datenverarbeitung nicht für die Erfüllung dieses Vertrags erforderlich ist (sog Koppelungsverbot, Art 7 Abs 4 DSGVO). Problematisch sind auch Fälle, wo zwischen den Vertragsparteien ein großes Ungleichgewicht herrscht (vgl ErwG 43 DSGVO). Darüber hinaus muss die betroffene Person auch die Möglichkeit haben, ihre Einwilligung jederzeit zu widerrufen (explizit Art 7 Abs 3 DSGVO), wobei mit dem Widerruf auch Art 6 Abs 1 lit a DSGVO als mögliche Rechtsgrundlage der Datenverarbeitung ex nunc wegfällt.

Mangels Hinweisen im SV ist davon auszugehen, dass die Einwilligung in die Datenverarbeitung freiwillig möglich ist.

2. Information und Zweckbindung

Im Zuge der Einwilligung muss der Betroffene muss über die Verarbeitung der personenbezogenen Daten informiert werden (Art 4 Z 11 DSGVO). Er muss wissen, wer, welche Daten, zu welchem Zweck verarbeitet (vgl auch ErwG 32).

Nach ErwG 32 DSGVO „sollte sich eine Einwilligung auf alle zu demselben Zweck oder denselben Zwecken vorgenommenen Verarbeitungsvorgänge beziehen. Wenn die Verarbeitung mehreren Zwecken dient, muss für alle Verarbeitungszwecke eine eigene Einwilligung abgegeben werden. Wird die betroffene Person auf elektronischem Weg zur Einwilligung aufgefordert, so muss die Aufforderung in klarer und knapper Form und ohne unnötige Unterbrechung des Dienstes, für den die Einwilligung gegeben wird, erfolgen." Unzulässig sind damit pauschale Einwilligungsklauseln, die sich nicht auf bestimmte Verarbeitungszwecke beschränken.

Der SV bietet dazu keine näheren Ausführungen, weshalb nicht abschließend beurteilt werden kann, ob in concreto die Anforderungen erfüllt sind. Mangels Anhaltspunkten ist das aber anzunehmen.

3. In unmissverständlicher, eindeutig bestätigender Form

Dieses Kriterium wird in Art 7 Abs 2 DSGVO noch näher konkretisiert, als das Einwilligungsersuchen in klarer und unmissverständlicher Sprache und in leicht zugänglicher Form erfolgen muss. Zudem muss es sich von anderen Sachverhalten klar unterscheiden.

Im vorliegenden Fall ist das fraglich, weil die Einwilligung – erstens – durch eine elektronische Einwilligungsbox erfolgt sowie – zweitens – das Häkchen in dieser Einwilligungsbox bereits gesetzt war, womit keine aktive Handlung des Nutzers mehr erforderlich war.

ErwG 32 DSGVO hilft bei der Auslegung, weil demnach die Einwilligung in schriftlicher Form, elektronisch, durch mündliche Erklärung oder etwa auch durch Ankreuzen eines Kästchens beim Besuch einer Internetseite erfolgen kann. Weiter wird ausgeführt, dass „Stillschweigen, bereits angekreuzte Kästchen oder Untätigkeit der betroffenen Person [...]

keine Einwilligung darstellen [sollten]." Das steht auch im Einklang mit der Rsp des EuGH: „Eine Einwilligung, die durch ein voreingestelltes Ankreuzkästchen erteilt wird, impliziert [...] kein aktives Verhalten des Nutzers einer Website." (EuGH 1.10.2019, C-673/17, *Planet 49*, Rz 52).

Demzufolge hätte *F* zwar eine Einwilligungsbox verwenden können, doch führt das dort bereits gesetzte Häkchen zu einer unrechtmäßigen Einwilligung iSd Art 4 Z 11 DSGVO. Im Ergebnis erfolgen die so abgegebenen „Einwilligungen" also nicht im Einklang mit den Vorgaben der DSGVO.

> Zudem verlangt die DSGVO, dass der Verantwortliche die Einwilligung der betroffenen Person auch nachweisen kann (Art 7 Abs 1 DSGVO).

4. Zwischenergebnis

Da Art 6 Abs 1 lit a DSGVO mangels rechtskonformer Einwilligung keine Rechtsgrundlage bieten kann und auch kein Rechtfertigungstatbestand gem Art 6 Abs 1 DSGVO in Betracht kommt, erfolgt die Verarbeitung der personenbezogenen Daten durch *F* unrechtmäßig.

> Somit muss auch die Einhaltung der Grundsätze für die Verarbeitung personenbezogener Daten gem Art 5 DSGVO nicht näher geprüft werden. Anderes würde gelten, wenn die Aufgabenstellung nach einer „umfassenden Beurteilung" fragen würde.

C. Ergebnis

Die Datenverarbeitung *F* ist nicht rechtskonform, das vorgebrachte Argument ist nicht stichhaltig.

II. Klagebefugnis der *GBA*

A. Zuständigkeit der *GBA*

> Eine Schwierigkeit liegt darin, eine gute Struktur für die Lösung zu finden. Der Lösungsvorschlag prüft hier zuerst die Behördenzuständigkeit im anwendbaren Verfahren (Punkt II.A.1. und 2.), ehe konkret die Zuständigkeit für die Klagsbefugnis gem Art 58 Abs 5 DSGVO (Punkt II.A.3.) gegen *F* (Punkt II.A.4.) erörtert wird. Freilich ist dieser Aufbau nicht zwingend und wurde hier auch aus didaktischen Gründen gewählt.
>
> Vorauszuschicken ist auch, dass der Fall an einigen Stellen einen großen Argumentationsspielraum bietet. Im Lösungsvorschlag werden daher punktuell Alternativen aufgezeigt. Das hier vertretene Ergebnis orientiert sich am Urteil des EuGH 15.6.2021, C-645/19, *Facebook gg GBA*. Im Rahmen einer Prüfung gilt wie immer, dass Sie in Ihrer Argumentation konsequent bleiben und sich für eine Auffassung entscheiden.

1. Die Zuständigkeit der federführenden Behörde als Regel

Art 55 DSGVO regelt die Zuständigkeit der Aufsichtsbehörden nach dem Territorialitätsprinzip; die nationalen Aufsichtsbehörden sind daher für die Erfüllung ihrer Aufgaben und Befugnisse im eigenen Hoheitsgebiet zuständig. Erfolgt die Datenverarbeitung aber grenzüberschreitend, ist zwischen federführenden und (bloß) betroffenen Aufsichtsbehörden zu unterscheiden. Die federführende Behörde ist bei mehreren Niederlassungen eines Verantwortlichen in der Union, jene Behörde, in dessen Hoheitsgebiet der Verantwortliche seine Hauptniederlassung hat (Art 56 Abs 1 DSGVO).

Wann eine Datenverarbeitung grenzüberschreitend ist, definiert Art 4 Z 23 DSGVO näher, der dazu zwei Alternativen anführt. Da die Datenverarbeitung der *F* lt SV auch durch Niederlassungen in mehreren Mitgliedsstaaten erfolgt, ist lit a leg cit einschlägig und die Verarbeitung somit grenzüberschreitend. *F* hat lt SV ihre Hauptniederlassung in Irland, was gem Art 4 Z 16 DSGVO grds der Ort der Hauptverwaltung in der Union ist. Damit ist gem Art 56 Abs 1 DSGVO die irländische *DPC* die federführende Aufsichtsbehörde. Die belgische *GBA* ist schon allein deshalb betroffene Aufsichtsbehörde, weil *F* auch eine Niederlassung in Belgien besitzt (Art 4 Z 22 lit a DSGVO).

Als Zwischenergebnis kann man also festhalten, dass das Verfahren gem Art 60 DSGVO anwendbar ist (Art 56 Abs 1 DSGVO). Die „Grundregel" ist somit, dass der *DPC* als federführende Aufsichtsbehörde die Entscheidungsbefugnis zukommt (s *Facebook gg GBA*, Rz 43 ff). Auch diese Regel kennt aber Ausnahmen, ob eine solche vorliegt, wird in der Folge näher geprüft:

2. Art 61 Abs 8 DSGVO als eine Ausnahme

Einen Anhaltspunkt bietet dazu der SV, wonach die *GBA* die *DPC* um weitere Informationen zu den Vorgängen der Verarbeitung personenbezogener Daten durch *F* ersucht hat. Dafür nahm die *GBA* das Instrument der Amtshilfe zur Hilfe. Das ist in Art 61 DSGVO festgeschrieben, der die Aufsichtsbehörden verpflichtet, sich einander maßgebliche Informationen zu übermitteln und einander Amtshilfe zu gewähren.

Die belgische *GBA* hat ein solches Ersuchen bereits im März 2019 an die irische *DPC* gerichtet, die diesem bis zur Klageerhebung der *GBA* – trotz einer Nachfrage – im März 2021 nicht nachgekommen ist. Art 61 Abs 8 DSGVO ermächtigt die ersuchende Aufsichtsbehörde, hier die *GBA*, einstweilige Maßnahmen zu ergreifen, wenn die ersuchte Aufsichtsbehörde, die *DPC*, nicht binnen eines Monats nach Eingang des Ersuchens gewährt. In diesem Fall geht Abs 8 leg cit ex lege von einem dringenden Handlungsbedarf aus. Dem SV folgend, wurde diese Frist aufgrund der Zeitspanne von mehreren Monaten jedenfalls überschritten. Die *GBA* kann somit eine Stellungnahme oder einen verbindlichen Beschluss des Europäischen Datenschutzausschusses (EDSA) anfordern, wenn ihrer Ansicht nach, dringend endgültige Maßnahmen erlassen werden müssen (Art 66 DSGVO). Zudem könnte eine Stellungahme des EDSA beantragt werden (Art 64 Abs 2 DSGVO) (zu alledem *Facebook gg GBA*, Rz 71).

Art 61 Abs 8 DSGVO wirkt sich auf die Zuständigkeit der Aufsichtsbehörden damit zusammengefasst wie folgt aus: Kommt eine andere Aufsichtsbehörde einem Auskunftsersuchen nicht nach, räumt die DSGVO der ersuchenden Aufsichtsbehörde die Befugnis ein, einen Verstoß gegen die DSGVO mit (einstweiligen) Maßnahmen zu ahnden. Das ist eine Abweichung vom Verfahren der Zusammenarbeit und Kohärenz, welches allgemein die alleinige Zuständigkeit der federführenden Aufsichtsbehörde annimmt.

Eben diese Konstellation liegt hier vor, weshalb die *GBA* die einstweilige Maßnahme als zuständige Aufsichtsbehörde erlassen durfte.

3. Zuständigkeit der *GBA* gem Art 58 Abs 5 DSGVO

Fraglich ist nun, ob die *GBA* von ihrer Klagebefugnis gem Art 58 Abs 5 DSGVO Gebrauch machen darf. Das würde voraussetzen, dass sie für die Inanspruchnahme dieser Befugnis auch zuständig ist. Zu berücksichtigen ist in diesem Fall, dass die *GBA* nach den Ausführungen unter Punkt II.A.2. einstweilige Maßnahmen im Rahmen des Dringlichkeitsverfahrens gem Art 66 Abs 1 DSGVO erlassen durfte. Da durch dieses Vorgehen ex lege vom Verfahren der Zusammenarbeit gem Art 60 DSGVO unter Zuständigkeit der *DPC* als federführender Aufsichtsbehörde abgewichen wird, kann man argumentieren, dass mit diesem Schritt der *GBA* auch alle weiteren Befugnisse gem Art 58 DSGVO zukommen. Immerhin muss die *GBA* auch die Einhaltung von ihr angeordneten einstweiligen Maßnahme sicherstellen können (vgl die Schlussanträge des GA zu *Facebook gg GBA*, insb 135, sowie *Facebook gg GBA*, 43 ff).

Im Ergebnis ist die *GBA* also dem Grunde nach für die Klageerhebung zuständig.

4. Zulässigkeit der Klage gegen *F*

Darüber hinaus fällt auf, dass die *GBA* die Klage nicht gegen die belgische Niederlassung, sondern gegen die *F* einbringt. Gegen die Zulässigkeit dieser Klage könnten zwei Argumente sprechen: Erstens befindet sich die Hauptniederlassung der *F* nicht in Belgien, sondern in Irland. Zweitens klagt die *GBA* damit eine Einrichtung, die ihre Niederlassung nicht in Belgien hat.

Zur Zuständigkeit sieht Art 55 Abs 1 DSGVO vor, dass die Behörde für die Ausübung der Befugnisse in ihrem Mitgliedstaat zuständig ist, was – grds – zwei Interpretationsmöglichkeiten eröffnet: Zum einen kann man darin strikte territoriale Grenzen erblicken, die jedes Tätigwerden gegen außerhalb des belgischen Hoheitsgebiets ansässige Verantwortliche ausschließen (wogegen aber schon die DSGVO mit der Möglichkeit, einstweilige Maßnahmen zu erlassen, Ausnahmen vorsieht, vgl dazu schon Punkt II.A.2.). Zum anderen könnte Art 55 Abs 1 DSGVO hier schlicht auf die Auswirkungen der Datenverarbeitung abstellen, wofür systematische Überlegungen – etwa zu Art 56 Abs 2 DSGVO – sprechen. Schließlich ist auch Art 58 Abs 5 DSGVO in seinem Wortlaut weit formuliert und unterwirft die Ausübung der Klagsbefugnis keinen territorialen Grenzen (vgl dazu *Facebook gg GBA*, Rz 79).

Aus den zuletzt angeführten Gründen folgt dieser Lösungsvorschlag der zweiten Auslegungsvariante. Die Klage gegen *F* war daher zulässig.

5. Zwischenergebnis

Das Argument der *F* erweist sich damit ebenfalls als nicht stichhaltig. Die belgische *GBA* war nach der in diesem Lösungsvorschlag vertretenen Ansicht für die Einbringung der Klage gegen *F* zuständig.

B. Unmittelbare Wirkung von Art 58 Abs 5 DSGVO

Darüber hinaus bringt *F* vor, dass die *GBA* nach nationalem belgischen Recht nicht zu einer Klage legitimiert sei, weil das belgische Recht keine derartige Klagebefugnis normiere. Somit ist noch zu klären, ob Art 58 Abs 5 DSGVO (zwingend) einer Umsetzung im nationalem Recht bedarf oder ob die Bestimmung auch unmittelbar eine Klagebefugnis verleihen kann.

Gegen die unmittelbare Einräumung der Klagebefugnis spricht auf den ersten Blick der Wortlaut: „Jeder Mitgliedsstaat sieht durch Rechtsvorschriften vor [...].“ Jedoch kann Art 58 Abs 5 DSGVO auch so gelesen werden, dass die Mitgliedsstaaten nur die Konstellationen regeln dürfen, in den die Aufsichtsbehörden die Einleitung eines gerichtlichen Verfahrens betreiben können (dazu *Hecht/Petermair*, Anmerkung zu EuGH 15.6.2021, C-645/19, MR 2021, 254). Diese Auffassung wird vom EuGH vertreten (*Facebook gg GBA*, Rz 106 ff).

Die *GBA* konnte sich also direkt auf Art 58 Abs 5 DSGVO berufen und war damit zur Klageerhebung befugt.

C. Ergebnis

Auch die beiden Teilargumente, welche die Klagsbefugnis der *GBA* bestritten, erweisen sich als nicht stichhaltig.

III. Ergebnis

Sowohl die verfahrensrechtlichen (Punkt II.) wie auch die materiellrechtlichen (Punkt I.) Einwände erweisen sich als nicht stichhaltig. Die *GBA* war zur Klageerhebung befugt, darüber hinaus war die Datenverarbeitung durch *F* unrechtmäßig.

Fall 15

Pillen zum Bonuspreis

Grundfreiheiten

Anna Valeria Backé / Melina Still

Der gemeinnützige, in Deutschland ansässige Verein *Medikamos (M)* ist eine Selbsthilfeorganisation mit dem Ziel, Patienten mit chronischen Erkrankungen und ihre Familien zu unterstützen. Um den Patienten Vorteile beim Kauf ihrer verschreibungspflichtigen Medikamente zu verschaffen, kooperiert *M* mit der niederländischen Versandapotheke *Apozon (A)*. Beim Kauf von verschreibungspflichtigen Medikamenten über das *A*-Portal sollen Mitglieder von *M* durch ein Bonussystem verschiedene Vorteile erhalten können.

Allerdings dürfen nach dem deutschen Arzneimittelgesetz verschreibungspflichtige Medikamente nur zu einem festgesetzten Preis abgesetzt werden. Ziel dieser Regelung ist, eine reibungslose Versorgung des Landes mit verschreibungspflichtigen Medikamenten und eine sichere und qualitativ hochwertige Arzneimittelversorgung der Bevölkerung zu erreichen. Das Bonussystem des *M* wurde von den deutschen Behörden verboten, da die Regelung nicht nur beim Verkauf zu einem anderen Preis verletzt sei, sondern auch dadurch, dass der Kauf des Medikaments wirtschaftliche Vorteile für die Kunden mit sich bringt. Sowohl *A* als auch *M* möchten dies nicht hinnehmen und sind der Auffassung, dass die Regelung nicht im Einklang mit Unionsrecht stehe.

Auch in Ungarn gibt es mit *Humedi (H)* einen ähnlichen Verein, der das Ziel verfolgt, chronisch erkrankten Menschen eine Unterstützung zu bieten. Da die ungarische „Schwesterorganisation" noch jung ist, beschließt der deutsche Verein *M*, sie finanziell mit einem Betrag von EUR 3 000 (umgerechnet ca. 1 000 000 ungarische Forint [HUF]) zu unterstützen. Auf der einen Seite ist *H* sehr über die großzügige Spende erfreut, andererseits hegt *H* Bedenken wegen des administrativen Mehraufwands, der nun anfällt.

In Ungarn gibt es nämlich ein Gesetz, nach dem sich alle gemeinnützigen Organisationen, die mehr als HUF 500 000 an Spenden pro Jahr aus dem Ausland erhalten, bei einem inländischen Gericht registrieren müssen. Registrierte Organisationen müssen die Bezeichnung „aus dem Ausland unterstützte Organisation" führen. Zudem sind sie damit an gewisse Pflichten gebunden. So müssen sie dem Gericht unter anderem Informationen über ihre Spender erteilen, die öffentlich zugänglich gemacht werden müssen. Ungarn gibt an, mit dem neuen Gesetz die Transparenz bei der Finanzierung von allen Organisationen zu erhöhen, die Einfluss auf das öffentliche Leben haben. Durch die Transparenzanforderungen soll das Gesetz außerdem die Geldwäsche, die Terrorismusfinanzierung und allgemein die organisierte Kriminalität bekämpfen. Die Regelungen sollen somit der öffentlichen Ordnung und Sicherheit dienen.

Die Leitung des Vereins *H* überlegt, ob der Verein nunmehr ausschließlich aus Ungarn stammende Spenden annehmen sollte. Damit würde die Organisation in Kauf nehmen, ihren Mitgliedern weniger Unterstützung anbieten zu können.

Aufgabe 1: Beurteilen Sie den Sachverhalt aus grundfreiheitsrechtlicher Sicht!

Nicht nur dem Verein *H*, sondern auch der Europäischen Kommission ist das neue ungarische Gesetz ein Dorn im Auge. Das Gesetz erschwere nicht nur die aus anderen Mitgliedstaaten fließende finanzielle Unterstützung von Organisationen, sondern sei durch die einhergehenden Informationserteilungspflichten auch grundrechtlich problematisch. Die Europäische Kommission beabsichtigt daher, gegen das Gesetz vorzugehen, da es ihrer Ansicht nach gegen das Unionsrecht verstößt.

Aufgabe 2: Wie kann die Europäische Kommission gerichtlich gegen das ungarische Gesetz vorgehen?

Lösung[1]

Aufgabe 1: Beurteilen Sie den Sachverhalt aus grundfreiheitsrechtlicher Sicht!

Die Lösung der ersten Aufgabe lässt sich entsprechend der beiden nationalen Regelungen im SV in zwei Teile untergliedern, was die Struktur für die folgende Prüfung vorgibt. Zu achten ist auf eine saubere Trennung der Sachverhaltselemente, um in der Lösung die Rechtsprobleme nicht zu vermischen. Anschließend wird jeder Sachverhaltsteil für sich auf die Vereinbarkeit der Regelung mit der jeweils einschlägigen Grundfreiheit geprüft.

I. Warenverkehrsfreiheit

Fraglich ist, ob die deutsche Regelung die Warenverkehrsfreiheit gem Art 28 ff AEUV verletzt.

A. Sekundärrechtliche Regelung

Im SV finden sich keine Hinweise auf anwendbares Sekundärrecht.

B. Schutzbereich

1. Sachlich-räumlicher Schutzbereich

Der sachliche Schutzbereich des Art 34 AEUV knüpft an das Vorliegen einer Ware an (s Art 28 Abs 2 AEUV). Waren sind Erzeugnisse, die einen Geldwert haben und deshalb Gegenstand von Handelsgeschäften sein können (EuGH 10.12.1968, C-7/68, *Kommission/Italien,* Rz 642; EuGH 9.7.1992, C-2/90, *Kommission/Belgien*, Rz 26). Art 34 AEUV schützt die Einfuhr von Waren aus einem anderen Mitgliedstaat, also muss ein grenzüberschreitender Bezug vorliegen.

Entscheidend ist für den Warenbegriff, ob es für das betreffende Produkt einen Markt gibt, weil jemand bereit wäre, dafür zu bezahlen (*Jaeger*, Materielles Europarecht[2] 40). Auch Abfall und Elektrizität sind Waren. Illegale Güter wie Cannabis sind hingegen nicht als Ware zu qualifizieren (vgl EuGH 9.7.1992, C-2/90, *Kommission/Belgien*, Rz 23; EuGH 27.4.1994, C-393/92, *Almelo*, Rz 27 f; EuGH 16.12.2010, C-137/09, *Josemans*, Rz 54). Keine Waren sind gesetzliche Zahlungsmittel, die als solche der Kapital- und Zahlungsverkehrsfreiheit unterliegen.

Im vorliegenden Fall sind die Medikamente geldwerte Erzeugnisse und können Gegenstand von Handelsgeschäften sein. Deshalb sind die Medikamente als Waren zu qualifizieren. Sie werden aus einem Mitgliedstaat, den Niederlanden, in den Mitgliedstaat Deutschland eingeführt, weshalb auch der grenzüberschreitende Bezug erfüllt ist. Damit ist der sachlich-räumliche Schutzbereich eröffnet.

---

1 Der SV sowie der Lösungsvorschlag sind an EuGH 19.10.2016, C-148/15, *Deutsche Parkinson Vereinigung e. V.*, und EuGH 18.6.2020, C-78/18, *Kommission/Ungarn*, angelehnt.

2. Persönlich-räumlicher Schutzbereich

Bei diesem Prüfungsschritt ist zu prüfen, „wer" sich auf die Grundfreiheit berufen kann, wobei dafür bei der Warenverkehrsfreiheit die Herkunft der Ware zentral ist: Die Ware muss entweder aus einem Mitgliedstaat stammen oder aus einem Drittstaat eingeführt werden und sich dann in den Mitgliedstaaten im freien Verkehr befinden (Art 28 Abs 2 und Art 29 AEUV). Auf den ersten Blick wirkt der Begriff des „persönlichen" Schutzbereichs also unpassend. Da die Warenverkehrsfreiheit aber unmittelbar anwendbar ist, kann sich jede natürliche oder juristische Person, die ein Interesse an der Durchsetzung der Warenverkehrsfreiheit hat, auf diese berufen. Ob diese Person die Staatsangehörigkeit eines Mitgliedstaats besitzt, ist irrelevant, da die Warenverkehrsfreiheit als reine Produktverkehrsfreiheit ausschließlich am Warenbegriff anknüpft (*Schroeder* in Streinz, EUV/AEUV³ (2018) Art 34 AEUV Rz 23 f).

Da die Medikamente aus den Niederlanden eingeführt werden sollen, kann davon ausgegangen werden, dass sie aus den Niederlanden stammen bzw dort in den freien Verkehr (s Art 29 AEUV) gebracht wurden.

Damit ist auch der persönlich-räumliche Schutzbereich eröffnet.

3. Bereichsausnahme

Bei der Warenverkehrsfreiheit besteht keine Bereichsausnahme, die den Schutz von Art 34 AEUV einschränkt.

C. Staatlicher Eingriff

Art 34 AEUV verbietet mengenmäßige Einfuhrbeschränkungen (das sind etwa die Festlegung von Einfuhrkontingenten) sowie alle Maßnahmen gleicher Wirkung zwischen den Mitgliedstaaten. Eingriffe können damit staatliche Maßnahmen sein, die den Grenzübertritt bzw den gleichberechtigten Zugang der Ware zum Markt erschweren. Das deutsche Arzneimittelgesetz, welches einen festgesetzten Preis vorsieht, wurde von einem Hoheitsträger eines Mitgliedstaates erlassen. Es liegt somit ersichtlich eine Maßnahme vor, die staatlich zurechenbar ist.

Die Warenverkehrsfreiheit ist auf Maßnahmen von Privaten grds nicht anwendbar (EuGH 01.10.1987, C-311/85, *Vlaamse Reisbureaus*, Rz 30). Allerdings wird bestimmtes privates Handeln dem Staat zugerechnet, etwa jenes von staatlich beeinflussten Unternehmen oder Normungs- und Zertifizierungstätigkeiten einer privaten Stelle, die den Vertrieb nicht zertifizierter Produkte nach den nationalen Rechtsvorschriften erschweren (EuGH 5.11.2002, C-325/00, *Kommission/ Deutschland*; EuGH 12.7.2012, C-171/11, *Fra.bo*). Zudem kommt die Warenverkehrsfreiheit bei privatem Handeln dann zur Anwendung, wenn der Staat seine Schutzpflicht verletzt, gegen private Eingriffe in den Warenverkehr einzuschreiten (s EuGH 9.12.1997, C-265/95, *Kommission/ Frankreich*).

Da im SV keine mengenmäßige Einfuhrbeschränkung besteht, ist zu prüfen, ob die deutsche Regelung eine Maßnahme mit gleicher Wirkung wie eine mengenmäßige Einfuhrbeschränkung (im Folgenden: MglW) ist. Nach der *Dassonville*-Formel versteht man darunter jede mitgliedstaatliche Maßnahme, die geeignet ist, die Einfuhren zwischen Mitgliedstaaten unmittelbar oder mittelbar, tatsächlich oder potentiell zu behindern (vgl EuGH 11.7.1974, C-8/74, *Dassonville*, Rz 5).

Auch wenn die *Dassonville*-Formel in der Folge durch den EuGH konkretisiert wurde, dient sie dennoch als Ausgangspunkt für die Prüfung von Art 34 AEUV.

Zunächst dehnte der EuGH in seinem Urteil *Cassis de Dijon* den Tatbestand aber insofern weiter aus, dass auch eine unterschiedslos auf inländische und eingeführte Waren anwendbare Bestimmung unter Art 34 AEUV fällt. Zudem wurde entschieden, dass in einem Mitgliedstaat rechtmäßig hergestellte und in den Verkehr gebrachte Waren in alle anderen Mitgliedstaaten eingeführt werden dürfen (Ursprungslandprinzip, Prinzip der gegenseitigen Anerkennung) (EuGH 20.2.1979, C-120/78, *Cassis de Dijon*, insb Rz 14 f).

Nach diesem weiten Verständnis würden fast alle Maßnahmen unter den Tatbestand fallen, die dementsprechend gerechtfertigt werden müssten. In weiterer Folge grenzte der EuGH im *Keck*-Urteil seine weite Rsp wieder ein.

Nach dem *Keck*-Urteil muss unterschieden werden, ob es sich bei der fraglichen Maßnahme um eine produkt- oder vertriebsbezogene handelt. Denn letztere sind aus dem Anwendungsbereich von Art 34 AEUV ausgenommen, sofern sie völlig unterschiedslos sind, also inländische Waren und Waren aus anderen Mitgliedstaaten rechtlich und tatsächlich in gleicher Weise berühren (EuGH 24.11.1993, C-267/91 und C-268/91, *Keck und Mithouard*, Rz 16 f). Nicht aus dem Anwendungsbereich von Art 34 AEUV ausgeschlossen sind damit allgemein formulierte Regelungen, die aber tatsächlich erheblich schwieriger von Marktteilnehmern aus anderen Mitgliedstaaten zu erfüllen sind.

Während produktbezogene Maßnahmen an die Eigenschaft der Ware anknüpfen, also etwa Regelungen hinsichtlich der Bezeichnung, der Form, der Abmessungen, des Gewichts, der Zusammensetzung, der Aufmachung, der Etikettierung und der Verpackung der Ware enthalten, beziehen sich Verkaufsmodalitäten darauf, wer, was, wann, wo und wie verkauft werden darf (*Keck und Mithouard*, Rz 15; *Schroeder* in Streinz, EUV/AEUV[3] (2018) Art 34 AEUV Rz 45 mwN).

Nutzungsbeschränkungen, die den Marktzugang von Waren aus anderen Mitgliedstaaten behindern, fallen jedenfalls in den Anwendungsbereich des Art 34 AEUV. Darunter versteht man zB das Verbot des Gebrauchs von Anhängern für Kleinkraftfahrzeuge oder das Verbot der Nutzung von Wassermotorrädern (s EuGH 10.2.2009, C-110/05, *Motoveicoli*; EuGH 4.6.2009, C-142/05, *Mickelsson und Roos*).

Da die deutsche Regelung den Verkaufspreis der verschreibungspflichtigen Medikamente festlegt, liegt eine Preisbindung vor. In der Regel sind solche Preisregelungen Verkaufsmodalitäten.

Fraglich ist nun, ob die Preisbindung im Sinne von *Keck* unterschiedslos ist oder ob sie Waren aus anderen Mitgliedstaaten benachteiligt. Die Preisbindung gilt sowohl für deutsche als auch für ausländische Apotheken. Allerdings wirkt sich die Regelung hinsichtlich des Marktzugangs stärker auf ausländische als auf deutsche Apotheken aus, denn Apotheken aus anderen Mitgliedstaaten sind gezwungen, ihre Waren nach Deutschland zu versenden. Die Gestaltung des Preises (zB in Form eines Bonussystems) stellt für diese Versandapotheken meist die einzige Möglichkeit zur Erhaltung ihrer Konkurrenzfähigkeit dar, weil im Gegensatz zu traditionellen Apotheken etwa die individuelle Beratungsmöglichkeit wegfällt. Da die Maßnahme Apotheken aus anderen Mitgliedstaaten faktisch stärker als deutsche Apotheken trifft, könnte der Marktzugang für Waren aus anderen Mitgliedstaaten gegenüber inländischen Waren erschwert sein (s EuGH 19.10.2016, C-148/15, *Deutsche Parkinson Vereinigung e. V.*, Rz 24 ff).

Ob eine MglW vorliegt, kann auch anhand des „Drei-Stufen-Tests" geprüft werden. Dieser ist kein Prüfschema des EuGH, sondern wurde in der rechtswissenschaftlichen Lit entwickelt, um die Rsp des EuGH zu systematisieren (s EuGH 10.2.2009, C-110/05, *Motoveicoli*, Rz 37).

Erste Stufe: Ist die Maßnahme diskriminierend, also behandelt sie Waren aus anderen Mitgliedstaaten weniger günstig? Im vorliegenden Fall gilt die Preisbindung sowohl für Apotheken mit Sitz in Deutschland als auch für Apotheken mit Sitz in anderen Mitgliedstaaten. Waren aus anderen Mitgliedstaaten werden somit nicht weniger günstig behandelt als Waren aus Deutschland.

Zweite Stufe: Verletzt die Maßnahme das Ursprungslandprinzip, also müssen Waren, die in anderen Mitgliedstaaten rechtmäßig hergestellt und in den Verkehr gebracht worden sind, bestimmten Vorschriften entsprechen? Lt SV gibt es keine besonderen Vorschriften für niederländische Medikamente.

Dritte Stufe: Behindert die Maßnahme in einem Mitgliedstaat den Marktzugang für Waren aus einem anderen Mitgliedstaat? Durch die Preisbindung wird der Zugang der Medikamente für den deutschen Markt erschwert, da ausländische Apotheken ihre fehlende Präsenz in Deutschland durch attraktive Preise kompensieren müssen, um gleichberechtigten Marktzugang zu erhalten (s ausführlicher oben).

Folglich liegt eine MglW und damit ein Eingriff in Art 34 AEUV vor.

D. Rechtfertigung

Bei nicht offen diskriminierenden MglW ist die Dualität geschriebener und ungeschriebener Rechtfertigungsgründe zu beachten: Eingriffe können durch die geschriebenen Rechtfertigungsgründe des Art 36 AEUV oder die ungeschriebenen Rechtfertigungsgründe, die sog zwingenden Erfordernisse des Allgemeininteresses, gerechtfertigt werden.

In *Cassis de Dijon* bejahte der EuGH erstmalig die Möglichkeit einer Rechtfertigung durch ungeschriebene Rechtfertigungsgründe: Handelshemmnisse, die aus unterschiedlichen Vermarktungsregelungen der Mitgliedstaaten folgen, müssen hingenommen werden, wenn die Bestimmungen notwendig sind, um zwingenden Erfordernissen des Allgemeininteresses nachzukommen. Diese „*Cassis*-Schutzgüter" sind etwa der Verbraucherschutz, der Umweltschutz, eine wirksame steuerliche Kontrolle und die Lauterkeit des Handelsverkehrs (*Cassis de Dijon*, Rz 8).

Es ist umstritten, ob die zwingenden Erfordernisse des Allgemeininteresses nur bei versteckt diskriminierenden Maßnahmen oder auch bei offenen Diskriminierungen in Betracht kommen. Die Rsp ist diesbezüglich noch uneinheitlich (s *Schroeder* in Streinz, EUV/AEUV[3] (2018) Art 36 AEUV Rz 34). Bei der Lösung sind daher beide Lösungsvarianten vertretbar.

Nach Art 36 AEUV sind Maßnahmen aus Gründen der öffentlichen Sittlichkeit, Ordnung und Sicherheit, zum Schutz der Gesundheit und des Lebens von Menschen, Tieren oder Pflanzen, des nationalen Kulturguts von künstlerischem, geschichtlichem oder archäologischem Wert oder des gewerblichen und kommerziellen Eigentums gerechtfertigt.

Hier ist der Rechtfertigungsgrund „Schutz der Gesundheit und des Lebens von Menschen" des Art 36 AEUV relevant. Darunter kann etwa eine Maßnahme fallen, die das Ziel hat, die reibungslose Versorgung des Landes für wichtige medizinische Zwecke sicherzustellen. Die Preisbindung soll eine sichere und qualitativ hochwertige Arzneimittelversorgung der Bevölkerung gewährleisten und ist damit grds durch Art 36 AEUV gedeckt (*Deutsche Parkinson Vereinigung e. V.*, Rz 31 ff).

Neben den geschriebenen Rechtfertigungsgründen des Art 36 AEUV kommt hier noch der ungeschriebene Rechtfertigungsgrund des Schutzes der öffentlichen Gesundheit in Betracht. Die nachfolgende Argumentation lässt sich auf dieses Erfordernis des Allgemeininteresses aufgrund der Parallelität übertragen.

Der Eingriff kann nur gerechtfertigt sein, wenn dieser verhältnismäßig ist. Dafür muss die Maßnahme zur Verfolgung dieses legitimen Ziels geeignet, konkret erforderlich und im Umfang angemessen sein.

> Achtung: Im Rahmen der Verhältnismäßigkeitsprüfung unterscheidet der EuGH nicht derart strikt zwischen den einzelnen Prüfschritten. In der Regel prüft er bloß die Geeignetheit und Erforderlichkeit eines staatlichen Eingriffs, wobei die Prüfung der Erforderlichkeit materiell die Erforderlichkeit und Angemessenheit beinhaltet. Wie Sie Ihre Lösung strukturieren, im Dreischritt nach der (deutschen) Lit oder im Zweischritt nach der EuGH-Rsp, bleibt Ihnen überlassen.

Zunächst ist die Preisbindung nicht dazu geeignet, eine flächendeckende und gleichmäßige Versorgung mit verschreibungspflichtigen Medikamenten zu erreichen. Im Gegenteil würde mehr Preiswettbewerb eine gleichmäßige Medikamentenversorgung sogar fördern. Der Preiswettbewerb würde nämlich dazu anregen, dass sich Apotheken in Gebieten niederlassen, wo sie wegen der geringeren Anzahl an Apotheken höhere Preise verlangen können.

Weiteres ist auch die Geeignetheit der Preisbindung zur Gewährleistung einer qualitativ hochwertigen Versorgung mit verschreibungspflichtigen Medikamenten zu verneinen. Vielmehr würden durch einen Preiswettbewerb der Versandapotheken traditionelle Apotheken sogar dazu angestoßen, ein breites Sortiment an Medikamenten bereitzustellen. Ein Preiswettbewerb würde durch das Ermöglichen des Kaufs von Medikamenten zu günstigeren Preisen zu einem wirksamen Schutz der Gesundheit und des Lebens von Menschen beitragen (zur Geeignetheit vgl *Deutsche Parkinson Vereinigung e. V.*, Rz 37 ff).

Die Preisbindung für Versandapotheken ist damit nicht geeignet, das Ziel des Gesundheitsschutzes zu erreichen. Die deutsche Maßnahme ist also nicht verhältnismäßig und der Eingriff nicht gerechtfertigt.

> Eine Prüfung der Erforderlichkeit (und somit auch der Angemessenheit) muss im vorliegenden Fall nicht mehr vorgenommen werden, da bereits die Geeignetheit verneint werden kann.

E. Ergebnis

Im Ergebnis verletzt die deutsche Preisbindungsregelung die Warenverkehrsfreiheit gem Art 34 AEUV. Deutschland muss die Regelung auf grenzüberschreitende Sachverhalte unangewendet lassen.

II. Kapitalverkehrsfreiheit

Das ungarische Gesetz könnte gegen die Kapitalverkehrsfreiheit gem Art 63 AEUV verstoßen.

A. Sekundärrechtliche Regelung

Im SV finden sich keine Hinweise auf anwendbares Sekundärrecht.

B. Schutzbereich

1. Persönlicher und räumlicher Schutzbereich

Die Kapitalverkehrsfreiheit zeichnet sich durch ihren weiten räumlichen und persönlichen Schutzbereich aus. Art 63 AEUV schützt nicht nur den Kapitalverkehr zwischen den Mitgliedstaaten, sondern auch zwischen Mitgliedstaaten und Drittstaaten. Der Kapitalverkehr zwischen Deutschland und Ungarn fällt damit unproblematisch in den räumlichen Schutzbereich.

Der persönliche Schutzbereich knüpft an die Gebietsansässigkeit in der EU an.

> Die Staatsangehörigkeit ist für den persönlichen Schutzbereich nicht entscheidend. Auch gebietsansässige Drittstaatsangehörige können sich auf die Kapitalverkehrsfreiheit berufen.
>
> Findet die Kapitalverschiebung innerhalb der Union statt, können sich auch außerhalb der Union ansässige natürliche und juristische Personen auf die Kapitalverkehrsfreiheit berufen (*Jaeger*, Materielles Europarecht[2] 220).

Der in Deutschland ansässige Verein *M* möchte an die in Ungarn ansässige „Schwesterorganisation" *H* spenden. Durch die vorliegende Gebietsansässigkeit der beiden Vereine ist der persönliche Schutzbereich eröffnet. In diesem Fall wäre es für die Eröffnung des persönlichen Schutzbereichs auch ausreichend, wenn nur eine Person (also *H* oder *M*) in der EU gebietsansässig wäre.

2. Sachlicher und räumlicher Schutzbereich

Vom sachlichen Anwendungsbereich der Kapitalverkehrsfreiheit sind alle grenzüberschreitenden, einseitigen Verfügungen über Geld- oder Sachkapital umfasst.

Der Begriff des Kapitalverkehrs ist primärrechtlich nicht definiert. Zur Konkretisierung des sachlichen Schutzbereichs dient daher insb die nicht abschließende Nomenklatur in Anhang I der KapitalverkehrRL 88/361/EG, der auch der EuGH Inzidenzwirkung zuschreibt (zB EuGH 18.6.2020, C-78/18, *Kommission/Ungarn,* Rz 47). Unter Punkt XI finden sich dort unter anderem Darlehen, Schenkungen und Stiftungen.

> Typische von der Kapitalverkehrsfreiheit geschützte Vorgänge sind Portfolioinvestitionen, Immobilieninvestitionen oder Geschäfte mit Wertpapieren.

Die Spende iHv 1 000 000 HUF des deutschen Vereins *M* an die ungarische Organisation *H* ist als grenzüberschreitende Schenkung vom sachlichen und räumlichen Anwendungsbereich der Kapitalverkehrsfreiheit umfasst.

3. Bereichsausnahme

Art 64 Abs 1 AEUV enthält eine allgemeine Bereichsausnahme im Verhältnis zu Drittstaaten. Nach der darin geregelten Stillhaltepflicht sind Einschränkungen im Kapitalverkehr mit Drittstaaten zulässig, sofern sie Ende des Jahres 1993 bereits bestanden haben.

Achtung: Das einschlägige Datum weicht für einige Mitgliedstaaten ab. Für Ungarn ist der maßgebliche Zeitpunkt gem Art 64 Abs 1 AEUV der 31.12.1999.

Die Bereichsausnahme nach Art 64 Abs 1 AEUV kommt nicht zur Anwendung, da das ungarische Gesetz nicht nur im Verhältnis zu Drittstaaten, sondern auch gegenüber Mitgliedstaaten gilt und darüber hinaus nach dem Jahr 1999 erlassen wurde.

C. Staatlicher Eingriff

Schon nach dem Wortlaut des Art 63 AEUV sind alle Formen von Beschränkungen des Zahlungs- und Kapitalverkehrs verboten. Der Begriff der Beschränkung enthält sowohl offene (direkte, unmittelbare) als auch versteckte (indirekte, mittelbare) Diskriminierungen. Überdies sind unter Beschränkungen in Anlehnung an die *Dassonville*-Formel alle Maßnahmen zu verstehen, die geeignet sind, den Kapital- oder Zahlungsverkehr unmittelbar oder mittelbar, tatsächlich oder potentiell zu behindern.

Charakteristisch für Diskriminierungen ist, dass ein grenzüberschreitender Sachverhalt schlechter als der vergleichbare inländische behandelt wird. Eine Diskriminierung ist auch dann gegeben, wenn in- und ausländische Sachverhalte gleichbehandelt werden, obwohl unterschiedliche Situationen vorliegen (vgl zB *Gramlich* in Pechstein/Nowak/Häde, Frankfurter Kommentar (2017) Art 63 AEUV Rz 27).

Eine offene Diskriminierung liegt vor, wenn eine Regelung direkt an die Staatsangehörigkeit bei natürlichen Personen oder den Sitz bei juristischen Personen anknüpft (zB Verbot für Ausländer, Immobilien oder Unternehmensbeteiligungen zu erwerben).

Wenn eine scheinbar neutrale Maßnahme ihrem Wesen nach Angehörige anderer Mitgliedstaaten gegenüber Inländern benachteiligt, liegt eine versteckte Diskriminierung vor. Beispiele für versteckte Diskriminierungen sind Regelungen, die an örtliche Kriterien, wie den (Wohn-)Sitz der an der Transaktion Beteiligten oder den Ort des Vertragsabschlusses, anknüpfen (zur offenen und versteckten Diskriminierung vgl *Korte* in Calliess/Ruffert, AEUV/EUV[6] [2022] Art 63 AEUV Rz 53 ff).

Nicht vom Beschränkungsbegriff erfasst sind völlig neutral wirkende Verkehrsbeschränkungen, die für in- und ausländische Marktteilnehmer gleichermaßen gelten und den Zugang zum Kapitalmarkt nicht erschweren. Der EuGH hat sich bisher noch nicht explizit für eine Übertragung der *Keck*-Formel auf die Kapitalverkehrsfreiheit ausgesprochen. In seiner Rsp lassen sich jedoch dahingehende Tendenzen erkennen (*Jaeger*, Materielles Europarecht[2] 227 mwN; s zB EuGH 8.7.2010, C-171/08, *Kommission/Portugal*, Rz 65 ff).

Alle gemeinnützigen Organisationen, die mehr als 500 000 HUF an Spenden pro Jahr aus dem Ausland erhalten, müssen sich bei einem nationalen Gericht registrieren lassen. Für Zuwendungen von in Ungarn ansässigen Spendern gibt es keine Registrierungspflicht. Aus dem Ausland unterstützte Organisationen haben daher einen höheren Verwaltungsaufwand als solche, die inländisch finanziert sind. Der Verein *H* überlegt aufgrund des erhöhten Verwaltungsaufwands nur mehr inländische Spenden anzunehmen. Während Spenden von ausländischen Personen öffentlich zugänglich gemacht werden müssen, besteht keine vergleichbare Verpflichtung für inländische Spenden. Zudem ist die verpflichtende Bezeichnung „aus dem Ausland unterstützte Organisation" dazu geeignet, potentielle Spender abzuschrecken.

Je nachdem, ob die spendende Person ihren (Wohn-)Sitz im Inland oder im Ausland hat, liegt eine unterschiedliche Behandlung vor. Diese Ungleichbehandlung anhand des (Wohn-)Sitzes ist somit eine versteckte Diskriminierung aufgrund der Staatsangehörigkeit, weil Angehörige anderer Mitgliedstaaten mit erheblich größerer Wahrscheinlichkeit davon betroffen sind als ungarische Staatsangehörige. Zudem liegt mit der möglichen Abschreckung potentieller Spender aus dem Ausland eine Beschränkung der Kapitalverkehrsfreiheit vor. Das ungarische Gesetz ist zweifelsohne von einem staatlichen Hoheitsträger erlassen und damit jedenfalls staatlich zurechenbar. Es stellt somit einen staatlichen Eingriff in die Kapitalverkehrsfreiheit gem Art 63 AEUV dar (*Kommission/Ungarn,* Rz 58 ff).

D. Rechtfertigung

Art 65 Abs 1 AEUV sieht vier mögliche Rechtfertigungsgründe vor: die steuerrechtliche Ungleichbehandlung abhängig vom Wohnsitz, verhältnismäßige administrative Maßnahmen der Steuerkontrolle und Finanzaufsicht, Meldeverfahren für den Kapitalverkehr zur Information der Behörden über Kapitalverkehrsvorgänge und sonstige Maßnahmen aus Gründen der öffentlichen Ordnung und Sicherheit.

Diese Rechtfertigungsgründe können zur Legitimierung sowohl offen diskriminierender Maßnahmen als auch für die Rechtfertigung versteckter Diskriminierungen und sonstiger Beschränkungen herangezogen werden.

> Art 65 Abs 3 AEUV enthält ein Verbot willkürlicher Diskriminierungen und verschleierter Beschränkungen. Unter Willkür versteht man eine sachlich nicht gerechtfertigte Ungleichbehandlung. Werden Behinderungen des Kapitalverkehrs als Schutzmaßnahmen getarnt, spricht man von Verschleierung. Liegt Willkür oder Verschleierung vor, kann die Rechtfertigung nicht aufgrund der geschriebenen Rechtfertigungsgründe gem Art 65 Abs 1 AEUV erfolgen.
>
> Beachte: Das Verbot willkürlicher Diskriminierungen und verschleierter Beschränkungen kommt nur bei den geschriebenen Rechtfertigungsgründen zur Anwendung.

Unterschiedslos wirkende Beschränkungen und versteckte Diskriminierungen können darüber hinaus auch mit den zwingenden Erfordernissen des Allgemeininteresses gerechtfertigt werden (*Jaeger*, Materielles Europarecht[2] 234; vgl dazu *Kommission/Ungarn,* Rz 64, 76).

Die hier allenfalls in Betracht kommenden Gründe der öffentlichen Ordnung und Sicherheit gem Art 65 Abs 1 lit d AEUV können nur dann geltend gemacht werden, wenn eine tatsächliche, gegenwärtige und hinreichend schwere Gefährdung vorliegt, die ein Grundinteresse der Gesellschaft berührt. Im vorliegenden Fall gibt es jedoch keine konkrete Gefahr, sondern eine pauschale Vermutung, wonach finanzielle Unterstützungen aus dem Ausland zu einer entsprechenden Gefährdung der öffentlichen Ordnung und Sicherheit führen können. Es liegt somit kein geschriebener Rechtfertigungsgrund iSd Art 65 Abs 1 AEUV vor (*Kommission/Ungarn*, Rz 91).

Eine mögliche Rechtfertigung kann jedoch auch aus zwingenden Erfordernissen des Allgemeininteresses erfolgen, da das ungarische Gesetz keine offene Diskriminierung darstellt. Die Registrierungs- und Offenlegungspflichten verfolgen das Ziel, die Finanzierung von Organisationen, die am öffentlichen Leben teilnehmen, transparenter zu gestalten. Dieses Ziel der Transparenz ist ein zwingendes Erfordernis des Allgemeininteresses, mit dem der Eingriff gerechtfertigt werden kann.

Abschließend wird hinsichtlich der konkret getroffenen Maßnahme und des verfolgten Ziels eine Verhältnismäßigkeitsprüfung durchgeführt, unabhängig davon, ob ein geschriebener Rechtfertigungsgrund oder ein zwingendes Erfordernis des Allgemeininteresses vorliegt. Verhältnismäßig ist eine Maßnahme dann, wenn sie zur Zielerreichung geeignet, erforderlich und angemessen ist.

Daher wird zunächst geprüft, ob die ungarischen Maßnahmen dazu geeignet sind, die Transparenz von einflussreichen Organisationen zu erhöhen. Die Vorschriften dienen der Verbesserung der Transparenz von Organisationen, die Unterstützung aus dem Ausland erhalten und nicht aller einflussreichen Organisationen. Vielmehr entsteht der Eindruck, dass dieses Gesetz lediglich die Abschreckung ausländischer Spenden an gemeinnützige Vereine bezweckt. Das Gesetz ist damit nicht zur Zielerreichung geeignet.

Selbst wenn das ungarische Gesetz in Einzelfällen zu einer erhöhten Transparenz beitragen würde, ginge es aufgrund seines pauschalen Charakters über das erforderliche und angemessene Maß hinaus. Das ungarische Gesetz stellt jegliche Spenden aus dem Ausland, unabhängig davon, ob diese von Drittstaaten oder von anderen Mitgliedstaaten kommen, unter Generalverdacht. Außerdem gelten die Vorschriften pauschal für alle ausländisch finanzierten Organisationen und nicht nur für solche, deren Finanzierungsstruktur die öffentlichen Interessen gefährden könnte. Das ungarische Gesetz ist somit unverhältnismäßig.

> Der EuGH verneinte im Urteil, an dem der SV angelehnt ist, bereits das Vorliegen eines tauglichen Rechtfertigungsgrundes, um zu vermeiden, dass das Ziel der Transparenz als Freibrief für derart pauschale Maßnahmen missbraucht wird (*Kommission/Ungarn*, Rz 80, 86).

E. Ergebnis

Im Ergebnis liegt somit eine Verletzung der Kapitalverkehrsfreiheit gem Art 63 AEUV vor. Ungarn muss die Regelung unangewendet lassen.

Aufgabe 2: Wie kann die Europäische Kommission gerichtlich gegen das ungarische Gesetz vorgehen?

Bei der zweiten Aufgabe ist zunächst die einschlägige Klage zu ermitteln und anschließend sind die wesentlichen Verfahrensschritte kurz zu skizzieren.

Die EK könnte ein Vertragsverletzungsverfahren gegen Ungarn einleiten. Das Vertragsverletzungsverfahren gem Art 258 AEUV dient dazu, dass die EK gegen Unionsrechtsverletzungen durch Mitgliedstaaten vorgehen kann. Dabei ist die EK gem Art 258 AEUV aktiv und Ungarn als Mitgliedstaat passiv klageberechtigt.

Auch Mitgliedstaaten können gem Art 259 AEUV ein Vertragsverletzungsverfahren gegen einen anderen Mitgliedstaat einleiten. Dies kommt allerdings in der Praxis nur sehr selten vor.

Bevor die EK Klage beim EuGH erheben kann, findet ein Vorverfahren statt. Dabei richtet die EK ein substantiiertes Mahnschreiben an den betroffenen Mitgliedstaat, der die Gelegenheit erhält, sich diesbezüglich zu äußern.

Das Mahnschreiben grenzt den Streitgegenstand ein. Dieser kann im späteren Verlauf des Verfahrens nicht mehr erweitert werden.

Wird der unionsrechtswidrige Zustand vom Mitgliedstaat nicht bereinigt, gibt die EK eine mit Gründen versehene Stellungnahme ab. Dieses Schreiben enthält erneut die Aufforderung, den Unionsrechtsverstoß innerhalb einer bestimmten Frist (in der Regel zwei Monate) zu beseitigen.

Zu der mit Gründen versehenen Stellungnahme kann sich der Mitgliedstaat ebenfalls äußern. Kommt der Mitgliedsstaat der Aufforderung innerhalb der gesetzten Frist nicht nach, kann die EK gem Art 258 Abs 2 AEUV den EuGH anrufen.

Der EuGH entscheidet mit einem Feststellungsurteil gem Art 260 Abs 1 AEUV. Befolgt der Mitgliedstaat das Urteil nicht, kann der EuGH gegen den säumigen Mitgliedstaat auf Antrag der EK die Zahlung eines Pauschalbetrags und/oder eines Zwangsgelds verhängen.

Fall 16

Wickie und die Hafenmänner

Grundfreiheiten

Daniela Kraschowetz / Jakob Marboe

Häfen als Orte des Fernwehs, des Abenteuers, des manchmal dubiosen Handels und deren internationale Atmosphäre bieten ein spezielles Arbeitsumfeld, das sowohl für inländische als auch ausländische Arbeitnehmer oder Wirtschaftsteilnehmer oftmals von großem Interesse ist. Für eine effiziente Abwicklung va im Bereich der Ein- und Ausfuhrarbeiten existieren aufgrund des hohen logistischen Aufwands zumeist besondere staatliche Regelungen. Das schwedische Gesetz über die Hafenarbeit aus 2015 („Hafengesetz") sieht etwa in seinem Artikel 1 vor, dass aus Gründen der Sicherheit sowie der Gleichbehandlung ausschließlich anerkannte Hafenarbeiter in schwedischen Häfen Arbeit verrichten dürfen. In Artikel 2 des Hafengesetzes ist verankert, dass der schwedische König *Halvar (H)* die Bedingungen und Modalitäten für die Anerkennung der Hafenarbeiter festlegt. Dementsprechend erging im Oktober 2016 der Königliche Hafenerlass (s Anhang).

Das internationale Unternehmen *Snorre Tjure GmbH (ST)* mit Sitz in den Niederlanden beschäftigt Arbeiter, die Hafenarbeiten sowohl in den Niederlanden als auch im Ausland ausführen. *ST* operiert von den Niederlanden aus und möchte kurzzeitig vom wirtschaftlichen Aufschwung der schwedischen Häfen profitieren. Dafür plant *ST*, eigene Arbeiter für einzelne Arbeitsaufträge nach Schweden, besonders zum Überseehafen in Göteborg, zu entsenden, die dann in kurzfristig für die einzelnen Arbeitsaufträge angemieteten Räumlichkeiten sowie Docks arbeiten sollen. Das Unternehmen möchte unbedingt seine niederländischen Arbeiter zum Einsatz bringen, da diese bereits über eine fachlich hervorragende Ausbildung mit einschlägiger Berufserfahrung am Rotterdamer Hafen verfügen und sich zudem stets als vertrauenswürdig erwiesen haben.

Der Geschäftsführer *Gorm (G)* beschwert sich bei seinem besten Freund und Freizeitanwalt *Wickie (W)* über die seiner Meinung nach ungerechten Anerkennungsregelungen aus dem Königlichen Hafenerlass, da diese seine Arbeitnehmer aus den Niederlanden benachteiligen würden. Im Hafenbereich seien Arbeitsverträge von kurzer Dauer nun einmal üblich und sein eigenes Personal hätte kaum Chancen auf Aufnahme in das Kontingent dauerhaft anerkannter Hafenarbeiter. Niederländische Arbeiter müssten daher für jede Entsendung nach Schweden eine neue Anerkennung beantragen. Der königliche Anwalt *Sven (S)* mischt sich in die Diskussion ein und erklärt, dass diese Regelung absolut rechtmäßig ist, da die strengen Kontingentregeln darauf abzielen, die Sicherheit in den schwedischen Häfen zu gewährleisten. Außerdem könne durch die kontingentierte Bereitstellung von Hafenarbeitern sichergestellt werden, dass im Lichte der schwankenden Nachfrage jederzeit genügend Fachpersonal zur Verfügung steht.

Aufgabe 1: Beurteilen Sie den Sachverhalt für *ST* aus grundfreiheitlicher Sicht, indem Sie die angeführten Argumente aufgreifen!

Lassen Sie bei der Falllösung etwaiges Sekundärrecht außer Betracht.

Der immer abenteuerhungrige belgische Arbeiter *Faxe (F)* war bei der niederländischen *ST* beschäftigt, möchte jedoch ein neues Leben im Land seiner Ahnen, dem sonnigen Schweden, beginnen. Er hat bereits die Zusage zu einem befristeten Arbeitsvertrag vom schwedischen Frachtunternehmen *Urobe (U)* und wartet nur noch auf die Bewilligung seiner Tätigkeit als Hafenarbeiter. Doch zu seiner großen Enttäuschung lehnt der Paritätische Ausschuss seinen Antrag auf Anerkennung als Hafenarbeiter ab. *F* ist außer sich vor Wut und schwört, dass er „bis zum letzten Gericht gegen diese Ungerechtigkeit kämpfen wird". Auch *W*, den nicht nur mit *G*, sondern auch mit *F* ein tiefes freundschaftliches Verhältnis verbindet, ist überzeugt, dass dieses System der Anerkennung durch den Paritätischen Ausschuss sicher nicht unionsrechtskonform ist. Der Ausschuss sei „voll mit ahnungslosen Wirtschaftslobbyisten und protektionistischen Gewerkschaftern, die machen, was sie wollen". Insbesondere in § 14 des Hafenerlasses glaubt *W* eine Unionsrechtswidrigkeit zu erkennen.

Bestärkt von *W* entscheidet sich *F*, die ablehnende Entscheidung seiner Anerkennung als Hafenarbeiter gerichtlich anzufechten. Nachdem *F* jedoch auf diesem Weg erfolglos bleibt, wendet er sich an das zuständige schwedische Höchstgericht zur Überprüfung des § 3 (2) iVm § 14 des Königlichen Hafenerlasses. Dieses teilt die Zweifel an der Europarechtskonformität der schwedischen Regelungen in Bezug auf *F* und wendet sich an den EuGH.

Aufgabe 2: Beschreiben Sie die Voraussetzungen sowie den Ablauf dieses Verfahrens auf nationaler Ebene und auf Unionsebene! Besteht im konkreten Fall eine Verpflichtung zur Einleitung eines derartigen Verfahrens? Wie wird der EuGH die Sache inhaltlich entscheiden?

Lassen Sie bei der Falllösung etwaiges Sekundärrecht außer Betracht.

Königlicher Hafenerlass vom 21.10.2016

Anmerkung: In diesem Erlass bediente man sich des generischen Femininums, dh die hier verwendete feminine Form bezieht sich nicht nur auf Frauen, sondern auf Personen aller Geschlechter.

§ 1

Mit diesem Erlass soll die Sicherheit in den Hafengebieten gewährleistet und die Gefahr von Arbeitsunfällen verringert werden.

§ 2

Die Bestimmungen dieses Erlasses sind auf in- und ausländische Personen anwendbar, die jedwede Form von Hafenarbeit in schwedischen Hafengebieten aufnehmen oder anbieten möchten.

§ 3

(1) Die Tätigkeit der Hafenarbeit darf in schwedischen Hafengebieten ausschließlich von anerkannten Hafenarbeiterinnen durchgeführt werden.

(2) Die Anerkennung als Hafenarbeiterin erfolgt durch den Paritätischen Ausschuss. Die Zusammensetzung dieses Ausschusses richtet sich nach § 14 dieses Erlasses.

(3) Die Anerkennung als Hafenarbeiterin gilt nur für die Dauer eines konkreten Arbeitsverhältnisses. Geht die Arbeitnehmerin ein neues Arbeitsverhältnis ein, muss sie erneut einen Antrag auf Anerkennung als Hafenarbeiterin durch den Paritätischen Ausschuss stellen.

§ 4

(1) Der Paritätische Ausschuss legt ein zahlenmäßig begrenztes Kontingent von dauerhaft anerkannten Hafenarbeiterinnen fest. Arbeitnehmerinnen, die diesem Kontingent zugeordnet sind, müssen nach Ende eines Arbeitsverhältnisses abweichend von § 3 (3) keinen neuen Antrag stellen, sondern gelten für die Dauer von 5 Jahren als anerkannte Hafenarbeiterinnen. Diesem Kontingent dürfen nicht mehr als insgesamt 10.000 Personen als dauerhaft anerkannte Hafenarbeiterinnen zugeordnet werden.

(2) Der Paritätische Ausschuss entscheidet, welche Personen diesem Kontingent zugeordnet werden. Dabei muss er berücksichtigen, wie lange die antragstellende Person bereits als Hafenarbeiterin in schwedischen Häfen tätig ist. […]

§ 14

(1) Der Paritätische Ausschuss setzt sich aus einer Vorsitzenden sowie vier weiteren Mitgliedern zusammen, die in freiem Ermessen von den nationalen Arbeitgeber- und Arbeitnehmerorganisationen benannt werden.

(2) Die Mitglieder sind in ihrer Entscheidung über die Anerkennung gemäß § 3 frei und müssen eine ablehnende Entscheidung nicht begründen.

§ 30

Der Einsatz von nicht anerkannten Hafenarbeiterinnen ist mit einer Geldstrafe von 100.000 bis 200.000 Kronen zu bestrafen.

Lösung[1]

Aufgabe 1: Beurteilen Sie den Sachverhalt für *ST* aus grundfreiheitlicher Sicht, indem Sie die angeführten Argumente aufgreifen!

Die Aufgabenstellung zielt auf das Finden der korrekten Grundfreiheit sowie das Subsumieren der Sachverhaltselemente unter die einschlägige Grundfreiheit ab. Die Schwierigkeit dieser Aufgabenstellung ergibt sich besonders daraus, zu erkennen, welche Bestimmungen des Königlichen Hafenerlasses heranzuziehen sind. Aus der Fragestellung zur Aufgabe 1 in Verbindung mit dem SV ergibt sich, dass die Anerkennung von Hafenarbeitern und das dazugehörige Kontingentsystem auf dem Prüfstand stehen. Die Verwendung des generischen Femininums im Königlichen Hafenerlass ist – ebenso wie beim umgekehrten Fall der Verwendung des generischen Maskulinums – für die Falllösung ohne Bedeutung. Auch das generische Femininum bezieht sich auf alle Geschlechter. Verfahrensrechtliche Elemente müssen nicht geprüft werden.

I. Niederlassungsfreiheit

Der vorliegende SV könnte aufgrund der Unternehmereigenschaft von *ST* prima facie die Niederlassungsfreiheit nach Art 49 AEUV berühren. Die Niederlassungsfreiheit gewährleistet die Mobilität selbstständiger natürlicher Personen und Unternehmen.

A. Sekundärrechtliche Regelung

Lt SV kommt kein Sekundärrecht zur Anwendung, weshalb dieser Teil der Prüfung entfällt.

B. Schutzbereich

1. Persönlicher Schutzbereich

Die Niederlassungsfreiheit berechtigt Staatsangehörige der Mitgliedstaaten. Dazu zählen sowohl Unionsbürger als auch juristische Personen, die die Voraussetzungen nach Art 54 AEUV erfüllen, sprich ihren satzungsmäßigen Sitz, ihre Hauptverwaltung oder ihre Hauptniederlassung innerhalb der Union haben (EuGH 16.7.1998, C-307/97, *ICI*, Rz 20). Im gegenständlichen Fall ist der persönliche Schutzbereich eröffnet, da *ST* ihren Sitz in den Niederlanden hat.

2. Sachlich-räumlicher Schutzbereich

Die Niederlassungsfreiheit schützt sowohl die Ausübung als auch die Aufnahme einer selbstständigen wirtschaftlichen Tätigkeit (EuGH 30.11.1995, C-55/94, *Gebhard*, Rz 23) in Fällen mit grenzüberschreitendem Bezug. Allerdings muss zusätzlich noch der Niederlassungsbegriff erfüllt sein. Eine Niederlassung ist eine permanente Präsenz der betroffenen natürlichen oder juristischen Person vor Ort mit fixer Einrichtung, wobei Haupt- und Nebenniederlassungen erfasst werden (*Gebhard*, Rz 20). *ST* geht zwar einer selbstständi-

---

1 Der SV sowie der Lösungsvorschlag sind an EuGH 11.2.2021, C-407/19, C-471/19, *Katoen Natie Bulk Terminals NV* angelehnt.

gen wirtschaftlichen Tätigkeit durch das Anbieten von Tätigkeiten im Hafenbereich nach, hat jedoch keine Niederlassung in Schweden. Denn *ST* möchte bloß vorübergehend durch die Entsendung eigener Mitarbeiter vor Ort Dienstleistungen erbringen. Die dafür vorgesehenen notwendigen Arbeitsstätten (Bürogebäude sowie Docks) werden für die jeweiligen spezifischen Tätigkeiten kurzfristig angemietet (zur Infrastruktur s *Gebhard*, Rz 27). Eine auf Dauer angelegte niederlassungsrelevante Tätigkeit fehlt somit, weswegen der sachliche Schutzbereich der Niederlassungsfreiheit nicht eröffnet ist.

II. Dienstleistungsfreiheit

Auch die Dienstleistungsfreiheit nach Art 56 AEUV könnte prima facie berührt sein. Bei der Dienstleistungsfreiheit handelt es sich um eine Auffangfreiheit, die entgeltliche Leistungen schützt, die grenzübergreifend erbracht werden und nicht einer spezifischeren Freiheit unterliegen.

> Nach aA ist umstritten, ob der Dienstleistungsfreiheit ein bloßer Auffangcharakter zukommt, da diese die Niederlassungsfreiheit teilweise in den Hintergrund gedrängt hat (*Holoubek* in Schwarze/Becker/Hatje/Schoo, EU-Kommentar[4] [2019] Rz 9).

A. Sekundärrechtliche Regelung

Lt SV kommt kein Sekundärrecht zur Anwendung, weshalb dieser Teil der Prüfung entfällt.

B. Schutzbereich

1. Persönlicher Schutzbereich

Die Dienstleistungsfreiheit berechtigt nach Art 56 AEUV Staatsangehörige der Mitgliedstaaten, wozu sowohl Unionsbürger als auch juristische Personen zählen, die in einem anderen Mitgliedstaat der EU als jenem der Leistungserbringung ansässig bzw niedergelassen sind. Das bedeutet, dass die Dienstleistung von einer in der Union befindlichen, aber ausländischen Niederlassung erbracht werden muss (*Jaeger*, Materielles Europarecht[2] 183). Geschützt werden sowohl aktive Dienstleistungserbringer, die innerhalb der Union ansässig und somit selbst Unionsangehörige sind, sowie passive Dienstleistungsempfänger, die als Konsument oder Unionsbürger Dienstleistungen von einem in der Union ansässigen Unionsdienstleiter in Anspruch nehmen (EuGH 31.1.1984, C-286/82, C-26/83, *Luisi and Carbone*, Rz 16).

Nachdem die niederländische *ST* in der Union, aber in einem anderen Mitgliedstaat als Schweden ansässig ist und aktiv durch ihre Mitarbeiter Dienstleistungen an schwedischen Häfen erbringen würde, ist auch hier der persönliche Schutzbereich eröffnet.

2. Sachlich-räumlicher Schutzbereich

Für den sachlichen Schutzbereich der Dienstleistungsfreiheit ist zu prüfen, ob eine grenzüberschreitend erbrachte Dienstleistung vorliegt. Bei Dienstleistungen nach Art 57 AEUV handelt es sich um alle wirtschaftlichen Leistungen, die gegen Entgelt erbracht werden, wie etwa gewerbliche, kaufmännische, handwerkliche oder freiberufliche Tätigkeiten. Die Dienstleistung muss Teil des Wirtschaftslebens sein (EuGH 12.12.1974, C-36/74, *Walrave*, Rz 4 ff). Im Unterschied zur Niederlassungsfreiheit hat eine Dienstleistung bloß vorübergehenden Charakter. Ob dabei die Dienstleistung von den Leistungserbringern selbst oder einem ihrer Arbeitnehmer erbracht wird, ist irrelevant (vgl EuGH 4.10.1991, C-159/90, *Grogan*, Rz 26). *ST* möchte wirtschaftliche Leistungen in schwedischen Häfen gegen Entgelt erbringen und lt SV vom wirtschaftlichen Aufschwung der schwedischen Häfen „profitieren".

Konkret sind sowohl die aktive als auch die passive Dienstleistungsfreiheit geschützt. Bei der aktiven Dienstleistungsfreiheit erfolgt die Erbringung der Dienstleistung durch einen Dienstleister in einem anderen Mitgliedstaat als seinem Ansässigkeitsstaat. Bei der passiven Dienstleistungsfreiheit begibt sich der Dienstleistungsempfänger in den Mitgliedstaat des Dienstleistungserbringers. Weiters ist auch eine auslandsbedingte Dienstleistung geschützt, sprich wenn die Dienstleistung in einem anderen Mitgliedstaat gegenüber einem Dienstleistungsempfänger, der im selben Mitgliedstaat wie der Dienstleistungserbringer ansässig ist, angeboten bzw erbracht wird. Außerdem sind auch sog Korrespondenzdienstleistungen von der Dienstleistungsfreiheit erfasst, bei denen bloß die Dienstleistung als solche die Grenze überschreitet. Sowohl Dienstleistungserbringer als auch Dienstleistungsempfänger bleiben dabei in ihrem ansässigen Mitgliedstaat und können sich auf die aktive oder passive Dienstleistungsfreiheit berufen. Strittig ist, ob auch die Erbringung einer Dienstleistung in einem Drittstaat durch einen in der Union ansässigen Dienstleistungserbringer für einen ebenfalls in der Union ansässigen Dienstleistungsempfänger erfasst wird.

In der Leistungsbeziehung selbst muss somit ein grenzüberschreitendes Element vorhanden sein, womit reine Inlandstätigkeiten ausscheiden (zB EuGH 28.10.1999, C-55/98, *Vestergaard*, Rz 19 f). Nachdem sich die niederländische *ST* als Dienstleistungserbringerin in einen anderen Unionsmitgliedstaat, nämlich Schweden, begibt, liegt eine Grenzüberschreitung im Rahmen der aktiven Dienstleistungsfreiheit vor. Außerdem besteht in der Erbringung einer Dienstleistung eine geschützte Verhaltensweise, die auch sämtliche für die Durchführung der Tätigkeit erforderliche Handlungen umfasst, wozu ua auch die Mitnahme des erforderlichen Personals zählt (EuGH 27.3.1990, C-113/89, *Rush Portugesa*, Rz 19).

3. Bereichsausnahme

Eine Bereichsausnahme nach Art 62 iVm Art 51 Abs 1 AEUV liegt mangels hoheitlicher Tätigkeit, Verkehrsdienstleistung oder Kapitalverkehrsdienst nicht vor. Zwar fällt die Schifffahrt nach Art 58 iVm Art 100 AEUV unter den Bereich der Verkehrspolitik, allerdings handelt es sich im vorliegenden Fall lediglich um Hafenarbeiten losgelöst von allfälligen verkehrstechnischen Regelungen des Schiffverkehrs. Im SV gibt es keine Hinweise darauf, dass es sich bei den Dienstleistungen der *ST* um hoheitliche Tätigkeiten handelt. Ebenso wenig werden Kapitalverkehrsdienste erbracht.

Im Ergebnis ist der sachlich-räumliche Schutzbereich eröffnet.

C. Staatlicher Eingriff

Ein Eingriff in die Dienstleistungsfreiheit besteht dann, wenn eine offene oder versteckte Diskriminierung aufgrund der Staatsangehörigkeit oder eine sonstige Beschränkung vorliegt, die einem Mitgliedstaat zurechenbar ist (zB EuGH 23.11.1999, C-369/96, C-376/96, *Arblade*, Rz 33). Eingriffe durch Maßnahmen staatlicher Hoheitsträger der Mitgliedstaaten sind jedenfalls dem Staat zurechenbar. Gleiches gilt für Maßnahmen staatsnaher Einrichtungen sowie Akte von Privaten, wenn diese mit staatlichen Akten vergleichbar sind (zB Kollektivverträge). Der Eingriff erfolgt im SV durch den Königlichen Hafenerlass von Oktober 2016, der jedenfalls eine staatliche Maßnahme darstellt.

> Im Rahmen des Eingriffs wird zwischen offenen und versteckten Diskriminierungen differenziert. Diese können wiederum jeweils als personen- oder produktbezogene Diskriminierung ausgestaltet sein. Daneben könnte auch noch eine sonstige unterschiedslose Beschränkung vorliegen, die ebenfalls personenbezogen oder produktbezogen sein kann. Neutrale Beschränkungen haben keinen marktzugangsbehindernden Effekt.

Da der Königliche Hafenerlass sowohl für in- als auch ausländische Dienstleistungserbringer gilt, ist jedenfalls keine offene Diskriminierung ersichtlich. Allerdings könnte durch die unterschiedliche Behandlung von Hafenarbeitern bei der Dauer ihres Anerkennungsstatus eine versteckte personenbezogene Diskriminierung in Bezug auf die Auswahl des Personals zur Dienstleistungserbringung vorliegen. Ausländische Dienstleistungserbringer werden praktisch von der Befristung der Anerkennung ihrer Hafenarbeiter auf die Dauer ihres Arbeitsverhältnisses stärker betroffen als inländische. Nach § 4 Abs 2 des Königlichen Hafenerlasses hat der Paritätische Ausschuss bei der Entscheidung über die Zuordnung zum Kontingent dauerhaft anerkannter Arbeiter die Dauer der Tätigkeit von Hafenarbeitern in schwedischen Häfen zu berücksichtigen. Eine längere Tätigkeitsdauer in schwedischen Häfen ist von schwedischen Hafenarbeitern leichter zu erreichen als von ausländischen, in diesem Fall also von *STs* Arbeitern mit einschlägiger Arbeitserfahrung in niederländischen Häfen. Damit ist die Aufnahme in das (noch dazu zahlenmäßig begrenzte) Kontingent nach § 4 Abs 1 des Königlichen Hafenerlasses für nicht schwedische Arbeiter nur erschwert möglich. Hinzu kommt, dass bei Hafenarbeiten zumeist kurze Arbeitsverträge abgeschlossen werden und von *ST* entsendete Arbeitnehmer uU für jede einzelne Entsendung auch eine neue Anerkennung beantragen müssten. Sollte *ST* nicht-anerkannte Arbeitnehmer für sich arbeiten lassen, droht dem Unternehmen eine hohe Geldstrafe.

Es liegt somit ein Eingriff in Form einer personenbezogenen versteckten Diskriminierung in die Dienstleistungsfreiheit vor.

D. Rechtfertigung

Der Eingriff in die Dienstleistungsfreiheit könnte jedoch gerechtfertigt sein. Als Rechtfertigungsgründe kommen zum einen jene aus Art 62 iVm 52 AEUV, also die öffentliche Ordnung, Sicherheit und Gesundheit, sowie zum anderen sämtliche zwingenden Erfordernisse des Allgemeininteresses in Frage (*Arblade*, Rz 34 f). Danach ist eine Verhältnismäßigkeitsprüfung vorzunehmen. Dabei wird auf die Eignung der Maßnahme, das Ziel zu erreichen, die Erforderlichkeit sowie die Angemessenheit der Bestimmungen des Königlichen Erlasses abgestellt. Als Rechtfertigungsgründe könnten die Gewährleistung der Sicherheit in Hafengebieten und damit die Verhütung von Arbeitsunfällen sowie die Verfügbarkeit von Fachkräften bei einer schwankenden Nachfrage nach Arbeit in Hafengebieten dienen (s Rechtsansicht von *S*).

Die Gewährleistung der Sicherheit in Hafengebieten, auf die sich *S* beruft, und der damit einhergehende Schutz der Arbeitnehmer stellen anerkannte zwingende Gründe des Allgemeininteresses dar (auch tatsächlich in der Rechtsprechung anerkannt, s zB EuGH 11.12.2007, C-438/05, *International Transport Workers' Federation und Finnish Seamen's*, Rz 77). Allerdings muss die Maßnahme auch verhältnismäßig sein. Die spezielle Regelung zur Aufnahme von Arbeitern in ein Kontingent, das mit einer längeren Anerkennungsdauer einhergeht, ist grds geeignet, das Ziel eines hohen Maßes an Sicherheit der Arbeitnehmer durch eine genaue Prüfung sämtlicher Bewerber zu erreichen. Ein derartiges Aufnahmeverfahren müsste jedoch auf sachlichen Kriterien beruhen (EuGH verlangt grds objektive, diskriminierungsfreie sowie vorab bekannte Kriterien, s *Katoen Natie Bulk Terminals NV*, Rz 70). Der Königliche Hafenerlass enthält dazu eine Bestimmung, nämlich in § 4 Abs 2, wonach der Paritätische Ausschuss bei der Aufnahme von Personen in das Kontingent von länger anerkannten Hafenarbeitern die Dauer der Tätigkeit in schwedischen Häfen berücksichtigen muss. Dadurch wird ein hohes Maß an fachlicher Eignung sichergestellt, weswegen die Maßnahme grds geeignet ist, das Ziel der Sicherheit im Hafen zu gewährleisten.

Allerdings scheitert die Verhältnismäßigkeit der schwedischen Maßnahmen am Kriterium der Erforderlichkeit, da das Ziel der Sicherheit im Hafen auch durch gelindere Mittel erreicht werden könnte. Es könnten etwa alle Personen, die im In- oder Ausland die notwendigen beruflichen Erfahrungen erworben und eine geeignete Ausbildung absolviert haben, als Hafenarbeiter unbefristet oder einheitlich für eine bestimmte Dauer anerkannt werden. Im SV finden sich keine Anhaltspunkte, dass die Arbeit an schwedischen Häfen derart speziell ist, dass eine einschlägige Berufserfahrung an jenen Häfen unumgänglich wäre. Auch die nach oben hin begrenzte Kontingentierung bzw die Differenzierung der Anerkennungsdauer zwischen kontingentierten und nicht-kontingentierten Arbeitern stehen der Erforderlichkeit der Zielerreichung entgegen. Sollten Sicherheitsbedenken bezüglich einzelner Arbeiter bestehen, könnte generell eine Überprüfung in gewissen Abständen – jedoch für alle einheitlich – angedacht werden.

Alternativ könnte auch die mangelnde gesetzliche Ausgestaltung in Bezug auf ein objektives Anerkennungsverfahren und der damit einhergehenden potentiellen Willkür des Paritätischen Ausschusses als Argument gegen die Eignung bzw Erforderlichkeit dienen.

Als weiterer Rechtfertigungsgrund kommt die Vermeidung eines Fachkräftemangels als zwingender Grund des Allgemeininteresses in Betracht (in der EuGH-Rsp umstritten, s *Katoen Natie Bulk Terminals NV*, Rz 65). *S* behauptet, dass durch die kontingentierte Bereitstellung von Hafenarbeitern jederzeit genügend Fachpersonal zur Verfügung steht. Tatsächlich bewirkt die Regelung aber genau das Gegenteil. Zunächst ist die Anzahl der Arbeiter, die in das Kontingent aufgenommen werden, nach oben hin begrenzt, weswegen bei einem erhöhten Bedarf an Fachkräften uU nicht genügend Personal zur Verfügung steht. Jene Arbeiter, die nicht in das Kontingent aufgenommen werden, müssen vor Aufnahme der Tätigkeit eine Anerkennung erst beantragen, was der Natur der Sache nach einen gewissen Zeitraum beansprucht. Daher können etwa Schwankungen in der Nachfrage nicht sofort ausgeglichen werden und es fehlt bereits am Element der Geeignetheit. Demnach scheitert auch für diesen Rechtfertigungsgrund die Verhältnismäßigkeit der schwedischen Maßnahmen.

> Auch ein strenges Kontingent-System an sich wäre nicht erforderlich, da man auf andere Möglichkeiten wie Hafenarbeitszentren oder Leiharbeitsunternehmen zurückgreifen könnte (Schlussanträge GA *Sánchez-Bordona* zu *Katoen Natie Bulk Terminals* NV, Rz 68).

Es liegt somit durch § 3 Abs 3 iVm § 4 des Königlichen Hafenerlasses ein Eingriff in die Dienstleistungsfreiheit nach Art 49 AEUV vor, der nicht gerechtfertigt werden kann.

> Achtung: Die Entsendung von Arbeitnehmern zur Leistungserbringung in einen anderen Mitgliedstaat unterliegt nicht der Arbeitnehmerfreizügigkeit (EuGH 9.8.1994, C-43/93, *Vander Elst*, Rz 21; *Budischowsky* in Jaeger/Stöger, EUV/AEUV Art 57 AEUV [Stand 1.10.2018, rdb.at] Rz 57).

E. Ergebnis

Im Ergebnis liegt eine Verletzung der Dienstleistungsfreiheit durch eine personenbezogene versteckte Diskriminierung vor. Schweden hat die einschlägigen Bestimmungen des Königlichen Hafenerlasses bei Fällen mit grenzüberschreitendem Bezug außer Anwendung zu lassen.

Aufgabe 2: Beschreiben Sie die Voraussetzungen sowie den Ablauf dieses Verfahrens auf nationaler Ebene und auf Unionsebene! Besteht im konkreten Fall eine Verpflichtung zur Einleitung eines derartigen Verfahrens? Wie wird der EuGH die Sache inhaltlich entscheiden?

> Bei Aufgabe 2 ist zunächst die verfahrensrechtliche Komponente zu prüfen. Im Anschluss ist wiederum die korrekte Grundfreiheit und eine Subsumtion der Elemente des SV unter die Grundfreiheit gefragt. In Bezug auf die inhaltliche Beurteilung ergibt sich aus dem SV, dass die Prüfung auf § 14 des Königlichen Hafenerlasses, also die Zusammensetzung des Paritätischen Ausschusses, beschränkt ist. Die Verwendung des generischen Femininums ist für die Falllösung wie bei Aufgabe 1 beschrieben ohne Bedeutung.

I. Voraussetzungen des Vorabentscheidungsverfahrens

Hegt ein innerstaatliches Gericht an der korrekten Auslegung der Verträge oder eines Unionsrechtsakts Zweifel, kann es sich im Rahmen eines Vorabentscheidungsverfahrens nach Art 267 AEUV an den EuGH wenden. Dazu stellt das nationale Gericht zunächst die entscheidungserhebliche Frage fest, unterbricht das nationale Verfahren und stellt einen Vorlageantrag an den EuGH. Der EuGH prüft danach in eingeschränktem Umfang, ob die gestellten Fragen entscheidungserheblich sind, und beantwortet anschließend ausführlich die gestellten Fragen, indem er einschlägiges Unionsrecht auslegt. Nachfolgend führt das nationale Gericht das Verfahren weiter und entscheidet unter Zugrundelegung der Antwort des EuGH (*Borchardt*, Die rechtlichen Grundlagen der Europäischen Union[7] [2020] Rz 718).

Um einen Vorlageantrag stellen zu können, muss das einschlägige schwedische Gericht den Tribunalbegriff aus Art 267 AEUV erfüllen. Nachdem es sich um ein mitgliedstaatliches Verfassungsgericht handelt, kann angenommen werden, dass es unabhängig und streitentscheidend agiert, ordnungsgemäß gebildet ist, Rechtsprechungscharakter hat, das Verfahren nach rechtsstaatlichen Verfahrensregeln abläuft und dessen Urteile bindende Kraft entfalten. Beim schwedischen Gericht handelt es sich sowohl nach der abstrakten als auch der konkreten Betrachtungsweise um ein letztinstanzliches Gericht, da es zum einen in der Gerichtshierarchie als oberstes mitgliedstaatliches Gericht gilt und zum anderen dessen Entscheidungen nicht mehr mit einem Rechtsmittel bekämpft werden können. Daher besteht grds eine Vorlageverpflichtung nach Art 267 Abs 3 AEUV.

Es könnte jedoch eine Ausnahme von der Vorlagepflicht bei Auslegungsfragen bestehen (EuGH 6.10.1982, C-283/81, *CILFIT*, Rz 21). Eine Vorlagefrage zur Auslegung der Arbeitnehmerfreizügigkeit nach den Art 45 ff AEUV wäre jedenfalls für den Ausgangssachverhalt entscheidungserheblich. Auch wäre eine richtige Auslegung nicht derart offenkundig, dass keinerlei Raum für vernünftige Zweifel an der Entscheidung der gestellten Frage bestehen, da aus dem Vertragstext nicht eindeutig hervorgeht, ob auch die Verwendung von ausschließlich anerkannten Arbeitern in Häfen sowie die Zusammensetzung des Paritätischen Ausschusses die Arbeitnehmerfreizügigkeit beschränken (*acte clair*). Aus dem SV ist auch nicht ersichtlich, dass eine gleichgelagerte Frage in einem gleichgelagerten Fall durch den EuGH bereits beantwortet wurde (*acte éclairé*). Im Ergebnis besteht somit für das schwedische Verfassungsgericht eine Vorlageverpflichtung nach Art 267 Abs 3 AEUV.

> Tatsächlich wurde eine derartige Frage in einem gleich gelagerten Fall bereits beantwortet (s FN 1), weswegen bei genauer Betrachtung ein acte éclairé und somit eine gesicherte Rechtsprechung vorliegt. Da dies jedoch aus dem SV alleine nicht ersichtlich ist, wird die Kenntnis dieser Entscheidung für die Lösung des Falls nicht vorausgesetzt.

II. Arbeitnehmerfreizügigkeit

Vom SV könnte *prima facie* die Arbeitnehmerfreizügigkeit nach Art 45 AEUV berührt sein. Mit der Arbeitnehmerfreizügigkeit soll die Mobilität von natürlichen Personen gewährleistet werden, die grenzübergreifend einer unselbstständigen Arbeit nachgehen wollen.

A. Sekundärrechtliche Regelung

Lt SV kommt kein Sekundärrecht zur Anwendung, weshalb dieser Teil der Prüfung entfällt.

B. Schutzbereich

1. Persönlicher Schutzbereich

F muss zwei Kriterien erfüllen, um sich auf den persönlichen Schutzbereich von Art 45 AEUV berufen zu können. Einerseits muss der unionsrechtliche Arbeitnehmerbegriff erfüllt sein, andererseits ist die Staatsangehörigkeit von *F* zu prüfen.

Arbeitnehmer iSd Art 45 AEUV sind Personen, die eine weisungsgebundene Tätigkeit gegen Entgelt erbringen. Sie übernehmen bei ihrer Tätigkeit also nicht das wirtschaftliche Risiko und müssen sich bei Art, Inhalt, Zeitpunkt und Ort der Leistungserbringung nach der Entscheidung des Arbeitgebers bzw der Arbeitgeberin richten (*Jaeger*, Materielles Europarecht[2] 130). Der EuGH legt den Arbeitnehmerbegriff weit aus, daher sind auch geringfügige und Teilzeitbeschäftigungen erfasst (EuGH 23.03.1982, C-53/81, *Levin*, Rz 15 ff). *F* strebt eine Vollzeitbeschäftigung als Hafenarbeiter im Unternehmen *U* (und nicht etwa eine selbstständige Tätigkeit) an. Er ist somit jedenfalls vom Arbeitnehmerbegriff erfasst.

Nur Staatsangehörige der Mitgliedstaaten können sich auf die Arbeitnehmerfreizügigkeit berufen. Lt SV ist *F* belgischer Staatsbürger, dieses Erfordernis ist daher erfüllt.

Das Erfordernis der Staatsangehörigkeit ist stRsp des EuGH, obwohl es dem Wortlaut von Art 45 AEUV nicht explizit zu entnehmen ist (EuGH 5.7.1984, C-238/83, *Caisse d'allocations familiales*, Rz 7).

Der persönliche Schutzbereich ist daher für *F* eröffnet.

2. Sachlich-räumlicher Schutzbereich

Für die Anwendbarkeit von Art 45 AEUV bedarf es eines grenzüberschreitenden Bezugs. *F* ist Staatsbürger eines Mitgliedstaats (Belgien) und möchte eine Tätigkeit als Hafenarbeiter in einem anderen Mitgliedstaat, nämlich Schweden, ausüben. Der grenzüberschreitende Bezug ist daher gegeben.

Art 45 AEUV schützt die Aufnahme und Ausübung einer unselbstständigen Beschäftigung. Dies umfasst ua den Aufenthalt der Arbeit nehmenden Person, die Arbeitssuche und die Bewerbung (*Jaeger*, Materielles Europarecht[2] 134). *F* möchte sich als Hafenarbeiter im Unternehmen *U* anstellen lassen, dh er strebt die Aufnahme einer unselbstständigen Beschäftigung an.

3. Bereichsausnahme

Art 45 Abs 4 AEUV sieht eine Bereichsausnahme für den öffentlichen Dienst vor. Diese ist hier jedoch nicht einschlägig, da es sich bei dem Unternehmen *U* um ein privates Unternehmen handelt, das privatwirtschaftliche Tätigkeiten im Hafenbereich durchführt.

Der sachlich-räumliche Schutzbereich ist somit eröffnet.

C. Eingriff

Eingriffe können durch Maßnahmen staatlicher Hoheitsträger der Mitgliedstaaten erfolgen, wobei der Staatsbegriff weit auszulegen ist. Der Eingriff erfolgt im SV durch den Königlichen Hafenerlass von Oktober 2016, der jedenfalls eine staatliche Maßnahme darstellt.

> Ob Akte von privaten Arbeitgebern auch einen Eingriff begründen können, ist umstritten. Gibt es für eine Berufsgruppe flächendeckende Regelungen (zB durch Verbandsregelungen, Kollektivverträge), kann ein Eingriff vorliegen (*Walrave*, Rz 21 ff; EuGH 6.6.2000, C-281/98, *Angonese*, Rz 31 ff).

Bei der Frage, ob ein Eingriff vorliegt, ist zunächst zwischen einer potentiellen Diskriminierung und einer sonstigen Beschränkung der geschützten Tätigkeit zu differenzieren. Lt SV gilt der Königliche Hafenerlass unterschiedslos für alle Personen, die eine Tätigkeit als Hafenarbeiter aufnehmen wollen, ungeachtet ihrer Staatsbürgerschaft. Eine offene Diskriminierung liegt daher nicht vor. Allenfalls könnte eine versteckte Diskriminierung gegeben sein, wenn der Königliche Hafenerlass ausschließlich oder hauptsächlich eine Ungleichbehandlung ausländischer Staatsbürger bewirkt oder bezweckt, ohne dabei explizit auf die Staatsbürgerschaft abzustellen. Mit dem Königlichen Hafenerlass wird grds der Zugang zum Beruf der Hafenarbeit reguliert, ohne dass dadurch *prima facie* ausländische Staatsangehörige indirekt ausgeschlossen werden sollen.

> Die Abgrenzung zwischen einer versteckten Diskriminierung und einer sonstigen Beschränkung kann oft nicht ganz trennscharf vollzogen werden. Daher wäre auch eine anderslautende Argumentation in Richtung einer versteckten Diskriminierung denkbar. Nachdem der Paritätische Ausschuss ausschließlich von nationalen Arbeitgeber- und Arbeitnehmerorganisationen besetzt wird, scheint eine Bevorzugung inländischer Arbeitnehmer durchaus realistisch.

Der EuGH stellt regelmäßig auch bei sonstigen Beschränkungen der Arbeitnehmerfreizügigkeit einen Eingriff in Art 45 AEUV fest (EuGH 15.12.1995, C-415/93, *Bosman*, Rz 96). Eine Beschränkung des Art 45 AEUV liegt vor, wenn eine nationale Bestimmung Staatsangehörige anderer Mitgliedstaaten daran hindert oder sie davon abhält, ihr Herkunftsland zu verlassen, um von ihrem Recht auf Arbeitnehmerfreizügigkeit Gebrauch zu machen. Zulässig sind grds neutrale regulative Bestimmungen, mit denen zB Sicherheitsvorschriften, Arbeitszeitregelungen oder Qualifikationserfordernisse normiert werden (*Jaeger*, Materielles Europarecht[2] 141). Nach dem Unionsrecht unproblematisch wäre also etwa ein schwedisches Gesetz, das regelmäßige Sicherheitsüberprüfungen aller Hafenarbeiter durch Fachpersonal vorsieht.

Der Königliche Hafenerlass knüpft die Tätigkeit als Hafenarbeiter in schwedischen Häfen an die positive Entscheidung des Paritätischen Ausschusses und ist daher geeignet, den Zugang zum Arbeitsmarkt zu behindern. Lt SV konkretisiert sich diese Beschränkung auch im Fall von *F*, dem als qualifizierte ausländische Arbeitskraft der Zugang zum schwedischen Arbeitsmarkt verwehrt wird.

Somit liegt ein Eingriff in Art 45 AEUV vor.

D. Rechtfertigung

Wurde ein Eingriff festgestellt, ist anschließend die Möglichkeit einer Rechtfertigung zu prüfen. Art 45 Abs 3 AEUV nennt zu diesem Zweck als zulässige Gründe die öffentliche Ordnung, Sicherheit und Gesundheit. Darüber hinaus anerkennt der EuGH auch ungeschriebene Rechtfertigungsgründe, sofern es sich um zwingende Gründe des Allgemeininteresses handelt (*Bosman*, Rz 104). In diesem Fall stellt die Sicherheit im Hafenbereich und die Verhütung von Arbeitsunfällen einen zwingenden Grund des Allgemeininteresses dar (s § 1 des Königlichen Hafenerlasses).

Die Maßnahme (hier die Notwendigkeit einer Genehmigung durch den Paritätischen Ausschuss) muss außerdem verhältnismäßig sein. Sie muss daher geeignet sein, die Verwirklichung des in Rede stehenden Zwecks zu gewährleisten und muss darüber hinaus erforderlich und adäquat sein. In diesem Fall ist schon die Geeignetheit der Maßnahme fraglich. Laut § 14 des Königlichen Hafenerlasses werden die Mitglieder des Paritätischen Ausschusses in freiem Ermessen von den Arbeitgeber- und Arbeitnehmerorganisationen benannt und sind in ihrer Entscheidung über die Anerkennung eines Hafenarbeiters frei. Die Mitglieder des Paritätischen Ausschusses verfügen daher möglicherweise gar nicht über die ausreichende Qualifikation, die Sicherheitskriterien und die fachliche Eignung der Kandidaten für die Hafenarbeit zu bewerten. Es bestehen auch keine verfahrensrechtlichen Vorgaben, die eine sachliche Entscheidung auf anderem Wege sicherstellen könnten. Darüber hinaus vertreten die Arbeitnehmervertreter im Ausschuss die Interessen bereits anerkannter Hafenarbeiter, die mit neuen Bewerbern um freie Arbeitsplätze konkurrieren könnten (s dazu auch *Katoen Natie Bulk Terminals NV*, Rz 95 ff). Somit ist zweifelhaft, ob die Mitglieder des Ausschusses unparteiisch, objektiv und diskriminierungsfrei über die Anerkennungsanträge entscheiden können. Der Eingriff in Art 45 AEUV durch § 3 (2) iVm § 14 des Königlichen Hafenerlasses ist somit nicht verhältnismäßig und damit nicht gerechtfertigt.

E. Ergebnis

Im Ergebnis liegt eine Verletzung der Arbeitnehmerfreizügigkeit durch eine sonstige Beschränkung vor. Schweden hat die einschlägigen Bestimmungen des Königlichen Hafenerlasses bei Fällen mit grenzüberschreitendem Bezug außer Anwendung zu lassen.

Fall 17

Karin und der Wiener Wohnungsmarkt

Gewerbliches Berufsrecht | Raumordnungsrecht | Grundfreiheiten

Daniela Petermair

Die deutsche Staatsangehörige *Karin (K)* arbeitet seit einigen Jahren als Unternehmensberaterin in Wien und hält auch die dafür erforderliche Gewerbeberechtigung. Sie besitzt eine Eigentumswohnung für zwei Personen im Stuwerviertel des 2. Wiener Gemeindebezirks, einer nach dem Wiener Flächenwidmungsplan ausgewiesenen Wohnzone. Während der COVID-19-Pandemie hat *K* die Arbeit aus dem „Home-Office" zu schätzen gelernt und verbringt seither immer wieder Aufenthalte über einen längeren Zeitraum in ihrem Elternhaus im Allgäu (Deutschland). Da die Eigentumswohnung in Wien während ihrer Abwesenheiten nicht leer stehen soll, möchte *K* die gesamte Wohnung kurzfristig an Personen vermieten, die sich bloß vorübergehend in Wien aufhalten. Ihren Internetrecherchen zufolge soll das nämlich besonders lukrativ sein. Damit *Ks* Gäste nicht ohne Frühstück in den Tag starten müssen, stellt sie ihnen Gutscheine für die Cafeteria am Eck zur Verfügung. Handtücher und Hygieneartikel wechselt ein Nachbar vor einem Gästewechsel aus und sorgt auch sonst dafür, dass sich die Wohnung in einem ordentlichen Zustand befindet. Voller Elan schaltet *K* eine Anzeige auf einer Online-Plattform.

Die Vermietung läuft gut an und die Wohnung ist so auch während *Ks* Abwesenheiten ausgelastet. Umso mehr erschüttert sie, als ihr nach einigen Wochen zwei Verwaltungsstrafbescheide rechtskonform zugestellt werden. Einerseits verhängt die zuständige Behörde nämlich eine Verwaltungsstrafe gem § 366 Abs 1 Z 1 GewO, worüber sich *K* sehr wundert, ist sie doch der Auffassung, alle Vorgaben eingehalten zu haben. Zum anderen wird über sie eine Strafe gem § 135 Abs 1 BO Wien verhängt, da *K* nach Auffassung der zuständigen Behörde ihre Wohnung nicht nur kurzfristig an Personen vermieten hätte dürfen. *K* ist entrüstet und fühlt sich auch in ihren Freiheiten als Unionsbürgerin verletzt. Sie möchte jedenfalls gegen die beiden Verwaltungsstrafen vorgehen.

Aufgabe: Beurteilen Sie die Erfolgsaussichten der Rechtsmittel und gehen Sie dabei auch auf alle im Sachverhalt aufgeworfenen Aspekte sowie die zuständige Rechtsmittelinstanz ein.

Richtlinie 2006/123 des europäischen Parlaments und des Rates vom 12. Dezember 2006 über Dienstleistungen im Binnenmarkt (Dienstleistungs-Richtlinie, „DL-RL")

KAPITEL I

ALLGEMEINE BESTIMMUNGEN

Artikel 1 – Gegenstand

(1)   Diese Richtlinie enthält allgemeine Bestimmungen, die bei gleichzeitiger Gewährleistung einer hohen Qualität der Dienstleistungen die Wahrnehmung der Niederlassungsfreiheit durch Dienstleistungserbringer sowie den freien Dienstleistungsverkehr erleichtern sollen.

[…]

Artikel 2 – Anwendungsbereich

(1) Diese Richtlinie gilt für Dienstleistungen, die von einem in einem Mitgliedstaat niedergelassenen Dienstleistungserbringer angeboten werden.

(2) Diese Richtlinie findet auf folgende Tätigkeiten keine Anwendung:

a) nicht-wirtschaftliche Dienstleistungen von allgemeinem Interesse;

b) Finanzdienstleistungen […];

c) Dienstleistungen und Netze der elektronischen Kommunikation […];

d) Verkehrsdienstleistungen einschließlich Hafendienste, die in den Anwendungsbereich von Titel V des Vertrags fallen;

e) Dienstleistungen von Leiharbeitsagenturen;

f) Gesundheitsdienstleistungen […];

g) audiovisuelle Dienste, auch im Kino- und Filmbereich, ungeachtet der Art ihrer Herstellung, Verbreitung und Ausstrahlung, und Rundfunk;

h) Glücksspiele, die einen geldwerten Einsatz verlangen, einschließlich Lotterien, Glücksspiele in Spielkasinos und Wetten;

i) Tätigkeiten, die im Sinne des Artikels 45 des Vertrags mit der Ausübung öffentlicher Gewalt verbunden sind;

j) soziale Dienstleistungen im Zusammenhang mit Sozialwohnungen, der Kinderbetreuung und der Unterstützung von Familien und dauerhaft oder vorübergehend hilfsbedürftigen Personen, die vom Staat, durch von ihm beauftragte Dienstleistungserbringer oder durch von ihm als gemeinnützig anerkannte Einrichtungen erbracht werden;

k) private Sicherheitsdienste;

l) Tätigkeiten von Notaren und Gerichtsvollziehern, die durch staatliche Stellen bestellt werden.

(3) Die Richtlinie gilt nicht für den Bereich der Steuern.

Artikel 4 – Begriffsbestimmungen

Für die Zwecke dieser Richtlinie bezeichnet der Ausdruck:

1. „Dienstleistung" jede von Artikel 50 des Vertrags erfasste selbstständige Tätigkeit, die in der Regel gegen Entgelt erbracht wird;

2. „Dienstleistungserbringer" jede natürliche Person, die die Staatsangehörigkeit eines Mitgliedstaats besitzt, und jede in einem Mitgliedstaat niedergelassene juristische Person im Sinne des Artikels 48 des Vertrags, die eine Dienstleistung anbietet oder erbringt;

[…]

6. „Genehmigungsregelung" jedes Verfahren, das einen Dienstleistungserbringer oder -empfänger verpflichtet, bei einer zuständigen Behörde eine förmliche oder stillschweigende Entscheidung über die Aufnahme oder Ausübung einer Dienstleistungstätigkeit zu erwirken;

7. „Anforderungen" alle Auflagen, Verbote, Bedingungen oder Beschränkungen, die in den Rechts- oder Verwaltungsvorschriften der Mitgliedstaaten festgelegt sind oder sich aus der Rechtsprechung, der Verwaltungspraxis, den Regeln von Berufsverbänden oder den kollektiven Regeln, die von Berufsvereinigungen oder sonstigen Berufsorganisationen in Ausübung ihrer Rechtsautonomie erlassen wurden, ergeben; Regeln, die in von den Sozialpartnern ausgehandelten Tarifverträgen festgelegt wurden, sind als solche keine Anforderungen im Sinne dieser Richtlinie;

8. „zwingende Gründe des Allgemeininteresses" Gründe, die der Gerichtshof in ständiger Rechtsprechung als solche anerkannt hat, einschließlich folgender Gründe: öffentliche Ordnung; öffentliche Sicherheit; Sicherheit der Bevölkerung; öffentliche Gesundheit; Erhaltung des finanziellen Gleichgewichts der Systeme der sozialen Sicherung; Schutz der Verbraucher, der Dienstleistungsempfänger und der Arbeitnehmer; Lauterkeit des Handelsverkehrs; Betrugsbekämpfung; Schutz der Umwelt und der städtischen Umwelt; Tierschutz; geistiges Eigentum; Erhaltung des nationalen historischen und künstlerischen Erbes; Ziele der Sozialpolitik und Ziele der Kulturpolitik;

[…]

KAPITEL III
NIEDERLASSUNGSFREIHEIT DER DIENSTLEISTUNGSERBRINGER
ABSCHNITT 1
Genehmigungen

Artikel 9 – Genehmigungsregelungen

(1) Die Mitgliedstaaten dürfen die Aufnahme und die Ausübung einer Dienstleistungstätigkeit nur dann Genehmigungsregelungen unterwerfen, wenn folgende Voraussetzungen erfüllt sind:

a) die Genehmigungsregelungen sind für den betreffenden Dienstleistungserbringer nicht diskriminierend;

b) die Genehmigungsregelungen sind durch zwingende Gründe des Allgemeininteresses gerechtfertigt;

c) das angestrebte Ziel kann nicht durch ein milderes Mittel erreicht werden, insbesondere weil eine nachträgliche Kontrolle zu spät erfolgen würde, um wirksam zu sein.

[…]

Artikel 10 – Voraussetzungen für die Erteilung der Genehmigung

(1) Die Genehmigungsregelungen müssen auf Kriterien beruhen, die eine willkürliche Ausübung des Ermessens der zuständigen Behörden verhindern.

(2) Die in Absatz 1 genannten Kriterien müssen:

a) nicht diskriminierend sein;

b) durch einen zwingenden Grund des Allgemeininteresses gerechtfertigt sein;

c) in Bezug auf diesen Grund des Allgemeininteresses verhältnismäßig sein;

d) klar und unzweideutig sein;

e) objektiv sein;

f) im Voraus bekannt gemacht werden;

g) transparent und zugänglich sein.

[…]

(7) Dieser Artikel stellt die Verteilung der lokalen oder regionalen Zuständigkeiten der mitgliedstaatlichen Behörden, die solche Genehmigungen erteilen, nicht in Frage.

Lösung

Aufgabe: Beurteilen Sie die Erfolgsaussichten der Rechtsmittel und gehen Sie dabei auch auf alle im Sachverhalt aufgeworfenen Aspekte sowie die zuständige Rechtsmittelinstanz ein.

Nach einem ersten, sorgfältigen Lesen des SV sollten unbedingt die angeführten Bestimmungen nachgeschlagen werden. Damit ist ausgeschlossen, dass Sie später auf unangenehme Überraschungen stoßen, zumal sich dann auch häufig bestimmte Angaben im SV leichter identifizieren und einordnen können, was zu einer zielgerichteten Ausformierung der Lösung beiträgt.

Um Ihre Lösung besser nachvollziehen zu können, sollten die beiden Rechtsmittel getrennt voneinander geprüft werden; ggf ist freilich ein Verweis auf bereits erfolgte Ausführungen möglich. Greifen Sie in Ihrer Argumentation die im SV angeführten Einwände jedenfalls auf: So ist hinsichtlich des ersten Strafbescheids K der Meinung, alle Vorgaben eingehalten zu haben, was eine eine Prüfung der berufsrechtlichen Vorgaben nahelegt. Dagegen fühlt sich K beim zweiten Strafbescheid in ihren Freiheiten als Unionsbürgerin verletzt. Dies weist bereits deutlich auf eine Prüfung im Dunstkreis der Grundfreiheiten hin.

I. Strafbescheid wegen Übertretung des § 366 Abs 1 Z 1 GewO

Als Rechtsmittel kommt eine Bescheidbeschwerde an das LVwG Wien gem Art 130 Abs 1 Z 1 B-VG, §§ 7 ff VwGVG in Betracht. Die sachliche und örtliche Zuständigkeit ergibt sich aus Art 131 Abs 1 B-VG. Da das Gewerberecht eine Angelegenheit ist, die gem Art 102 Abs 1 B-VG in mittelbarer Bundesverwaltung vollzogen wird, fällt die sachliche Zuständigkeit in jene der Landesverwaltungsgerichte. Die örtliche Zuständigkeit richtet sich nach § 3 Abs 2 Z 1 VwGVG iVm § 3 AVG. Die Sache bezieht sich auf den Betrieb eines Unternehmens, da K ihr Gewerbe selbstständig ausüben will. Somit richtet sich die örtliche Zuständigkeit gem § 3 Z 2 AVG nach dem Standort des Unternehmens (Vermietung der Wohnung) und damit Wien.

Damit ist das LVwG Wien sachlich und örtlich zuständig.

A. Zulässigkeit

1. Beschwerdeführerin

Beschwerdeführerin kann jede partei- und prozessfähige natürliche oder juristische Person sein (§ 17 VwGVG iVm § 9 AVG). Mangels Hinweisen im SV ist davon auszugehen, dass K sowohl partei- als auch prozessfähig ist und daher Beschwerdeführerin in diesem Verfahren sein kann.

2. Beschwerdegegenstand

Gegenstand einer Bescheidbeschwerde ist ein Bescheid einer Verwaltungsbehörde. Das hier vorliegende Straferkenntnis ist ein solcher Bescheid (vgl § 43 VStG).

3. Beschwerdelegitimation

K muss behaupten, durch den Bescheid in einem subjektiven-öffentlichen Recht verletzt zu sein (Art 132 Abs 1 Z 1 B-VG), wobei diese Rechtsverletzung zumindest möglich sein muss, was mit dem an *K* adressierten Straferkenntnis jedenfalls der Fall ist.

4. Frist

Die Beschwerdefrist beträgt gem § 7 Abs 4 VwGVG vier Wochen. *K* hat daher innerhalb dieser Frist ihre Beschwerde einzubringen.

5. Form und Einbringungsort

Die Formvorgaben der §§ 9, 12 VwGVG sind einzuhalten, der Beschwerdeinhalt ergibt sich aus § 9 VwGVG. Die Bescheidbeschwerde ist schriftlich bei der belangten Behörde gem § 12 iVm § 20 VwGVG einzubringen. Belangte Behörde ist die Behörde, die den Bescheid erlassen hat (§ 9 Abs 2 Z 1 VwGVG). Das ist hier der Magistrat Wien (s sogleich).

6. Ergebnis

Im Ergebnis ist die Bescheidbeschwerde zulässig.

B. Begründetheit

1. Formelle Rechtsmäßigkeit

Der Magistrat Wien war als belangte Behörde für die Erlassung des angefochtenen Bescheids zuständig: Die Vollziehung der GewO erfolgt in mittelbarer Bundesverwaltung (Art 102 Abs 1 B-VG). Gem § 26 VStG iVm § 333 GewO ist, soweit nicht ausdrücklich anderes bestimmt ist, die Bezirksverwaltungsbehörde die sachlich zuständige Gewerbebehörde. Die örtliche Zuständigkeit ergibt sich aus § 27 VStG und da die (mutmaßliche) Verwaltungsübertretung in Wien stattgefunden hat, war der Magistrat Wien zuständig.

Darüber hinaus ist die Einhaltung der Verfahrensbestimmungen zu überprüfen. Zwei davon sind die §§ 371b und 371c GewO, wonach die Behörde den Gewerbetreibenden bei bestimmten Verwaltungsübertretungen vor einer weiteren Strafverfolgung aufzufordern hat, einen rechtskonformen Zustand herzustellen. Allerdings ist der Tatbestand des § 366 Abs 1 Z 1 GewO von keiner der beiden Bestimmungen erfasst, weshalb deren Vorgaben vom Magistrat Wien nicht zu beachten waren. Mangels weiterer Anhaltspunkten im SV ist im Übrigen schließlich davon auszugehen, dass der Behörde keine Verfahrensfehler unterlaufen sind.

2. Materielle Rechtsmäßigkeit

a. Anwendungsbereich der GewO

K übt die Tätigkeit selbstständig gem § 1 Abs 3 GewO aus, da ihr die Einnahmen der Vermietung zukommen und er die Kosten des Leerstands zu tragen hat. Sie übt die Tätigkeit daher auf eigene Rechnung und Gefahr aus. Auch von einer Wiederholungsabsicht ist auszugehen, weil *K* die kurzfristige Wohnungsvermietung für einen längeren Zeitraum betreiben möchte; ob sie dies tatsächlich tut, ist unerheblich. Damit liegt auch Regelmäßigkeit iSd § 1 Abs 4 GewO vor. Nachdem *K* auch einen wirtschaftlichen Vorteil durch die Vermietung erzielen möchte, ist vom Vorliegen der Ertragserzielungsabsicht gem § 1 Abs 2 GewO auszugehen. Im Ergebnis stellt die Vermietung der Wohnung eine gewerbsmäßige Tätigkeit dar.

Zu prüfen ist, ob die Tätigkeit vom Anwendungsbereich der GewO ausgenommen ist. In Betracht kommt die Ausnahme der Privatzimmervermietung als häusliche Nebenbeschäftigung gem § 2 Abs 1 Z 9 GewO. Aus kompetenzrechtlichen Gründen ist die Privatzimmervermietung vom Anwendungsbereich ausgenommen und mit Art III B-VG-Nov 1974 sogar eigens definiert. Die dort festgelegte Höchstkapazität von zehn Fremdenbetten wird mit einer Wohnung für zwei Personen nicht erreicht. Allerdings kann die vorliegende Tätigkeit nicht mit den Mitgliedern des eigenen Hausstands bewältigt werden, als dazu der Gast quasi in den Hausverband aufgenommen werden muss (vgl VwGH 25.4.1995, 93/04/0125). Da *K* im Vermietungszeitraum selbst nicht anwesend ist und darüber hinaus mit den Gutscheinen für die Cafeteria sowie der Nachbar für die Gästebetreuung auch „externe" Dienstleistungen in Anspruch nimmt, ist dies zu verneinen. Die Tätigkeit ist also nicht gem § 2 Abs 1 Z 9 GewO vom Anwendungsbereich ausgenommen.

Zudem unterfällt die Tätigkeit auch nicht unter die Ausnahme der bloßen Raumvermietung gem § 4 Abs 1 Z 1 GewO. Dafür spricht bereits, dass die Wohnraumvermietung vom Wortlaut der Bestimmung nicht erfasst ist. Allerdings hat der VfGH diese Regelung auf die bloße Überlassung von Wohnräumen analog angewendet (VfGH 23.6.1962, B 388/61). Da hier aber auch Essensgutscheine ausgegeben werden, ist nicht von einer bloßen Wohnraumüberlassung auszugehen, weshalb *Ks* Tätigkeit ebenfalls nicht gem § 4 Abs 1 Z 1 GewO (per analogiam) von der GewO ausgenommen ist.

Nachdem die Wohnraumvermietung auch nicht generell verboten ist, ist der Anwendungsbereich der GewO eröffnet.

b. Berufsrecht

In Ermangelung konkreter Anhaltspunkte im SV ist davon auszugehen, dass *K* die allgemeinen Antrittsvoraussetzungen erfüllt.

Fraglich ist, ob für die Ausübung der Tätigkeit besondere Antrittsvoraussetzungen gelten. Die Beherbergung von Gästen ist gem § 111 Abs 1 Z 1 GewO ein Gastgewerbe. Grds bedarf es für den Betrieb eines Gastgewerbes eines Befähigungsnachweises, da es sich bei diesem um ein reglementiertes Gewerbe handelt (§ 94 Z 26 GewO). Allerdings sind von diesem Erfordernis in § 111 Abs 2 GewO einige Ausnahmen normiert. Eine davon betrifft auch Frühstückspensionen, wenn nicht mehr als zehn Fremdenbetten bereitgestellt und nur Frühstück oder andere kleine Imbisse verabreicht werden (§ 111 Abs 2 Z 4 GewO). *K* stellt mit ihrer Wohnung für zwei Personen jedenfalls weniger als zehn Fremdenbetten zur Verfügung. Darüber hinaus gibt *K* aber auch Gutscheine für ein Frühstück in einer nahegelegenen

Cafeteria aus. Als gem § 111 Abs 2 Z 4 GewO sogar die Verabreichung von Frühstück noch von dem Ausnahmetatbestand erfasst wäre, unterfällt *K* dieser Bestimmung und muss daher keinen Befähigungsnachweis erbringen.

Im Ergebnis ist die Wohnungsvermietung des *K* ein freies Gewerbe, wofür kein Befähigungsnachweis zu erbringen ist.

c. Einschlägigkeit des § 366 Abs 1 Z 1 GewO

Nach § 366 Abs 1 Z 1 GewO ist mit einer Geldstrafe bis zu EUR 3 600 zu bestrafen, wer ein Gewerbe ausübt, ohne die erforderliche Gewerbeberechtigung erlangt zu haben, und nicht § 366 Abs 1 Z 10 GewO oder § 367 Z 8 GewO anzuwenden ist. Zu prüfen ist daher, ob *K* für die Wohnungsvermietung eine Gewerbeberechtigung benötigt hätte.

Nun hält *K* zwar bereits eine Gewerbeberechtigung als Unternehmensberaterin, doch ist die Tätigkeit der Wohnungsvermietung offenkundig nicht von dieser Gewerbeberechtigung erfasst (vgl § 136 GewO). Sie benötigt daher eine weitere Gewerbeberechtigung für die Vermietungstätigkeit, die – wie oben gezeigt – im vorliegenden Fall als ein freies Gewerbe zu qualifizieren ist.

> Sofern bereits eine Gewerbeberechtigung vorliegt, ist die Neuaufnahme eines freien Gewerbes lediglich gem § 345 GewO anzuzeigen und braucht nicht gem § 339 GewO angemeldet werden. Da *K* bereits eine Gewerbeberechtigung als Unternehmensberaterin hält und ihre Gewerbelizenz lediglich um ein freies Gewerbe erweitern möchte, ist eine Anzeige gem § 345 GewO somit ausreichend.

Zwar übt *K* ein Gewerbe ohne die entsprechende Gewerbeberechtigung aus, womit § 366 Abs 1 Z 1 GewO dem Grunde nach einschlägig wäre; allerdings bleibt noch zu beurteilen, ob einer der beiden dort genannten Sondertatbestände im konkreten Fall vorgeht.

Sowohl § 366 Abs 1 Z 10 GewO als auch § 367 Z 8 GewO normieren den Verwaltungsstraftatbestand der Ausübung eines freien Gewerbes, ohne die erforderliche Berechtigung zur Ausübung des von der Gewerbelizenz umfassten Gewerbes erlangt zu haben. *Ks* Vermietungstätigkeit ist als ein freies Gewerbe zu qualifizieren und als solches nicht von der schon vorliegenden Gewerbelizenz erfasst. Da *K* wiederholt Gäste in ihrer Wohnung beherbergt, ist § 366 Abs 1 Z 10 GewO einschlägig, weil dieser im Wiederholungsfall § 367 Z 8 GewO vorgeht. Da somit § 366 Abs 1 Z 10 GewO anzuwenden ist, wäre *K* nach dieser Bestimmung und nicht nach § 366 Abs 1 Z 1 GewO zu bestrafen gewesen.

C. Entscheidung des VwG

Das LVwG Wien hat in der Sache selbst zu entscheiden (Art 130 Abs 4 erster Satz B-VG, § 50 Abs 1 VwGVG). *Ks* Beschwerde ist angesichts der vorstehenden Überlegungen stattzugeben und der angefochtene Strafbescheid aufzuheben, weil sie keine Verwaltungsübertretung gem § 366 Abs 1 Z 1 GewO begangen hat.

II. Strafbescheid wegen Übertretung des § 135 Abs 1 BO Wien[1]

Als Rechtsmittel kommt wiederum eine Bescheidbeschwerde gem Art 130 Abs 1 Z 1 B-VG, §§ 7 ff VwGVG in Betracht. Die sachliche und örtliche Zuständigkeit ergibt sich unmittelbar aus § 136 Abs 1 BO Wien, wonach das LVwG Wien zuständig ist.

A. Zulässigkeit

Hier kann auf die obigen Ausführungen unter Punkt I.A. verwiesen werden. Die Bescheidbeschwerde ist somit zulässig.

B. Begründetheit

1. Nutzung für kurzfristige Beherbergungszwecke

Ks Wohnung befindet sich in einer Wohnzone. Die Wohnzonen sind in § 7a BO Wien näher geregelt.

§ 7a BO Wien verfolgt das Ziel, einer Verdrängung der Wohnbevölkerung in bestimmten Gebieten entgegenzuwirken (vgl § 7a Abs 1 und 2 BO Wien). Solche Entwicklungen können zB dort entstehen, wo sich viele Büro- und Geschäftsräume finden oder wo Wohnräume dem Wohngebrauch der Stadtbevölkerung durch anderweitige Nutzung entzogen sind (zB „Airbnb").

2. Vereinbarkeit mit dem Unionsrecht

a. Anwendbarkeit

Die unmittelbare Beurteilung des SV anhand der primärrechtlichen Normen setzt voraus, dass kein anwendbarer, spezieller Sekundärrechtsakt vorliegt. Im vorliegenden Fall liegt mit der DL-RL aber ein solcher spezieller Rechtsakt vor, weshalb der SV anhand der DL-RL zu prüfen ist.

b. Anwendbarkeit der DL-RL

Zuerst ist zu prüfen, ob die DL-RL im konkreten Fall überhaupt anwendbar ist. Dazu regelt Art 2 DL-RL deren Anwendungsbereich. Sie gilt gem Art 2 Abs 1 DL-RL „für Dienstleistungen, die von einem in einem Mitgliedsstaat niedergelassenen Dienstleistungserbringer angeboten werden." Die Begriffe sind autonom auszulegen, einen Anhaltspunkt bieten dazu die Begriffsbestimmungen in Art 4 DL-RL.

Mit der Vermietung liegt eine Dienstleistung vor, weil diese eine selbstständige Tätigkeit ist, die gegen Entgelt erbracht wird. Immerhin vermietet *K* die Wohnung gegen Entgelt, trägt dafür das unternehmerische Risiko und unterliegt keiner Weisungsbefugnis. *K* ist als natürliche Person und deutsche Staatsbürgerin auch eine Dienstleistungserbringer iSd DL-RL. Da sie die Wohnungsvermietung auch erbringt bzw anbietet, ist *K* Dienstleistungserbringerin gem Art 2 Abs 1 iVm Art 4 Z 2 DL-RL.

---

1 Teile des SV sowie des Lösungsvorschlags sind an das Urteil EuGH 22.9.2020, C-724/18, C-727/18, *Cali Apartments*, angelehnt.

Ein grenzüberschreitender Bezug ist nach der jüngeren EuGH-Rsp im Anwendungsbereich der DL-RL nicht erforderlich. Allerdings wäre dieser wohl ohnehin gegeben, als *K* als deutsche Staatsangehörige in Österreich eine Wohnung vermieten möchte und etwa auch eine Vermietung an ausländische Touristen möglich erscheint.

Darüber hinaus unterfällt die Vermietung keiner Ausnahme gem Art 2 Abs 2 DL-RL. Die Vermietung ist jedenfalls auch keine soziale Dienstleitung in Zusammenhang mit Sozialwohnungen gem Art 2 Abs 2 lit j RL. Außerdem fällt eine nationale Regelung nicht schon allein deshalb aus dem Anwendungsbereich der DL-RL, wenn sie auch auf eine Tätigkeit anwendbar ist, die nach Art 2 Abs 2 DL-RL ausgeschlossen ist (EuGH 22.9.2020, *Cali Apartments*, C-724/18, C-727/18, Rz 39).

Somit ist der Anwendungsbereich eröffnet.

c. Genehmigungsregelung

Nach Art 4 Z 6 DL-RL ist eine Genehmigungsregelung „jedes Verfahren, das einen Dienstleistungserbringer oder -empfänger verpflichtet, bei einer zuständigen Behörde eine förmliche oder stillschweigende Entscheidung über die Aufnahme oder Ausübung einer Dienstleistungstätigkeit zu erwirken". § 7a Abs 5 BO Wien ist eine solche Genehmigungsregelung, weil die Ausnahme vom Verbot der Nutzung für kurzfristige Beherbergungszwecke auf Antrag durch die Behörde mit Bescheid zuzulassen ist. Damit ist eine förmliche Entscheidung für die Aufnahme oder Ausübung einer Dienstleistungstätigkeit zu erwirken.

d. Prüfung Genehmigungsregelung

Damit eine Genehmigungsregelung in Einklang mit der DL-RL steht, hat sie die in Art 9 Abs 1 DL-RL genannten Voraussetzungen zu erfüllen.

§ 7a Abs 5 BO Wien ist für *K* nicht diskriminierend (lit a leg cit). In Art 4 Z 8 DL-RL sind die zwingenden Gründe des Allgemeininteresses angeführt. Dabei könnte die Regelung unter den Schutz der städtischen Umwelt subsumiert werden, weil sie etwa auch Leerstand im Stadtgebiet verhindern und die Lebensqualität sichern möchte. Vor allem aber hat der EuGH den Kampf gegen Wohnungsnot als einen zwingenden Grund des Allgemeininteresses in seiner Rsp anerkannt (*Cali Apartments*, Rz 65 ff).

Fraglich ist, ob ein gelinderes Mittel vorliegt. Vorweg ist die Wohnraumvermietung mit der Untersagung der Nutzung für kurzfristige Beherbergungszwecke auf einen ganz spezifischen Fall der gewerblichen Wohnraumvermietung für kurzfristige Beherbergungszwecke eingeschränkt, wovon zudem mit § 7a Abs 5 BO Wien eine Ausnahmegenehmigung beantragt werden kann. Außerdem ist die Genehmigungsregelung nur auf die gewerbliche Wohnraumvermietung für kurzfriste Beherbergungszwecke eingeschränkt und nicht für sämtliche Vermietungen zu Beherbergungszwecken. Wohnungseigentümerinnen können – abseits dieser Art der *gewerblichen* Vermietung – die Wohnung auch zu *kurzfristigen* Beherbergungszwecken vermieten. Weiters sprechen gute Gründe dafür, dass eine nachträgliche Kontrolle zu spät erfolgen würde und stark an ihrer Wirksamkeit einbüßen würde, weil eine nachträgliche Eingriffsmöglichkeit bei akutem Wohnungsmangel vermutlich zu langsam erfolgen würde (vgl *Cali Apartments*, Rz 74). Somit ist davon auszugehen, dass die Wohnungsnot auch nicht mit einem gelinderen Mittel bekämpft werden könnte (lit c leg cit).

Die Genehmigungsregelung erfüllt daher die Voraussetzungen des Art 9 DL-RL.

e. Prüfung Genehmigungsvoraussetzungen

Gem Art 10 Abs 1 DL-RL muss die Genehmigungsregelung auf Kriterien beruhen, die eine willkürliche Ausübung des Ermessens der zuständigen Behörden verhindern. Die Kriterien dürfen nicht diskriminierend sein und müssen durch einen zwingenden Grund des Allgemeininteresses gerechtfertigt und in Bezug auf diesen Grund verhältnismäßig, klar und unzweideutig, objektiv, im Voraus bekannt gemacht sowie transparent und zugänglich sein (Art 10 Abs 2 DL-RL).

Für eine Diskriminierung sind keine Anhaltspunkte ersichtlich, weshalb die Genehmigungsvoraussetzungen als nicht diskriminierend einzustufen sind.

Auch ist anzunehmen, dass die Genehmigungsvoraussetzungen ebenfalls durch den Kampf der Wohnungsnot als zwingenden Grund des Allgemeininteresses gerechtfertigt sind (vgl *Cali Apartments*, Rz 79). Darüber hinaus sind die Vorgaben des § 7a Abs 5 BO Wien verhältnismäßig, da die Behörde etwa die Möglichkeit hat, auf ortspezifische Umstände – zB Festlegung der „räumlichen Nähe" – einzugehen. Die Genehmigungsvoraussetzungen sind dann klar und unzweideutig formuliert, wenn die Gestaltung der Genehmigungsvoraussetzungen für alle leicht verständlich ist, indem eine Mehrdeutigkeit ihres Wortlauts vermieden wird (*Cali Apartments*, Rz 96). Dies kann in Bezug auf die „gewerbliche" Nutzung für „kurzfristige" Beherbergungszwecke sowie die Ausgleichmöglichkeit in „räumlicher Nähe" diskutiert werden. Zu prüfen ist die Erfüllung der Vorgaben der Art 10 Abs 1 lit d und e DL-RL vor dem Hintergrund, dass die Behörden die Regelung nicht willkürlich anwenden können sollen (vgl *Cali Apartments*, Rz 99). Dies kann man bejahen, weil diese Vorgaben nicht bezwecken, den Behörden nicht jeglichen Ermessenspielraum zu nehmen. Darüber hinaus sind die Genehmigungsvoraussetzungen hier auch im Voraus bekannt gemacht, transparent und zugänglich, weil sie als Teil der BO Wien im Wiener Landesgesetzblatt kundgemacht sind.

§ 7a Abs 3 und Abs 5 BO Wien erfüllen daher die Anforderungen des Art 10 Abs 1 und 2 DL-RL.

f. Ergebnis

Das Verbot der gewerblichen Nutzung zu kurzfristigen Beherbergungszwecken in Wohnzonen gem § 7a Abs 3 und 5 BO Wien steht mit der DL-RL im Einklang.

Selbstverständlich kann bei entsprechender Argumentation auch das gegenteilige Ergebnis erzielt werden.

C. Entscheidung des VwG

Das LVwG Wien hat in der Sache selbst mittels Erkenntnis zu entscheiden, da der maßgebliche SV feststeht (Art 130 Abs 4 B-VG iVm § 28 Abs 1 und 2 VwGVG). *K* hat keinen Antrag auf Ausnahme gem § 7a Abs 5 BO Wien gestellt, weshalb sie jedenfalls dem Verbot gem § 7a Abs 3 letzter Teilsatz unterliegt. Da das Verbot der gewerblichen Nutzung zu kurzfristigen Beherbergungszwecken in Wohnzonen gem § 7a Abs 3 und 5 BO Wien mit der DL-RL im Einklang steht, wird diese Bestimmung auch nicht durch den Vorrang des Unionsrechts verdrängt. Aus diesen Gründen ist *Ks* Beschwerde als unbegründet abzuweisen.

Fall 18

Unter Spannung
Grundfreiheiten | Beihilfenrecht

Daniela Petermair

Der deutsche Gesetzgeber verabschiedete ein Gesetz, womit der Anteil der Stromerzeugung aus erneuerbaren Energien erhöht werden soll. Nunmehr müssen die Stromnetzbetreiber den Strom aus erneuerbaren Energien abnehmen und zu gesetzlich festgelegten Mindestpreisen kaufen, die deutlich über dem Marktpreis für Strom liegen. Um diese dadurch entstehenden Mehrkosten zu decken, wird mit dem Gesetz auch eine EEG-Umlage eingeführt. Diese EEG-Umlage ist als Ausgleich für die den Stromnetzbetreibern entstandenen Mehrkosten gedacht und muss von den Energieversorgern der Endverbraucher entrichtet werden. Die Umlage ist von den Stromnetzbetreibern auf einem eigens eingerichteten Konto zu verwalten und im Anschluss zur Abdeckung der entstandenen Mehrkosten zu verwenden. Für diese anschließende Aufteilung ist in dem Gesetz ein eigener Aufteilungsschlüssel vorgesehen. Auch die Verwaltung und Auszahlung der Gelder sind an gesetzliche Kriterien gebunden. Sowohl für die Verwaltung als auch für die Auszahlung der Gelder sind allein die Stromnetzbetreiber zuständig. Die Einhaltung der gesetzlichen Vorgaben wird von einer staatlichen Behörde überwacht.

Kurz nachdem das Gesetz in Kraft getreten ist, wälzen die Energieversorger der Endverbraucher die Kosten der Umlage auf die Endverbraucher ab, indem sie den Strompreis entsprechend erhöhen. Die Energieproduzenten, Stromnetzbetreiber wie auch die Energieversorger sind allesamt private Unternehmen.

Aufgabe 1: Liegt eine Beihilfe gem Art 107 Abs 1 AEUV vor? Prüfen Sie alle Tatbestandselemente!

Die *Caramell bt (C)* ist eine nach ungarischem Recht in Ungarn gegründete Kommanditgesellschaft. Die C produziert Naschereien, die ausschließlich aus biologischen Zutaten hergestellt werden. Das Geschäft läuft gut, doch möchte die C für ihre Produktion ab sofort nur noch Strom aus erneuerbaren Energien einsetzen. Da vor einigen Jahren in Deutschland ein Gesetz zur Förderung der Stromerzeugung aus erneuerbaren Energien beschlossen wurde und damit in Deutschland reichlich Strom aus erneuerbaren Energien verfügbar ist, beschließt die C ihre Produktion samt Gesellschaftssitz nach Deutschland zu verlegen. Damit diese Sitzverlegung auch in den öffentlichen Registern ersichtlich ist, stellt die C einen Antrag auf Eintragung der Sitzverlegung in das ungarische Handelsregister.

Nur wenige Tage später wird der C die Ablehnung ihres Antrags zugestellt. Darin wird begründend ausgeführt, dass eine Verlegung des Gesellschaftssitzes außerhalb von Ungarn unzulässig ist, weil diese zum Verlust des ungarischen Gesellschaftsstatuts führt.

Die Geschäftsführung der C ist empört, möchte ihr Vorhaben aber dennoch durchziehen. Deshalb sucht sie nach einer anderen Möglichkeit und beschließt die C in eine deutsche Kommanditgesellschaft (KG) umzuwandeln. Ein wenig später und nach der erfolgreichen Umwandlung – bei der die Forderungen der Gesellschaftsgläubiger vollumfänglich durch Bestellungen von Sicherheiten geschützt werden – stellt die Geschäftsführung wiederum einen Antrag, der diesmal die Löschung aus dem ungarischen Handelsregister begehrt. Als kurze Zeit später dieser Antrag ebenfalls abgelehnt wird, ist die Geschäftsführung der C nicht mehr nur empört, sondern auch verzweifelt: Voraussetzung für eine Löschung aus dem Handelsregister wäre nach ungarischem Recht nämlich eine Liquidation der Gesellschaft. Durch die geordnete Abwicklung im Rahmen eines solchen Liquidationsverfahrens sollen vor allem die Gesellschaftsgläubiger geschützt werden.

Aufgabe 2: Beurteilen Sie die Ablehnung der Handelsregistereinträge aus grundfreiheitlicher Sicht!

Lassen Sie bei der Falllösung etwaiges Sekundärrecht außer Betracht.

Lösung

Aufgabe 1: Liegt eine Beihilfe gem Art 107 Abs 1 AEUV vor? Prüfen Sie alle Tatbestandselemente![1]

Die Aufgabenstellung fordert (nur) die Prüfung nach der Tatbestandsmäßigkeit der gesetzten Maßnahme. Zudem sollen Sie sämtliche Tatbestandsmerkmale prüfen. Kommen Sie daher bei einem Tatbestandsmerkmal zu dem Ergebnis, dass dieses nicht erfüllt wird, sollen Sie die Prüfung dennoch fortsetzen. Strukturieren Sie Ihre Lösung am besten anhand der einzelnen Tatbestandsmerkmale, so ist Ihre Lösung sowohl für Sie als auch für den Prüfer gut nachzuvollziehen.

I. Tatbestandsmäßigkeit der Beihilfe

A. Wirtschaftlicher Vorteil

Ein wirtschaftlicher Vorteil ist jede geldwerte Leistung ohne eine dafür angemessene Gegenleistung, die ein oder einige Unternehmen in eine wirtschaftlich günstigere Lage versetzen, die es unter normalen Marktbedingungen nicht erhalten hätten.

Hier liegt der wirtschaftliche Vorteil in den durch das Gesetz vorgesehenen höheren Marktpreis für Strom aus erneuerbaren Energien. In dem – gesetzlich festgelegten – höheren Abnahmepreis liegt eine geldwerte Leistung. Diese ist auch marktunüblich, da die Produzenten des Stroms aus erneuerbaren Energien unter normalen Marktbedingungen keinen so hohen Preis für ihren Strom erhalten hätten.

B. Veranlassung und Finanzierung durch die öffentliche Hand

Eine Beihilfe erfüllt nur dann den Tatbestand des Art 107 AEUV, wenn sie sowohl von der öffentlichen Hand veranlasst wie auch aus öffentlichen Mitteln finanziert wurden („doppelte Staatlichkeit").

Zweifelsfrei geht die Entscheidung, die Erzeuger erneuerbarer Energien hinsichtlich eines höheren Marktpreises zu privilegieren, auf die öffentliche Hand zurück. Immerhin hat der deutsche Staat dies ausdrücklich gesetzlich geregelt.

Dahingegen ist fraglich, ob diese Mittel staatlich finanziert und damit für die öffentliche Hand budgetwirksam werden. Denn das Gesetz schreibt lediglich vor, dass die Energieversorger der Endverbraucher diese Umlage zu entrichten und auf das von den Stromnetzbetreibern eingerichtete Konto zu überweisen haben.

Dazu ist vorweg festzuhalten, dass sowohl unmittelbar als auch bloß mittelbar aus staatlichen Mitteln gewährte Vorteile vom Tatbestand des Art 107 AEUV umfasst sein können. Somit sind auch wirtschaftliche Vorteile aus Mitteln erfasst, die von privaten Einrichtungen gewährt werden und die der Staat zur Verwaltung der Beihilfe errichtet oder benannt hat. Das soll Umgehungskonstruktionen vermeiden, indem „unabhängige Einrichtungen ge-

---

1 Der SV sowie der Lösungsvorschlag sind an das Urteil EuGH 28.3.2019, C-405/16 P, *Bundesrepublik Deutschland/Kommission*, angelehnt.

schaffen werden, denen die Verteilung von Beihilfen übertragen wird." (EuGH 28.3.2019, C-405/16 P, *Bundesrepublik Deutschland/Kommission*, Rz 52 ff). Demnach ist die Tatsache, dass die Stromnetzbetreiber als private Unternehmer die Umlagen selbst auf einem eigenen Konto verwalten, für eine staatliche Zuordnung grds unschädlich.

Jedoch könnte in der Umlage eine abgabengleiche Wirkung gesehen werden, die unter Einsatz staatlicher Mittel erwirtschaftet wird. Dazu finden im SV nur wenige Anhaltspunkte; es wird aber ausgeführt, dass die Energieversorger ihre Mehrkosten „[k]urz nachdem das Gesetz in Kraft getreten ist", auf die Endverbraucher abwälzen. Allerdings ist diese Abwälzung nicht gesetzlich erlaubt oder gar verpflichtend, sodass die Umlage einer Abgabe nicht gleichzustellen ist.

> Diese Auffassung wurde vom EuGH vertreten (*Bundesrepublik Deutschland/Kommission*, Rz 65 ff). Allerdings ist dies in der Lit umstr, da aus marktökonomischer Sicht von einer solchen Abwälzung auf die Endverbraucher auszugehen war. So hat sich auch das EuG dafür ausgesprochen, die Umlage einer Abgabe gleichzustellen (EuG 10.5.2016, T-47/15, *Bundesrepublik Deutschland/Kommission*, Rz 95).

Eine staatliche Finanzierung kann aber auch dann gegeben sein, wenn die auf dem Konto verwalteten Mittel unter staatlichem Einfluss stehen. Voraussetzung dafür wäre eine entsprechende „Verfügungsgewalt" des Staates über diese Mittel. Dafür spricht, dass lt SV deren Verwaltung und Aufteilung gesetzlich geregelt sind und die Stromnetzbetreiber auf die Einhaltung der gesetzlichen Vorgaben von einer staatlichen Behörde überwacht. Dagegen kann man jedoch anführen, dass eine staatliche Kontrolle der Mittel damit gerade nicht vorgesehen ist; und genau auf die kommt es nach dem hier vertretenen engeren Verständnis an.

Im Ergebnis ist eine staatliche Finanzierung also zu verneinen.

> Auch an dieser Stelle folgt der Lösungsvorschlag der Argumentation des EuGH in einem ähnlichen Fall (vgl *Bundesrepublik Deutschland/Kommission*, Rz 74 ff). Dabei kam die Verneinung der staatlichen Finanzierung für viele überraschend, diese Entscheidung wird daher zum Teil auch als Judikaturwende einer sehr strengen Rsp interpretiert. Kritisiert wird an diesem Ansatz vor allem, dass dieser „Umgehungskonstruktionen" Tür und Tor öffnen würde. Auch hier gilt, dass Sie mit der einschlägigen Rsp nicht im Detail vertraut sein müssen. Entscheidend ist vielmehr, das Rechtsproblem zu erkennen, mit den Eckpunkten des SV zu argumentieren und schließlich zu einer vertretbaren Lösung zu kommen.

C. Begünstigtenkreis

Lt SV werden die Produzenten erneuerbarer Energien durch den höheren Marktpreis besonders privilegiert. Dabei erfasst der Begriff des Unternehmens gem Art 107 Abs 1 AEUV jede am Markt wirtschaftlich tätige Einheit. Eine genauere Prüfung braucht hier nicht zu erfolgen, da der SV schon ausdrücklich klarstellt, dass die Energieproduzenten als Unternehmen anzusehen sind. Dieses Tatbestandsmerkmal ist somit erfüllt.

D. Selektivität

Eine staatliche Maßnahme ist dann selektiv, wenn sie „bestimmte" Unternehmen begünstigt (Art 107 Abs 1 AEUV). Allgemein wird die Selektivität einer Maßnahme nicht dadurch ausgeschlossen, dass sehr viele Unternehmen eine Förderung in Anspruch nehmen können. Da im vorliegenden Fall nur Energieproduzenten erneuerbarer Energien, ist die getroffene Maßnahme als selektiv zu qualifizieren.

E. Spürbarkeit

Eine Maßnahme ist dann wettbewerbsverfälschend, wenn sie Wettbewerbsbedingungen am Markt zwischen miteinander im Wettbewerb stehenden Unternehmen verändert und damit auch deren Wettbewerbsverhältnis verändert. Dafür ist eine bloß drohende Wettbewerbsverfälschung ausreichend. Da den Energieproduzenten erneuerbaren Energien ein höherer Abnahmepreis gewährt wird, werden die Wettbewerbsbedingungen unter allen Energieproduzenten jedenfalls verändert. Von einer wettbewerbsverfälschenden Wirkung der Maßnahme ist somit auszugehen.

Darüber hinaus ist die Maßnahme auch geeignet, den Wettbewerb zwischen den Mitgliedsstaaten zu beeinträchtigen, womit nach dem grenzüberschreitenden Bezug der Maßnahme gefragt wird (Zwischenstaatlichkeitsklausel). Eine solche Wirkung ist in der Regel nur bei rein lokalen Sachverhalten ausgeschlossen. Da die Maßnahme im gesamten deutschen Bundesgebiet durchgeführt wird, kann solche ausgeschlossen werden. Zudem ist eine potentielle wie bloß drohende Handelsbeeinträchtigung ausreichend, um dieses Tatbestandsmerkmal zu erfüllen.

F. Ergebnis

Da die Maßnahme nicht staatlich finanziert wird, sind nicht sämtliche der in Art 107 Abs 1 AEUV angeführten Tatbestandsmerkmale erfüllt. Es liegt somit keine Beihilfe im Sinne dieser Bestimmung vor.

Aufgabe 2: Beurteilen Sie die Ablehnung der Handelsregistereinträge aus grundfreiheitlicher Sicht![2]

Schon die Fragestellung lenkt auf die Struktur des SV, der zwei Probleme in Zusammenhang mit Eintragungen in das ungarische Handelsregister thematisiert. Wichtig ist, bei der Falllösung die beiden Themenkomplexe nicht zu vermischen, sondern strukturiert zu prüfen. Beginnen Sie daher, zuerst die erste Eintragung anhand dem grundfreiheitsrechtlichen Prüfungsschemata zu prüfen, ehe Sie sich der zweiten Eintragung widmen. Selbstverständlich ist es aber möglich, bei singleichen Ausführungen auf das bereits Geschriebene zu verweisen.

---

2 Der SV sowie der Lösungsvorschlag sind an die Urteile EuGH 16.12.2008, C-210/06, *Cartesio*, und EuGH 25.10.2017, *Polbud*, angelehnt.

I. Eintragung der Sitzverlegung

Da die Niederlassungsfreiheit die Freiheit der Niederlassung in anderen Mitgliedsstaaten und damit die Mobilität auch von Gesellschaften gewährt, könnte der SV die Niederlassungsfreiheit berühren. Diese in den Art 49 ff AEUV geregelt.

A. Sekundärrechtliche Regelung

Da lt Angabe kein Sekundärrecht auf den SV anwendbar ist, kann dieser Teil der Prüfung entfallen.

B. Schutzbereich

1. Persönlicher Schutzbereich

Der persönliche Schutzbereich der Niederlassungsfreiheit umfasst den Schutz von natürlichen wie auch von juristischen Personen (vgl Art 54 AEUV). Bei juristischen Personen ist aber in einem ersten Schritt zu klären, ob eine Gesellschaft überhaupt als solche „existiert", denn schon nach dem Wortlaut des Art 54 AEUV sind nur „nach den Rechtsvorschriften eines Mitgliedsstaats gegründeten Gesellschaften" natürlichen Personen gleichgestellt. Darüber hinaus ist erforderlich, dass die Gesellschaft ihren Sitz innerhalb in der Union hat. Beides trifft auf die *C* zu: Sie wurde in Einklang mit den ungarischen Rechtvorschriften als GmbH gegründet und hat durch ihre ungarische Hauptniederlassung auf jeden Fall einen der in Art 54 AEUV angeführten Anknüpfungspunkte in einem Mitgliedsstaat.

Im Ergebnis ist die *C* vom persönlichen Schutzbereich der Niederlassungsfreiheit erfasst.

2. Sachlich-räumlicher Schutzbereich

In sachlicher Hinsicht schützt sie grenzüberschreitende Niederlassungen bei Aufnahme oder Ausübung einer selbständigen wirtschaftlichen und auf Dauer ausgeübten Tätigkeit, die in einer fixen Einrichtung erbracht wird. All diese Voraussetzungen treffen auf die *C* zu.

Die *C* geht einer selbstständigen wirtschaftlichen Tätigkeit nach, weil sie als Produzentin von Naschereien Produkte am Markt anbietet. Diese wirtschaftliche Tätigkeit möchte sie durch die Sitzverlegung nun in Deutschland ausüben, womit eine von Art 49 AEUV geschützte Verhaltensweise gegeben ist. Die Ausübung der Tätigkeit erfolgt auch grenzüberschreitend, da die *C* ihre Produkte nun auch in Deutschland anbieten möchte. Dies soll jedenfalls auch im Rahmen im Rahmen einer Niederlassung erfolgen, weil sie die Hauptniederlassung nach Deutschland verlegen möchte und damit mit einer permanenten Präsenz vor Ort im Rahmen einer festen Einrichtung vertreten ist. Auch der Niederlassungskontext ist somit gegeben.

3. Bereichsausnahme

Es finden sich keine Anhaltspunkte im SV, die auf eine Bereichsausnahme gem Art 51 AEUV hinwiesen würde.

Damit ist auch der sachlich-räumliche Schutzbereich eröffnet.

C. Staatlicher Eingriff

Die Niederlassungsfreiheit verbietet Eingriffe in die Aufnahme und Ausübung selbstständiger Erwerbstätigkeit sowie die Gründung und Leitung von Unternehmen (vgl Art 49 UAbs 2 AEUV). Verboten sind schon nach dem Wortlaut „Beschränkungen der freien Niederlassung" (Art 49 UAbs Satz 1 AEUV), was jedenfalls auch Diskriminierungen erfasst. Beschränkend ist eine Maßnahme dann, wenn sie „die Ausübung der Niederlassungsfreiheit unterbinden, behindern oder weniger attraktiv machen" (zB EuGH 29.11.2011, C-371/10, *National Grid Indus*, Rz 36). Darüber hinaus muss die Maßnahme staatlich zurechenbar sein. Letzteres ist auf jedem Fall erfüllt, da die ungarische Regelung ein staatliches Gesetz ist.

Materiell erlaubt die ungarische Regelung der Gesellschaft nicht, ihren Sitz in einen anderen Mitgliedsstaat zu verlegen und dort weiterhin das ungarische Personalstatut beizubehalten. Dabei ist jedoch zu beachten, „dass eine aufgrund einer nationalen Rechtsordnung gegründete Gesellschaft jenseits der nationalen Rechtsordnung, die ihre Gründung und ihre Existenz regelt, keine Realität hat." (EuGH 16.12.2008, C-210/06, *Cartesio*, Rz 104 mit Verweis auf EuGH 27.9.1988, Rs 81/97, *Daily Mail*, Rz 19). Mitgliedsstaaten dürfen damit die Bedingungen festlegen, nach denen eine Gesellschaft nach ihren Rechtsvorschriften als gegründet anzusehen ist (vgl Art 54 AEUV). Im Rahmen dessen darf ein Mitgliedsstaat auch die Anknüpfung, wie etwa eine Hauptniederlassung im Inland, vorsehen, um als nach ihrem innerstaatlichen Recht als gegründet behandelt zu werden. Zudem darf ein Mitgliedstaat auch die Anknüpfung festlegen, die erforderlich ist, um weiterhin als eine nach dem innerstaatlichen Recht gegründete Gesellschaft angesehen zu werden (*Cartesio*, Rz 110). Ein Mitgliedstaat darf also auch regeln, ob bzw welche Anknüpfung es braucht, damit eine Gesellschaft ihre Rechtspersönlichkeit nach innerstaatlichem Recht beibehält.

Genau in diesem Rahmen bewegt sich die ungarische Regelung, die allein die rechtliche Existenz der Gesellschaften regelt. Derartige Bestimmungen sind aber nicht im Maßstab des Art 49 AEUV zu messen. Ob eine Gesellschaft „nach den Rechtsvorschriften eines Mitgliedsstaats" gegründet wurde, ist also die (Vor)Frage danach, ob sich eine Gesellschaft überhaupt auf die Niederlassungsfreiheit berufen kann.

Im Ergebnis ist somit der staatliche Eingriff durch die ungarische Regelung zu verneinen.

D. Ergebnis

Da die ungarische Regelung nicht in die Niederlassungsfreiheit eingreift, ist sie aus grundfreiheitsrechtlicher Sicht unproblematisch.

II. Eintragung der Löschung

Auch für diesen Sachverhaltsteil könnte die Niederlassungsfreiheit gem Art 49, 54 AEUV einschlägig sein.

A. Sekundärrechtliche Regelung

Hier kann auf die Ausführungen unter Punkt I.A. verwiesen werden.

B. Schutzbereich

Hier kann auf die Ausführungen unter Punkt I.B. verwiesen werden. Der Schutzbereich ist somit eröffnet.

C. Staatlicher Eingriff

Die Niederlassungsfreiheit verbietet insb Eingriffe in die Gründung und Leitung von Unternehmen nach den Bestimmungen des Aufnahmestaates (vgl Art 49 Abs 2 AEUV). Die ungarische Regelung setzt für eine Löschung aus dem Handelsregister eine Liquidation auch in dem Fall voraus, bei dem eine Gesellschaft in eine ausländische Rechtsform umgewandelt werden soll. Das ist jedenfalls geeignet die Ausübung der Niederlassungsfreiheit unterbinden, behindern oder weniger attraktiv zu machen (zB *National Grid Indus*, Rz 36). Damit greift diese Regelung in das Recht auf freie Niederlassung ein. Weil es sich bei diesen Vorgaben um ungarisches Recht handelt, sind sie dem ungarischen Staat und folglich einem hoheitlichen Rechtsträger zuzurechnen. Im Ergebnis liegt ein staatlicher Eingriff in die Niederlassungsfreiheit vor.

D. Rechtfertigung

Dieser Eingriff in die Niederlassungsfreiheit kann gem Art 52 Abs 1 AEUV aber gerechtfertigt sein, wenn diese Beschränkung aus Gründen der öffentlichen Ordnung, Sicherheit oder Gesundheit gerechtfertigt ist (geschriebene Rechtfertigungsgründe). Darüber hinaus stehen auch die zwingenden Erfordernisse des Allgemeininteresses als Rechtfertigungsmöglichkeit zur Verfügung (ungeschriebene Rechtfertigungsgründe). Das sind etwa der Schutz der Gläubiger oder Minderheitsgesellschafter wie auch der Arbeitnehmer (EuGH 5.11.2002, C-208/00, *Überseering*, Rz 92).

Der SV legt den Schutzzweck der ungarischen Regelung nahe; durch die geordnete Abwicklung sollen die Gesellschaftsgläubiger geschützt werden. Insoweit ist zu prüfen, ob eine verpflichtende Liquidation der Gesellschaft auch im Fall einer Umwandlung in eine ausländische Rechtsform dem Schutz dieser Personengruppe überhaupt geeignet und erforderlich ist. Zwar vermag die geordnete Abwicklung einer Gesellschaft sehr wohl die Gläubiger zu schützen und wäre daher in Hinblick auf den Gläubigerschutz geeignet, doch ist eine solche Maßnahme in diesem Fall nicht erforderlich; denn: Lt SV werden die Gläubiger auch bei der Umwandlung der ungarischen in eine deutsche Kapitalgesellschaft ausreichend geschützt. Die Beschränkung ist somit unverhältnismäßig und damit nicht gerechtfertigt.

Der EuGH ist in seiner Rsp sehr (!) restriktiv, Eingriffe in die Mobilität von Gesellschaften als gerechtfertigt anzusehen. Ein nicht rechtfertigbarer Eingriff ist – etwa aus Gründen des Gläubigerschutzes – die Aberkennung der Partei- und Rechtsfähigkeit einer ausländischen Gesellschaft im Zuzugsstaat (*Überseering*, Rz 93).

E. Ergebnis

Die ungarische Regelung beschränkt die Niederlassungsfreiheit unverhältnismäßig. Ungarn hat aufgrund des unionsrechtlichen Anwendungsvorrangs diese innerstaatliche Regelung außer Betracht zu lassen und die Eintragung der Löschung in das Handelsregister auch ohne Liquidation der *C* vorzunehmen.

Fall 19

Es tut sich so einiges … von Investitionszuschüssen bis hin zu Steuervergünstigungen

Beihilfenrecht

Sarah Werderitsch

Bei *Damsung energy production* (*DEP*) tut sich so einiges. *DEP*, eine Tochtergesellschaft des südkoreanischen Technologieunternehmens *Damsung* (*D*), ist einer der wichtigsten Akteure auf dem schnell wachsenden Markt für Lithium-Ionen-Produkte (insb Batteriemodule und Batteriesätze) und betreibt eine Produktionsstätte in Polen. *DEP* möchte eine Investition iHv EUR 1 Mrd in die Erweiterung der Produktionskapazität seiner bestehenden Produktionsanlage in der polnischen Region Dolnośląskie, einem erheblich unterentwickelten Gebiet, tätigen. In der erweiterten Produktionsanlage sollen jedes Jahr Batterien für mehr als 295 000 Elektrofahrzeuge hergestellt werden und die Zahl der geschaffenen Arbeitsplätze vor Ort soll sich auf über 2 000 belaufen.

Bei der konkreten Standortwahl für die Erweiterung seiner Produktionskapazität war sich *DEP* ursprünglich unsicher und prüfte zwei Optionen: die Erweiterung seiner Produktionskapazität in einem Drittland außerhalb des EWR oder die Erweiterung der Kapazität der bestehenden Produktionsanlage in der Region Dolnośląskie, Polen. Grundsätzlich wäre die Investition im Drittland wirtschaftlich rentabler gewesen, allerdings bot die polnische Regierung *DEP* eine finanzielle Unterstützung iHv EUR 95 Mio für die Investition in die Erweiterung der bestehenden Produktionsanlage in Dolnośląskie an. Aufgrund dieses in Aussicht gestellten Investitionszuschusses entschloss sich *DEP* für die Erweiterung der Kapazität der bestehenden Produktionsanlage in Polen. Auch die Bedenken *DEPs* hinsichtlich der Vereinbarkeit der Maßnahme mit den geltenden EU-Vorschriften räumte Polen aus dem Weg. Die geplante Investition würde nämlich erheblich zur Schaffung von Arbeitsplätzen und der wirtschaftlichen Entwicklung sowie der Wettbewerbsfähigkeit der benachteiligten Region Dolnośląskie beitragen. Außerdem beschränke sich die Beihilfe auf das Minimum, das erforderlich war, damit die Investitionsentscheidung von *DEP* zugunsten Polens ausfiel.

Polen leitete daher alle verfahrensrechtlichen Schritte für die Gewährung des direkten Investitionszuschusses iHv EUR 95 Mio ein und meldete diesen als staatliche Beihilfe bei der zuständigen Stelle an. Anders als Polen ist diese Stelle aber nicht der Überzeugung, dass es sich hierbei um eine rasche und problemlose Beurteilung des Sachverhalts handelt; vielmehr will diese die Maßnahme genauer prüfen.

Aufgabe 1: Welche Stelle ist zuständig? Wie wird die zuständige Stelle verfahrensrechtlich vorgehen und inhaltlich entscheiden?

Gehen Sie davon aus, dass der Investitionszuschuss Polens eine tatbestandsmäßige Beihilfe iSd Art 107 Abs 1 AEUV ist.

Auch bei *D* tut sich so einiges. Als Teil eines multinationalen Konzerns zählt *D* zu den weltweit größten Fernsehgeräte-, Kühlschrank- und Smartphone-Herstellern. Aufgrund der wachsenden Attraktivität des europäischen Marktes möchte *D* einen Unternehmenssitz in der Europäischen Union eröffnen. Nach reichlicher Überlegung entscheidet *D*, sich in Belgien niederzulassen, denn dadurch würde das Unternehmen aufgrund einer gängigen Verwaltungspraxis, welche sich auf Art 185 § 2 lit b belgisches Steuergesetzbuch stützt, in den Genuss von Steuererleichterungen kommen. Von den belgischen Finanzbehörden wird diese Steuerregelung unter dem Label „Only in Belgium" beworben.

Auch bei der Europäische Kommission (EK) tut sich so einiges. Seit ein paar Jahren hat es sich die EK zur Aufgabe gemacht, gegen „aggressive tax planning measures" vorzugehen und ist im Zuge dessen auch auf die belgische Steuerregelung gestoßen. Nach der in Rede stehenden Steuerregelung (Art 185 § 2 lit b) im belgischen Steuergesetzbuch kann die Steuerbemessungsgrundlage der Körperschaftssteuer verringert werden, indem ein in Belgien ansässiges Unternehmen, welches Teil eines multinationalen Konzerns ist, sog „Mehrgewinne" von den tatsächlich erzielten Gewinnen abzieht. Um die Steuerminderungen geltend machen zu können, benötigt ein Unternehmen die vorherige Zustimmung der belgischen Steuerverwaltung mittels eines Steuervorbescheids. Dabei muss das Unternehmen das Vorliegen einer neuen Situation geltend machen, bspw eine Neuorganisation, die zu einer Neuansiedlung des Hauptunternehmens in Belgien führt, die Schaffung von Arbeitsplätzen oder Investitionen. Grds findet sich im belgischen Körperschaftsteuersystem die „Grundregel", dass Unternehmen auf der Grundlage ihres Gesamtgewinns, dh dem tatsächlich erwirtschafteten Gewinn, besteuert werden. Im Rahmen der Steuervorbescheide wird der von dem betroffenen belgischen Unternehmen tatsächlich erzielte Gewinn mit dem hypothetischen durchschnittlichen Gewinn verglichen, den ein eigenständiges Unternehmen, das eine vergleichbare Tätigkeit ausübt und sich in einer vergleichbaren Lage befindet, erwirtschaftet hätte. Die geltend gemachte Gewinndifferenz wird von den belgischen Steuerbehörden als „Gewinnüberschuss" eingestuft und bildet die Grundlage für die Verringerung der Steuerbemessungsgrundlage des multinationalen Unternehmens.

Den belgischen Behörden zufolge sollen dadurch lediglich Neuansiedelungen und Investitionen multinationaler Konzerne in Belgien gefördert werden. Ein europarechtswidriges Problem in dieser Verwaltungspraxis sehen die Finanzbehörden nicht. Die EK zweifelt aber daran, dass die Steuerregelung mit dem Binnenmarkt vereinbar ist und leitet daher ein förmliches Prüfverfahren ein.

Aufgabe 2: Beurteilen Sie die Maßnahme aus beihilfenrechtlicher Sicht! Auf etwaige Rechtsfolgen ist bei der Bearbeitung der Aufgabe nicht einzugehen.

Lösung

Aufgabe 1: Welche Stelle ist zuständig? Wie wird die zuständige Stelle verfahrensrechtlich vorgehen und inhaltlich entscheiden?

Wenn Sie eine „gegliederte" Fragestellung bearbeiten, empfiehlt es sich, auch Ihre Falllösung danach zu strukturieren. Weiters ist der Bearbeitungshinweis zu beachten, dass bei der inhaltlichen Beurteilung keine Tatbestandsmäßigkeitsprüfung zu erfolgen hat, sondern Sie sich direkt dem Problemkreis der Vereinbarkeitsprüfung widmen können.

Die Unterstützungsleistungen der Republik Polen iHv EUR 95 Mio stellen eine Neubeihilfe iSd Art 1 lit c VVO dar. Neubeihilfen werden negativ abgegrenzt und sind nach der Definition des Art 1 lit c VVO alle Beihilfen, die keine bestehenden Beihilfen sind.

I. Zuständige Stelle

Als zuständige Stelle hinsichtlich der Beihilfenaufsicht bzw -kontrolle fungiert die Europäische Kommission (EK). Ihr obliegt das Prüfmonopol. Die EK prüft und genehmigt neue Beihilfen im Rahmen einer Präventivkontrolle, nachdem diese von den anzeigepflichtigen Mitgliedsstaaten in einem Notifizierungsverfahren angemeldet wurden (Art 108 Abs 3 AEUV, Art 2 VVO). Im vorliegenden Fall meldet die Regierung Polens die Investitionsbeihilfe iHv EUR 95 Mio vorschriftsgemäß an. Bis zur abschließenden Entscheidung der EK darf die Maßnahme aber nicht durchgeführt werden (Durchführungsverbot, Art 108 Abs 3 Satz 3 AEUV, Art 3 VVO).

II. Verfahrensablauf

Die Verfahrensdetails und insb die der EK zur Verfügung stehenden Untersuchungs- und Entscheidungsbefugnisse sind in der VVO enthalten.

Die EK prüft die angemeldete Maßnahme in einem – je nach Schwierigkeitsgrad der Beurteilung – ein- oder zweistufigen Verfahren auf Beihilfequalität und Vereinbarkeit.

In seinen Grundsätzen ist das Verfahren der Beihilfekontrolle in Art 108 AEUV geregelt. Die Beihilfekontrolle umfasst in einem ersten Schritt die Prüfung der Tatbestandsmäßigkeit einer Maßnahme (Beihilfeeigenschaft) sowie, nachfolgend, die Prüfung der Zulässigkeit der Beihilfe nach den Bestimmungen des Vertrages (Vereinbarkeit).

Die erste Stufe des Verfahrens stellt die vorläufige Prüfung (Vorprüfungsverfahren) dar. Die vorläufige Prüfung soll es der EK ermöglichen, sich eine „erste Meinung" über die Vereinbarkeit des angezeigten Vorhabens zu bilden und so va über Maßnahmen rasch entscheiden zu können, bei denen die Beihilfeeigenschaft problemlos verneint oder die Vereinbarkeit mit dem Binnenmarkt bejaht werden kann. Die Vorprüfung ist von der EK in der Regel binnen zwei Monaten ab Einlangen der vollständigen Anmeldung abzuschließen (sog Lorenz-Frist, Art 4 Abs 5 VVO).

Die EK kann das Vorprüfungsverfahren mit drei Arten von Entscheidungen beenden: Entweder es liegt (i) keine Beihilfe vor oder es liegt (ii) eine mit dem Binnenmarkt vereinbare Beihilfe vor oder (iii) die Maßnahme muss hinsichtlich Beihilfequalität und/oder Vereinbarkeit näher untersucht werden.

Lt SV gelangt die EK im Rahmen der vorläufigen Prüfung zu der Ansicht, dass hinsichtlich der Vereinbarkeit der angemeldeten Beihilfe Bedenken bestehen. Nachdem eine problemlose Beurteilung nicht möglich ist, hat die EK als zweite Stufe der Beihilfeprüfung das förmliche Prüfverfahren (Hauptprüfungsverfahren) durch Beschluss gem Art 108 Abs 2 AEUV iVm Art 4 Abs 4 VVO zu eröffnen.

Im förmlichen Prüfverfahren erfolgt die Prüfung der Maßnahme im Detail. Der Eröffnungsbeschluss des förmlichen Prüfverfahrens enthält eine Zusammenfassung der wesentlichen Sach- und Rechtsfragen, eine vorläufige Würdigung des Beihilfecharakters der geplanten Maßnahme und Ausführungen über die Bedenken hinsichtlich der Vereinbarkeit. Dieser Beschluss wird dem gewährenden Mitgliedsstaat und sonstigen Beteiligten (Beihilfeempfänger, Wettbewerber, anderen Mitgliedsstaaten) zur Stellungnahme zugestellt. Zusätzlich erfolgt eine Veröffentlichung des Beschlusses im ABl der EU. Das Stellungnahmerecht des Empfängers und Dritter in Bezug auf die Beihilfe ist ein zentrales Merkmal des Hauptprüfungsverfahrens. Das förmliche Prüfverfahren sollte innerhalb einer (einvernehmlich verlängerbaren) Frist von 18 Monaten abgeschlossen werden.

Am Ende des Hauptprüfungsverfahrens kann die Feststellung stehen, dass (i) die angemeldete Maßnahme (von Anfang an) doch keine Beihilfe war. Ist die Maßnahme tatbestandsmäßig, kann sie per Beschluss (ii) in der angemeldeten Form (Positivbeschluss) oder (iii) bei Einhaltung von Auflagen für mit dem Binnenmarkt vereinbar erklärt werden. Festgestellt werden kann aber auch, dass (iv) die Maßnahme mit dem Binnenmarkt unvereinbar ist (Negativbeschluss).

III. Inhaltliche Beurteilung

Lt SV liegt eine tatbestandsmäßige Beihilfe iSd des Unionsrechts vor. Daher ist in einem zweiten Schritt zu prüfen, ob die Beihilfe mit dem Binnenmarkt vereinbar ist (Vereinbarkeitsprüfung).

Art 107 Abs 2 AEUV enthält sog Legalausnahmen für drei eng umschriebene Rechtfertigungsgründe. Bei Vorliegen eines dieser Gründe ist die Beihilfe ex lege gerechtfertigt, also mit dem Binnenmarkt vereinbar.

Der EK kommt diesbezüglich kein inhaltliches Beurteilungsermessen zu; sie muss aber das Vorliegen der Rechtfertigungsgründe feststellen, sodass auch solche Maßnahmen regulär anzumelden sind (s Art 108 Abs 3 AEUV).

Polen kann sich im vorliegenden Fall auf keine Legalausnahme nach Art 107 Abs 2 AEUV berufen.

Art 107 Abs 3 AEUV enthält sog Ermessensausnahmen. Die EK hat im Rahmen ihrer Ermessensausübung eine Abwägung zwischen dem Beihilfezweck und dem Ausmaß der Wettbewerbsverfälschung bzw Handelsbeeinträchtigung vorzunehmen. Anders als nach Art 107 Abs 2 AEUV ist der EK hier jedoch ein weites Ermessen eingeräumt. Im vorliegenden Fall könnte es sich um eine regionale Beihilfe für erheblich unterentwickelte Gebiete gem Art 107 Abs 3 lit a AEUV handeln. Aus dem SV ergibt sich nämlich, dass die Region Dolnośląskie benachteiligt bzw erheblich unterentwickelt ist (lit a leg cit). Allerdings ist nicht jede Beihilfe, die unter Art 107 Abs 3 AEUV fällt, ipso iure zulässig, sondern kann erst nach einer positiven Ermessensentscheidung der EK zu einer unionsrechtskonformen Beihilfe werden.

Lt SV ist der Investitionszuschuss an *DEP* auf das erforderliche Minimum beschränkt, um *DEP* einen Anreiz für die Durchführung der Investition in Polen zu bieten. Die Beihilfe geht dabei nicht über den Betrag hinaus, der erforderlich ist, um das Vorhaben in Polen ebenso rentabel zu gestalten, wie die in dem Drittland in Betracht gezogene Investition. Darüber hinaus wird die Investitionsbeihilfe erheblich zur Schaffung von Arbeitsplätzen und zur wirtschaftlichen Entwicklung und Wettbewerbsfähigkeit der benachteiligten Region Dolnośląskie beitragen, ohne den Wettbewerb übermäßig zu verzerren. Die EK wird daher zu dem Schluss gelangen, dass die positiven Auswirkungen des Vorhabens auf die regionale Entwicklung gegenüber etwaigen beihilfebedingten Wettbewerbsverzerrungen eindeutig überwiegen.

Im Ergebnis steht die öffentliche Unterstützung Polens mit den EU-Beihilfevorschriften gem Art 9 Abs 3 VVO im Einklang.

Aufgabe 2: Beurteilen Sie die Maßnahme aus beihilfenrechtlicher Sicht! Auf etwaige Rechtsfolgen ist bei der Bearbeitung der Aufgabe nicht einzugehen.[1]

Wenn Sie eine „gegliederte" Fragestellung bearbeiten, empfiehlt es sich, auch Ihre Falllösung danach zu strukturieren. Für den vorliegenden Fall empfiehlt es sich, zunächst die Hinweise im SV für die Prüfung der Tatbestandsmäßigkeit (Punkt II.) der Maßnahme zu filtern und diese strukturiert zu bearbeiten. Je nachdem wie Ihr Ergebnis in Punkt II. ausfällt, gilt es, in einem weiteren Schritt die Genehmigungsfähigkeit (Punkt III.) der Maßnahme zu prüfen und die Bearbeitung der Aufgabe schließlich mit einem Ergebnis zu beenden.

---

1 Teile des SV sowie des Lösungsvorschlags sind an SA.37667 angelehnt; EK, Staatliche Beihilfen: Kommission erklärt belgischen Steuerregelung für Gewinnüberschüsse für unzulässig und verlangt Rückforderung von insgesamt rund 700 Mio. EUR von 35 multinationalen Unternehmen, IP/16/42 (https://ec.europa.eu/commission/presscorner/detail/de/IP_16_42); s dazu auch EuGH 16.9.2021, C-337/19 P, *Kommission/Belgien und Magnetrol International*.

I. Vorbemerkung

Bei der betreffenden beihilferelevanten Maßnahme (belgische Steuerregelung) handelt es sich um eine Beihilferegelung gem Art 1 lit d VVO. Nach Art 1 lit d VVO versteht man unter einer „Beihilferegelung" ua „eine Regelung, wonach Unternehmen, die in der Regelung in einer allgemeinen und abstrakten Weise definiert werden, ohne nähere Durchführungsmaßnahmen Einzelbeihilfen gewährt werden können". Der Begriff „Regelung" kann auch auf eine ständige Verwaltungspraxis der Behörden eines Mitgliedsstaats verweisen, wenn diese Praxis ein „systematisches Konzept" – wie hier durch die belgischen Behörden – erkennen lässt.

> Die Einstufung einer staatlichen Maßnahme als Beihilferegelung gem Art 1 lit d VVO setzt voraus, dass drei kumulative Voraussetzungen erfüllt sind: Erstens können Unternehmen auf der Grundlage einer Regelung Einzelbeihilfen gewährt werden. Zweitens ist für die Gewährung dieser Beihilfen keine nähere Durchführungsmaßnahme erforderlich. Drittens müssen die Unternehmen, denen Einzelbeihilfen gewährt werden können, „in einer allgemeinen und abstrakten Weise" definiert werden (vgl dazu EuGH 16.9.2021, C-337/19 P, *Kommission/Belgien und Magnetrol International*).

II. Tatbestandsmäßigkeit der Beihilfe

A. Wirtschaftlicher Vorteil

Art 107 Abs 1 AEUV liegt ein weiter Begünstigungsbegriff zugrunde. Eine Begünstigung iSd dieser Bestimmung ist ein nicht marktangemessener wirtschaftlicher Vorteil, den der Markt also in dieser Form (Art, Umfang, Bedingungen usw) nicht hergegeben hätte.

Zunächst ist zu klären, ob eine (steuerliche) Maßnahme einem Unternehmen einen wirtschaftlichen Vorteil gewährt. Die Körperschaftsteuer zählt grds zu jenen Belastungen, die alle Unternehmen in Belgien zu tragen haben. Daher stellt die Befreiung der „Mehrgewinne" von der Körperschaftsteuer, welche die Lasten eines Unternehmens verringert, einen wirtschaftlichen Vorteil dar. Diese stellt die Begünstigten in der Folge finanziell besser als die übrigen Steuerpflichtigen. Bei der Vorteilsgewährung durch die Minderung der Körperschaftsteuerbemessungsgrundlage handelt es sich um eine negative Beihilfe, aufgrund des Verzichtes des Staates auf (Steuer-)Einnahmen.

B. Veranlassung und Finanzierung durch die öffentliche Hand

Das Beihilfeverbot des AEUV bezieht sich nur auf Maßnahmen, die auf den Staat zurückgehen, dh von der öffentlichen Hand veranlasst wurden und aus öffentlichen Mitteln finanziert werden. Mit anderen Worten schreibt Art 107 AEUV eine „doppelte Staatlichkeit" vor, die aus der staatlichen Zurechenbarkeit und der staatlichen Finanzierung besteht.

Für die staatliche Zurechnung von Unterstützungsmaßnahmen für Unternehmen zum Staat sind zwei wechselseitig verbundene Faktoren ausschlaggebend: ein weiter Staatsbegriff und der Nachweis konkreter staatlicher Einflussnahme auf die Gewährungsentscheidung. Das zweite Element der doppelten Staatlichkeit besteht in der staatlichen Finanzierung; dh, dass auch die zur Beihilfefinanzierung verwendeten Mittel vom Staat stammen müssen. Die öffentliche Hand muss insofern ein Finanzopfer für die Beihilfe erbringen, als die Maßnahme sich schmälernd auf das Budget auswirkt (sog Budgetwirksamkeit).

Lt SV stützt sich die Steuerregelung für Gewinnüberschüsse auf Art 185 § 2 lit b belgisches Steuergesetzbuch sowie auf die ständige Verwaltungspraxis der belgischen Behörden. Zudem wird die Steuerregelung durch verbindliche Steuervorbescheide gewährt, die von der belgischen Steuerverwaltung ausgestellt werden. Folglich ist die Steuerregelung für Gewinnüberschüsse dem belgischen Staat zuzurechnen. Ebenso führt die betreffende Steuerregelung zu einem Verlust staatlicher Mittel (Budgetwirksamkeit), soweit diese Befreiung eine Verringerung der Steuer, die von den diese Regelung in Anspruch nehmenden Unternehmen in Belgien zu entrichten wäre, zur Folge hat.

C. Begünstigtenkreis

Mit dem Binnenmarkt unvereinbar sind nur solche Beihilfen, die bestimmte Unternehmen oder Produktionszweige begünstigen. Der Begriff des Unternehmens iSd Unionsrechts umfasst jede eine wirtschaftliche Tätigkeit ausübende Einheit, unabhängig von ihrer Rechtsform oder der Art ihrer Finanzierung.

> Das Merkmal der wirtschaftlichen Tätigkeit ist funktional und weit zu verstehen. Wirtschaftlich tätig ist jede Einrichtung, die Güter oder Dienstleistungen auf einem bestimmten Markt anbietet, auf die Gewinnerzielungsabsicht kommt es dabei grds nicht an. Ein Indiz, welches gegen das Vorliegen einer wirtschaftlichen Tätigkeit spricht, ist etwa dann gegeben, wenn der betreffende Markt überhaupt keine gewinnorientierten Unternehmen kennt.

Lt SV kommt die betreffende Steuervergünstigung multinationalen Konzernen (Unternehmen) zugute, welche einen Gewinn erzielen. Als mögliches Beispiel für ein solches multinationales Unternehmen erwähnt der SV *D*. *D* ist ein südkoreanisches Technologieunternehmen und übt daher ohne Zweifel eine wirtschaftliche Tätigkeit aus, weil es Technologiegeräte (Fernsehgeräte, Smartphones etc) auf einem Markt anbietet.

D. Selektivität

Eine staatliche Maßnahme fällt nur dann unter Art 107 Abs 1 AEUV, wenn eine Begünstigung „bestimmter Unternehmen oder Produktionszweige" vorliegt. Die Adressaten müssen anhand der Maßnahme zumindest bestimmbar (selektiv) sein. Selektivität wird in der Anwendungspraxis weit ausgelegt. Allgemeine wirtschaftspolitische Maßnahmen sind vom Beihilfeverbot grds nicht erfasst.

> Für die Beurteilung der Selektivität von Steuerbefreiungen hat die EK einen Drei-Stufen-Test erarbeitet, der von der Rsp übernommen wurde (vgl Bekanntmachung der EK zum Begriff der staatlichen Beihilfe iSd Art 107 Abs 1 AEUV, ABl 2016/C 262/01, Rz 132 ff).

1. Stufe – Ermittlung des Bezugssystems: Hier sind jene Regelungen zu ermitteln, die ein sinnvolles Bezugssystem für die treffende Steuer darstellen, also die allgemeinen für den Fall relevanten Steuerregelungen.

> Im Fall von Steuern setzt sich das Bezugssystem aus Elementen wie der Steuerbemessungsgrundlage, den Steuerpflichtigen, dem Steuertatbestand und den Steuersätzen zusammen. Mögliche Bezugssysteme wären etwa das Körperschaftsteuersystem, das Mehrwertsteuersystem oder das allgemeine Versicherungsbesteuerungssystem (Bekanntmachung der EK, ABl 2016/C 262/01, Rz 134).

In diesem Fall ergibt sich das Bezugssystem, anhand dessen die Vergleichbarkeit zu prüfen ist, durch das Körperschaftsteuersystem in Belgien. Dieses hat die Zielsetzung, die Gewinne aller Unternehmen, die gebietsansässig oder über eine feste Niederlassung in Belgien aktiv sind, in gleicher Weise zu besteuern.

2. Stufe – Abweichung vom Bezugssystem: In einem weiteren Schritt ist festzustellen, ob eine bestimmte Maßnahme eine Abweichung von diesem System darstellt. Dazu ist nicht auf formale Kriterien abzustellen, sondern zu prüfen, ob diese Regelung zwischen Wirtschaftsbeteiligten differenziert (diskriminiert), die sich unter Berücksichtigung der systemimmanenten Ziele in einer vergleichbaren Sach- und Rechtslage befinden.

> Die Feststellung, ob eine Abweichung vorliegt, ist das zentrale Element dieses Teils der Prüfung; sie lässt eine Schlussfolgerung darüber zu, ob die Maßnahme prima facie selektiv ist (siehe Bekanntmachung der EK zum Begriff der staatlichen Beihilfe iSd Art 107 Abs 1 AEUV, ABl C 2006/262, 1 Rz 137).

Nachdem das allgemeine Körperschaftsteuersystem in Belgien als Bezugssystem festgestellt wurde, an dem die fragliche Regelung bewertet werden muss, ist nun auf der 2. Stufe zu ermitteln, ob die Steuerregelung für Gewinnüberschüsse eine Abweichung von diesem Bezugssystem darstellt. Diese Abweichung muss zu einer ungleichen Behandlung von Unternehmen führen, die sich im Hinblick auf das von dem Körperschaftsteuersystem verfolgte Ziel in einer ähnlichen tatsächlichen und rechtlichen Situation befinden.

Die unter Berufung auf Art 185 § 2 lit b belgisches Steuergesetzbuch bewilligte Steuerregelung für Gewinnüberschüsse stellt eine Abweichung vom belgischen Körperschaftsteuersystem dar. Denn die Steuerregelung weicht von dem im belgischen Körperschaftsteuersystem vorgesehenen allgemeinen Besteuerungssystem der Gewinne von Unternehmen ab, nach welchem Konzernunternehmen auf der Grundlage ihres Gesamtgewinns, dh dem tatsächlich erwirtschafteten Gewinn, besteuert werden und nicht auf der Grundlage eines hypothetischen Gewinns. Durch die Verringerung der Steuerbemessungsgrundlage der betreffenden Unternehmen um den „Gewinnüberschuss" wird eine Differenzierung zwischen Unternehmen, die Teil eines multinationalen Konzerns sind, und eigenständigen Unternehmen oder Unternehmen, die nationalen Unternehmensgruppen angehören, bewirkt. Der wirtschaftliche Vorteil, der den Begünstigten im Rahmen der fraglichen Regelung gewährt wird, steht nämlich nur Unternehmen offen, die einem multinationalen Konzern angehören, und kann von eigenständigen Unternehmen oder Unternehmen, die einer nationalen Unternehmensgruppe angehören, nicht in Anspruch genommen werden. Weiters kann auch davon ausgegangen werden, dass sich Unternehmen, die Teil eines multinationalen bzw nationalen Konzerns sind, im Hinblick auf das von dem Körperschaftsteuersystem verfolgte

Ziel in einer ähnlichen, tatsächlichen und rechtlichen Situation befinden. Im Ergebnis liegt daher eine Abweichung vor.

3. Stufe – Rechtfertigung der Abweichung: Eine Maßnahme, die vom Bezugssystem abweicht (und daher prima facie selektiv ist), ist dennoch nicht selektiv, wenn sie durch die Natur oder den allgemeinen Aufbau dieses Systems gerechtfertigt ist.

> Grundlage für eine mögliche Rechtfertigung wären zB die Notwendigkeit der Bekämpfung von Betrug oder Steuerhinterziehung, die Notwendigkeit der Beachtung besonderer Rechnungslegungsvorschriften, die Handhabbarkeit für die Verwaltung, der Grundsatz der Steuerneutralität, die Notwendigkeit der Vermeidung von Doppelbesteuerung oder das Ziel der bestmöglichen Einziehung von Steuerschulden (Bekanntmachung der EK, ABl C 2006/262/01 Rz 139). Zudem ist bei der Rechtfertigung der Abweichung darauf zu achten, dass diese verhältnismäßig ist.

Aus dem SV lässt sich nicht auf eine mögliche Rechtfertigung durch die Natur oder den allgemeinen Aufbau des Körperschaftsteuersystems schließen. Die Förderung der Standortattraktivität für multinationale Konzerne, welche von den belgischen Behörden vorgebracht wurde, ist kein tauglicher Rechtfertigungsgrund. Den belgischen Behörden zufolge sollen dadurch lediglich Neuansiedelungen und Investitionen multinationaler Konzerne in Belgien gefördert werden.

Zwischenergebnis: Folgt man dieser Argumentation ist die belgische Steuerregelung, wie die im Ausgangsverfahren in Rede stehende, selektiv iSd Art 107 Abs 1 AEUV.

E. Spürbarkeit

> Das primärrechtliche Beihilfeverbot verfolgt den Zweck, den Wettbewerb im Binnenmarkt vor Verfälschungen zu schützen. Demnach greifen tatbestandsmäßige Beihilfen in die unverfälschten Marktkräfte ein, wodurch diese den Wettbewerb verfälschen („Wettbewerbsverfälschung") und den Handel zwischen Mitgliedsstaaten beeinträchtigen („Handelsbeeinträchtigung"). Unter dem Prüfschritt „Spürbarkeit" sind daher beide Tatbestandsmerkmale zu prüfen.

Bei der Beurteilung, ob eine Wettbewerbsverfälschung vorliegt, greift ein recht großzügiger Maßstab; auch geringfügige Vorteile reichen aus um die Spürbarkeitsschwelle zu überspringen. Es genügt bereits eine drohende Wettbewerbsverfälschung, der tatsächliche Eintritt wettbewerbsverfälschender Effekte braucht nicht nachgewiesen zu werden.

> Grds kommt es auf eine bestimmte Intensität bzw Spürbarkeit der Wettbewerbsverfälschung nicht an (zu dieser Frage von Wallenberg/Schütte in Grabitz/Hilf/Nettesheim, Das Recht der EU [75. EL Januar 2022] Art 107 AEUV Rz 71). Vielmehr können auch verhältnismäßig geringfügige Beihilfen (zu beachten ist dabei der Schwellenwert der De-minimis Beihilfe) den Wettbewerb verfälschen, wenn das begünstigte Unternehmen auf einem Markt mit sehr viel Wettbewerb tätig ist (vgl etwa Koenig/Hellstern, § 14 Das materielle binnenmarktrechtliche Beihilfenaufsichtsrecht, in Müller-Graff, Enzyklopädie Europarecht Bd 4² [2021] Rz 55).

Lt SV hat die Maßnahme (drohende) wettbewerbsverfälschende Wirkung, da die begünstigten multinationalen Unternehmen von einer Belastung entbunden werden, die diese normalerweise zu tragen gehabt hätten. Die finanzielle Situation der unterstützten Unternehmen wird dadurch gestärkt.

Außerdem fordert Art 107 Abs 1 AEUV eine Beeinträchtigung des Handels zwischen den Mitgliedsstaaten (Zwischenstaatlichkeitsklausel). Das Vorliegen einer Handelsbeeinträchtigung ist zu bejahen, wenn Unternehmen aus anderen Mitgliedsstaat aktuell oder potentiell mit dem begünstigten Unternehmen im Wettbewerb stehen. Daher reicht bereits eine drohende, nur potentielle Beeinträchtigung aus.

Im vorliegenden Fall scheint eine Beeinträchtigung auf den zwischenstaatlichen Handel durch die fragliche Regelung zumindest als möglich, da diese von multinationalen Konzernen, die eine wirtschaftliche Tätigkeit in mehreren Mitgliedsstaaten ausüben, in Anspruch genommen wird. Weiters ist es zumindest denkbar, dass die begünstigten Unternehmen mit Unternehmen aus anderen Mitgliedsstaaten im Wettbewerb stehen und durch die betreffende Steuerregelung am Markt gestärkt werden.

> Eine Beeinträchtigung des zwischenstaatlichen Handels kann regelmäßig nur dann ausgeschlossen werden, wenn es sich um rein lokale, regionale oder nationale Wirtschaftstätigkeiten handelt, welche keine grenzüberschreitenden Auswirkungen haben. Der EuGH stellt grds sehr niedrige Anforderungen an die Eignung einer Maßnahme zur Beeinträchtigung des Handels zwischen den Mitgliedsstaaten. Die EK änderte hingegen mit der Bekanntmachung zum Beihilfenbegriff und der Pressemitteilung zu den sog „sieben Zwergen" ihren Blick auf dieses Tatbestandmerkmal (s dazu die Bekanntmachung der EK, ABl C 2016/C 262/01, und die Pressemitteilung, IP/15/4889).

F. Ergebnis

Im Ergebnis stellt die vorliegende Steuerregelung eine tatbestandsmäßige Beihilfe iSd Art 107 Abs 1 AEUV dar, weil alle Tatbestandsmerkmale erfüllt sind.

III. Genehmigungsfähigkeit

Eine staatliche Beihilfe wird als mit dem Binnenmarkt vereinbar angesehen, wenn sie unter eine der in Art 107 Abs 2 AEUV (Legalausnahmen) aufgeführten Kategorien fällt oder die EK feststellt, dass eine Ausnahme nach Art 107 Abs 3 AEUV (Ermessensausnahmen) vorliegt (s dazu auch Aufgabe 1).

Hierzu finden sich im SV aber keine Anhaltspunkte. Die staatliche Beihilfe ist daher nicht mit dem Binnenmarkt vereinbar.

VI. Ergebnis

Gem Art 108 Abs 3 AEUV sind die Mitgliedsstaaten dazu verpflichtet, die EK von jedem Beihilfevorhaben zu informieren (Notifizierungspflicht) und dürfen die beabsichtigten Beihilfemaßnahmen nicht durchführen, bevor die EK einen abschließenden Beschluss erlassen hat (sog Stillhaltefrist). Bei der betreffenden beihilferelevanten Maßnahme (belgische Steuerregelung) handelt es sich daher um eine nicht angemeldete Beihilfe.

Nicht angemeldete Beihilfen, wie im vorliegenden Fall, sind sog rechtswidrige Beihilfen. Nach Art 1 lit f VVO werden unter rechtswidrigen Beihilfen alle neuen Beihilfen verstanden, „die unter Verstoß gegen Art 108 Abs 3 AEUV eingeführt werden".

Fall 20

Kirchliche Wälder und staatliche Gelder
Beihilfenrecht

Clemens Beckenberger / Viktor Malhotra

Das *Stift Grünwald (G)* des katholischen Benediktinerordens, eine Körperschaft des öffentlichen Rechts, ist an einem bekannten Wallfahrtsort in der Steiermark gelegen und beherbergt eine der ältesten und prächtigsten Bibliotheken Europas. Die Bibliothek wird von *G* ausschließlich zu theologischen und wissenschaftlichen Zwecken genutzt bzw Externen hierzu entgeltfrei zur Nutzung überlassen. Für Touristen ist sie nicht zugänglich. Mittlerweile ist die Bibliothek jedoch stark sanierungsbedürftig. Da *G* liquide Mittel für die hohen Kosten der personalintensiven Restaurierung fehlen, beantragt *G* beim Land Steiermark eine Förderung. Diese wird im September 2021 iHv EUR 1 Mio bewilligt, weil die Bibliothek einen hohen kulturellen Stellenwert für das Land hat. Als Verwendungszweck wird im Fördervertrag zwischen dem Land Steiermark und *G* allerdings lediglich „Kostendeckung" angeführt. *G* nutzt die Fördersumme entsprechend dem Fördervertrag und engagiert sechs Fachkräfte. Konkret werden für die Jahre 2022 und 2023 zwei international erfahrene Restaurierungsexperten sowie, für allgemeine Bau- und Handwerkstätigkeiten, vier Arbeiter neu angestellt. Die marktüblichen Gesamtkosten für die Restaurationsexperten belaufen sich auf EUR 150 000 pro Kopf p.a., jene der Arbeiter auf EUR 50 000 pro Kopf p.a. Von den Anmeldungen bei der Sozialversicherung abgesehen, finden keine weiteren Meldungen hinsichtlich des Zuschusses und der neuen Mitarbeiter statt.

G ist intern in zwei unterschiedliche Sparten gegliedert. Die Sparte „Orden und Pfarren" ist für die Kernaufgaben des Stifts zuständig. Darunter fallen insb sämtliche theologischen und religiösen Tätigkeiten der Mönche von *G*, wie etwa die Wallfahrtsseelsorge. Zudem ist ihr auch die Stiftsbibliothek zugeordnet. Daneben besteht die weltliche Sparte „Forst- und Holzwirtschaft". Diese leitet einen Forstbetrieb, welcher für einen Wald mit einer Größe von ca 93 ha zuständig ist. Aufgrund der Lage des Waldes im Alpenraum produziert *G* hochwertiges Schnittholz aus Zirbe. Speziell die Zirbe, welche 2011 sogar zum „Baum des Jahres" ernannt wurde, zählt zu den nachgefragtesten Holzexporten Österreichs. Der ideale Zeitpunkt für die Schlägerung ist der Winter. Um die hohe Holzqualität sichern zu können, ist zudem die weitere Lagerung und Trocknung entscheidend. Aufgrund dieser ganzjährig aufwändigen Holzverarbeitung ist der Personalbedarf von *G* stets sehr hoch. Dieser Umstand macht sich bei der Preisgestaltung gegenüber der nationalen und internationalen Kundschaft bemerkbar. Der Verkauf des Schnittholzes soll schließlich gewinnbringend sein.

Als die Restaurierungsarbeiten in der Stiftsbibliothek beginnen, möchten sich auch die bei *G* tätigen Mönche daran beteiligen. Da einige der Mönche ein beeindruckendes handwerkliches Geschick aufweisen, bleibt für die vier engagierten Arbeiter kein Betätigungsfeld mehr bei der Restaurierung der Bibliothek. Aufgrund dessen kommt man mit den Arbeitern überein, sie in den Jahren 2022 und 2023 statt bei der Restaurierung der Bibliothek im Forstbetrieb für allfällige Hilfsarbeiten einzusetzen. Dies soll es *G* in den folgenden zwei Jahren ua erlauben, bei der Schlägerung und der anschließenden Lagerung und Trocknung auf die ansonsten notwendigen zusätzlichen Arbeitskräfte zu verzichten. Eine interne Verrechnung der Kosten für die Arbeiter zwischen den beteiligten Sparten findet nicht statt.

Bei einem Treffen der europäischen Holzwirtschaft erzählt die Vertreterin von *G* stolz von den neuen fleißigen Arbeitern und davon, wie diese ihren Weg zum Forstbetrieb des Stifts gefunden haben. *Jacques (J)*, ein französischer Zirbenholzproduzent und -exporteur, kann diese Freude – angesichts der angespannten wirtschaftlichen Lage in seinem eigenen Betrieb – nicht teilen. Er hält die Sachlage aufgrund der Schilderungen für unionsrechtlich bedenklich und die finanzielle Förderung der vermögenden katholischen Kirche kann er ohnehin nicht nachvollziehen. Der Vertreter eines Tiroler Betriebs stimmt *J* vollumfänglich zu und empfiehlt ihm eine Rechtsanwältin in Österreich. Diese kontaktiert *J* nach Ende der Tagung auch sogleich und klagt beim zuständigen österreichischen Gericht das Land Steiermark und *G* auf Unterlassung und Beseitigung des rechtswidrigen Zustands.

Aufgabe 1: Beurteilen Sie den Sachverhalt aus beihilfenrechtlicher Sicht! Gehen Sie dabei auch auf die etwaigen Rechtsfolgen ein!

Parallel zur Klage in Österreich legt *J* auch eine Beschwerde gem Art 24 Abs 2 VVO bei der Europäischen Kommission (EK) ein und teilt ihr darin seine Bedenken über die mutmaßlich rechtswidrige Beihilfe mit. Da die EK die Beschwerde für beachtenswert hält, ersucht sie Österreich um weitere Auskünfte zum Sachverhalt. Nach Erhalt und Durchsicht dieser ist die EK der Auffassung, dass es sich hierbei offensichtlich um keine Beihilfe handelt. Sie fasst daher gem Art 15 Abs 1 iVm Art 4 Abs 2 VVO den Beschluss, kein förmliches Prüfverfahren nach Art 6 VVO einzuleiten. Diesen Beschluss lässt die EK allen Beteiligten zukommen. Als *J* den Beschluss liest, ist er außer sich. Er fühlt sich um seine Beteiligtenrechte im Prüfverfahren betrogen und möchte sich umgehend gegen den Beschluss zur Wehr setzen.

Aufgabe 2: Steht *J* ein Rechtsmittel gegen den Beschluss der Kommission zur Verfügung? Beurteilen Sie auch die Erfolgsaussichten!

Hinweis: Die parallele Zuständigkeit des nationalen Gerichts und der EK ist für die Beantwortung der Fragen unerheblich.

Lösung

Die Aufgabenstellungen zum SV sind zweigeteilt. Es gilt daher zu beachten, dass für die Aufgaben 1 und 2 jeweils nur die dazugehörigen Sachverhaltselemente relevant sind. Bei der Zeiteinteilung für die Falllösung sollte zudem die unterschiedliche Länge der beiden Abschnitte berücksichtigt werden.

Beim Lesen des SV fällt zunächst auf, dass die Angabe zu Aufgabe 1 genaue Ausführungen zum Hergang der Förderungsvergabe enthält. Dies legt eine Prüfung der Tatbestandsmäßigkeit der Beihilfe nahe. Aufgabenstellung 2 ist hingegen bereits konkret formuliert. Dort ist die Zulässigkeit und Begründetheit eines möglichen Rechtsmittels zu prüfen.

Aufgabe 1: Beurteilen Sie den Sachverhalt aus beihilfenrechtlicher Sicht! Gehen Sie dabei auch auf die etwaigen Rechtsfolgen ein![1]

I. Tatbestandsmäßigkeit der Beihilfe

Bei der Prüfung der Tatbestandsmäßigkeit der potentiellen Beihilfe sind vor allem zwei Spezifika des SV zu beachten. Zum einen ist *G* lt SV in zwei völlig unterschiedliche Sparten gegliedert. Da eine der genannten Sparten – prima facie – nicht wirtschaftlich tätig zu sein scheint, legt dies eine genauere Prüfung der Unternehmenseigenschaft von *G* nahe. Zum anderen werden lt SV Mittel von einer Sparte in die andere umgeleitet, was auf einen Spezialfall im Rahmen der Prüfung des wirtschaftlichen Vorteils deutet. Zur Erleichterung der Falllösung empfiehlt es sich daher, die Unternehmenseigenschaft von *G* bereits am Anfang zu prüfen.

A. Begünstigtenkreis

Mit dem Binnenmarkt unvereinbar sind nur solche Beihilfen, die bestimmte Unternehmen oder Produktionszweige begünstigen. Der Begriff des Unternehmens iSd Wettbewerbsrechts der Union umfasst jede eine wirtschaftliche Tätigkeit ausübende Einheit, unabhängig von ihrer Rechtsform oder der Art ihrer Finanzierung.

Das Merkmal der wirtschaftlichen Tätigkeit ist funktional und weit zu verstehen. Wirtschaftlich tätig ist jede Einrichtung, die Güter oder Dienstleistungen auf einem bestimmten Markt anbietet. Auf die Gewinnerzielungsabsicht kommt es dabei grds nicht an. Ein Indiz gegen das Vorliegen einer wirtschaftlichen Tätigkeit liegt darin, dass der betreffende Markt überhaupt keine gewinnorientierten Unternehmen kennt.

Die Rechtsform von *G* (Körperschaft des öffentlichen Rechts) ist für die Qualifikation als Unternehmen unerheblich. Da es sich bei *G* jedoch um eine kirchliche Einrichtung handelt, deren Tätigkeiten primär im religiösen und nicht im wirtschaftlichen Bereich liegen, ist die Unternehmenseigenschaft des Stifts näher zu prüfen.

G ist lt SV intern in zwei unterschiedliche Sparten gegliedert. Konkret bestehen die Sparten „Orden und Pfarren" und „Forst- und Holzwirtschaft". Um zu klären, ob es sich bei den fraglichen Tätigkeiten um solche eines Unternehmens iSd Wettbewerbsrechts der Union

---

1 Der SV sowie der Lösungsvorschlag sind an das Urteil EuGH (GK) 27.6.2017, C-74/16, *Congregación de Escuelas Pías Provincia Betania* angelehnt.

handelt, ist zu untersuchen, welcher Art diese Tätigkeiten sind. Dabei ist die Qualifikation als „wirtschaftliche Tätigkeit" für jede einzelne der verschiedenen Tätigkeiten einer bestimmten Einheit zu prüfen (EuGH (GK) 27.6.2017, C-74/16, *Congregación de Escuelas Pías Provincia Betania*, Rz 44 mwN).

Unter die Sparte „Orden und Pfarren" fallen lt SV die religiösen und theologischen Tätigkeiten des Stifts sowie der Bibliotheksbetrieb.

Die Ausübung der grundrechtlich geschützten Religionsfreiheit als auch die Bereitstellung von Dienstleistungen für die Ausübung derselben durch Dritte stellen keine wirtschaftliche Tätigkeit dar (vgl idS SA *Kokott* 16.2.2017, C-74/16, *Congregación de Escuelas Pías Provincia Betania*, Rz 38).

Theologische Tätigkeiten beschäftigen sich mit der Lehre von Gott. Hinweise darauf, dass der „Output" dieser Tätigkeiten wirtschaftlich genutzt wird, bspw in Form von entgeltlichen Gutachten, finden sich im SV nicht. Daher fehlt es bereits an einem Produkt oder einer Dienstleistung, wodurch es sich hier nicht um eine wirtschaftliche Tätigkeit handelt.

Die Bibliothek wird lt SV ausschließlich für theologische und wissenschaftliche Zwecke herangezogen. Externen ist sie für die genannten Gründe entgeltfrei zugänglich. Das Fehlen jeglichen Entgelts ist ein Indiz dafür, dass eine wirtschaftliche Tätigkeit zu verneinen sein könnte. Hinsichtlich der theologischen Zwecke gilt das bereits Genannte. Im Unterschied zur Auftragsforschung, stellt die unabhängige wissenschaftliche Forschung zur Erweiterung des Wissens sowie die Verbreitung von Forschungsergebnissen keine wirtschaftliche Tätigkeit dar (Bekanntmachung der EK zum Begriff der staatlichen Beihilfe iSd Art 107 Abs 1 AEUV, ABl 2016/C 262/01, Rz 31 f). Eine weitergehende – als „wirtschaftlich" einzuordnende – Nutzung der Bibliothek (etwa durch Tourismus) findet lt SV nicht statt.

Die Sparte „Orden und Pfarren" von *G* ist somit nicht wirtschaftlich tätig. Leistungen der öffentlichen Hand, welche ausschließlich dieser Sparte zugutekommen, sind folglich nicht vom Beihilfeverbot des Art 107 Abs 1 AEUV erfasst.

Es ist jedoch auch die Sparte „Forst- und Holzwirtschaft" zu prüfen. Im Rahmen dieser Sparte wird lt SV der Forstbetrieb von *G* geführt, welcher holzwirtschaftlich tätig ist und Schnittholz aus Zirbe produziert.

Anders als landwirtschaftliche Erzeugnisse sind forst- bzw holzwirtschaftliche Produkte nicht von den Regelungen über die Gemeinsame Agrarpolitik der Union erfasst und fallen somit grds unter die Wettbewerbsregeln des AEUV (Art 42 iVm Anhang I AEUV e contrario).

Das hergestellte Schnittholz aus Zirbe stellt ein Gut/Produkt dar. Dieses wird durch *G* lt SV sowohl an nationale als auch an internationale Kunden entgeltlich und mit Gewinnerzielungsabsicht vertrieben. Es besteht somit ein Markt an dem Angebot und Nachfrage aufeinandertreffen und auf dem das von *G* hergestellte Schnittholz an interessierte Abnehmer verkauft werden kann. Lt SV ist *G* zudem auch einem Wettbewerb durch andere Zirbenholzproduzenten ausgesetzt, wie dem im SV genannten *J*.

Die Sparte „Forst- und Holzwirtschaft" von *G* ist somit wirtschaftlich tätig. Soweit tatbestandsmäßige Beihilfen gem Art 107 Abs 1 AEUV dieser Sparte zugutekommen, sind diese vom Beihilfeverbot erfasst (vgl EuGH [GK] Rs *Congregación* Rz 61 f).

B. Wirtschaftlicher Vorteil

Art 107 Abs 1 AEUV liegt ein weiter Begünstigungsbegriff zugrunde. Eine Begünstigung iSd Bestimmung ist ein nicht marktangemessener wirtschaftlicher Vorteil, den der Markt in dieser Form (Art, Umfang, Bedingungen usw) nicht hergegeben hätte.

Die Prüfung des Begünstigungsmerkmals gliedert sich somit in zwei Prüfungspunkte auf: Zunächst ist zu prüfen, ob einem Unternehmen ein wirtschaftlicher Vorteil gewährt wird, bevor im zweiten Schritt untersucht wird, ob die festgestellte Vorteilsgewährung unter marktüblichen Bedingungen erfolgte. Umfasst sind all jene Maßnahmen, die Unternehmen in eine wirtschaftlich günstigere Lage versetzen. Die Formneutralität des Beihilfeverbots bedingt es, dass eine abschließende Darstellung der verschiedenen Erscheinungsformen von Beihilfen nicht möglich ist.

G erhält lt SV einen direkten Zuschuss iHv EUR 1 Mio ohne eine marktübliche Gegenleistung zu erbringen und wird durch den Zuschuss in eine wirtschaftlich bessere Lage versetzt.

Dem SV ist jedoch zu entnehmen, dass der Zuschuss grds der Restaurierung der Stiftsbibliothek zugutekommen soll. Diese ist der Sparte „Orden und Pfarren" zugehörig, welche nicht dem Beihilfeverbot gem Art 107 Abs 1 AEUV unterliegt.

Vom Beihilfeverbot erfasst werden allerdings auch Quersubventionen. Diese liegen insb dann vor, wenn eine – grds rechtmäßig – öffentlich bezuschusste Sparte eines Unternehmens die im bezuschussten Segment erwirtschafteten Gewinne oder sonstigen wirtschaftlichen Vorteile in andere Unternehmensteile umlenkt, ohne dafür eine angemessene Gegenleistung zu erhalten.

> Für Fälle, in denen Begünstigungen sowohl von nicht wirtschaftlich tätigen Einheiten als auch von wirtschaftlich tätigen Einheiten gemeinsam genutzt werden, hat der EuGH jedoch klargestellt, dass diese nur so weit unter das Verbot gem Art 107 Abs 1 AEUV fallen, als sie die wirtschaftlich tätige Sparte betreffen (*Congregación*, Rz 62 und 83).

Für den vorliegenden Fall bedeutet dies, dass zu prüfen ist, ob und in welcher Höhe eine dem Beihilfeverbot unterliegende Quersubvention vorliegt.

Lt SV nutzt *G* die erhaltenen Fördermittel zunächst dafür, Personalkosten, die im Zuge der Restaurierung der Bibliothek anfallen, zu decken. Konkret werden damit die für einen Zeitraum von zwei Jahren anfallenden Kosten für zwei Restaurationsexperten iHv EUR 600 000 (EUR 150 000 pro Kopf p.a. x 2 [Dienstnehmer] x 2 [Jahre]) sowie für vier Arbeiter iHv EUR 400 000 (EUR 50 000 pro Kopf p.a. x 4 [Dienstnehmer] x 2 [Jahre]) abgedeckt. Dem SV zufolge werden die vier Arbeiter letzten Endes jedoch nicht bei der Restaurierung der Bibliothek, sondern beim Forstbetrieb von *G* eingesetzt. Deren Arbeitskraft und somit der durch diese vier Dienstnehmer lukrierte wirtschaftliche Nutzen wird demgemäß von der nicht wirtschaftlich tätigen Sparte „Orden und Pfarren" in die wirtschaftlich tätige Sparte „Forst- und Holzwirtschaft" umgelenkt. Da die Personalkosten für die Arbeiter lt SV marktüblich sind, bestünde eine angemessene Gegenleistung für den erhaltenen Vorteil (sowohl nach einem Marktvergleich als auch nach dem vom EuGH im Urteil *Chronopost* gewählten Vollkosten-Ansatz) in einer internen Verrechnung der Gesamtkosten iHv EUR 400 000 zwischen den beiden Sparten. Lt SV hat eine derartige interne Verrechnung jedoch nicht stattgefunden. Die Personalkosten werden vielmehr zur Gänze von den erhaltenen Fördermitteln gedeckt.

Als Ergebnis lässt sich somit festhalten, dass eine Quersubvention und damit auch eine „Begünstigung" iSd Art 107 Abs 1 AEUV iHv EUR 400 000 vorliegt.

C. Veranlassung und Finanzierung durch die öffentliche Hand

Ferner ist die Staatlichkeit der Leistung zu überprüfen, weil nur Maßnahmen der öffentlichen Hand Beihilfen iSd Art 107 Abs 1 AEUV sein können. Die Staatlichkeitsbedingung des Art 107 Abs 1 AEUV besteht ihrerseits wiederum aus zwei kumulativen Elementen. Hier wird einerseits nach der staatlichen Veranlassung iSe Einflussnahme auf die Gewährungsentscheidung und andererseits nach der Finanzierung aus staatlichen Mitteln (Budgetwirksamkeit) gefragt.

Lt SV gewährt die – eindeutig dem Staat zuzurechnende – Gebietskörperschaft „Land Steiermark" den Zuschuss durch einen mit ihrer Zustimmung abgeschlossenen Fördervertrag. Zudem enthält der SV den Hinweis, dass der im Fördervertrag enthaltene Verwendungszweck („Kostendeckung") derart weit formuliert ist, dass die Arbeitskräfteüberlassung an den Forstbetrieb sogar vertraglich gedeckt ist. Die staatliche Veranlassung ist damit gegeben.

Das Land Steiermark leistet eine direkte Zahlung an *G*, wodurch sich der Landeshaushalt gegensätzlich um EUR 1 Mio verringert und die Budgetwirksamkeit gegeben ist. Eine Finanzierung aus staatlichen Mitteln liegt somit ebenfalls vor.

D. Selektivität

Eine staatliche Maßnahme fällt nur dann unter Art 107 Abs 1 AEUV, wenn eine Begünstigung „bestimmter Unternehmen oder Produktionszweige" vorliegt. Die Adressaten müssen anhand der Maßnahme zumindest bestimmbar (selektiv) sein. Allgemeine wirtschaftspolitische Maßnahmen, welche sämtlichen Unternehmen zugutekommen, sind vom Beihilfeverbot grds nicht erfasst. Die Selektivität wird in der Praxis jedoch weit ausgelegt.

Lt SV richtet sich der mittels Fördervertrag vergebene Zuschuss ausschließlich an *G*. Dementsprechend ist das Vorliegen des Tatbestandsmerkmals der Selektivität zu bejahen.

E. Spürbarkeit

Das primärrechtliche Beihilfeverbot verfolgt den Zweck, den Wettbewerb im Binnenmarkt vor Verfälschungen zu schützen. Demnach greifen tatbestandsmäßige Beihilfen in die unverfälschten Marktkräfte ein, wodurch diese den Wettbewerb verfälschen und den Handel zwischen Mitgliedstaaten beeinträchtigen.

> Da die Begünstigung für den Forstbetrieb EUR 400 000 über einen Zeitraum von zwei Jahren beträgt, liegt diese deutlich über dem Schwellenwert des Art 3 Abs 2 De-minimis-VO. Nach diesem gilt eine Höchstgrenze von EUR 200 000 über einen Zeitraum von drei Jahren. Trotz der Rsp des EuGH, wonach für die Beurteilung, ob eine Maßnahme durch die De-minimis-VO freigestellt ist, nur die Beträge zu berücksichtigen sind, welche der wirtschaftlich tätigen Sparte zukommen, erübrigt sich somit eine nähere Prüfung dieser VO (*Congregación*, Rz 83).

Generell wird bei der Wettbewerbsverfälschung ein großzügiger Maßstab angewendet; schon geringfügige Vorteile können ausreichen, die Spürbarkeitsschwelle zu erreichen. Weiters genügt schon eine drohende Wettbewerbsverfälschung, der tatsächliche Eintritt muss nicht nachgewiesen werden.

Lt SV unterliegt der Zirbenholzmarkt starkem Druck. So wird insb auf die angespannte wirtschaftliche Lage im Betrieb von *J* und die Kostenintensität der Zirbenholzproduktion hingewiesen. Durch die Kostenersparnis iHv EUR 400 000 über zwei Jahre könnte *G* sein Schnittholz zu einem günstigeren Preis anbieten und so den Druck auf Konkurrenten wie *J* erhöhen. Da schon eine drohende Wettbewerbsverfälschung genügt und tatsächliche Nachweise nicht erbracht werden müssen, ist das Vorliegen dieses Tatbestandsmerkmals zu bejahen.

Schließlich ist noch das Tatbestandselement der Handelsbeeinträchtigung zu prüfen. Hier wird nach dem Vorliegen eines grenzüberschreitenden Bezugs gefragt. Wie die Wettbewerbsverfälschung wird das Erfordernis der Handelsbeeinträchtigung allerdings weit ausgelegt und liegt ebenfalls schon bei bloß drohender Beeinträchtigung vor.

Zirbenholz gehört lt SV zu den nachgefragtesten Holzexportprodukten Österreichs. Zudem hat *G* lt SV auch eine internationale Kundschaft und Wettbewerber aus anderen Mitgliedstaaten der Union, wie etwa *J*. Das Zwischenstaatlichkeitselement ist somit jedenfalls erfüllt, wodurch auch das Tatbestandsmerkmal der Handelsbeeinträchtigung vorliegt.

F. Ergebnis

Da sämtliche Tatbestandsmerkmale gem Art 107 Abs 1 AEUV erfüllt sind, liegt eine tatbestandsmäßige Beihilfe vor.

II. Genehmigungsfähigkeit

Das Vorliegen einer Beihilfe gem Art 107 Abs 1 AEUV an sich bedeutet noch nicht, dass diese absolut unzulässig ist. Vielmehr können Beihilfen gem Art 107 Abs 2 und Abs 3 AEUV von der EK als mit dem Binnenmarkt vereinbar erklärt werden. Art 107 Abs 2 AEUV enthält drei Legalausnahmen; dh der EK kommt bei diesen Ausnahmetatbeständen kein Ermessen zu. Demgegenüber verfügt die EK bei den Rechtfertigungsgründen des Art 107 Abs 3 AEUV über einen Beurteilungsspielraum.

Die Genehmigungsfähigkeit der Beihilfe ist im vorliegenden Fall jedoch nicht zu prüfen. Aufgabe 1 spielt sich im Kontext eines nationalen Gerichtsverfahrens ab. Nationale Gerichte sind jedoch nicht zur Prüfung der Vereinbarkeit von Beihilfen mit dem Binnenmarkt befugt. Die Zuständigkeit hierfür liegt ausschließlich bei der EK (zB EuGH 21.11.2013, C-284/12, *Deutsche Lufthansa*, Rz 28).

III. Rechtsfolgen

Direkt Verpflichtete des Beihilfeverbots nach Art 107 Abs 1 AEUV ist die öffentliche Hand der Mitgliedstaaten. Die Republik Österreich ist seit 1.1.1995 Mitglied der EU. Der Begriff der öffentlichen Hand ist nach der Rsp des EuGH weit zu verstehen (EuGH 14.10.1984, C-248/84, *Deutschland/Kommission*, Rz 17); jedenfalls fällt hierunter eine mitgliedstaatliche Gebietskörperschaft wie das Land Steiermark, welche die Förderung lt SV ausgezahlt hat.

Hinsichtlich der Rechtsfolgen ist es entscheidend, ob es sich im gegenständlichen Fall um eine neue oder um eine bestehende Beihilfe handelt.

> Dies ist von grundlegender Bedeutung, weil neue Beihilfevorhaben gem Art 108 Abs 3 AEUV der präventiven Kontrolle der EK unterliegen, während bereits bestehende Beihilfen dem laufenden Kontrollverfahren gem Art 108 Abs 1 AEUV unterstellt sind.

Der Begriff der bestehenden Beihilfen umfasst auch sog Altbeihilfen. Altbeihilfen sind jene tatbestandsmäßigen Maßnahmen, welche zum Beitrittszeitpunkt eines Mitgliedstaats bereits bestanden haben. Lt SV wird der Zuschuss im September 2021 bewilligt und somit nach dem Zeitpunkt des österreichischen EU-Beitritts. Eine nähere Prüfung des für Österreich geltenden Altbeihilfenregimes erübrigt sich dadurch. Es liegt daher eine neue Beihilfe iSd Art 1 lit c VVO vor. Entsprechend ist die Beihilfe gem Art 108 Abs 3 AEUV bei der EK anzumelden. Bis zur Genehmigung durch die EK gilt gem Art 108 Abs 3 Satz 3 AEUV ein Durchführungsverbot für neue Beihilfen.

> Im Gegensatz zu Art 107 Abs 1 AEUV ist das Durchführungsverbot unmittelbar anwendbar. Art 108 Abs 3 S 3 AEUV erlaubt daher auch ein „private enforcement" des Verbots: So können etwa Konkurrenten rechtswidrige Beihilfen vor den nationalen Gerichten verhindern oder rückfordern lassen.

Lt SV erfolgte keine Notifizierung der EK und folglich auch keine Genehmigung seitens der EK. Die Beihilfe hätte gem Art 108 Abs 3 Satz 3 AEUV nicht durchgeführt werden dürfen. Mit Auszahlung der Beihilfe hat Österreich daher gegen das Durchführungsverbot verstoßen. Für die Sanktionierung der Verletzung des Durchführungsverbots sind die nationalen Gerichte berufen.

> Diese Zuständigkeit der nationalen Gerichte besteht neben und unabhängig von den Zuständigkeiten der EK gem der VVO.

J ist es aufgrund der unmittelbaren Anwendbarkeit des Durchführungsverbotes möglich, die Rückforderung der nicht angemeldeten tatbestandsmäßigen Beihilfe vor den nationalen Gerichten einzufordern. Folglich hat das zuständige österreichische Gericht im vorliegenden Fall die Rückforderung der Beihilfe anzuordnen. Die Rückforderung zielt dabei auf die vollständige Wiederherstellung der Lage vor Verletzung des Durchführungsverbots ab. Sie hat den gesamten Beihilfebetrag inkl Zinsen zu umfassen.

Im gegenständlichen Fall könnte die Rückforderung durch eine Zahlung von *G* an das Land Steiermark iHv EUR 400 000 inkl Zinsen verwirklicht werden.

Aufgabe 2: Steht *J* ein Rechtsmittel gegen den Beschluss der Kommission zur Verfügung? Beurteilen Sie auch die Erfolgsaussichten!

Als Rechtsmittel gegen verfahrensbeendende Entscheidungen der EK kommt eine Nichtigkeitsklage gem Art 263 AEUV in Betracht; bei Vorliegen aller Klagsvoraussetzungen steht diese gem Abs 4 leg cit auch natürlichen Personen wie *J* offen.

> Es ist zwischen der Zulässigkeit und der Begründetheit einer Klage zu unterscheiden. Im Rahmen der Zulässigkeitsprüfung sind Gerichtszuständigkeit, Aktiv- und Passivlegitimation, Klagegenstand, die zulässigen Klagegründe und die Klagefrist zu prüfen. Bei der Begründetheit wird geprüft, ob die Klage inhaltlich berechtigt ist (somit ob ein Nichtigkeitsgrund vorliegt) und als Folge der bekämpfte Rechtsakt für nichtig zu erklären ist.

I. Zulässigkeit

Die gerichtliche Zuständigkeit, die Passivlegitimation und der Klagegenstand sind im vorliegenden Fall unproblematisch. Natürliche Personen wie *J* haben die Nichtigkeitsklage gem Art 256 Abs 1 AEUV iVm Art 51 der Satzung des EuGH an das EuG zu richten. Die EK ist gem Art 263 Abs 1 AEUV passivlegitimiert und ihr rechtsverbindlicher Beschluss (Art 288 Abs 4 AEUV) ist ein zulässiger Klagegegenstand.

Da *J* als Wettbewerber bloß „Beteiligter" (im Unterschied zum Mitgliedstaat, welcher Partei ist) in Beihilfeverfahren ist, kommt ihm im Vorprüfungsverfahren kein Anhörungsrecht zu. Folglich kann er – dem Hinweis im SV entsprechend – eine potenzielle Verletzung seiner Mitwirkungsrechte im Hauptverfahren (Art 24 Abs 1 VVO) als zulässigen Klagegrund geltend machen. Dabei hat er vorzubringen, dass die EK die Prüfung der Beihilfe trotz „Anlass zu Bedenken hinsichtlich ihrer Vereinbarkeit mit dem Binnenmarkt" iSd Art 4 Abs 4 VVO bereits im Vorverfahren ungerechtfertigt eingestellt hat. Derartige Bedenken fallen jedenfalls unter den subsidiären Klagegrund der „Verletzung der Verträge oder einer bei seiner Durchführung anzuwendenden Rechtsnorm" gem Art 263 Abs 2 AEUV.

Im vorliegenden Fall ist allerdings auch die Aktivlegitimation von *J* näher zu prüfen. Dieser ist als natürliche Person nicht privilegierter Kläger iSd Art 263 Abs 4 AEUV.

Nach Art 263 Abs 4 Var 1 AEUV wäre *J* klagebefugt, wenn sich der Beschluss an ihn richten würde. Dies ist hier aber nicht der Fall, weil der Adressat des Rückforderungsbeschlusses der EK der Mitgliedstaat Österreich ist. Beim gegenständlichen Zuschuss des Landes

Steiermark an *G* handelt es sich auch nicht um eine generelle Beihilferegelung iSd Art 1 lit d VVO, sondern um eine Einzelbeihilfe iSd Art 1 lit e VVO, mit der Folge, dass der Beschluss mangels allgemeinen Regelungsgehalts keinen Rechtsakt mit Verordnungscharakter iSv Art 263 Abs 4 Var 3 AEUV darstellt. Daher ist *J* nur dann klagebefugt, wenn er eine unmittelbare und individuelle Betroffenheit iSd Art 263 Abs 4 Var 2 AEUV darlegen kann.

> Die unmittelbare Betroffenheit von Konkurrenten stellt in Beihilfefällen regelmäßig nur eine geringe prozessuale Hürde dar (*Pechstein/Görlitz* in Pechstein/Nowak/Häde, Frankfurter Kommentar [2017] Art 263 AEUV Rz 122 mwN).

Eine unmittelbare Betroffenheit liegt insb vor, wenn sich ein Unionsrechtsakt zwangsläufig auf die Rechtsstellung des Klägers auswirkt, ohne dass weitere Umstände hinzutreten müssen (*Streinz*, Europarecht[11] [2019] Rz 669). Dies ist hier der Fall. Zum einen, weil sich *J* – wie bereits in Aufgabe 1 unter Punkt I.E. dargelegt – mit *G* in einem Konkurrenzverhältnis befindet. Zum anderen, weil der Beschluss der EK die Rechtmäßigkeit der bereits ausgezahlten Beihilfe bewirkt, was sich auf dieses Konkurrenzverhältnis unmittelbar auswirkt, ohne dass es weiterer Durchführungsmaßnahmen bedarf.

> Für die individuelle Betroffenheit ist die sog *Plaumann*-Formel einschlägig. Nach dieser ist ein Kläger nur dann individuell betroffen, „wenn der Beschluss sie wegen bestimmter persönlicher Eigenschaften oder besonderer, sie aus dem Kreis aller übrigen Personen heraushebender Umstände berührt und sie daher in ähnlicher Weise individualisiert wie den Adressaten" (EuGH 15.7.1963, C-25/62, *Plaumann*).
>
> Bei Konkurrentenklagen gegen Beschlüsse gem Art 4 Abs 2 VVO haben nicht privilegierte Kläger daher ihre Beteiligteneigenschaft nachzuweisen. Denn nur Beteiligte iSd Art 1 lit h VVO haben im Hauptprüfungsverfahren nach Art 6 iVm Art 24 Abs 1 VVO weitergehende Mitwirkungsrechte. Konkret ist dazu eine zumindest potentielle Beeinträchtigung der Wettbewerbsposition des Klägers nachzuweisen (*Pechstein/Görlitz* in Pechstein/Nowak/Häde, Art 263 AEUV Rz 124).

Die von *J* eingebrachte Beschwerde gem Art 24 Abs 2 VVO ist ein Indiz für das Vorliegen einer individuellen Betroffenheit. Im vorliegenden Fall kann *J* jedoch auch ins Treffen führen, dass er auf demselben Markt wie *G* tätig ist, nämlich dem internationalen Markt für Schnittholz aus Zirbe. Denn auch *J* ist lt SV Exporteur von Zirbenholz. Die fragliche Beihilfe beeinträchtigt dieses Wettbewerbsverhältnis zumindest potentiell (s Aufgabe 1 unter Punkt I.E.). *J* ist daher vom Beschluss der Kommission individuell betroffen.

Für eine nähere Prüfung der Klagefrist von zwei Monaten gem Art 263 Abs 6 AEUV fehlen Angaben im SV. Jedenfalls würde diese Frist für *J*, als Nichtadressat des nicht im ABl der Union veröffentlichten Beschlusses, gem leg cit erst mit Kenntnis desselben zu laufen beginnen.

Die Nichtigkeitsklage von *J* ist somit zulässig.

II. Begründetheit

Wie oben beschrieben, müsste *J* erfolgreich geltend machen können, dass die EK das Hauptprüfungsverfahren unrechtmäßig nicht eröffnet hat, weil zumindest noch Zweifel an der Tatbestandsmäßigkeit der Beihilfe bestehen.

Lt SV beurteilt die EK den Beihilfeempfänger *G* nicht als Unternehmen iSd Art 107 Abs 1 AEUV. Da die Sparte „Forst- und Holzwirtschaft" von *G* aber eine wirtschaftliche Tätigkeit ausführt, diese über die Quersubvention auch begünstigt wurde und auch die restlichen Tatbestandsmerkmale des Art 107 Abs 1 AEUV vorliegen (s Punkt I. bei Aufgabe 1), ist diese Beurteilung materiell-rechtlich unrichtig. Die EK hätte ein förmliches Prüfverfahren gem Art 6 VVO einleiten müssen, um eine etwaige Rechtfertigung der Beihilfe nach den Art 107 Abs 2 und 3 AEUV näher zu prüfen.

III. Ergebnis

Die Nichtigkeitsklage ist materiell-rechtlich begründet. Das EuG hat die Sache an die EK zur Einleitung eines Hauptprüfungsverfahrens zurückzuverweisen.